区域文明与沟通的意义

成都平原青铜时代的考古学建构

Regional Civilization and
Significance of Communication

An Archaeological Construction of the
Bronze Age in the Chengdu Plain

施劲松

著

Shi Jinsong

文物出版社
Cultural Relics Press

图书在版编目（CIP）数据

　　区域文明与沟通的意义：成都平原青铜时代的考古
学建构 / 施劲松著. -- 北京：文物出版社，2023.1
　　ISBN 978-7-5010-7916-2

　　Ⅰ.①区… Ⅱ.①施… Ⅲ.①成都平原—考古学—研
究—青铜时代 Ⅳ.①K871.3

　　中国国家版本馆CIP数据核字(2023)第020689号

区域文明与沟通的意义：
成都平原青铜时代的考古学建构

作　　者：施劲松

责任编辑：李　飏
装帧设计：刘　远
责任印制：张道奇
责任校对：李　薇

出版发行：文物出版社
社　　址：北京市东直门内北小街2号楼
邮　　编：100007
网　　址：http://www.wenwu.com
制　　版：北京荣宝艺品印刷有限公司
印　　刷：北京雍艺和文印刷有限公司
经　　销：新华书店
开　　本：787mm×1092mm　1/16
印　　张：28.5
版　　次：2023年1月第1版
印　　次：2023年1月第1次印刷
书　　号：ISBN 978-7-5010-7916-2
定　　价：150.00元

施劲松，1996年获历史学博士学位，现为中国社会科学院考古研究所研究员，研究方向为商周考古学。

考古学是门与时俱进的科学

（自序）

　　我对成都平原出土考古材料的认识始于 20 世纪 90 年代，那时分别写作了船棺葬和南方青铜器的硕士、博士学位论文。近 10 多年来，我有计划地对这个区域青铜时代及更早的考古材料进行专题研究，包括三星堆和金沙遗址、房址、墓葬、祭祀遗存、青铜器，以及由考古材料反映出来的文化交流与社会样貌。2020 年春因防控新冠疫情居家办公，我整合了此前完成的个案研究，将已有的认识体系化。

　　当我完成文字稿开始制作插图时，得知在三星堆遗址继 3 号坑后又发现了 4～8 号坑的消息，发掘虽然尚未开始，但可以预计将有惊世的发现。在刚完成的书稿中，1986 年发掘的三星堆 1 号和 2 号坑是研究的主要内容，获悉新发现后，我必须决定是等待新材料还是按计划出版。经过慎重考虑，我选择了后者。

　　在本书中，我对三星堆文化的认识主要基于 1 号和 2 号坑的出土材料。我的基本判断是两群遗物或有早晚，但两个坑同时。我将两个坑看似纷繁复杂的遗物归纳为三大类：第一类为象征性器物，多用来表现崇拜或祭祀的对象，如 1 号坑的金杖，2 号坑的铜树、太阳形器、眼形器、鸟和公鸡等；第二类为表现祭祀场景、祭祀活动的器物，如"神坛"，由顶尊人像、执璋人像、铜树下的跪坐人像和"神坛"上的立人像可知，大量或立或跪、手中握物或呈握物状的人像都可归属此类；第三类为祭祀用器，包括青铜容器、各类小件青铜器、玉石器、象牙、海贝。三类器物表达了两个主题：一是王权，金杖就是王权的象征物；二是以太阳崇拜为主的宗教信仰，2 号坑中高达 4 米的神树是器物群的核心，可能表现太阳的升降。据铜树上的鸟以及鸟负载太阳飞行的观念，众多的鸟可能也象征太阳，同时还有太阳形器、寓意光明和黑暗的眼形器和眼泡、日出啼叫的雄鸡。由此再扩大考察的范围，鸟身人面像、鸟足人像、凸目面具，以及带太阳纹、鸟羽纹、眼睛纹的铜器，可能都相关联。这些遗物表明三星堆时期的社会是王权和神权并存，统治阶层掌握着生产贵重物的资源、技术，产品被社会上层集体而非个人占有，用于宗教活动，以此达到强化社会统治、增强社会凝聚力的目的。

我对三星堆文化和当时社会样态的认识，都是在这个基础上展开的。一旦发现新的器物坑，不论其中出土什么，都构成了对这些判断的挑战，过去学界形成的种种认识，也将面临新材料的检验。2021 年 3 月下旬，中央电视台新闻频道连续 4 天直播三星堆 3 ～ 8 号坑的发掘，众多媒体纷纷报道，引发了全社会对三星堆空前的关注与热情。当时在中央电视台新闻频道的直播间，主持人问我对新发现最关注什么、如何看待我过去的观点，这些其实是一年前我完稿时考虑的问题。我认为新发现将检验过去的认识和理论，新材料也许能够纳入并且补充、丰富原来的解释体系，也可能推翻过去的认识而形成新的解释，这是考古新发现的吸引力和考古学的魅力，考古学是一门开放的学问，它向未来敞开。

既然要面对新材料的检验，要立足于一个基础开展新的研究，就有必要梳理既往的认识。围绕三星堆的研究将因为 6 个坑的发现进入一个新阶段，新阶段自然也需要一个起点，那就是对此前研究的总结。目前三星堆的发掘还在进行，已披露的遗物似乎没有超出上述的三大类别，但新材料之丰富、包含的信息量之大，对未来研究产生的影响难以估量。只有发掘结束，修复、整理了所有的出土物，完整出版 8 个坑以及三星堆遗址的考古报告之后，我们才可能进行全面、系统、深入的研究，也才能得出新的认识。科学研究是一个漫长、艰辛的过程，科学的认识也都具有阶段性。基于这样的考虑，我没有为等待新材料而搁置此书，我认为此时将自己的研究整合出版不仅有意义，而且有必要。

这本书研究的并不只是三星堆，而是针对成都平原的整个青铜时代。成都平原新石器时代文化和社会的发展构成了青铜时代的三星堆文化产生的基础。三星堆文化的形成也受到了成都平原之外、特别是我国西北地区和长江中下游地区相关文化的影响，这涉及青铜器制造技术、权力观念和宗教信仰等方面。

三星堆文化在成都金沙延续发展，两地的考古学文化显现出相同的知识体系和价值体系，我提出它们同属"三星堆—金沙文化"。三星堆和金沙两个遗址固然存在很多差异，比如三星堆有城墙而金沙没有，但这类差异不足以划分出两个文化，世上没有两个完全相同的遗址。带城墙的洹北商城与没有城墙的殷墟同样存在差别，但两者同为商文化，这类例子或许有助于我们理解三星堆与金沙的关系。东周时期，成都平原的文化和社会都发生了巨大变化，变化体现在各类考古材料中，其原因是长江中游的人群进入到了成都平原。我提出这些观点，希望能引起学界的讨论，并得到成都平原不断涌现的考古新发现的检验。这是出版这本书的第二重考虑。

最后，成都平原或四川盆地的考古资料，不只使我对这个区域的古代文化和历史形成了自己认识，它们更带给我一个长期思考的问题，即用考古材料建构一个区域的连贯历史的可能性。针对这些考古材料的研究，让我用一种区域的视角去看待各地的文明，去重新认识"中原"与"边缘"。三星堆、金沙没有发现文字，这又促使我思考实物材料与文献材料的关系。我认为相比于形成文字的观念性内容，考古学通过实物遗存建构的历史图景或许不够完整、清晰，但这恰恰就是考古学家眼中历史的本来面貌。任何一个古代文明都具有区域性，也都会与其他区域、其他文明保持沟通与交流，因此有必要将一个区域的古代文明尽可能放到更为广阔的时空背景中考察。这本书多少体现了我对这些问题的思考和就此付出的努力。

考古发现和研究日新月异，考古学是一门与时俱进的科学，这是我的博士导师张长寿先生告诉我的话，也成为我对这门学科的一个基本认识。张先生指导我撰写南方地区青铜礼乐器的博士学位论文，从此以后南方青铜器、南方地区青铜时代的文化和社会成为我的研究方向。张先生希望我多关注商周时期的主流文化，但我的兴趣却始终在"边缘"。

我对四川地区考古材料的更早接触始于我在四川大学求学期间。1990～1993年我随林向先生学习商周考古，林先生为我开设西南考古和巴蜀考古等课程，指导我撰写船棺葬的硕士学位论文，从此我开始进入学术领域。

林先生和张先生都很关心三星堆的考古发现，并在多年前问过我相同的问题，这不应是巧合。林先生曾很严肃地问我如何看待三星堆，我说三星堆的材料过于复杂、奇特，若无科学的方法和路径，据事物的表面难以得出合理的认识。我对张先生的回答是学界各种观点并存，若无新材料，研究也难以推进。张先生说研究需要推进但不能等待新材料，如果再发现几坑同类的遗物怎么办？不料张先生当年的话如今成为事实。我不知道是否正是两位先生的话让我开始在三星堆这个领域探索。从我开始写作此书到等待书稿出版的这段时间里，张先生于 2020 年 1 月 30 日逝世，林先生于 2021 年 9 月 15 日逝世。这本书寄托了我对两位导师的深切怀念。

对我有深刻影响的还有几位学界前辈。2000 年我在丹麦访学，哥本哈根大学考古系主任、欧洲著名考古学家克劳斯·韩斯堡（Klavs Randsborg）安排我参加各种学术活动，经常领我四处参观。在他眼中，哥本哈根就是一座巨大的露天博物馆，从市中心到城郊的所有"人造物"都值得解读。由此我体会到了"物"的意义，学会了用考古学的视角来分析事物、看待我身边的世界。

中国社会科学院的汝信先生是著名的哲学家、美学家，因其学识、视野和阅历，汝先生主编了 11 卷的世界文明大系。每次见面，汝先生都关心最新的考古发现和考古研究所的近况，然后会谈起社科院的往事，以及世界各地的重要遗址和博物馆。这些谈话让我逐渐领悟到了中国社会科学院的历史与学术传统，也让我坚定了一个信念，即研究古代文明应有广阔的视野与胸襟。

另一位哲学家，社科院哲学研究所的叶秀山先生视年轻人为朋友，与叶先生交往没有任何拘束。叶先生时而谈论日常话题，时而讲述哲学问题。叶先生所讲的哲学我完全不懂，但久而久之，我从中明白了哲学式思考的重要性。

我庆幸我有这样的老师。老师的教诲和帮助从来都是不求回报的"馈赠"，我用坚持科学精神的方式向他们致敬。

这本书是我在文物出版社出版的第三本书，三本书的责任编辑都是李飏女士。如果说我们因第一本书而开始的交往出于偶然，那么当初的偶遇已发展为今天的友谊。

施劲松

2021 年 9 月于北京东城区夕照寺

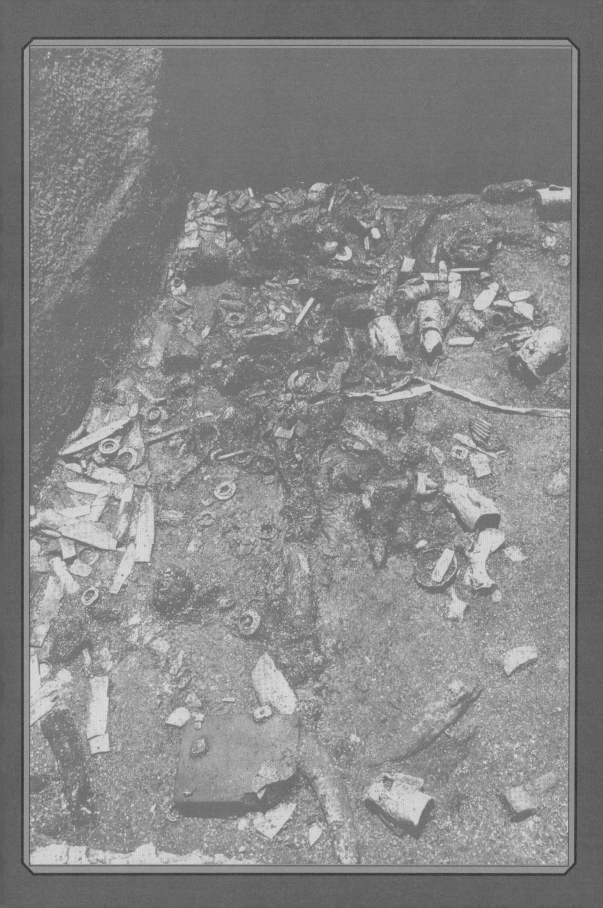

目　录

Contents

图表目录

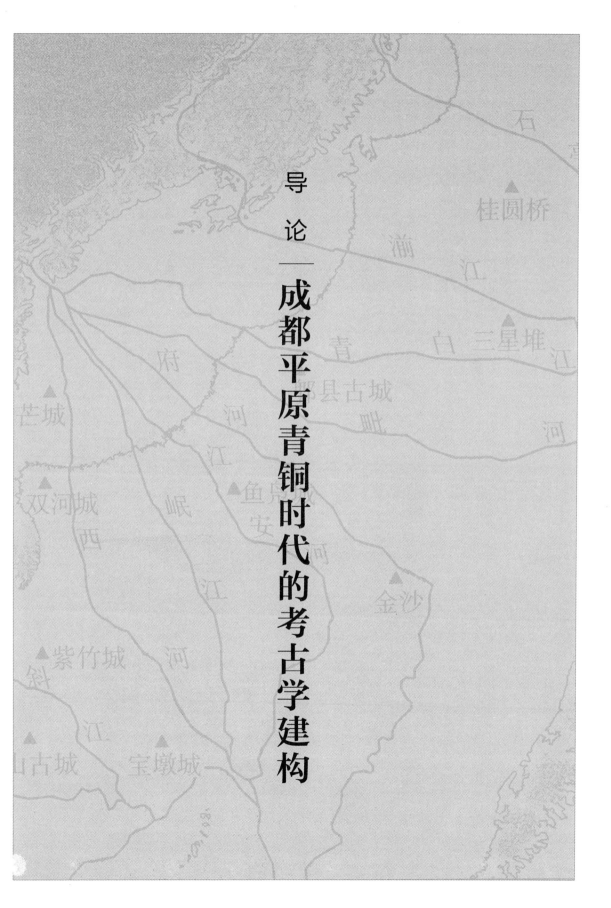

导 论 ——成都平原青铜时代的考古学建构

　　21 世纪人类社会进入了"微信时代"。微信用户都熟悉这样一幅画面：地球这颗美丽的星球映衬在蔚蓝的太空之中（图 1）。这幅名为"蓝色弹珠"（The Blue Marble）的著名地球照片于 1972 年由阿波罗 17 号飞船拍摄，微信自问世即选用它作为启动页面。用此画面的含义因各人的理解不同而众说纷纭，鉴于微信的主旨与实际功能，来自微信团队自身的解释应最为恰当："蓝

图 1　"蓝色弹珠"

色弹珠"显示的画面意为在地球上产生了人类文明，将文明"起源"之意赋予启动页面，表明出现了人类才有沟通及其意义[1]。

　　如果我们从人类历史与文明的角度看，自从现代人起源直到今天的"微信时代"，随着人类的起源、扩散、交融，人类文明在全球各地相继萌生、发展。

---

[1]　《微信启动页"变脸"凸显中国成就》，《参考消息》2017 年 9 月 27 日第 15 版。

一方面，在不同的区域，古代文明的特点和产生、演进的道路各不相同，文明的丰富性、多样性体现了人类所拥有的智慧与创造力。但另一方面，全世界也没有一个地区、一种文明是完全与世隔绝的。放眼人类文明的全部历史，随着早期人类的迁徙与扩散，人群间的沟通与交流便激发与造就了人类的文明，推动文明不断向前发展。各地文明经过千百年来的自身演进和沟通、交流，最终形成了今天的世界。

文明的演进从未停止过，沟通与交流每时每刻都在进行着。对于不同区域，沟通与交流会带来不同的结果，并显示出不一样的意义。人们很自然地会关注诸如欧亚大草原那样的广阔地域，或是"丝绸之路"一类的交流通道，却可能忽略一些地理上具有封闭特点、文化上似乎显得孤立的区域。这样的区域就比如中国西南的四川盆地，四周的高山、高原似乎将盆地与外界完全隔离。由此地理环境，人们或许认为四川盆地这样的区域因偏远、封闭而与文明无关；或者，在考古材料不断出土后，又认为这里的区域性文明独立存在。但事实是这两种认识都有失偏颇。考古发现和研究不断揭示出盆地内、特别是盆地西部的成都平原存在过独特的区域性文明，它所发展到的高度足以与同时期的其他任何地区的文明相媲美；但这样的区域性文明又不是孤立的，四川盆地通过南北向和东西向的江河、山脉与外界相通，不同区域的文明因此得以沟通、交流，最终也使成都平原的文明不断地发展、演进。

本书所要研究的，正是四川盆地西部的成都平原的区域文明。

四川盆地所处的地理环境，即使从世界范围看也少有。盆地完全为高山、高原环绕，北有龙门山、米仓山，东有大巴山、巫山，南有云贵高原与大凉山，西有邛崃山和川西高原。四周高山海拔高度 1000～3000 米。盆地为菱形，以广元、云阳、叙永、雅安为四至，面积约为 20 万平方千米，海拔高度 300～700 米，地势自北向南倾斜。长江横贯盆地的南部，北纳岷江、沱江、嘉陵江，南纳乌江（图 2）。盆地内气候温暖湿润，资源丰富。

盆地西部为冲积平原，中部多波状丘陵地形，东部为东北—西南走向的平行山谷。其中，盆地西部的冲积平原即是成都平原，在盆地内又自成一个地理单元。平原西起都江堰市以西的邛崃山，东到金堂附近的龙泉山，北抵茂县的九项山，南至新津县附近的熊坡山，面积约 9100 平方千米。平原海拔高度

图 2　四川盆地

600 米左右，自西北向东南倾斜。平原内土壤肥沃，河渠密布，适宜人类的生存和文明的发生与演进。战国时期曾在都江堰兴建水利工程，之后又经扩建，从此成都平原农业发达，享有"天府"之称。

　　成都平原因具优越的自然条件，大约 4000 年来都是四川盆地的文化和政治中心。即使放在中国西南地区、全中国、甚至更大的空间范围内，从政治、文化、经济、交通、人口等方面考量，成都平原在历史上也都是一个区域性的中心。本书因此而将研究的空间范围确定为成都平原。但研究并不局限于成都平原这个固定而有限的区域，也不将这一区域视为一个封闭的空间，而是力图将成都平原放在一个更大的空间范围内考察，并充分意识到不同区域、不同文明之间存在的沟通与交流。只有这样，我们才能对成都平原的古代文明得出更为深入的认识。本书的研究因此涉及与成都平原相邻或相关的区域，并将尽可能保持开阔的视野。

　　四川盆地不仅与外界有高山阻隔，而且离传统上认知的文明中心相距遥远。封闭的地理环境并远离其他文明，使得成都平原的文明也相应地具有地域性。这种地域性首先明显体现在这个区域出土的考古材料上。目前在成都平原发现的年代最早的什邡桂圆桥遗址距今 5100—4100 年，这个新石器时代遗址出土的考古材料已有独特的文化面貌。之后的新石器时代和青铜时代的遗存也无不具有鲜明的地域性。史书记载，公元前 316 年秦国灭巴蜀而据有成都平原，但这个区域的原有文化并未即刻发生改变。考古材料显示，至西汉时期成都平原的文化融入汉文化。在东汉及以后，成都平原的文化在统一的汉文化的范畴内又出现了新的地域性，以至于直到今天仍具有鲜明的地方特点。

　　成都平原古代文明的地域性还表现在这个区域有独立而完整的古史传说。殷商与西周的甲骨文都记有"蜀"，关于卜辞中的"蜀"的地望，一种观点就认为在四川地区，甚至就在成都平原。在汉晋时期的文献中，有较多关于蜀的记载，其中较为突出的是蜀的世系，尽管其中掺杂了很多传说。

　　记载有蜀的文献包括《帝系》《史记·五帝本纪》《帝王世纪》《水经·若水注》等。晋代常璩的《华阳国志》[1] 是一部比较完整的西南地区地方志，其中的《蜀志》记载了蜀人的历史及与华夏民族的关系："蜀之为国，肇于人皇，与巴同囿。至黄帝，为其子昌意娶蜀山氏之女，生子高阳，是为帝喾；封其支庶于蜀，世为侯伯，历夏、商、周，武王伐纣，蜀与焉"。更重要的是还记载了蜀人的世系，"周失纲纪，蜀先称王。有蜀侯蚕丛，其目纵，始称王。死，作石棺石椁，国人从之，故俗以石棺椁为纵目人冢也。次王曰柏灌。次王曰鱼凫。鱼凫王田于湔山，忽得仙道，蜀人思之，立为祠"。 蜀国最后的两位统治者是杜宇和开明，"后有王曰杜宇，教民务农，一号杜主"，"七国称王，杜宇称帝，号曰望帝，更名蒲卑"。"会有水灾，其相开明决玉垒山以除水害。帝遂委以政事，法尧、舜禅授之义，遂禅位于开明，帝升西山隐焉。时适二月，子鹃鸟鸣，故蜀人悲子鹃鸟鸣也"。周慎王五年秋（秦惠文王后元九年，公元前 316 年），秦张仪、司马错等伐蜀，"蜀王自于葭萌拒之，败绩。王遁走，

---

[1]　常璩撰，刘琳校注：《华阳国志校注》，巴蜀书社，1984 年。

至武阳，为秦军所害。其相、傅及太子退至逢乡，死于白鹿山，开明氏遂亡。凡王蜀十二世"。这段不长的文字不仅记录了蜀的早期历史，也记载了蜀的世系依次为蚕丛、柏灌、鱼凫、杜宇和开明。除了中原文化系统的文字记录外，在其他区域或其他文化中，这类自成系统的世系并不多见。之所以如此，自然也与四川盆地封闭的地理环境和由此产生、发展的地域文化相关。

成都平原的文明具有地域性而且丰富多彩，其中又以青铜时代留下的考古材料最为丰富、也最具特色。成都平原青铜时代的一些重大考古发现一度改变了中国青铜时代的文明图景，也改变了人们传统的历史观。这些考古发现何以能够改变人们的历史观，我们又能用这些考古材料建构出一幅怎样的新的历史图景？这些问题都极富吸引力。本书因此将研究的时间范围确立为成都平原的青铜时代。青铜时代的文化有源有流、社会发展承前启后，故研究始于新石器时代，时间范围的下限则至西汉。

一、学术简史

成都平原存在独特的区域性文明，也有着长久的考古发现和研究的历史。成都平原青铜时代遗存的发现始于 1929 年广汉三星堆月亮湾出土玉石器，随后于 1934 年开始了最早的考古工作。这一考古工作的开端，即使与 1928 年开始的殷墟发掘相比也相差不远。梳理这段学术史，可以把握 90 年来获得的考古材料和形成的研究方向。

学术简史的内容包括 1929 年以来成都平原的青铜时代的考古发现和对它们的研究。之所以需要就此说明，是因为无论是对于考古发现还是研究，都始终涉及两套概念体系。20 世纪 40 年代因成都出现一些具有地方特点的铜器，卫聚贤加以收录和研究，并首先提出"巴蜀文化"一名[1]。蜀和巴本为四川、重庆地区的古代族名、国名和地名，《尚书》《史记》《汉书》和《华阳国志》

---

[1]　卫聚贤：《巴蜀文化》，《说文月刊》第 3 卷第 4 期，1941 年。

等古代文献都有详略不一的记载。自"巴蜀文化"被提出后，许多考古发现都被归为巴蜀文化，包括 1929 年发现的月亮湾玉石器窖藏和 1949 年后发现的各类先秦遗存。20 世纪 80 年代后，在广汉发现了三星堆城址和 1、2 号祭祀器物坑，在成都发现了十二桥遗址和金沙遗址，基于这些重要发现学术界提出并确立了年代大致相当于从二里头文化至春秋早期的三星堆文化和十二桥文化。90 年代后，因三峡库区文物保护工作的开展而发现大批遗址，在峡江地区确立了相当于商周时期的朝天嘴类型、中坝文化、石地坝文化、香炉石文化等。至此，学术界对四川地区的古代文化大致有两类认识。一是将成都平原的三星堆文化、十二桥文化，峡江地区商代西周时期的文化都归为早期的巴蜀文化，或称之为早期蜀文化、早期巴文化，或直接称蜀文化、巴文化，而将上述区域东周秦汉时期的文化称为晚期巴蜀文化。有些研究还从新石器时代遗存中追溯巴蜀文化的源头。二是依考古学文化的命名原则，确立了三星堆文化、十二桥文化，以及川东鄂西峡江地区的诸考古学文化，并与文献中的巴蜀传说保持一定距离，只将时代大致相当于春秋中晚期至西汉初、由蜀巴两地文化融合而成的文化称为巴蜀文化。可见，对于成都平原青铜时代的文化，相关的概念及其内涵并不一致，但本书都将它们纳入简史。

　　成都平原青铜时代的考古发现和研究历史长久，所获遗存数量众多、内容丰富，相关研究成果丰硕。梳理发现与研究的目的是认识成都平原考古材料的重要类别，以及历年来研究的主要问题。因此，简史并不详述各项考古发现的具体内容和研究者提出的具体观点。明了材料的类别和研究的领域，对既有的研究进行反思，才可能有新的研究视角、方法，从而达到新的研究目的。

　　据考古发现和研究的总体情况，本书将学术史分为三个阶段，即 1949 年以前、1950—1979 年、1980 年至今。每个阶段均按"考古发现"和"研究"两部分叙述。其中，第一、二阶段的考古发现和研究都不多，按时代叙述。1980 年后的第三阶段考古发现和研究成果大量涌现，绝非前两个阶段可比。80 年代以来的发现和研究有以下特点：每项重大考古发现都迅速成为研究的前沿和热点，推动研究向广度和深度拓展；每次重大发现也成为一个研究新阶段的开端，因研究持续不断，新开启的研究阶段并无终止；众多领域的研究交错展开，学术发展的脉络错综复杂。因此，第三阶段的考古发现仍按时代概述，对于研究史则按研究领域分述。40 年来的研究涉及面很广，列举出的仅是主要的领域而非所有的研究成果。一项研究通常包括了多方面的内容，所举的成果是为了指示研究方向，而不是对它们进行归类。

（一）第一阶段（1949 年以前）

1949 年前成都平原最著名的考古活动是在广汉三星堆遗址的发掘。1929 年在三星堆月亮湾燕家院子出土一坑玉器[1]，因这一偶然发现，华西协合大学博物馆葛维汉（D. C. Graham）和林名均于 1934 年 3 月在月亮湾组织了首次考古发掘[2]，其成果分别是葛维汉的《汉州发掘简报》[3] 和林名均的《广汉古代遗物之发现及其发掘》[4]。1929 年出土的玉石器后来部分入藏四川大学历史系博物馆，冯汉骥、童恩正 70 年代时又对此加以介绍[5]。20 世纪三四十年代，冯汉骥等在成都平原和川西山地进行考古调查时发现墓石、独石、列石等遗迹，不过这些遗迹的时代殊难确定[6]。40 年代，成都白马寺一带流传出一批青铜器，器形和纹饰与中原铜器有别，但因不是发掘所得而不知其出土背景甚至真伪。此外，郑德坤、张继还介绍过 1949 年前在四川进行的一些考古工作[7]。

---

[1] 玉石器坑的发现年代另有 1927 年、1931 年两说。见许杰《四川广汉月亮湾出土玉石器探析》，《四川文物》2006 年第 5 期。

[2] 华西协合大学博物馆组织的广汉月亮湾发掘的年代有三个版本：（1）1932 年，见《中国大百科全书·考古学》（北京：中国大百科出版社，1986 年）所附《中国考古学年表（1898-1984 年）》；（2）1933 年冬，见冯汉骥、童恩正《记广汉出土的玉石器》，《文物》1979 年第 2 期；（3）1934 年 3 月，见《纪念三星堆遗址祭祀坑发现二十周年专栏》之陈德安《三星堆遗址考古大事纪要》，《四川文物》2006 年第 3 期。按葛维汉的记录，应为 1934 年 3 月。

[3] David C. Graham, A Preliminary Report of the Hanchow Excavation, *Journal of the West China Border Research Society*, Vol. VI. 1933-1934.

[4] 林名均：《广汉古代遗物之发现及其发掘》，《说文月刊》第 3 卷第 7 期，1942 年。

[5] 冯汉骥、童恩正：《记广汉出土的玉石器》，《文物》1979 年第 2 期。

[6] 冯汉骥：《成都平原之大石文化遗迹》，《冯汉骥考古学论文集》，北京：文物出版社，1985 年；又见 *Journal of the West China Border Research Society*, Vol. 16, 1945.

[7] a. 郑德坤：《四川史前文化》，《学思》第 2 卷第 9 期，1942 年。b. 张继：《四川古迹之调查》，《说文月刊》第 3 卷第 7 期，1942 年。

　　1949 年前考古资料匮乏，研究多据文献，涉及地域也不仅限成都平原。主要的成果有吴致华对古代巴蜀和四川古史的考察[1]，顾颉刚[2]、郑德坤[3]、于右任[4]、缪凤林[5] 等对巴蜀文化的研究。还有朱逖先[6]、孙次舟[7] 探讨古蜀国族属，董作宾[8] 探讨蜀的地理位置，钟凤年考证秦灭巴蜀年代[9]。也有针对实物材料的研究，如戴谦和[10]、郑德坤[11] 研究四川地区的玉石器，卫聚贤[12]、商承祚[13]、黄希成[14] 研究成都、新津出土的青铜器。

　　林向将这一阶段的研究归纳为四方面的课题：巴蜀文化系统的归属，古代巴蜀的地理位置，文献记载巴蜀古史的可靠性，巴蜀遗物的辨认与断代[15]。

（二）第二阶段（1950—1979 年）

　　20 世纪 50 年代，考古工作者清理了成都羊子山土台[16]，调查了新繁水观

[1] 吴致华：《古巴蜀考略》，《史学杂志》第 2 期，1930 年；《四川古代史》，学生导报社，1948 年。

[2] 顾颉刚：《古代巴蜀与中原的关系说及其批判》，《三大学研究所中国文化研究汇刊》第 1 期，1941 年发表；《〈蜀王本纪〉与〈华阳国志〉所记蜀国事》，《中国史学》第 1 期，1946 年。均收入《论巴蜀与中原的关系》，成都：四川人民出版社，1981 年。

[3] 郑德坤：《巴蜀始末》，《学思》第 2 卷第 11 期，1942 年；《四川古代文化史》，华西大学，1946 年；成都：巴蜀书社，2004 年。

[4] 于右任：《巴蜀古文化之研究》，《说文月刊》第 3 卷第 7 期，1942 年。

[5] 缪凤林：《漫谈巴蜀文化》，《说文月刊》第 3 卷第 7 期，1942 年。

[6] 朱逖先：《古蜀国为蚕国说》，《时事新报·学灯》第 44 期，1939 年。

[7] 孙次舟：《读〈古蜀国为蚕国说〉的献疑》，《齐鲁学报》第 1 期，1941 年。

[8] 董作宾：《殷代的羌与蜀》，《说文月刊》第 3 卷第 7 期，1942 年。

[9] 钟凤年：《论秦举巴蜀之年代》，《禹贡》第 4 卷第 3 期，1935 年。

[10] D. S. Dye, Some Ancient Circles, Squares, Angles and Curves in Earth and in Stone in Szechwan, China, *Journal of the West China Border Research Society*, Vol. Ⅳ. 1930 ～ 1931.

[11] 郑德坤：《华西的史前石器》，《说文月刊》第 3 卷第 7 期，1942 年。

[12] 卫聚贤：《巴蜀文化》，《说文月刊》第 3 卷第 4 期，1941 年。

[13] 商承祚：《成都白马寺出土铜器辨》，《说文月刊》第 3 卷第 7 期，1942 年。

[14] 黄希成：《新津出土蜀王虎钟考略》，《说文月刊》第 3 卷第 12 期，1944 年。

[15] 林向：《近五十年来巴蜀文化与历史的发现与研究》，《巴蜀历史·民族·考古·文化》，巴蜀书社，1991 年。

[16] 四川省文物管理委员会：《成都羊子山土台遗址清理报告》，《考古学报》1957 年第 4 期。

音、广汉中兴横梁子和三星堆遗址[1]，并试掘水观音遗址[2]。1954 年、1958 年还在成都青羊宫发现战国时期的堆积和陶器[3]。1955 年在羊子山发掘的 172 号战国晚期墓[4]是成都平原的一座重要墓葬，另外在成都南郊[5]、天迴山[6]、新繁水观音遗址也有墓葬出土。1959 年在彭县濛阳镇西南的竹瓦街发现 1 号铜器窖藏，出土 21 件青铜器[7]。

60 年代初调查三星堆遗址[8]，1963 年在月亮湾进行了发掘[9]。1965 年发掘成都百花潭 10 号战国墓[10]。另在成都无线电机械工业学校发现战国墓[11]。

70 年代，1976 年在广汉高骈乡一土坑中出土玉石器和铜牌饰[12]。同年在绵竹清道发现的战国独木棺墓[13]，是继百花潭 10 号墓之后的又一座重要墓葬。70 年代还在成都青羊宫出土战国墓[14]，在郫县发现船棺墓[15]。

在这个阶段，成都平原外的荥经、犍为、青川等地也发现战国墓。在川东、重庆，1954—1957 年在巴县冬笋坝和昭化宝轮院发掘了秦举巴蜀前后至西汉初的船棺墓地[16]，1972 年在涪陵小田溪发现 3 座土坑墓[17]。这些成都平原周边

[1]　王家祐、江甸潮：《四川新繁、广汉古遗址调查记》，《考古通讯》1958 年第 8 期。

[2]　四川省博物馆：《四川新繁县水观音遗址试掘简报》，《考古》1959 年第 8 期。

[3]　a. 四川省文物管理委员会：《成都青羊宫古遗址清理简报》，《考古通讯》1956 年第 2 期。b. 四川省博物馆：《成都青羊宫遗址试掘简报》，《考古》1959 年第 8 期。

[4]　四川省文物管理委员会：《成都羊子山第 172 号墓发掘报告》，《考古学报》1956 年第 4 期。

[5]　赖有德：《成都南郊出土的铜器》，《考古》1959 年第 8 期。

[6]　德：《成都天迴山发现三座土坑墓》，《考古》1959 年第 8 期。

[7]　王家祐：《记四川彭县竹瓦街出土的铜器》，《文物》1961 年第 11 期。

[8]　四川大学历史系考古学教研组：《广汉中兴公社古遗址调查简报》，《文物》1961 年第 11 期。此次调查的时间有 1960 年和 1961 年两说。

[9]　马继贤：《广汉月亮湾遗址发掘追记》，《南方民族考古》第 5 辑，成都：四川科学技术出版社，1993 年。

[10]　四川省博物馆：《成都百花潭中学十号墓发掘记》，《文物》1976 年第 3 期。

[11]　四川省文物管理委员会：《成都战国土坑墓发掘简报》，《文物》1982 年第 1 期。

[12]　敖天照、王有鹏：《四川广汉出土商代玉器》，《文物》1980 年第 9 期。

[13]　四川省博物馆　王有鹏：《四川绵竹县船棺墓》，《文物》1987 年第 10 期。

[14]　四川省博物馆：《成都西郊战国墓》，《考古》1983 年第 7 期。

[15]　郫县文化馆：《四川郫县发现战国船棺葬》，《考古》1980 年第 6 期。

[16]　四川省博物馆：《四川船棺葬发掘报告》，北京：文物出版社，1960 年。

[17]　四川省博物馆、重庆市博物馆、涪陵县文化馆：《四川涪陵地区小田溪战国土坑墓清理简报》，《文物》1974 年第 5 期。

的墓葬，和成都平原的考古发现共同成为这个时期考古学的主要研究对象。

1950—1979 年最重要的研究成果，是对巴蜀文化和历史的综合研究，所涉不限于成都平原。如徐中舒论述巴和蜀的历史、经济和文化，探讨船棺葬与巴族的关系[1]。蒙文通依据文献论述巴蜀的区域、分界、小诸侯、史迹、经济和文化等[2]。邓少琴从 50 年代开始即结合巴县、昭化、涪陵小田溪等的考古发现，持续论述巴和蜀的族源、历史、文化、与其他民族的往来等[3]。童恩正据考古发现、历史记载、神话故事和民间传说，讨论巴和蜀的早期历史、国家、民族、社会经济和文化[4]。

这个阶段以考古材料为主的研究增多，并以青铜器研究较为突出。如冯汉骥讨论四川"巴蜀"时期的兵器[5]，徐中舒讨论竹瓦街出土的铜觯[6]，童恩正、龚廷万讨论郫县和万县出土铜戈上的铭文与符号[7]，童恩正还系统研究了包括成都平原在内的我国西南地区的青铜剑和戈[8]。

（三）第三阶段（1980 年至今）

作为第三阶段开端的 1980 年有三项重要工作和发现。一是首次大面积发掘三星堆遗址[9]，此后三星堆遗址的发掘和研究进入一个新时期。二是发掘新

---

[1] 徐中舒：《巴蜀文化初论》，《四川大学学报（社会科学）》1959 年第 2 期；《巴蜀文化续论》，《四川大学学报》1960 年第 1 期。收入《论巴蜀文化》，成都：四川人民出版社，1982 年。

[2] 蒙文通：《巴蜀史的问题》，《四川大学学报（社会科学）》1959 年第 5 期。

[3] 邓少琴：《巴蜀史迹探索》，成都：四川人民出版社，1983 年。

[4] 童恩正：《古代的巴蜀》，成都：四川人民出版社，1979 年。

[5] 冯汉骥：《关于"楚公豪"戈的真伪并略论四川"巴蜀"时期的兵器》，《文物》1961 年第 11 期。

[6] 徐中舒：《四川彭县濛阳镇出土的殷代二觯》，《文物》1962 年第 6 期。

[7] 童恩正、龚廷万：《从四川两件铜戈上的铭文看秦灭巴蜀后统一文字的进步措施》，《文物》1976 年第 7 期。

[8] 童恩正：《我国西南地区青铜剑的研究》，《考古学报》1977 年第 2 期；《我国西南地区青铜戈的研究》，《考古学报》1979 年第 4 期。

[9] 四川省文物管理委员会、四川省博物馆、广汉县文化馆：《广汉三星堆遗址》，《考古学报》1987 年第 2 期。

都马家战国中期大墓[1]，这项发现催生出一批新的研究成果，使学术界对巴蜀文化有了新认识。三是在彭县竹瓦街发现 2 号窖藏，出土 19 件重要铜器[2]。遗址、墓葬和青铜器于 1980 年均有重要新发现，并都推动了后来的发掘和研究。更重要的是从 1980 年以来，成都平原的考古发现层出不穷，引领学术研究不断拓展、深入。

　　1980 年以后发掘的最重要的遗址是三星堆。1980—1986 年共进行 5 次大规模发掘，发现多道城墙等[3]。1986 年的大规模发掘，发现大量房屋遗迹等，同年在三星堆台地发现埋藏丰富的 1、2 号祭祀器物坑[4]。1987 年在仓包包出土玉石器坑[5]，1988 年以来陆续确认城址的东城墙、西城墙、南城墙，1998年在三星堆遗址仁胜村发掘一批土坑墓[6]，2012 年以来在城内西北的青关山发现大型夯土台基和大型建筑基址[7]，2013—2015 年又确认了城址北部的真武宫城墙和马屁股城墙[8]。1988—1990 年还在广汉、什邡、彭县境内的鸭子河、马牧河、石亭江、绵远河流域进行调查，发现、确认多处商周时期的遗址[9]。

　　80 年代发掘的另一个重要遗址是成都十二桥，于 1985—1988 年进行多次发掘，出土大型木构建筑[10]。80 年代以来，在成都市区相继发现一批与十二桥

[1]　四川省博物馆、新都县文物管理所：《四川新都战国木椁墓》，《文物》1981 年第 6 期。

[2]　a. 冯汉骥：《四川彭县出土的铜器》，《文物》1980 年第 12 期。b. 四川省博物馆、彭县文化馆：《四川彭县西周窖藏铜器》，《考古》1981 年第 6 期。

[3]　陈德安：《三星堆遗址考古大事纪要》，《四川文物》2006 年第 3 期。

[4]　四川省文物考古研究所：《三星堆祭祀坑》，北京：文物出版社，1999 年。

[5]　四川省文物考古研究所三星堆工作站、广汉市文物管理所：《三星堆遗址真武仓包包祭祀坑调查简报》，《四川考古报告集》，北京：文物出版社，1998 年。

[6]　四川省文物考古研究所三星堆遗址工作站：《四川广汉市三星堆遗址仁胜村土坑墓》，《考古》2004 年第 10 期。

[7]　a. 雷雨：《四川广汉三星堆遗址 2012～2013 年考古新收获》，《中国重要考古发现（2013）》，北京：文物出版社，2014 年。b. 四川省文物考古研究院：《四川广汉市三星堆遗址青关山一号建筑基址的发掘》，《四川文物》2020 年第 5 期。

[8]　四川省文物考古研究院：《四川广汉市三星堆遗址马屁股城墙发掘简报》，《四川文物》2017 年第 5 期。

[9]　四川省文物考古研究所三星堆工作站、四川省广汉市文管所、什邡县文管所：《四川广汉、什邡商周遗址调查报告》，《南方民族考古》第 5 辑，成都：四川科学技术出版社，1993 年。

[10]　四川省文物考古研究院、成都文物考古研究所：《成都十二桥》，北京：文物出版社，2009 年。

遗址大致同时的遗址，位于抚琴小区、方池街[1]、指挥街[2]、岷山饭店等，因十二桥遗址的发现，这类广泛分布于成都市区故郫江两岸的遗存被命名为十二桥文化[3]。方池街出土的遗物，有的可能还更早，有的属春秋战国时期。

80 年代在成都市区出土的墓葬较多，出土地点有中医学院[4]、金牛区[5]、成都西门外枣子巷[6]、三洞桥青羊小区[7]、京川饭店[8]、无线电机械工业学校[9]、白果林小区[10]、罗家碾[11]等。成都市区以外，在彭县太平公社[12]、大邑五龙[13]出土墓葬，蒲江自 1980 年至 2006 年多次出土战国时期的船棺墓和土坑墓[14]。

90 年代的一项重要发现是 1995 年在成都黄忠村发掘出商周时期的遗存，1999—2000 年在黄忠村的"三合花园"地点发现大型建筑基址[15]。在十二

[1] 成都市博物馆考古队、成都市文物考古研究所：《成都方池街古遗址发掘报告》，《考古学报》2003 年第 2 期。

[2] 四川大学博物馆、成都市博物馆：《成都指挥街周代遗址发掘报告》，《南方民族考古》第 1 辑，成都：四川大学出版社，1987 年。

[3] 孙华：《试论广汉三星堆遗址的分期》，《南方民族考古》第 5 辑，成都：四川科学技术出版社，1993 年。

[4] 成都市博物馆考古队：《成都中医学院战国土坑墓》，《文物》1992 年第 1 期。

[5] 成都市文物管理处：《成都市金牛区发现两座战国墓葬》，《文物》1985 年第 5 期。

[6] 四川省文物管理委员会：《成都市出土的一批战国青铜兵器》，《文物》1982 年第 8 期。

[7] 成都市文物管理处：《成都三洞桥青羊小区战国墓》，《文物》1989 年第 5 期。

[8] 成都市博物馆考古队：《成都京川饭店战国墓》，《文物》1989 年第 2 期。

[9] 成都市博物馆：《成都出土一批战国铜器》，《文物》1990 年第 11 期。

[10] 罗开玉、周尔太：《成都白果林小区四号船棺》，《成都文物》1990 年第 3 期。

[11] 罗开玉、周尔泰：《成都罗家碾发现二座蜀文化墓葬》，《考古》1993 年第 2 期。

[12] 四川省文管会 赵殿增、胡昌钰：《四川彭县发现船棺葬》，《文物》1985 年第 5 期。

[13] 四川省文管会、大邑县文化馆：《四川大邑五龙战国巴蜀墓葬》，《文物》1985 年第 5 期。

[14] a. 龙腾：《四川蒲江县巴族武士船棺》，《考古》1983 年第 12 期。b. 四川省文物管理委员会、蒲江县文物管理所：《蒲江县战国土坑墓》，《文物》1985 年第 5 期。c. 龙腾、李平：《蒲江朝阳乡发现古代巴蜀船棺》，《四川文物》1991 年第 3 期。d. 成都市文物考古工作队、蒲江县文物管理所：《成都市蒲江县船棺墓发掘简报》，《文物》2002 年第 4 期。e. 成都文物考古研究所、蒲江县文物管理所：《蒲江县飞龙村盐井沟古墓葬》，《成都考古发现（2011）》，北京：科学出版社，2013 年。

[15] 成都市文物考古研究所：《成都市黄忠村遗址 1999 年度发掘的主要收获》，《成都考古发现（1999）》，北京：科学出版社，2001 年。

桥附近的新一村又发掘出西周晚期至春秋晚期的遗存[1]。此外，在新都桂林乡[2]、成都核桃村[3]等地发现商代遗址，1991年在上汪家拐发掘出战国时期遗存[4]。

90年代发现的墓葬，在成都市区出自西郊光荣小区[5]、金鱼村[6]、龙泉驿[7]、成都运动创伤研究所[8]、石人小区[9]、水利设计院[10]、金沙巷[11]、新一村。郫县发现一批战国至西汉的土坑墓[12]。最重要的是首次在成都平原发现大型墓地，即1988—2002年经23次发掘的春秋末期到西汉的什邡城关墓地[13]。另外，1992年在四川茂县南新镇牟托村发现一座东周石棺墓[14]，它虽位于川西高原且为石棺葬，但与成都平原有关联。

90年代以来，在成都平原还发现了8座新石器时代的城址，并由此确立

[1]　成都市文物考古研究所：《成都十二桥遗址新一村发掘简报》，《成都考古发现（2002）》，北京：科学出版社，2004年。

[2]　成都市文物考古工作队、新都县文物管理所：《四川新都县桂林乡商代遗址发掘简报》，《文物》1997年第3期。

[3]　成都市文物考古工作队：《成都市核桃村商代遗址发掘简报》，《文物》2003年第4期。

[4]　成都市文物考古队、四川大学历史系：《成都市上汪家拐街遗址发掘报告》，《南方民族考古》第5辑，成都：四川科学技术出版社，1993年。

[5]　成都市文物考古工作队、成都市文物考古研究所：《成都市光荣小区土坑墓发掘简报》，《文物》1998年第11期。

[6]　成都市文物考古工作队：《成都西郊金鱼村发现的战国土坑墓》，《文物》1997年第3期。

[7]　成都市文物考古研究所、龙泉驿区文物管理所：《成都龙泉驿区北干道木椁墓群发掘简报》，《文物》2000年第8期。

[8]　谢涛：《成都运动创伤研究所发现土坑墓》，《成都文物》1993年第3期。

[9]　成都市文物考古研究所、成都市文物考古工作队：《成都西郊石人小区战国土坑墓发掘简报》，《文物》2002年第4期。

[10]　成都市文物考古工作队：《成都西郊省水利设计院土坑墓清理简报》，《考古与文物》2000年第4期。

[11]　成都市文物考古工作队：《成都市金沙巷战国墓清理简报》，《文物》1997年第3期。

[12]　成都市文物考古研究所、郫县博物馆：《郫县风情园及花园别墅战国至西汉墓群发掘报告》，《成都考古发现（2002）》，北京：科学出版社，2004年。

[13]　四川省文物考古研究院、德阳市文物考古研究所、什邡市博物馆：《什邡城关战国秦汉墓地》，北京：文物出版社，2006年。

[14]　茂县羌族博物馆、成都文物考古研究所、阿坝藏族羌族自治州文物管理所：《茂县牟托一号石棺墓》，北京：文物出版社，2012年。

了宝墩文化。1995 年最早确认新津宝墩城[1]，1996 年确认了都江堰芒城[2]、郫县古城[3]、温江鱼凫城[4]、崇州双河城[5]，1997 年发现崇州紫竹城[6]，2002—2003 年发现大邑高山古城[7] 和盐店城[8]。有些遗址虽然过去已发现，如 50 年代即在宝墩遗址做过调查，但在 90 年代才被确认为城址。对各城址的考古发掘持续至 21 世纪。这批城址不属青铜时代，但它们构成了青铜时代文化和社会发展的基础，学界对青铜时代的研究也多追述至此。与这批城址同时期的遗址还有很多，如成都南郊十街坊遗址[9]、西郊化城村遗址[10]、青白江区三星村遗址[11] 等。新石器时代的遗址在成都市区、郫县、新都等地广泛分布。

2000 年是考古发现的又一个关键年，2000 年及此后的重大发现有三项。

一是 2000 年发掘成都商业街合葬墓[12]。这座可能为东周时期当地统治者及其家族的墓葬出土 17 具独木葬具，原有葬具可能超过 32 具，这是目前在成都平原发现的规模最大的墓葬。

---

[1]　成都市文物考古工作队、四川联合大学考古教研室、新津县文管所：《四川新津县宝墩遗址调查与试掘》，《考古》1997 年第 1 期。

[2]　成都市文物考古工作队、都江堰市文物局：《四川都江堰市芒城遗址调查与试掘》，《考古》1999 年第 7 期。

[3]　成都市文物考古工作队、郫县博物馆：《四川省郫县古城遗址调查与试掘》，《文物》1999 年第 1 期。

[4]　成都市文物考古工作队、四川联合大学历史系考古教研室、温江县文管所：《四川省温江县鱼凫村遗址调查与试掘》，《文物》1998 年第 12 期。

[5]　成都市文物考古工作队：《四川崇州市双河史前城址试掘简报》，《考古》2002 年第 11 期。

[6]　叶茂林、李明斌：《崇州市紫竹古城》，《中国考古学年鉴（2001）》，北京：文物出版社，2002 年。

[7]　陈剑：《大邑县盐店和高山新石器时代古城遗址》，《中国考古学年鉴（2004）》，北京：文物出版社，2005 年。

[8]　成都文物考古研究所、大邑县文物管理所：《大邑县盐店古城遗址 2002～2003 年发掘简报》，《成都考古发现（2014）》，北京：科学出版社，2016 年。

[9]　成都市文物考古研究所：《成都市南郊十街坊遗址年度发掘纪要》，《成都考古发现（1999）》，北京：科学出版社，2001 年。

[10]　成都市文物考古研究所：《成都市西郊化城村遗址 1999 年度发掘报告》，《成都考古发现（1999）》，北京：科学出版社，2001 年。

[11]　成都文物考古研究所、青白江区文物保护管理所：《成都市青白江区三星村遗址试掘简报》，《成都考古发现（2004）》，北京：科学出版社，2006 年。

[12]　成都文物考古研究所：《成都商业街船棺葬》，北京：文物出版社，2009 年。

二是 2001 年在黄忠村以西的青羊区金沙村发现祭祀遗存[1]，由此开始了对金沙遗址的大规模发掘。全今已在金沙遗址范围内的 70 余个地点进行了考古发掘，其中较重要的地点有"梅苑""兰苑""置信金沙园""人防""芙蓉园""金沙地带""蜀风花园""雍锦湾""国际花园""万博""春雨花间""星河路""黄河"等。金沙被认为是成都平原青铜时代的又一个中心。在金沙遗址的西北部、北部也发现同时期的遗址点。这些遗址点的遗存有墓葬和各类生活遗迹。金沙也有新石器时代遗址[2]，或遗址中有宝墩文化时期的遗存。

金沙遗址还有晚于祭祀遗存的春秋时期墓葬，大多位于祭祀区以西，重要墓地有"黄河"地点[3]、"人防"地点[4]、"国际花园"地点[5]、"星河路"地点[6]等。这些墓葬文化面貌独特，在一定程度上填补了成都平原少见春秋时期遗存的空白。

三是继续发现大型墓地。2011—2012 年在德阳罗江周家坝发掘战国中晚期到西汉早期墓葬 83 座[7]，2015—2016 年在成都青羊区清江东路张家墩发掘战国秦汉墓 195 座[8]，2016—2018 年在成都青白江双元村发掘东周墓葬 270 座[9]。

---

[1]　成都市文物考古研究所：《成都金沙遗址 I 区"梅苑"地点发掘一期简报》，《文物》2004 年第 4 期。

[2]　成都市文物考古工作队、成都市文物考古研究所：《成都市西郊金沙村龙山时代遗址试掘》，《华夏考古》2002 年第 3 期。

[3]　成都文物考古研究所：《成都市金沙遗址"黄河"地点墓葬发掘简报》，《成都考古发现（2012）》，北京：科学出版社，2014 年。

[4]　成都市文物考古研究所：《金沙村遗址人防地点发掘简报》，《成都考古发现（2003）》，北京：科学出版社，2005 年。

[5]　成都文物考古研究所：《金沙遗址"国际花园"地点发掘简报》，《成都考古发现（2004）》，北京：科学出版社，2006 年。

[6]　成都文物考古研究所：《金沙遗址星河路西延线地点发掘简报》，《成都考古发现（2008）》，北京：科学出版社，2010 年。

[7]　刘章泽、张生刚、徐伟：《四川德阳罗江周家坝战国船棺墓地》，《中国重要考古发现（2012）》，北京：文物出版社，2013 年。

[8]　易立、杨波：《四川成都张家墩战国秦汉墓地》，《中国重要考古发现（2016）》，北京：文物出版社，2017 年。

[9]　成都文物考古研究院、青白江区文物保护中心：《四川成都双元村东周墓地一五四号墓发掘》，《考古学报》2020 年第 3 期。

21 世纪还有其他零散的发现。东周遗存见于成都金河路[1]、下东大街[2]、青羊小区小南街[3]，以及彭州龙泉村[4]、新都斑竹园镇大江村[5]等。较重要的墓葬发现于成都文庙西街[6]、青龙乡[7]、凉水井街[8]、天府广场[9]，以及新都同盟村[10]、三星堆青关山[11]等。

在第三阶段，成都平原相邻地区的荥经、犍为，四川盆地周边的青川、石棉、宜宾、昭通等地出土大批墓葬，它们与成都平原的墓葬相同或相近。川东、重庆有很多重要考古发现，如涪陵小田溪和昭化宝轮院墓地出土新的墓葬，新发掘宣汉罗家坝墓地和渠县城坝遗址，1997 年以来因三峡工程而在峡江地区发现大量遗址和墓地。这些材料对于研究成都平原的青铜时代也不可或缺。

1980 年以来的研究成果众多，主要包括以下方面。

---

[1] 成都文物考古研究院：《成都金河路古遗址发掘报告》，《成都考古发现（2015）》，北京：科学出版社，2017 年。

[2] 成都文物考古研究所：《成都市下东大街遗址战国时期文化遗存清理简报》，《成都考古发现（2009）》，北京：科学出版社，2011 年。

[3] 成都文物考古研究所：《成都市青羊区小南街古遗址发掘简报》，《成都考古发现（2013）》，北京：文物出版社，2015 年。

[4] 成都文物考古研究所、彭州市博物馆：《四川彭州市龙泉村遗址战国遗存》，《考古》2007 年第 4 期。

[5] 成都文物考古研究所、新都区文物管理所、北京联合大学：《成都市新都区大江村遗址勘探试掘简报》，《成都考古发现（2011）》，北京：科学出版社，2013 年。

[6] 成都市文物考古研究所：《成都市文庙西街战国墓葬发掘简报》，《成都考古发现（2003）》，北京：科学出版社，2005 年。

[7] 成都市文物考古研究所：《成都市青龙乡海滨村墓葬发掘简报》，《成都考古发现（2003）》，北京：科学出版社，2005 年。

[8] 成都文物考古研究所：《凉水井街战国墓出土的青铜器》，《成都考古发现（2004）》，北京：科学出版社，2006 年。

[9] 成都文物考古研究所：《成都市博物馆新址发掘简报》，《成都考古发现（2009）》，北京：科学出版社，2011 年。

[10] 成都文物考古研究所、新都区文物管理所：《成都市新都区同盟村遗址商周时期遗存发掘简报》，《四川文物》2015 年第 5 期。

[11] 四川省文物考古研究院：《四川广汉市三星堆遗址青关山战国墓发掘简报》，《四川文物》2015 年第 4 期。

1. 综合性研究

综合性研究主要体现在专著中。20 世纪 80 年代初有一批研究巴蜀文化和历史的论著集中出版，其中包括 80 年代以前的一些研究成果。如在上两个阶段已提及的顾颉刚的《论巴蜀与中原的关系》、徐中舒的《论巴蜀文化》、邓少琴的《巴蜀史迹探索》，又有蒙文通的研究巴蜀历史和文化的《巴蜀古史论述》[1]，任乃强探讨蜀人氏系、蜀羌关系、巴族兴亡的《四川上古史新探》[2]，邓少琴论述巴蜀传说、史迹、部族、社会、科技和文化的《巴蜀史稿》[3]。另外，董其祥的《巴史新考》[4]涉及巴与蜀、越的关系，蒙默等所撰的地方史专著《四川古代史稿》[5]中也有巴蜀文化与历史的内容。

90 年代，综合性研究的重点由文献转为考古学研究，主题多为考古学文化的源流、分期、特征和相互关系等，涉及面也不限于成都平原。如宋治民的《蜀文化与巴文化》[6]讨论巴和蜀两个文化的渊源、分布、相互关系、与其他文化的交流；之后的《蜀文化》[7]梳理四川地区从新石器时代到战国时期的遗存，论述蜀文化的命名、分布、渊源和分期编年。陈德安、魏学峰、李伟纲的《三星堆——长江上游文明中心探索》[8]概述三星堆遗址的重要发现，围绕三星堆讨论族属、宗教、城市文明等问题。段渝的《政治结构与文化模式——巴蜀古代文明研究》[9]讨论巴蜀文化的政治制度、文化演进、文字、与中原和楚文化的关系等；《酋邦与国家起源：长江流域文明起源比较研究》[10]也论及成

[1]　蒙文通：《巴蜀古史论述》，成都：四川人民出版社，1981 年。

[2]　任乃强：《四川上古史新探》，成都：四川人民出版社，1986 年。

[3]　邓少琴：《巴蜀史稿》，《邓少琴西南民族史地论集》（上），成都：巴蜀书社，2001 年。

[4]　董其祥：《巴史新考》，重庆出版社，1983 年。

[5]　蒙默、刘琳、唐光沛、胡昭曦、柯建中：《四川古代史稿》，成都：四川人民出版社，1988 年。

[6]　宋治民：《蜀文化与巴文化》，成都：四川大学出版社，1998 年。

[7]　宋治民：《蜀文化》，北京：文物出版社，2008 年。

[8]　陈德安、魏学峰、李伟纲：《三星堆——长江上游文明中心探索》，成都：四川人民出版社，1998 年。

[9]　段渝：《政治结构与文化模式——巴蜀古代文明研究》，上海：学林出版社，1999 年。

[10]　段渝：《酋邦与国家起源：长江流域文明起源比较研究》，北京：中华书局，2007 年。

都平原的古代族群、文化和社会。2000 年后，孙华的《四川盆地的青铜时代》[1]探讨四川盆地青铜文化的年代、类型与渊源、重要遗迹、典型遗物等，还着重通过文献探讨巴和蜀的渊源与历史。霍巍、王挺之主编的《长江上游早期文明的探索》[2]，汇集了研究巴蜀文化的信仰、渊源、融合、体系、民族迁移等方面的成果。赵殿增、李明斌的《长江上游的巴蜀文化》[3]论述巴蜀文化的特征、分期、分布、与其他文化的关系。赵殿增的《三星堆文化与巴蜀文明》[4]专论三星堆文化与巴蜀文明。黄尚明的《蜀文化研究》[5]论述四川地区东周时期到西汉初遗存的特点，以及这一时段的文化特征、演变和文化交流。张擎的《古蜀文明》[6]论述成都平原东周时期的重要考古发现及相关认识。

2002—2003 年巴蜀书社出版三星堆文明丛书，有黄剑华著《古蜀的辉煌——三星堆文化与古蜀文明的遐想》，江章华、李明斌著《古国寻踪——三星堆文化的兴起及其影响》，孙华、苏荣誉著《神秘的王国——对三星堆文明的初步理解和解释》，西江清高主编《扶桑与若木——日本学者对三星堆文明的新认识》，罗泰主编《奇异的凸目——西方学者看三星堆》。这套丛书对三星堆的考古发现进行了全面的研究，涵盖了物质、技术、精神等各个方面，以及三星堆时期的文化、社会和国家。除对三星堆文明的具体理解外，中国、日本和西方的学者还展示出了不同的研究视角。

海外学者也有专著。如美国学者贝格立主编的《古代四川》[7]讲述四川古代文明，包括巴蜀考古的发现与研究。日本学者成家徹郎的《古蜀史》[8]，讨论"巴""蜀"的起源等。

[1]　孙华：《四川盆地的青铜时代》，北京：科学出版社，2000 年。

[2]　霍巍、王挺之主编：《长江上游早期文明的探索》，成都：巴蜀书社，2002 年。

[3]　赵殿增、李明斌：《长江上游的巴蜀文化》，武汉：湖北教育出版社，2004 年。

[4]　赵殿增：《三星堆文化与巴蜀文明》，南京：江苏教育出版社，2005 年。

[5]　黄尚明：《蜀文化研究》，武汉：华中师范大学出版社，2007 年。

[6]　张擎：《古蜀文明》，成都传媒集团、成都时代出版社，2009 年。

[7]　*Ancient Sichuan, Treasures from a Lost Civilization*, Edited By Robert Bagley, Seattle Art Museum, Princeton University Press. 2001.

[8]　成家徹郎：《古蜀史》，大東文化大学人文科学研究所，2017 年。

2. 文化谱系

文化谱系是最基础、研究最持久的一个领域，又可细分为三个方面。

（1）侧重讨论文化或遗存的内涵、性质、年代、分期、源流。主要有宋治民 [1]、赵殿增 [2]、沈仲常、黄家祥 [3]、林向 [4]、王毅 [5]、佟柱臣 [6]、李复华、王家佑 [7]、王燕芳 [8]、李明斌 [9]、孙华 [10]、美国学者史蒂芬·塞奇 [11]、江章华 [12]、李安民 [13]、沈长云 [14]、段渝 [15] 等学者的研究。还有一些研究涉及文化特征，如王

[1] 宋治民：《关于蜀文化的几个问题》，《考古与文物》1983 年第 2 期；《早期蜀文化分期的再探讨》，《考古》1990 年第 5 期；《从三星堆的新发现看早期蜀文化》，《巴蜀历史·民族·考古·文化》，成都：巴蜀书社，1991 年；《试论蜀文化和巴文化》，《考古学报》1999 年第 2 期；《再论蜀文化的渊源》，《成都文物》2003 年第 3 期；《蜀文化研究的几个问题》，《南方民族考古》第 7 辑，北京：科学出版社，2011 年。

[2] 赵殿增：《四川原始文化类型初探》，《中国考古学会第三次年会论文集》，北京：文物出版社，1984 年；《巴蜀文化的考古学分期》，《中国考古学会第四次年会论文集》，北京：文物出版社，1985 年；《三星堆考古发现与巴蜀古史研究》，《四川文物》1992 年"三星堆古蜀文化研究专辑"；《略论古蜀文明的形态特征》，《中华文化论坛》2005 年第 4 期。

[3] 沈仲常、黄家祥：《从新繁水观音遗址谈早期蜀文化的有关问题》，《四川文物》1984 年第 2 期。

[4] 林向：《成都平原早期蜀文化遗存试析》，《成都文物》1988 年第 3 期；《"巴蜀文化"辩证》，《巴蜀文化研究》第 3 辑，成都：巴蜀书社，2006 年。

[5] 王毅：《蜀文化发展渊源的探索》，《成都大学学报（社会科学版）》1988 年第 1 期。

[6] 佟柱臣：《巴与蜀考古文化对象的考察》，《南方民族考古》第 2 辑，成都：四川科学技术出版社，1990 年。

[7] 李复华、王家佑：《巴蜀文化的分期和内涵试说》，《巴蜀历史·民族·考古·文化》，成都：巴蜀书社，1991 年。

[8] 王燕芳：《试论巴蜀文化与原始文化的关系》，《四川文物》1995 年第 6 期。

[9] 李明斌：《成都地区战国考古学遗存初步研究》，《四川文物》1999 年第 3 期；《先蜀文化的初步探讨》，《四川文物》2001 年第 3 期。

[10] 孙华：《四川盆地青铜文化初论》《成都平原的先秦文化》，《四川盆地的青铜时代》，北京：科学出版社，2000 年。

[11] 〔美〕史蒂芬·塞奇：《古代四川的分期及其意义》，《四川文物》2001 年第 3 期。

[12] 江章华、王毅、张擎：《成都平原先秦文化初论》，《考古学报》2002 年第 1 期。

[13] 李安民：《巴蜀文化结构初论——巴蜀文化的文化学研究》，《四川文物》2007 年第 5 期。

[14] 沈长云：《论古蜀文明的起源与其特征》，《中华文化论坛》2010 年第 3 期。

[15] 段渝：《先秦成都平原的历史与文明》，《成都文物》2010 年第 3、4 期。

林[1]、施劲松[2]论述先秦时期的建筑，王仁湘讨论古蜀的方位系统[3]。另有刘弘讨论巴蜀的战争和军备[4]等。

（2）侧重讨论成都平原区域文化中心的形成。如段渝[5]、林向[6]、江章华[7]、杨荣新[8]、赵志立[9]等学者的探讨。

（3）考古材料与古史传说相结合的研究，这方面的成果非常多，如李学勤[10]、林向[11]等学者的论述。相关的还包括族属研究，如林向[12]、孙华[13]、罗二虎[14]、范勇[15]、杨铭[16]等围绕蜀人的讨论。

[1] 王林：《川西平原先秦时期建筑初论》，《成都文物》2010 年第 3 期。

[2] 施劲松：《成都平原先秦时期的房址——兼谈十二桥遗址的木构建筑》，《南方文物》2019 年第 5 期。

[3] 王仁湘：《四正与四维：考古所见中国早期两大方位系统——由古蜀时代的方位系统说起》，《四川文物》2011 年第 5 期。

[4] 刘弘：《巴蜀戎事考》，《四川文物》2006 年第 1 期。

[5] 段渝：《论巴蜀地理对文明起源的影响》，《四川大学学报（哲学社会科学版）》1988 年第 2 期。

[6] 林向：《论古蜀文化区——长江上游的古代文明中心》，《三星堆与巴蜀文化》，成都：巴蜀书社，1993 年。

[7] a. 江章华、尹建华、谢辉：《巴蜀文化区的形成及其进一步趋同发展的历史过程》，《中华文化论坛》2001 年第 4 期。b. 江章华：《从考古材料看四川盆地在中华文明形成与发展过程中的地位》，《中华文化论坛》2005 年 4 期。

[8] 杨荣新：《成都平原是长江上游的古代文明中心》，《中国历史文物》2003 年第 4 期。

[9] 赵志立：《"蚕丛和鱼凫，开国何茫然"——从传播学角度看古巴蜀文化的演进》，《中华文化论坛》2010 年第 3 期。

[10] 李学勤：《三星堆与蜀国古史传说》，《华夏文明》第 3 集，北京大学出版社，1992 年；《〈帝系〉传说与蜀文化》，《四川文物》1992 年 "三星堆古蜀文化研究专辑"。

[11] 林向：《说"鱼凫"——文献记载与考古发现的相互印证》，《长江文明》第 7 辑，河南人民出版社，2011 年。

[12] 林向：《周原卜辞中的"蜀"——兼论"早期蜀文化"与岷江上游石棺葬的族属之二》，《考古与文物》1985 年第 6 期。

[13] 孙华：《蜀人渊源考》，《四川文物》1990 年第 4、5 期。

[14] 罗二虎：《论三星堆文化居民的族属》，《巴蜀历史·民族·考古·文化》，成都：巴蜀书社，1991 年。

[15] 范勇：《试论早蜀文化的渊源及族属》，《三星堆与巴蜀文化》，成都：巴蜀书社，1993 年。

[16] 杨铭：《试论氐与蜀的关系》，《三星堆与巴蜀文化》，成都：巴蜀书社，1993 年。

3. 三星堆遗址与三星堆文化

这一领域的研究同样可以分为三个方面。

（1）三星堆遗址和城址研究。随着对三星堆遗址调查和发掘取得新成果，这方面的研究也不断深入，并有不同侧重点。

一是对遗址和遗存的基本认识、性质判定和断代分期，如陈显丹[1]、林向[2]、杨荣新[3]、孙智彬[4]、黄家祥[5]、陈德安[6]、宋治民[7]、孙华[8]、李明斌[9]、李维明[10]等的研究。

二是关于城址的布局和建筑，如陈显丹[11]、陈德安、杨剑[12]、杜金鹏[13]的研究。

三是侧重于讨论城址与文明的关系，以及三星堆在成都平原青铜时代的地

[1]　陈显丹：《论广汉三星堆遗址的性质》，《四川文物》1988 年第 4 期；《广汉三星堆遗址发掘概况、初步分期——兼论"早蜀文化"的特征及其发展》，《南方民族考古》第 2 辑，成都：四川科学技术出版社，1990 年。

[2]　林向：《三星堆遗址与殷商的西土——兼释殷墟卜辞中的"蜀"的地理位置》，《四川文物》1989 年"三星堆遗址研究专辑"。

[3]　杨荣新：《早期蜀文化与广汉三星堆遗址》，《四川文物》1989 年"广汉三星堆遗址研究专辑"。

[4]　孙智彬：《三星堆遗址性质补证》，《四川文物》1989 年"广汉三星堆遗址研究专辑"。

[5]　黄家祥：《〈广汉三星堆遗址〉的初步分析》，《考古》1990 年第 11 期。

[6]　陈德安：《三星堆遗址》，《四川文物》1991 年第 1 期。

[7]　宋治民：《论三星堆遗址及相关问题》，《三星堆与巴蜀文化》，成都：巴蜀书社，1993 年。

[8]　孙华：《试论广汉三星堆遗址的分期》，《南方民族考古》第 5 辑，成都：四川科学技术出版社，1993 年。

[9]　李明斌：《广汉月亮湾遗存试析》，《华夏考古》1999 年第 1 期。

[10]　李维明：《试析三星堆遗址》，《四川文物》2003 年第 5 期。

[11]　陈显丹：《浅析三星堆古城布局》，《夏商周方国文明国际学术研讨会论文集（2014 中国广汉）》，北京：科学出版社，2015 年。

[12]　陈德安、杨剑：《三星堆遗址商代城址的调查与认识》，《夏商周方国文明国际学术研讨会论文集（2014 中国广汉）》，北京：科学出版社，2015 年。

[13]　杜金鹏：《三星堆遗址青关山一号建筑基址初探》，《四川文物》2020 年第 5 期。

位。如葛岩、凯瑟琳·M.林道夫 [1]、段渝 [2]、贝格勒 [3]、罗二虎 [4]、陈显丹 [5]、高大伦、郭明 [6] 等的论述。此外，郭发明还讨论城的兴废 [7]，王齐阐述了三星堆这类缺乏文字背景的考古材料之于建构历史图景的意义 [8]。施劲松基于三星堆祭祀坑的最新发现，阐释了考古学研究的意义与开放性 [9]。

（2）祭祀器物坑研究。三星堆的 1、2 号坑一经发现便引发热烈讨论，坑的年代、性质、两个坑的关系、坑中遗物的含义成为最基本的问题，对它们的认识又直接影响到对文化面貌、社会特点、宗教信仰和区域交流等更多方面的理解。围绕 1、2 号坑的基本问题，学术界百家争鸣、观点纷呈，相关争论成为学术史上最吸引人的部分。参与这方面讨论的学者先后主要有陈显丹、陈德

[1] 〔美〕葛岩、凯瑟琳·M.林道夫：《三星堆：中国西南新发现的青铜时代遗址》，《四川文物》1991 年第 6 期。

[2] 段渝：《巴蜀早期城市的起源》，《三星堆与巴蜀文化》，成都：巴蜀书社，1993 年。

[3] a.〔美〕罗伯特·W.贝格勒：《四川商城》，《三星堆与巴蜀文化》，成都：巴蜀书社，1993 年。
 b.〔美〕罗伯特·贝格勒：《四川的商代蜀城》，《四川文物》1995 年第 6 期。

[4] 罗二虎：《长江流域早期城市初论》，《文物》2013 年第 2 期。

[5] 陈显丹：《三星堆文明与三星堆古城》，《"城市与文明"学术研讨会论文集》，上海古籍出版社，2016 年。

[6] 高大伦、郭明：《三星堆遗址古文明的长度宽度和高度》，《四川文物》2016 年第 4 期。

[7] 郭发明：《谈三星堆古城的兴废和水的关系》，《四川水利》1994 年第 6 期。

[8] 王齐、施劲松：《三星堆启示录》，《南方民族考古》第 7 辑，北京：科学出版社，2011 年。

[9] 施劲松：《面向"未来"的"历史"建构》，《读书》2020 年第 5 期。

安[1]、张明华[2]、宋治民[3]、徐朝龙[4]、胡昌钰、蔡革[5]、孙华[6]、赵殿增[7]、徐自强[8]、李安民[9]、诺埃尔·巴纳德[10]、彭明瀚[11]、王仁湘[12]、徐学书[13]、林小安[14]、李伯谦[15]、张肖马[16]、王燕芳等[17]、樊一、陈煦[18]、高大伦[19]、张增祺[20]、

[1] a. 陈显丹、陈德安：《试析三星堆遗址商代一号坑的性质及有关问题》，《四川文物》1987年第4期。b. 陈显丹：《广汉三星堆一、二号坑两个问题的探讨》，《文物》1989年第5期；《三星堆一、二号坑几个问题的研究》，《四川文物》1989年"广汉三星堆遗址研究专辑"；《广汉三星堆遗址一、二号坑的时代、性质的再讨论》，《四川文物》1997年第4期。

[2] 张明华：《三星堆祭祀坑会否是墓葬》，《中国文物报》1989年6月2日。

[3] 宋治民：《广汉三星堆一号、二号祭祀坑几个问题的探讨》，《南方民族考古》第3辑，成都：四川科学技术出版社，1991年；《论三星堆遗址及相关问题》，《三星堆与巴蜀文化》，成都：巴蜀书社，1993年。

[4] 徐朝龙：《三星堆"祭祀坑说"唱异——兼谈鱼凫和杜宇之关系》，《四川文物》1992年第5、6期。

[5] 胡昌钰、蔡革：《鱼凫考——也谈三星堆遗址》，《四川文物》1992年"三星堆古蜀文化研究专辑"。

[6] 孙华：《关于三星堆器物坑若干问题的辩证》，《四川文物》1993年第4、5期；《三星堆器物坑的年代及性质分析》，《文物》1993年第11期；《再论三星堆器物坑的年代和性质》，《史前研究》（2006），西安：陕西师范大学出版社，2007年；《三星堆器物坑的埋藏问题——埋藏年代、性质、主人和背景》，《南方民族考古》第9辑，北京：科学出版社，2013年。

[7] 赵殿增：《三星堆祭祀坑文物研究》，《三星堆与巴蜀文化》，成都：巴蜀书社，1993年。

[8] 徐自强：《广汉、安阳祭祀坑比较研究》，《三星堆与巴蜀文化》，成都：巴蜀书社，1993年。

[9] 李安民：《论广汉三星堆一、二号祭祀坑非同一民族所为及相关问题》，《三星堆与巴蜀文化》，巴蜀书社，1993年；《广汉三星堆一号、二号祭祀坑所反映的祭祀内容、祭祀习俗研究》，《四川文物》1994年第4期。

[10] 〔澳〕诺埃尔·巴纳德：《对广汉埋葬坑青铜器及其它器物之意义的初步认识》，《南方民族考古》第5辑，成都：四川科学技术出版社，1993年。

[11] 彭明瀚：《四川广汉三星堆商代祭祀坑为农业祭祀说》，《农业考古》1994年第1期。

[12] 王仁湘：《从月亮湾到三星堆——葬物坑为盟誓遗迹说》，《文物天地》1994年第6期。

[13] 徐学书：《三星堆遗址"祭祀坑"年代为春秋说》，《社会科学研究》1995年第1期。

[14] 林小安：《三星堆商代器物坑探幽》，《文物天地》1995年第3期。

[15] 李伯谦：《从对三星堆青铜器年代的不同认识谈到如何正确理解和运用"文化滞后"理论》，《四川考古论文集》，北京：文物出版社，1996年。

[16] 张肖马：《"祭祀坑说"辨析》，《四川考古论文集》，北京：文物出版社，1996年。

[17] a. 王燕芳、王家祐、李复华：《论广汉三星堆两座窖藏坑的性质及其相关问题》，《四川文物》1996年增刊《四川考古研究论文集》。b. 王燕芳：《四川西部三种文化类型及其相关问题》，《四川考古论文集》，北京：文物出版社，1996年。

[18] 樊一、陈煦：《封禅考——兼论三星堆两坑性质》，《四川文物》1998年第1期。

[19] 高大伦：《古蜀国鱼凫世钩沉》，《四川文物》1998年第3期。

[20] 张增祺：《关于三星堆二号"祭祀坑"出土文物的定名、用途及时代问题》，《考古》1999年第4期。

冯广宏[1]、施劲松[2]等。这方面的研究观点分歧，而且涉及解释的方法，对此第二章会进一步讨论。

（3）器物坑出土遗物研究。对器物坑的研究自然都涉及遗物，但1、2号坑出土的遗物丰富、奇特，故而另有大量专门的研究，几乎涵盖了所有类别的遗物，举例如下。

铜立人像。2号坑的立人像是最引人关注的青铜器，沈仲常[3]、黄家祥[4]、王政[5]、王仁湘[6]等重点探讨立人像的身份及其反映的宗教、社会等问题，立人像多被释为群巫之长、一代蜀王，或是太阳神、地神。王予、王亚蓉还研究立人像的服饰[7]，蔡革[8]、黄剑华[9]对三星堆文化的服饰也有讨论。

铜人像、面具。1、2号坑中有各型人像、头像和面具。李松[10]、林向[11]、范小平[12]等讨论人像的艺术造型，张波讨论人像的神性与王权[13]，王晖讨论人头像的性质[14]。针对人像中的1件兽首冠像，胡昌钰、孙亚樵[15]、刘弘等[16]有专

[1]　冯广宏：《三星堆遗址鱼凫说质疑》，《四川文物》2002年第5期。

[2]　a. 施劲松：《三星堆器物坑的再审视》，《考古学报》2004年第2期。b. Shi Jinsong, Style and belief: A Study of the discovery of Sanxingdui, in *Bronze Age China: Style and Material*, Cambridge Scholars Publishing, 2010.

[3]　沈仲常：《三星堆二号祭祀坑青铜立人像初记》，《文物》1987年第10期。

[4]　黄家祥：《三星堆遗址二号坑出土青铜立人像试释》，《华夏考古》1994年第2期。

[5]　王政：《三星堆青铜立人新考》，《天府新论》2002年第1期。

[6]　王仁湘：《三星堆青铜立人冠式的解读与复原——兼说古蜀人的眼睛崇拜》，《四川文物》2004年第4期；《三星堆出土青铜高台立人像观瞻小记》，《中华文化论坛》2005年第4期。

[7]　王予、王亚蓉：《广汉出土青铜立人像服饰管见》，《文物》1993年第9期。

[8]　蔡革：《从广汉三星堆祭祀坑出土文物看当时蜀人的服饰特征》，《四川文物》1995年第2期。

[9]　黄剑华：《三星堆服饰文化探讨》，《四川文物》2001年第2期。

[10]　李松：《广汉青铜人物群雕的美术史价值》，《三星堆与巴蜀文化》，成都：巴蜀书社，1993年。

[11]　林向：《三星堆青铜艺术的人物造型研究》，《中华文化论坛》2000年第3期。

[12]　范小平：《三星堆与商周青铜人像造型艺术研究》，《四川文物》2001年第2期。

[13]　张波：《神性与王权——三星堆青铜塑像》，《华夏文化》2001年第4期。

[14]　王晖：《三星堆青铜人头像性质与楚史书〈梼杌〉名源考》，《考古与文物》2008年第5期。

[15]　胡昌钰、孙亚樵：《对三星堆祭祀坑出土的铜"兽首冠人像"等器物的研究》，《史前研究》（2006），西安：陕西师范大学出版社，2007年。

[16]　刘弘、刘珂、李媛：《三星堆象头冠与中印象头神之比较》，《中华文化论坛》2015年第1期。

门研究。陈德安[1]、刘士莪、黄尚明[2] 又专论面具。在这类研究中，人头像一般被认为代表不同的民族、部族或阶层的首领，也有观点认为是神祇；面具为道具，或代表祖先等。

铜凸目面像。2 号坑出土的凸目面像十分奇特，徐学书[3]、范小平[4]、巴家云[5]、王纪潮[6]、杨明洪[7]、金秉骏[8]、孙华[9] 等都对它进行专门研究，其中对表现对象和艺术风格的探讨较多，有的研究将面具解释为祖先神。

铜眼形器。2 号坑中的眼形器种类和数量都很多，朱亚蓉[10]、高大伦[11]、刘章泽[12] 等讨论这类特别器物的内涵，或认为表现祖先神，或认为与太阳崇拜有关。

铜人身形器。2 号坑出土 1 件人身形铜器，含义难解。胡昌钰、耿宗惠解释为"太阳归宿之所"[13]，王炜释为剑鞘[14]。

铜树。神树是 2 号坑中最重要、奇特的铜器，研究三星堆多会涉及于此。

[1] 陈德安：《三星堆祭祀坑出土青铜面具研究》，《四川文物》1992 年"三星堆古蜀文化研究专辑"。

[2] 刘士莪、黄尚明：《商周面具初探》，《考古与文物》1993 年第 6 期。

[3] 徐学书：《关于三星堆出土青铜人面神像之探讨》，《四川文物》1989 年"广汉三星堆遗址研究专辑"。

[4] 范小平：《广汉商代纵目青铜面像研究》，《四川文物》1989 年"广汉三星堆遗址研究专辑"；《论三星堆纵目的青铜面像》，《四川文物》1998 年第 1 期。

[5] 巴家云：《三星堆遗址青铜"纵目"人面像研究——兼和范小平同志商榷》，《四川文物》1991 年第 2 期。

[6] 王纪潮：《三星堆纵目式青铜面具的人类学意义》，《四川文物》1994 年第 6 期。

[7] 杨明洪：《纵目青铜人像的民族学观察》，《四川文物》1994 年第 6 期。

[8] 〔韩〕金秉骏：《三星堆出土青铜大型面具口部造型探析》，《四川文物》2005 年第 1 期。

[9] 孙华：《三星堆凸目尖耳铜面像考》，《李下蹊华——庆祝李伯谦先生八十华诞论文集》，北京：科学出版社，2017 年。

[10] 朱亚蓉：《试论三星堆眼形器的内涵》，《四川文物》2002 年第 1 期。

[11] 高大伦：《早蜀文化遗物中的眼形及眼形器初探》，《考古与文物》2003 年第 4 期。

[12] 刘章泽：《眼形器、纵目面具与太阳神崇拜》，《殷商文明暨纪念三星堆遗址发现七十周年国际学术研讨会论文集》，北京：社会科学文献出版社，2003 年。

[13] 胡昌钰、耿宗惠：《广汉三星堆遗址出土"铜'次'形器"研究》，《四川文物》2003 年第 2 期。

[14] 王炜：《三星堆器物坑出土人身形铜牌饰辨析——兼论巴蜀地区柳叶形剑及剑鞘的起源》，《文物》2014 年第 4 期。

冯恩学[1]、刘弘[2]、林向[3]、黄剑华[4]、陈淳、殷敏[5]、赵洋[6]、张肖马[7]、曾布川宽[8]等均有专门研究，重点是对铜树的解释，主要有表现太阳升降的神木、土地崇拜的社树、沟通天地的"天梯"、树崇拜等观点。

铜太阳形器。林向考证其为盾饰[9]。

铜"神坛"。樊一、吴维羲认为它代表天界、人界、地界[10]，王仁湘[11]、孙华[12]进行复原研究。

铜动物形器。1、2号坑出土很多动物形器，对它们的研究主要是探讨含义和可能反映的宗教信仰。如骆宾基[13]、孙华[14]考释1号坑的龙柱形器；张耀辉[15]、施劲松[16]讨论2号坑的铜鸡；刘弘讨论2号坑的铜蛇[17]。

---

[1] 冯恩学：《谈三星堆出土神树的性质》，《中华文化论坛》1998年第1期。

[2] 刘弘：《若木·神树·鸡杖》，《四川文物》1998年第5期。

[3] 林向：《中国西南出土青铜树——从三星堆青铜树说起》，《青铜文化研究》第1辑，合肥：黄山书社，1999年。

[4] 黄剑华：《三星堆青铜神树探讨》，《四川文物》1999年第2期；《古代蜀人的通天神树》，《四川大学学报（哲学社会科学版）》2001年第4期。

[5] 陈淳、殷敏：《三星堆青铜树象征性研究》，《四川文物》2005年第6期。

[6] 赵洋：《三星堆神树与岷江上游羌族释比神树的比较》，《中华文化论坛》2005年第2期。

[7] 张肖马：《三星堆二号坑青铜神树研究》，《四川文物》2006年第6期；《铜树、社树、钱树——三星堆II号铜树与东汉钱树之研究》，《夏商周方国文明国际学术研讨会论文集（2014中国广汉）》，北京：科学出版社，2015年。

[8] 〔日〕曾布川宽：《三星堆祭祀坑大型铜神树的图像学考察》，《四川文物》2012年第5期。

[9] 林向：《蜀盾考》，《四川文物》1992年"三星堆古蜀文化研究专辑"。

[10] 樊一、吴维羲：《三星堆神坛考》，《四川文物》2003年第2期。

[11] 王仁湘：《三星堆二号坑296号青铜神坛复原研究》，《东亚古物》A卷，北京：文物出版社，2004年。

[12] 孙华：《三星堆"铜神坛"的复原》，《文物》2010年第1期。

[13] 骆宾基：《三星堆出土的古蜀"龙护柱"族标考》，《四川文物》1992年"三星堆古蜀文化研究专辑"。

[14] 孙华：《三星堆出土爬龙铜柱首考——一根带有龙虎铜饰件权杖的复原》，《文物》2011年第7期。

[15] 张耀辉：《三星堆二号祭祀坑出土铜鸡考》，《四川文物》2008年第6期。

[16] 施劲松：《从西南地区出土的青铜鸡看家鸡起源问题》，《考古与文物》2014年第4期。

[17] 刘弘：《三星堆铜蛇与〈山海经〉》，《巴蜀文化暨三峡考古学术研讨会文集》，重庆：西南师范大学出版社，2006年。

　　铜容器。铜容器是 1、2 号坑铜器群中的重要类别。施劲松[1]、孙岩[2]、江章华[3]、张昌平[4]、乔丹[5]等重点讨论尊、罍等容器的风格、年代、使用方式、产地和流传，李学勤分析容器上的兽面纹[6]。

　　对于 1、2 号坑中的青铜器，还有陈显丹[7]、黄家祥[8]、孙华[9]、伊藤道冶[10]、于孟洲、吴超明[11]等的具综合性的研究，以及范佳对象形铜器[12]、朱丹丹对施彩铜器[13]的讨论。另有科技分析，如曾中懋分析成分和铸造技术[14]，金正耀等[15]、马江波等[16]、崔剑锋、吴小红[17]做成分、金相和铅同位素比值研究。

　　金器。很多关于三星堆的研究也都涉及金器，如季智慧[18]、邱登成[19]、卢

[1]　施劲松：《论我国南方出土的商代青铜大口尊》，《文物》1998 年第 10 期。

[2]　孙岩：《三星堆出土青铜尊罍的艺术风格和文化含义》，《四川文物》2004 年第 3 期。

[3]　江章华：《三星堆系青铜容器产地问题》，《四川文物》2006 年第 6 期。

[4]　张昌平：《自产与输入——从纹饰风格看三星堆铜器群的不同产地》，《南方文物》2006 年第 3 期。

[5]　乔丹：《三星堆祭祀坑出土青铜尊、罍的使用方法》，《四川文物》2019 年第 5 期。

[6]　李学勤：《三星堆饕餮纹的分析》，《三星堆与巴蜀文化》，成都：巴蜀书社，1993 年。

[7]　陈显丹：《广汉三星堆青铜器研究》，《四川文物》1990 年第 6 期。

[8]　黄家祥：《三星堆遗址出土文物三题》，《四川文物》1992 年第 2 期。

[9]　孙华：《三星堆器物坑文物丛考》，《四川盆地的青铜时代》，北京：科学出版社，2000 年。

[10]　〔日〕伊藤道冶：《三星堆出土青铜器管见》，《殷都学刊》2005 年第 1、2 期。

[11]　于孟洲、吴超明：《三星堆两座器物坑出土铜器的相关问题研究》，《西华大学学报（哲学社会科学版）》2014 年第 2 期。

[12]　范佳：《三星堆象形青铜器略论》，《中华文化论坛》2016 年第 12 期。

[13]　朱丹丹：《三星堆器物坑施彩铜器的初步研究》，《四川文物》2018 年第 2 期。

[14]　曾中懋：《广汉三星堆一、二号祭祀坑出土铜器成分的分析》，《四川文物》1989 年"广汉三星堆遗址研究专辑"；《广汉三星堆二号祭祀坑出土铜器成分的分析》，《四川文物》1991 年第 1 期；《三星堆出土铜器的铸造技术》，《四川文物》1994 年第 6 期。

[15]　金正耀、马渊久夫、Tom Chase、陈德安等：《广汉三星堆遗物坑青铜器的铅同位素比值研究》，《文物》1995 年第 2 期。

[16]　马江波、金正耀、田建花、陈德安：《三星堆铜器的合金成分和金相研究》，《四川文物》2012 年第 2 期。

[17]　崔剑锋、吴小红：《三星堆遗址祭祀坑中出土部分青铜器的金属学和铅同位素比值再分析——对三星堆青铜文化的一些新认识》，《南方民族考古》第 9 辑，北京：科学出版社，2013 年。

[18]　季智慧：《神树、金杖、笭与蜀文化》，《四川文物》1989 年"广汉三星堆遗址研究专辑"。

[19]　邱登成：《金杖神树与古蜀祖先崇拜》，《四川文物》1992 年"三星堆古蜀文化研究专辑"。

丁[1]讨论 1 号坑的金杖，邱登成[2]、黄剑华[3]综论坑中的黄金制品。

玉石器。学界对三星堆玉石器的研究持续不断，成果丰硕。陈显丹[4]、杨建芳[5]、高大伦、李映福[6]、敖天照[7]等进行过综合性考察，陈德安[8]、王永波[9]、林向[10]、屈小强[11]、黄剑华[12]、朱乃诚[13]、赵殿增[14]等对璋有专门论述，陈江风、周铁项[15]、幸晓峰[16]、孙华[17]讨论三星堆玉石璧的功能，周志清讨论 1 号坑也有出土的凹刃凿形器[18]。

象牙与海贝。这是 1、2 号坑的独特遗物，学术界关注的重点是它们的来源，

[1] 卢丁：《三星堆－金沙遗址出土的"金手杖""金四鸟绕日饰"以及相关造型图案研究——兼谈商周文化与古蜀文化的交流》，《川大史学·考古学卷》，成都：四川大学出版社，2006 年。

[2] 邱登成：《广汉三星堆出土金器管窥》，《三星堆与巴蜀文化》，成都：巴蜀书社，1993 年。

[3] 黄剑华：《三星堆出土黄金制品探讨》，《西南交通大学学报（社会科学版）》2002 年第 1 期。

[4] 陈显丹：《三星堆文化玉石器研究》，《四川文物》1992 年"三星堆古蜀文化研究专辑"。

[5] 杨建芳：《早期蜀国玉雕初探——商代方国玉器研究之一》，《三星堆与巴蜀文化》，成都：巴蜀书社，1993 年。

[6] 高大伦、李映福：《广汉三星堆遗址出土玉石器的初步考察》，《考古与文物》1994 年第 2 期。

[7] 敖天照：《三星堆玉石器再研究》，《四川文物》2003 年第 2 期。

[8] 陈德安：《浅释三星堆二号祭祀坑出土的"边璋"图案》，《南方民族考古》第 3 辑，成都：四川科学技术出版社，1991 年。

[9] 王永波：《试论广汉三星堆发现的玉瑞》，《三星堆与巴蜀文化》，成都：巴蜀书社，1993 年。

[10] 林向：《古蜀文明与中华牙璋》，《中华文化论坛》1994 年第 1 期。

[11] 屈小强：《三星堆玉石礼器中的璧和璋》，《四川文物》1994 年第 5 期。

[12] 黄剑华：《三星堆玉璋图案探讨》，《四川文物》2000 年第 5 期。

[13] 朱乃诚：《三星堆祭祀坑出土"祭祀图"牙璋考》，《四川文物》2017 年第 6 期；《三星堆玉器与金沙玉器的文化传统——兼论三星堆文化牙璋的渊源与流向》，《夏商时期玉文化国际学术研讨会论文集》，北京：科学出版社，2018 年。

[14] 赵殿增：《三星堆"祭祀图"玉璋再研究——兼谈古蜀人的"天门"观》，《夏商时期玉文化国际学术研讨会论文集》，北京：科学出版社，2018 年。

[15] 陈江风、周铁项：《也谈广汉三星堆玉璧的文化功能》，《四川文物》1995 年第 2 期。

[16] 幸晓峰：《三星堆遗址出土石璧的祭祀功能和音乐声学特征》，《中华文化论坛》2004 年第 4 期、2005 年第 2 期。

[17] 孙华：《玉璧的造型渊源及象征意义——以三星堆和金沙村的璧形器为证据》，《夏商时期玉文化国际学术研讨会论文集》，北京：科学出版社，2018 年。

[18] 周志清：《西南地区先秦时期凹刃凿形器的初议》，《成都考古研究》（二），北京：科学出版社，2013 年。

如江玉祥[1]、莫洪贵[2]、刘光堉[3]、敖天照[4]、段渝[5]、周志清[6] 等都有研究。

（4）三星堆文化。除三星堆遗址、遗迹、遗物的研究外，还有一类研究侧重于三星堆文化。这其实属于前述的文化谱系研究，只不过重点是针对这个特定的考古学文化的内涵及其与成都平原其他文化的关系。王家佑、李复华[7]、王子岗[8]、俞伟超[9]、李伯谦[10]、何志国[11]、王毅、张擎[12]、林向[13]、陈显丹、刘家胜[14] 等在这方面均有研究。

4. 十二桥与金沙遗址

围绕这两个遗址的研究大致有三类。

（1）十二桥遗址和十二桥文化。如孙华对十二桥遗址群进行的分期研

[1] 江玉祥：《广汉三星堆遗址出土的象牙》，《三星堆与巴蜀文化》，成都：巴蜀书社，1993 年。

[2] 莫洪贵：《广汉三星堆遗址海贝的研究》，《四川文物》1993 年第 5 期。

[3] 刘光堉：《试论三星堆海贝的来源及其影响》，《四川文物》1993 年第 5 期。

[4] 敖天照：《三星堆海贝来源初探》，《四川文物》1993 年第 5 期。

[5] 段渝：《古蜀象牙祭祀考》，《中华文明论坛》2007 年第 1 期；《中国西南早期对外交通——先秦两汉的南方丝绸之路》，《历史研究》2009 年第 2 期。

[6] 周志清：《想象历史的方法——从成都平原商周时期出土的象牙说起》，《华夏考古》2010 年第 1 期；《成都平原先秦时期出土象牙研究》，《中华文化论坛》2018 年第 7 期。

[7] 王家佑、李复华：《关于三星堆文化的两个问题》，《三星堆与巴蜀文化》，成都：巴蜀书社，1993 年。

[8] 王子岗：《三星堆文化是蜀文化的先声》，《四川文物》1995 年第 1 期。

[9] 俞伟超：《三星堆文化在我国文化总谱系中的位置、地望及其土地崇拜》，《四川考古论文集》，北京：文物出版社，1996 年。

[10] 李伯谦：《对三星堆文化若干问题的认识》，《考古学研究》（三），北京：科学出版社，1997 年。

[11] 何志国：《三星堆文化与巴蜀文化的关系》，《四川文物》1997 年第 4 期。

[12] 王毅、张擎：《三星堆文化研究》，《四川文物》1999 年第 3 期。

[13] 林向：《寻找三星堆文化的来龙去脉——成都平原的考古最新发现》，《中华文化论坛》2001 年第 4 期。

[14] 陈显丹、刘家胜：《论三星堆文化与宝墩文化之关系》，《四川文物》2002 年第 4 期。

究[1]，江章华[2]、于孟洲、夏微[3]、施劲松[4]对十二桥遗址、十二桥文化，及其与三星堆文化关系的讨论，还有何锟宇讨论十二桥文化的生业方式[5]、易立分析十二桥遗址出土的瓦当[6]。

（2）羊子山土台与竹瓦街铜器。在相当于十二桥文化这个时期，成都平原还有成都羊子山土台和彭县竹瓦街铜器两项重要发现，对此学界进行了持续的研究。林向[7]、孙华[8]、王家祐、李复华[9]、李明斌[10]讨论了羊子山土台的年代、结构、功能，李学勤[11]、李明斌[12]、孙华[13]、赵殿增[14]讨论竹瓦街窖藏和铜器的性质、年代、所反映的社会背景与文化交流。

（3）金沙遗址。金沙遗址发现后成为一个新的关注点，研究首先针对金沙遗址，其次是与三星堆、十二桥遗址的联系。朱章义[15]、李明斌[16]、宋治

---

[1] 孙华：《成都十二桥遗址群分期初论》，《四川考古论文集》，北京：文物出版社，1996 年。

[2] 江章华：《试论三星堆文化、十二桥文化与周邻文化的关系》，《成都文物》1998 年第 1 期；《成都十二桥遗址的文化性质及分期研究》，《四川大学考古专业创建三十五周年纪念文集》，成都：四川大学出版社，1998 年。

[3] 于孟洲、夏微：《三星堆文化向十二桥文化变迁的相关问题——从金沙遗址兰苑地点谈起》，《南方民族考古》第 7 辑，北京：科学出版社，2011 年。

[4] 施劲松：《十二桥遗址与十二桥文化》，《考古》2015 年第 2 期；《论三星堆—金沙文化》，《考古与文物》2020 年第 5 期。

[5] 何锟宇：《试论十二桥文化的生业方式——以动物考古学研究为中心》，《考古》2011 年第 2 期。

[6] 易立：《成都十二桥遗址瓦当材料初步认识》，《四川文物》2011 年第 4 期。

[7] 林向：《羊子山建筑遗址新考》，《四川文物》1988 年第 5 期。

[8] 孙华：《羊子山土台考》，《四川文物》1993 年第 1 期。

[9] 王家祐、李复华：《羊子山地区考古的几个问题》，《四川文物》2002 年第 4 期。

[10] 李明斌：《羊子山土台再考》，《古代文明》第 2 卷，北京：文物出版社，2003 年。

[11] 李学勤：《彭县竹瓦街青铜器的再考察》，《四川考古论文集》，北京：文物出版社，1996 年。

[12] 李明斌：《彭县竹瓦街青铜器窖藏考辨》，《南方文物》2002 年第 1 期。

[13] 孙华：《彭县竹瓦街铜器再分析——埋藏性质、年代、原因及其文化背景》，《长江流域青铜文化研究》，北京：科学出版社，2002 年。

[14] 赵殿增：《竹瓦街铜器群与杜宇氏蜀国》，《四川文物》2003 年第 2 期。

[15] 朱章义、张擎、王方：《成都金沙遗址的发现、发掘与意义》，《四川文物》2002 年第 2 期。

[16] 李明斌：《从三星堆到金沙村——成都平原青铜文化研究札记》，《四川文物》2002 年第 2 期。

民[1]、江章华[2]、周志清[3]对金沙遗址进行了各有侧重的分析，马兰考察"精品房"地点的遗存[4]，施劲松对祭祀区遗存进行了较为系统的研究[5]。

　　对金沙遗址出土的各类遗物同样有很多专门研究。如王方分析青铜器[6]，田剑波等专论铜戈[7]，黄剑华[8]、王仁湘[9]研究各类金器。肖璘等对金器和青铜器做了科技检测和分析[10]，金正耀等分析铜器成分和铅同位素[11]，向芳等讨论青铜器的化学特征和矿质来源[12]。玉器研究成果丰硕，大多针对制作技术与文化交流。除谢辉[13]、王方[14]等有较为全面的分析外，学界对琮与璋两类玉器的

[1]　宋治民：《蜀文化尖底陶器续论——兼谈成都金沙遗址的年代》，《四川文物》2005 年第 6 期。

[2]　江章华：《金沙遗址的初步分析》，《文物》2010 年第 2 期。

[3]　周志清：《金沙遗址聚落形态的初步认识》，《中国聚落考古的理论与实践（第一辑）——纪念新砦遗址发掘 30 周年学术研讨会论文集》，北京：科学出版社，2010 年。

[4]　马兰：《金沙遗址郎家村"精品房"地点文化遗存初步研究》，《四川文物》2011 年第 3 期。

[5]　施劲松：《金沙遗址祭祀区出土遗物研究》，《考古学报》2011 年第 2 期。

[6]　王方：《金沙遗址出土青铜器的初步研究》，《四川文物》2006 年第 6 期。

[7]　田剑波、左志强、周志清：《试论金沙遗址出土早期铜戈》，《江汉考古》2018 年第 4 期。

[8]　黄剑华：《太阳神鸟的绝唱——金沙遗址出土太阳神鸟金箔饰探析》，《社会科学研究》2004 年第 1 期；《金沙遗址金冠带图案探析》，《文博》2004 年第 1 期；《金沙遗址出土金蛙之寓意探析》，《东南文化》2004 年第 1 期。

[9]　王仁湘：《金沙太阳神鸟金箔制作研究》，《南方民族考古》第 6 辑，北京：科学出版社，2010 年；《黄金覆面：何方的传统》，《金沙之谜——古蜀王国的文物传奇》，成都：四川人民出版社，2010 年。

[10]　肖璘、杨军昌、韩汝玢：《成都金沙遗址出土金属器的实验分析与研究》，《文物》2004 年第 4 期。

[11]　金正耀、朱炳泉、常向阳、许之咏、张擎、唐飞：《成都金沙遗址铜器研究》，《文物》2004 年第 7 期。

[12]　向芳、蒋镇东、张擎：《成都金沙遗址青铜器的化学特征及矿质来源》，《地球科学与环境学报》2010 年第 2 期。

[13]　谢辉：《对金沙遗址出土部分玉器的几点认识》，《四川文物》2003 年第 3 期。

[14]　王方：《试析古蜀玉器中的良渚文化因素》，《玉魂国魄——中国古代玉器与传统文化学术讨论会文集》（四），杭州：浙江古籍出版社，2010 年；《夏风西渐——试析二里头文化对古蜀玉器的冲击与影响》，《夏商玉器及玉文化学术研讨会论文集》，广州：岭南美术出版社，2018 年；《玉汇金沙——试析古蜀玉器中的多元文化因素》，《夏商时期玉文化国际学术研讨会论文集》，北京：科学出版社，2018 年。

研究较多。如李学勤[1]、朱章义、王方[2]、朱乃诚[3]、赵殿增[4]等从不同方面考察和比较玉琮，邓聪对牙璋的制作技术、流传等多有研究[5]。对一些特殊玉器也有关注，如高大伦[6]、顾问[7]的研究。在石制品中，黄剑华[8]、王方[9]、施劲松[10]研究石雕，幸晓峰、王方研究石磬[11]。

此外，黄剑华由金沙的考古发现讨论文化交流[12]，杨鸿勋对祭祀区建筑遗迹进行复原研究[13]，姚轶锋等探讨金沙的古气候[14]，傅顺等探讨金沙的古环境[15]，魏东、朱泓[16]、成都文物考古研究所[17]对金沙遗址出土人骨做了鉴定和研究。

5. 墓葬

墓葬研究是传统的研究领域，所涉大致有四方面。

（1）综合研究。部分研究侧重于墓葬年代、分期、类型、文化面貌，并

[1] 李学勤：《论金沙长琮的符号》，《四川文物》2002 年第 5 期。

[2] 朱章义、王方：《成都金沙遗址出土玉琮初步研究》，《文物》2004 年第 4 期。

[3] 朱乃诚：《金沙良渚玉琮的年代和来源》，《中华文化论坛》2005 年第 4 期。

[4] 赵殿增：《骑虎铜人像与玉琮线刻人像——兼谈三星堆、金沙与良渚文化的关系》，《中华文化论坛》2006 年第 3 期。

[5] 邓聪：《东亚视野下金沙玉璋源流》，《金沙玉工 I：金沙遗址出土玉石璋研究》，成都：四川人民出版社，2017 年。

[6] 高大伦：《成都金沙商周遗址出土"玉眼形器"的初步研究》，《四川文物》2002 年第 2 期。

[7] 顾问：《三星堆、金沙一类"奇异"玉器构图来源、内涵、定名及相关问题研究》，《古代文明》第 4 卷，北京：文物出版社，2005 年。

[8] 黄剑华：《金沙遗址出土石雕人像探析》，《中华文化论坛》2004 年第 1 期。

[9] 王方：《对成都金沙遗址出土石雕作品的几点认识》，《考古与文物》2004 年第 3 期。

[10] 施劲松：《金沙遗址出土石人像身份辨析》，《文物》2010 年第 9 期。

[11] 幸晓峰、王方：《金沙遗址出土石磬初步研究》，《文物》2012 年第 5 期。

[12] 黄剑华：《从金沙遗址考古发现看古蜀文化交流》，《成都文物》2006 年第 4 期。

[13] 杨鸿勋：《古蜀大社（明堂·昆仑）考——金沙郊祀遗址的九柱遗迹复原研究》，《文物》2010 第 12 期。

[14] 姚轶锋、李奎、刘建等：《成都金沙遗址距今 3000 年的古气候探讨》，《古地理学报》2005 年第 4 期。

[15] 傅顺、王成善、江章华：《成都金沙遗址区古环境初步研究》，《江汉考古》2006 年第 1 期。

[16] 魏东、朱泓：《成都金沙遗址雍锦湾墓地人骨鉴定报告》，《四川文物》2008 年第 2 期。

[17] 成都文物考古研究所：《成都金沙遗址人骨研究——黄忠小区工地出土人骨研究报告》，《成都考古发现（2006）》，北京：科学出版社，2008 年。

与成都平原以外的墓葬进行对比，这类研究多属文化谱系研究。也有研究由一个时段或特定的墓葬去探讨文化与社会。如宋治民[1]、谢丹[2]、霍巍、黄伟[3]、江章华、张擎[4]侧重分期、分区和文化内涵研究，吴桂兵[5]、洪梅[6]侧重于墓葬形制的研究，宋治民[7]、江章华[8]研究成都平原及邻近地区的外来移民墓，王有鹏[9]、唐长寿[10]、丁长芬[11]讨论南迁蜀人和巴人的墓葬。除对墓葬本身的研究外，宋治民[12]、江章华[13]、孟露夏[14]、施劲松[15]等由墓葬进一步探讨社会。

（2）葬俗研究。主要是针对船棺葬，早期这方面的研究多涉及川东，成都平原出土船棺墓增多后，研究的重点也向成都平原转移，并逐渐动摇了自冬笋坝和宝轮院出土船棺墓以来流行的"船棺葬属巴人"的观点。沈仲常、孙华[16]、陈明芳[17]、黄尚明[18]、陈云洪[19]等对船棺葬均有研究。此外，傅正初由三

[1] 宋治民：《略论四川战国秦墓葬的分期》，《中国考古学会第一次年会论文集》，北京：文物出版社，1980年。

[2] 谢丹：《关于晚期巴蜀墓中的文化内涵》，《四川文物》1987年第1期。

[3] 霍巍、黄伟：《蜀人的墓葬分期》，《巴蜀历史·民族·考古·文化》，成都：巴蜀书社，1991年。

[4] 江章华、张擎：《巴蜀墓葬的分区与分期初论》，《四川文物》1999年第3期。

[5] 吴桂兵：《四川早期同穴合葬墓初论》，《四川文物》2000年第5期。

[6] 洪梅：《试析战国时期巴蜀文化的墓葬形制》，《华夏考古》2009年第1期。

[7] 宋治民：《略论四川的秦人墓》，《考古与文物》1984年第2期；《四川战国墓葬试析》，《四川文物》1990年第5期。

[8] 江章华：《巴蜀地区的移民墓研究》，《四川文物》1996年第1期。

[9] 王有鹏：《犍为巴蜀墓的发掘与蜀人的南迁》，《考古》1984年第12期。

[10] 唐长寿：《川南蜀人墓葬和蜀国南疆》，《四川文物》1995年第4期。

[11] 丁长芬：《从昭通巴蜀土坑墓看巴人南迁》，《四川文物》1996年第3期。

[12] 宋治民：《什邡荥经船棺葬墓地有关问题探讨》，《四川文物》1999年第1期。

[13] 江章华：《战国时期古蜀社会的变迁——从墓葬分析入手》，《四川文物》2008年第2期。

[14] 〔英〕孟露夏：《公元前5—前2世纪成都平原的社会认同与墓葬实践》，《南方民族考古》第6辑，北京：科学出版社，2010年。

[15] 施劲松：《成都平原先秦时期的墓葬、文化与社会》，《考古》2019年第4期。

[16] 沈仲常、孙华：《关于四川"船棺葬"的族属问题》，《民族论丛》第2辑，1982年。

[17] 陈明芳：《论船棺葬》，《东南文化》1991年第1期。

[18] 黄尚明：《关于川渝地区船棺葬的族属问题》，《四川文物》2005年第3期。

[19] 陈云洪：《成都金沙遗址船棺葬的分析》，《南方民族考古》第10辑，北京：科学出版社，2014年；《四川地区船棺葬的考古学观察》，《边疆考古研究》第17辑，北京：科学出版社，2015年。

星堆墓葬讨论蜀人葬俗[1]。

（3）特定墓葬研究。这其中，对新都大墓、牟托石棺墓、成都商业街墓的研究最多。

对新都大墓，研究重点是由葬俗和随葬品讨论蜀和楚的关系、蜀文化的源流等，如徐中舒、唐嘉弘[2]、沈仲常[3]、李学勤[4]、段渝[5]等学者的论述。地处川西高原的牟托石棺墓有很多来自成都平原的文化因素，施劲松[6]、霍巍[7]、李先登、杨英[8]、宋治民[9]、高大伦[10]、罗二虎[11]重点针对该墓的文化面貌、遗物与墓葬的年代等进行研究。目前学术界都认可墓中含有多种文化因素，但对年代和墓主族属存在明显分歧。对于商业街合葬墓，颜劲松[12]、宋治民[13]、孙华[14]研究墓葬的葬制、年代、墓主，施劲松将该墓与东周时期南方地区的独木棺墓进行比较[15]，江章华、颜劲松分析墓葬中的漆器[16]，何锟宇等研究墓中的

[1] 傅正初：《三星堆墓葬与古蜀人的丧葬习俗》，《天府新论》1994 年第 3 期。

[2] 徐中舒、唐嘉弘：《古代楚蜀的关系》，《文物》1981 年第 6 期。

[3] 沈仲常：《新都战国木椁墓与楚文化》，《文物》1981 年第 6 期；《新都战国墓出土铜印图像探原》，《江汉考古》1982 年第 2 期。

[4] 李学勤：《论新都出土的蜀国青铜器》，《文物》1982 年第 1 期。

[5] 段渝：《论新都蜀墓及所出"邵之食鼎"》，《考古与文物》1991 年第 3 期。

[6] 施劲松：《关于四川牟托一号石棺墓及器物坑的两个问题》，《考古》1996 年第 5 期。

[7] 霍巍：《关于岷江上游牟托石棺墓几个问题的探讨》，《四川文物》1997 年第 5 期。

[8] 李先登、杨英：《四川茂县牟托石棺墓的初步研究》，《中国历史博物馆馆刊》1998 年第 1 期。

[9] 宋治民：《四川茂县牟托 1 号石棺墓若干问题的初步分析》，《四川大学考古专业创建四十周年暨冯汉骥教授百年诞辰纪念文集》，成都：四川大学出版社，2001 年。

[10] 高大伦：《四川茂县牟托石棺葬小议》，《四川文物》2011 年第 6 期。

[11] 罗二虎：《文化与生态、社会、族群：川滇青藏民族走廊石棺葬研究》，北京：科学出版社，2012 年。

[12] 颜劲松：《成都市商业街船棺、独木棺墓葬初析》，《四川文物》2002 年第 3 期。

[13] 宋治民：《成都市商业街墓葬的问题》，《四川文物》2003 年第 6 期。

[14] 孙华：《四川成都商业街大墓的初步分析——成都商业街大墓发掘简报读后》，《南方民族考古》第 6 辑，北京：科学出版社，2010 年。

[15] 施劲松：《南方东周时期的独木棺合葬墓》，《考古学集刊》第 18 集，北京：科学出版社，2010 年。

[16] 江章华、颜劲松：《成都商业街船棺出土漆器及相关问题探讨》，《四川文物》2003 年第 6 期。

动物骨骼 [1]，张君等研究人骨 [2]。

对于其他特定墓葬，还有林向研究羊子山 172 号墓 [3]、宋治民 [4]、肖先进、吴维羲 [5] 研究三星堆仁胜村墓地，颜劲松分析郫县的战国西汉墓 [6]，雷雨讨论什邡城关墓地 [7]，杨振威等讨论金沙遗址的墓葬 [8]，于孟洲、张世轩讨论十二桥文化早期墓葬 [9]。

6. 遗物与巴蜀符号

（1）遗物。每个方面的研究都离不开遗物，此部分主要指对某一专门类别的遗物的系统性研究。三星堆器物坑和金沙遗址出土的遗物已单独介绍，相关的还有杜金鹏讨论三星堆出土铜牌饰 [10]，许杰 [11]、陈剑 [12] 讨论三星堆的玉石器，刘新生讨论三星堆陶器 [13]，于孟洲、吴超明研究夏商西周的小平底罐 [14]，代丽鹃研究从商周之际到春秋战国之际流行的小型铜兵器 [15]。

其他研究主要针对东周时期的遗物，有些研究对象也涉及成都平原之外。

---

[1] 何锟宇、颜劲松、陈云洪：《成都市商业街船棺墓葬出土动物骨骼研究》，《四川文物》2006 年第 6 期。

[2] 张君、王毅、颜劲松：《成都商业街船棺葬出土人骨研究》，《成都商业街船棺葬》，北京：文物出版社，2009 年。

[3] 林向：《羊子山一七二号墓新考》，《成都文物》1990 年第 2 期。

[4] 宋治民：《三星堆遗址仁胜村土坑墓的思考》，《四川文物》2005 年第 4 期。

[5] 肖先进、吴维羲：《三星堆遗址仁胜村土坑墓出土玉石器初步研究》，《史前研究》（2006），西安：陕西师范大学出版社，2007 年。

[6] 颜劲松：《成都市郫县外南战国秦汉墓地分析》，《四川文物》2005 年第 1 期。

[7] 雷雨：《试论什邡城关墓地的分期与年代》，《四川文物》2006 年第 3 期。

[8] 杨振威、左志强、陈云洪：《成都金沙遗址"黄河"地点二层下墓葬年代及相关问题》，《四川文物》2017 年第 4 期。

[9] 于孟洲、张世轩：《十二桥文化早期墓葬研究》，《边疆考古研究》第 23 辑，北京：科学出版社，2018 年。

[10] 杜金鹏：《广汉三星堆出土商代铜牌饰浅说》，《中国文物报》1995 年 4 月 9 日。

[11] 许杰：《四川广汉月亮湾出土玉石器探析》，《四川文物》2006 年第 5 期。

[12] 陈剑：《川西史前玉器简论》，《成都考古研究》（二），北京：科学出版社，2013 年。

[13] 刘新生：《三星堆出土陶器研究》，《四川文物》1994 年第 2 期。

[14] 于孟洲、吴超明：《成都平原夏商西周时期小平底罐研究》，《考古与文物》2018 年第 2 期。

[15] 代丽娟：《成都平原小型青铜兵器研究》，《考古学报》2017 年第 4 期。

如杜迺松[1]、段渝[2] 论巴蜀青铜器，冯一下[3]、刘弘[4]、吴怡[5]、李明斌[6] 论铜器纹饰，袁艳玲论铜器的使用礼制[7]，冉宏林论铜器的族属[8]，曾中懋[9]、黎海超等[10] 分析青铜的成分，姚智辉综述青铜器工艺[11]，陈文领博[12]、刘弘[13]、张懋镕[14] 论铜鍪，冯广宏、王家祐论铜鼎[15]，吴怡论铜罍[16]，于孟洲、王玉霞论提链铜壶[17]，范勇论铜斧钺[18]，霍巍、黄伟[19]、杨勇论铜戈[20]，江章华论柳叶形剑[21]，李学勤[22]、李健民论铜矛[23]，向明文、滕铭予论铜刀[24]，罗开玉[25]、黄

[1] 杜迺松：《论巴蜀青铜器》，《江汉考古》1985 年第 3 期。

[2] 段渝：《巴蜀青铜文化的演进》，《文物》1996 年第 3 期。

[3] 冯一下：《试析巴蜀器物上的龙凤虎纹饰》，《四川文物》1987 年第 1 期。

[4] 刘弘：《巴蜀图像符号中所见螳螂为 "禳" 之图腾考》，《四川文物》1987 年第 4 期。

[5] 吴怡：《试析巴蜀青铜器上的鸟、鱼、龟、虫（蚕）纹饰》，《四川文物》1989 年第 5 期；《试析巴蜀青铜器上的虎图像》，《四川文物》1991 年第 1 期。

[6] 李明斌：《巴蜀铜兵器上虎纹与巴族》，《四川文物》1992 年第 2 期。

[7] 袁艳玲：《东周时期巴蜀青铜器使用礼制研究》，《江汉考古》2013 年第 3 期。

[8] 冉宏林：《试论 "巴蜀青铜器" 的族属》，《四川文物》2018 年第 1 期。

[9] 曾中懋：《出土巴蜀铜器成份的分析》，《四川文物》1992 年第 3 期。

[10] 黎海超、崔剑锋、周志清、王毅、王占魁：《成都金沙遗址星河路地点东周墓葬铜兵器的生产问题》，《考古》2018 年第 7 期。

[11] 姚智辉：《巴蜀青铜器工艺研究综述》，《四川文物》2004 年第 3 期。

[12] 陈文领博：《铜鍪研究》，《考古与文物》1994 年第 1 期。

[13] 刘弘：《巴蜀铜鍪与巴蜀之师》，《四川文物》1994 年第 6 期。

[14] 张懋镕：《铜鍪小议》，《四川文物》2009 年第 2 期。

[15] 冯广宏、王家祐：《邵之食鼎疑辨》，《四川文物》1997 年第 1 期。

[16] 吴怡：《浅析铜罍在巴蜀青铜文化中的地位及其特点》，《四川文物》2002 年第 5 期。

[17] 于孟洲、王玉霞：《四川盆地出土战国时期提链铜壶研究——从〈中国青铜器全集·巴蜀卷〉的提链壶谈起》，《南方民族考古》第 17 辑，北京：科学出版社，2018 年。

[18] 范勇：《我国西南地区的青铜斧钺》，《考古学报》1989 年第 2 期。

[19] 霍巍、黄伟：《试论无胡蜀式戈的几个问题》，《考古》1989 年第 3 期。

[20] 杨勇：《论巴蜀文化虎纹戈的类型和族属》，《四川文物》2003 年第 2 期。

[21] 江章华：《巴蜀柳叶形剑渊源试探》，《四川文物》1992 年 "三星堆古文化研究专辑"；《巴蜀柳叶形剑研究》，《考古》1996 年第 9 期。

[22] 李学勤：《符号最多的巴蜀矛》，《文物》1995 年第 8 期。

[23] 李健民：《论四川出土的青铜矛》，《考古》1996 年第 2 期。

[24] 向明文、滕铭予：《巴蜀文化墓葬出土铜刀文化因素分析——兼及巴蜀文化发展进程管窥》，《考古与文物》2017 年第 2 期。

[25] 罗开玉：《论古代巴、蜀王国的桥形铜币》，《考古与文物》1990 年第 3 期。

士斌[1] 论桥形铜币，黄晓枫论铜工具[2]，刘豫川[3]、罗伯特·琼斯[4]、吴怡[5]、高文[6]、龙腾[7]、成家彻郎[8]、郭明、高大伦[9] 论巴蜀印章，朱活论巴蜀秦半两[10]，宋治民论尖底陶器[11]，郭继艳论陶炊器[12]，李昭和[13]、聂菲[14] 论漆器。

（2）巴蜀符号。巴蜀符号铸刻在东周时期的青铜器上，在整个四川盆地内都常见。80 年代以来，刘瑛曾收录巴蜀青铜器上的纹饰和符号[15]，高文、高成刚辑成《巴蜀铜印》[16]，收录铜印上亦有巴蜀符号。巴蜀符号研究的重点在于符号性质，李学勤[17]、刘豫川[18]、董其祥[19]、段渝[20]、冯时[21] 等倾向于认为是文字，孙华[22]、李复华、王家祐[23]、王仁湘[24] 倾向于认为是族徽或其他标识。持

[1] 黄士斌：《巴、蜀王国的桥形铜币质疑》，《考古与文物》1992 年第 1 期。

[2] 黄晓枫：《试论四川地区战国墓中的青铜工具》，《华夏考古》2002 年第 4 期。

[3] 刘豫川：《巴蜀符号印章的初步研究》，《文物》1987 年第 10 期。

[4] 〔美〕罗伯特·琼斯：《四川出土青铜晚期印章》，《四川文物》1992 年第 2 期。

[5] 吴怡：《蒲江船棺墓与新都木椁墓出土印章的研究》，《四川文物》1994 年第 3 期。

[6] 高文：《巴蜀铜印浅析》，《四川文物》1999 年第 2 期。

[7] 龙腾：《蒲江新出土巴蜀图语印章探索》，《四川文物》1999 年第 6 期。

[8] 〔日〕成家彻郎：《巴蜀印章试探》，《四川文物》2004 年第 2 期。

[9] 郭明、高大伦：《考古学视角下的巴蜀印章研究》，《四川文物》2018 年第 1 期。

[10] 朱活：《谈巴蜀秦半两》，《四川文物》1990 年第 1 期。

[11] 宋治民：《蜀文化尖底陶器初论》，《考古与文物》1998 年第 2 期。

[12] 郭继艳：《试论巴蜀文化的陶质炊器》，《四川文物》2001 年第 1 期。

[13] 李昭和：《"巴蜀"与"楚"漆器初探》，《中国考古学会第二次年会论文集》，北京：文物出版社，1982 年；《战国秦汉时期的巴蜀髹漆工艺》，《四川文物》2004 年第 4 期。

[14] 聂菲：《巴蜀地域出土漆器及相关问题探讨》，《四川文物》2004 年第 4 期。

[15] 刘瑛：《巴蜀铜器纹饰图录》《巴蜀兵器及其纹饰符号》，《文物资料丛刊》（7），北京：文物出版社，1983 年。

[16] 高文、高成刚：《巴蜀铜印》，上海书店出版社，1998 年。

[17] 李学勤：《论新都出土的蜀国青铜器》，《文物》1982 年第 1 期。

[18] 刘豫川：《巴蜀符号印章的初步研究》，《文物》1987 年第 10 期。

[19] 董其祥：《巴蜀文字的探讨》，《西南师范大学学报（人文社会科学版）》1989 年第 3 期。

[20] 段渝：《巴蜀古文字的两系及其起源》，《成都文物》1991 年第 3 期。

[21] 冯时：《巴蜀印章文字考释——巴蜀文字释读方法探索》，《四川文物》2015 年第 3 期。

[22] 孙华：《巴蜀符号初论》，《四川文物》1984 年第 1 期。

[23] 李复华、王家祐：《关于"巴蜀图语"的几点看法》，《贵州民族研究》1984 年第 4 期。

[24] 王仁湘：《巴蜀徽识研究》，《中国考古学会第七次年会论文集》，北京：文物出版社，1992 年。

符号说的严志斌、洪梅对巴蜀符号做了全面研究，并分析了多种符号[1]，施劲松则将巴蜀符号还原到考古背景中考察[2]。21 世纪以来新的巴蜀符号集成又有管维良的《巴蜀符号》[3]，日本学者成家徹郎的《巴蜀印章图集》[4]，严志斌、洪梅的《巴蜀符号集成》[5]。

7. 社会与国家

相对于其他问题，对成都平原青铜时代的社会与国家的研究较少，晓昆[6]、段渝[7]、徐学书[8]、沈长云[9]、施劲松[10]、赵殿增[11]等有不同程度的讨论。

8. 经济

对经济的专门研究也不多，并涉及新石器时代。巴家云[12]、杨德谦[13]、蔡

[1]　a. 严志斌、洪梅：《巴蜀印章钟形符号考察》，《四川文物》2015 年第 5 期；《战国时期巴蜀文化叠形符号研究》，《中国国家博物馆馆刊》2015 年第 11 期；《巴蜀文化栅栏形符号考察》，《四川文物》2016 年第 4 期；《试析巴蜀文化中的笋形符号》，《四川文物》2017 年第 1 期；《战国时期巴蜀文化水草纹符号试析》，《中国国家博物馆馆刊》2017 年第 7 期；《巴蜀符号述论》，《考古》2017 年第 10 期。b. 洪梅：《"巴蜀符号两系说"质疑——以 6 件特殊铭文的虎纹戈为例》，《四川文物》2019 年第 2 期。

[2]　施劲松：《考古背景中的巴蜀符号》，《四川文物》2020 年第 3 期。

[3]　管维良：《巴蜀符号》，重庆出版社，2011 年。

[4]　成家徹郎：《巴蜀印章图集》，大東文化大学人文科学研究所，2014 年。

[5]　严志斌、洪梅：《巴蜀符号集成》，北京：科学出版社，2019 年。

[6]　晓昆：《三星堆遗址社会性质初探》，《四川文物》1989 年 "广汉三星堆遗址研究专辑"。

[7]　段渝：《蜀文化考古与夏商时代的蜀王国》，《四川文物》1994 年第 1 期；《先秦蜀国的都城和疆域》，《中国史研究》2012 年第 1 期；《酋邦与国家形成的两种机制——古代中国西南巴蜀地区的研究实例》，《社会科学战线》2014 年第 9 期。

[8]　徐学书：《论 "三星堆—金沙文化" 及其与先秦蜀国的关系》，《考古学民族学的探索与实践》，成都：四川大学出版社，2005 年。

[9]　沈长云：《从酋邦理论谈到古蜀国家的建立》，《中华文化论坛》2006 年第 4 期。

[10]　施劲松：《商时期南方地区的青铜器与社会：复杂性与多样性的例证》，《考古》2018 年第 5 期。

[11]　赵殿增：《三星堆神权古国研究》，《四川文物》2019 年第 1 期。

[12]　巴家云：《试论成都平原早蜀文化的社会经济》，《四川文物》1992 年 "三星堆古蜀文化研究专辑"。

[13]　杨德谦：《从考古发现看古蜀经济生产》，《中华文化论坛》1994 年第 3 期。

靖泉[1]、林向[2]、孙华[3]、霍巍[4]、江章华[5]等学者讨论了社会经济、农耕文明、农作物与农业类型的转变等。关于成都平原的农业，还有很多结合古史传说的研究。

9. 宗教信仰

宗教信仰方面的研究，绝大多数是因三星堆的考古发现而展开。大致有三个方面。

（1）萨满教。如林向[6]、伊利莎白·C. 约翰逊[7]结合考古发现进行的研究。

（2）三星堆时期的宗教。如巴家云[8]、汤清琦[9]、赵殿增[10]、李复华、王家祐[11]、吴维羲[12]、孙亚樵、胡昌钰[13]、韩佳瑶、陈淳[14]等的讨论。

（3）各种崇拜与宗教观念。这方面的讨论很多，并见于三星堆器物坑及

---

[1]　蔡靖泉：《考古发现反映出的成都平原先秦社会经济文化发展》，《江汉考古》2006年第3期。

[2]　林向：《广都之野与古蜀农耕文明》，《中华文化论坛》2009年增刊。

[3]　孙华：《四川盆地史前谷物种类的演变——主要来自考古学文化交互作用方面的信息》，《中华文化论坛》2009年增刊。

[4]　霍巍：《成都平原史前农业考古新发现及其启示》，《中华文化论坛》2009年增刊。

[5]　江章华：《成都平原先秦时期农业的转型与聚落变迁》，《中华文化论坛》2009年增刊。

[6]　林向：《蜀酒探源——巴蜀的"萨满式文化"研究之一》，《南方民族考古》第1辑，成都：四川大学出版社，1987年。

[7]　〔美〕伊利莎白·C. 约翰逊：《商人礼仪艺术中的萨满教特征及对四川广汉三星堆新近发现的推测》，《南方民族考古》第2辑，成都：四川科学技术出版社，1990年。

[8]　巴家云：《三星堆遗址所反映的蜀人一些宗教问题的研究》，《四川文物》1989年"广汉三星堆遗址研究专辑"。

[9]　汤清琦：《三星堆宗教文化初探》，《宗教学研究》1994年第1期。

[10]　赵殿增：《三星堆文明原始宗教的构架特征》，《中华文化论坛》1998年第1期；《三星堆祭祀形态探讨》，《四川文物》2018年第2期。

[11]　李复华、王家祐：《三星堆宗教内涵试探》，《四川文物》2002年第1期。

[12]　吴维羲：《试论古蜀人的神性思维与中央意识》，《四川文物》2002年第1期。

[13]　孙亚樵、胡昌钰：《从三星堆文化看古蜀人的原始宗教观》，《中华文化论坛》2004年第2期。

[14]　a. 韩佳瑶、陈淳：《三星堆青铜器巫觋因素解析》，《文物世界》2004年第3期。b. 陈淳、韩佳瑶：《从青铜器看三星堆的"巫"与殷商的"礼"》，《中国文物报》2004年2月13日。

其遗物的研究中，此处只指专门的研究。如林巳奈夫[1]、黄剑华[2]、邱登成[3]、王邦维[4]、施劲松[5]讨论太阳崇拜，杨甫旺讨论虎崇拜[6]，赵殿增讨论眼睛崇拜、手崇拜、树崇拜和人神交往途径[7]，张肖马讨论山崇拜[8]，王凯讨论鸟崇拜[9]，王仁湘讨论蝉崇拜[10]。又如谭继和讨论神禖文化[11]，段渝讨论巴蜀文化尚五观念[12]，黄剑华讨论古蜀祭祀[13]，屈小强讨论古蜀音乐歌舞[14]等。

10. 文化交流

成都平原在青铜时代与其他区域的交流是又一个重要的研究领域，相关研究可按交流对象分为五方面。

（1）与中原的关系。如杜金鹏[15]等讨论与二里头文化的关系，李学勤[16]、

---

[1] 〔日〕林巳奈夫：《中国古代的日晕与神话图像》，《三星堆与巴蜀文化》，成都：巴蜀书社，1993年。

[2] 黄剑华：《三星堆太阳崇拜探讨》，《中华文化论坛》2001年第2期。

[3] 邱登成：《三星堆文化太阳神崇拜浅说》，《四川文物》2001年第2期。

[4] 王邦维：《"都广之野"、"建木"以及"日中无影"》，《中华文化论坛》2009年增刊。

[5] 施劲松：《从"太阳神鸟"到"太阳马车"》，《纪念徐中舒先生诞辰110周年国际学术研讨会论文集》，成都：四川出版集团巴蜀书社，2010年。

[6] 杨甫旺：《古代巴蜀的虎崇拜》，《四川文物》1994年第1期。

[7] a. 赵殿增：《从"眼睛"崇拜谈"蜀"字的本义与起源——三星堆文明精神世界探索之一》，《四川文物》1997年第3期；《从"手"的崇拜谈青铜雕像群所表现的"英雄"崇拜——三星堆文明精神世界探索之二》，《四川文物》1997年第4期；《人神交往的途径——三星堆文物研究》，《四川考古论文集》，北京：文物出版社，1996年。b. 赵殿增、袁曙光：《从"神树"到"钱树"——兼谈"树崇拜"观念的发展与演变》，《四川文物》2001年第3期。

[8] 张肖马：《三星堆古蜀王国的山崇拜》，《考古与文物》2010年第5期。

[9] 王凯：《古蜀的鸟崇拜与演进轨迹》，《中华文化论坛》2015年第10期。

[10] 王仁湘：《古蜀蝉崇拜及其渊源——从金沙遗址出土昆虫纹玉饰牌说起》，《夏商时期玉文化国际学术研讨会论文集》，北京：科学出版社，2018年。

[11] 谭继和：《三星堆神禖文化探秘》，《四川文物》1998年第3期。

[12] 段渝：《先秦巴蜀文化的尚五观念》，《四川文物》1999年第5期。

[13] 黄剑华：《三星堆青铜造像与古蜀祭祀活动探讨》，《中华文化论坛》2000年第3期。

[14] 屈小强：《从考古发现看古蜀人的音乐歌舞艺术》，《天府新论》1993年第5期。

[15] 杜金鹏：《三星堆文化与二里头文化的关系及相关问题》，《四川文物》1995年第1期。

[16] 李学勤：《从广汉玉器看蜀与商文化的关系》，《巴蜀历史·民族·考古·文化》，成都：巴蜀书社，1991年。

郑振香[1]、张玉石[2]、邹衡[3]、宋治民[4]、林向[5]、向桃初[6]讨论与夏商的关系，叶小燕[7]、张天恩[8]、李诚[9]、黄剑华[10]、周书灿[11]讨论与中原文明的关系。

（2）与陕南、西北地区的交流。如李伯谦[12]、刘士莪、赵丛苍[13]、魏京武[14]、张文祥[15]、高大伦[16]、宋治民[17]讨论与陕南城固、宝鸡强国墓地等的联系，王方[18]、施劲松[19]讨论与西北地区的交流。

---

[1] 郑振香：《早期蜀文化与商文化的关系》，《中原文物》1993 年第 1 期。

[2] 张玉石：《川西平原的蜀文化与商文化入川路线》，《华夏考古》1995 年第 1 期。

[3] 邹衡：《三星堆文化与夏商文化的关系》，《四川考古论文集》，北京：文物出版社，1996 年。

[4] 宋治民：《早期蜀文化与商周文明》，《四川文物》1997 年第 1 期；《试论蜀文化和夏商文化的关系》，《洛阳师范学院学报》2010 年第 1 期。

[5] 林向：《蜀与夏——从考古新发现看蜀与夏的关系》，《中华文化论坛》1998 年第 4 期。

[6] 向桃初：《三星堆文化的形成与夏人西迁》，《江汉考古》2005 年第 1 期。

[7] 叶小燕：《试论巴蜀文化的铜器——兼论巴蜀与中原文化的关系》，《中国考古学研究——夏鼐先生考古五十年纪念文集》（二），北京：科学出版社，1986 年。

[8] 张天恩：《巴蜀文化与中原文化的关系试探》，《考古与文物》1998 年第 5 期。

[9] 李诚：《古蜀文明与古华夏文明——由成都平原考古所引发的对古代文献的新思考》，《天府新论》1998 年第 5 期。

[10] 黄剑华：《三星堆文明与中原文明的关系》，《中原文物》2001 年第 4 期。

[11] 周书灿：《从五帝传说看中原和古蜀地区文明化进程中的碰撞与交流》，《四川文物》2007 年第 1 期。

[12] 李伯谦：《城固铜器群与早期蜀文化》，《考古与文物》1983 年第 2 期。

[13] 刘士莪、赵丛苍：《论陕南城、洋地区青铜器及其与早期蜀文化的关系》，《三星堆与巴蜀文化》，成都：巴蜀书社，1993 年。

[14] 魏京武：《陕南巴蜀文化的考古发现与研究——兼论蜀与商周的关系》，《三星堆与巴蜀文化》，成都：巴蜀书社，1993 年。

[15] 张文祥：《宝鸡强国墓地渊源的初步探讨——兼论蜀文化与城固铜器群的关系》，《考古与文物》1996 年第 2 期。

[16] 高大伦：《三星堆器物坑饰"鱼凫纹"金杖与强国墓地"鸭首形"铜旄》，《中国文物报》1997 年 10 月 12 日。

[17] 宋治民：《早期蜀文化和汉水上游地区青铜文化的关系》，《南方文物》2007 年第 3 期。

[18] 王方：《蜀地西风——浅论古蜀玉器中的齐家文化因素及其他》，《2015 中国·广河齐家文化与华夏文明国际研讨会论文集》，北京：文物出版社，2016 年。

[19] 施劲松：《三星堆文化的再思考》，《四川文物》2017 年第 4 期。

（3）与东方的交流。李学勤[1]、王劲[2]、俞伟超[3]、施劲松[4]等讨论三星堆文化与东方的交流。东周时期的交流主要在蜀楚之间进行，除前述对新都大墓的研究外，郭德维[5]、施劲松[6]、黄尚明[7]还有讨论。

（4）西南各区域间的交流。如罗开玉[8]、刘世旭[9]、傅正初[10]、庄文斌[11]讨论成都平原的文化与西南地区其他文化的关系，霍巍讨论川藏、川滇间的联系[12]，宋治民分析古代四川的外来文化因素[13]，徐学书[14]、于春[15]、陈德安[16]、赵炳清[17]讨论不同方向的人群迁移和文化传播等。

（5）与域外的交流。对于成都平原与西亚、中亚、南亚等地可能存在的

---

[1] 李学勤：《商文化怎样传入四川》，《中国文物报》1989 年 7 月 21 日；《三星堆与大洋洲》，《比较考古学随笔》，桂林：广西师范大学出版社，1997 年。

[2] 王劲：《鄂西峡江沿岸夏商时期文化与巴蜀文化关系》，《三星堆与巴蜀文化》，成都：巴蜀书社，1993 年。

[3] 俞伟超：《三星堆蜀文化与三苗文化的关系及其崇拜内容》，《文物》1997 年第 5 期。

[4] 施劲松：《三星堆文化的再思考》，《四川文物》2017 年第 4 期。

[5] 郭德维：《蜀楚关系新探——从考古发现看楚文化与巴蜀文化》，《考古与文物》1991 年第 1 期；《蜀楚文化发展阶段试探》，《三星堆与巴蜀文化》，成都：巴蜀书社，1993 年。

[6] 施劲松：《蜀文化中的楚文化因素》，《三星堆与巴蜀文化》，成都：巴蜀书社，1993 年；《罗家坝墓葬与成都平原东周时期的文化》，《四川文物》2018 年第 3 期。

[7] 黄尚明：《试论楚文化对晚期蜀文化的影响》，《江汉考古》2006 年第 2 期。

[8] 罗开玉：《三星堆遗址与古代西南文化关系初论》，《四川文物》1989 年 "广汉三星堆遗址研究专辑"。

[9] 刘世旭：《川西南大石墓与巴蜀文化之比较》，《四川文物》1990 年第 2 期。

[10] 傅正初：《巴蜀与西南夷的文化联系》，《巴蜀历史·民族·考古·文化》，成都：巴蜀书社，1991 年。

[11] 庄文斌：《三星堆文化与西南地区文化传播的源流》，《四川文物》1992 年第 2 期。

[12] 霍巍：《西藏考古新收获与远古川藏间的文化联系》，《三星堆与巴蜀文化》，成都：巴蜀书社，1993 年；《蜀与滇之间的考古学》，《西南考古与中华文明》，成都：巴蜀书社，2011 年。

[13] 宋治民：《四川先秦时期考古研究的问题》，《四川考古论文集》，北京：文物出版社，1996 年；《巴蜀墓葬某些因素之分析》，《远望集——陕西省考古研究所华诞四十周年纪念文集》，西安：陕西人民美术出版社，1998 年。

[14] 徐学书：《从考古资料看蚕丛氏蜀人的南迁》，《四川文物》1993 年第 6 期。

[15] 于春：《茂县牟托村 "翼龙" 与三星堆龙之比较——兼论三星堆文化向北传播的途径》，《考古与文物》2005 年第 2 期。

[16] 陈德安：《古蜀文明与周边各文明的关系》，《中华文化论坛》2007 年第 4 期。

[17] 赵炳清：《先秦时期巴蜀地区的人口迁移与文化交流》，《四川文物》2015 年第 4 期。

联系和文化交往，霍巍[1]、段渝[2]、范小平[3]、张弘[4]、邹一清[5]等均有比较研究。成都平原的文化还可能影响到东南亚，李学勤[6]、饶宗颐[7]、雷雨[8]、陈显丹[9]讨论了越南北部出土的牙璋和两地间的文化交流，童恩正讨论成都平原船棺葬和部分青铜器对东南亚的影响[10]，段渝[11]、高大伦[12]等讨论了南方丝绸之路。

11. 宝墩文化研究

成都平原的青铜时代与新石器时代一脉相承，宝墩文化也被纳入成都平原的文化谱系，因此，最后对宝墩文化城址和宝墩文化的研究做简要梳理。这个领域的研究从20世纪末期开始成为热点并持续至今，研究主要集中在两个方面。

（1）城址研究。包括城址的分布、形制、内涵以及年代等。如江章华

[1] 霍巍：《广汉三星堆青铜文化与古代西亚文明》，《四川文物》1989年"广汉三星堆遗址研究专辑"。

[2] 段渝：《论商代长江上游川西平原青铜文化与华北和世界文明的关系》，《东南文化》1993年第2期；《古蜀文明与早期中印交流》，《南方丝绸之路研究论集》，成都：四川出版集团巴蜀书社，2008年。

[3] 范小平：《三星堆青铜人像群的社会内容和艺术形式初探——兼与中东地区上古雕塑艺术之比较》，《三星堆与巴蜀文化》，成都：巴蜀书社，1993年；《三星堆青铜雕像与西亚上古雕塑艺术比较》，《四川文物》1997年第5期。

[4] 张弘：《先秦时期古蜀与东南亚、南亚的经济文化交流》，《中华文化论坛》2009年第1期。

[5] 邹一清：《印度河文明与古蜀文明若干问题比较研究》，《中华文化论坛》2015年第12期。

[6] 李学勤：《越南北部出土牙璋》，《文物天地》1994年第3期。

[7] 饶宗颐：《由牙璋略论汉土传入越南的遗物》，《南中国及邻近地区古文化研究》，香港中文大学出版社，1994年。

[8] 雷雨：《从考古发现看四川与越南古代文化交流》，《四川文物》2006年第6期。

[9] 陈显丹：《古蜀玉器与越南古代玉器之关系》，《夏商时期玉文化国际学术研讨会论文集》，北京：科学出版社，2018年。

[10] 童恩正：《试谈古代四川与东南亚文明的关系》，《文物》1983年第9期。

[11] 段渝：《三星堆古蜀文明与南方丝绸之路》，《三星堆研究》第2辑《三星堆与南方丝绸之路青铜文化研讨会论文集》，北京：文物出版社，2007年。

[12] 高大伦：《从考古发现看西南丝路沿线的文化传播》，《中华文化论坛》2008年增刊。

等[1]、宋治民[2]、王毅、蒋成[3]、高大伦[4]都对城址群进行了较为全面的考察，刘兴诗探讨城的兴废[5]，黄昊德、李蜀蕾探讨城垣功能[6]，段渝、陈剑讨论城的性质[7]，黄剑华[8]、彭邦本[9]讨论城与古蜀的社会，冉宏林、雷雨讨论城的变迁[10]，管小平讨论宝墩文化的聚落级差和城市萌芽[11]。

（2）宝墩文化研究。如王毅、孙华对宝墩文化的阐述[12]，黄昊德、赵宾福[13]、何锟宇[14]探讨宝墩文化的来源。相关的研究还包括，宋治民讨论三星堆遗址一期文化[15]，蒋成、李明斌讨论鱼凫村遗址第三期遗存[16]，江章华、何锟宇分析成都平原的史前聚落[17]，万娇、雷雨探讨成都平原的新石器文化发展脉络[18]等。

---

[1] a. 江章华、颜劲松、李明斌：《成都平原的早期古城址群——宝墩文化初论》，《中华文化论坛》1997年第4期。b. 江章华、王毅、张擎：《成都平原早期城址及其考古学文化初论》，《苏秉琦与当代中国考古学》，北京：科学出版社，2001年。

[2] 宋治民：《试论四川温江鱼凫村遗址、新津宝墩遗址和郫县古城遗址》，《四川文物》2000年第2期。

[3] 王毅、蒋成：《成都平原早期城址的发现与初步研究》，《稻作、陶器和都市的起源》，北京：文物出版社，2000年。

[4] 高大伦：《四川新石器遗址成批发现的重要启示》，《中华文化论坛》2009年增刊。

[5] 刘兴诗：《成都平原古城群兴废与古气候问题》，《四川文物》1998年第4期。

[6] 黄昊德、李蜀蕾：《温江鱼凫村遗址的分期研究与土墙功能考察》，《四川文物》2005年第4期。

[7] 段渝、陈剑：《成都平原史前古城性质初探》，《天府新论》2001年第6期。

[8] 黄剑华：《古蜀王都与早期古城遗址探讨》，《四川文物》2002年第5期。

[9] 彭邦本：《古城、酋邦与古蜀共主政治的起源——以川西平原古城群为例》，《四川文物》2003年第2期。

[10] 冉宏林、雷雨：《浅析成都平原先秦时期城址特征的变迁》，《四川文物》2014年第3期。

[11] 管小平：《宝墩文化的聚落级差及城市萌芽》，《四川文物》2019年第5期。

[12] 王毅、孙华：《宝墩村文化的初步认识》，《考古》1999年第8期。

[13] 黄昊德、赵宾福：《宝墩文化的发现及其来源考察》，《中华文化论坛》2004年第2期。

[14] 何锟宇：《试论宝墩文化的源头》，《南方民族考古》第12辑，北京：科学出版社，2016年。

[15] 宋治民：《略论广汉三星堆遗址一期文化及相关问题》，《宋治民考古文集》，北京：科学出版社，2004年。

[16] a. 蒋成、李明斌：《四川温江县鱼凫村遗址分析》，《东南文化》1998年第4期。b. 李明斌：《试论鱼凫村遗址第三期遗存》，《考古与文物》2001年第1期；《再论温江鱼凫村遗址第三期文化遗存的性质》，《华夏考古》2011年第1期。

[17] a. 江章华：《成都平原先秦聚落变迁分析》，《考古》2015年第4期。b. 江章华、何锟宇：《成都平原史前聚落分析》，《四川文物》2016年第6期。

[18] 万娇、雷雨：《桂圆桥遗址与成都平原新石器文化发展脉络》，《文物》2013年第9期。

二、研究对象、视角与目的

由学术史可知，最早的考古发掘始于 1934 年，这使成都平原成为我国最早开展考古工作的区域之一，三星堆遗址也差不多具有和殷墟一样长久的持续发掘的历史。

在 1949 年以前的第一个阶段，一些田野工作的开始与西方科学的传入有关，甚至有西方学者直接参与，这样的开端也反映了 20 世纪上半叶中国学术环境的某些共性。那个阶段的考古发现很有限，但所获的玉石器、陶器、铜器等物质遗存多少揭示出这个区域的文化具有独特面貌，在当时的学术环境下，势必引起学术界的关注。当时的很多研究主要依据文献而不是考古材料，但探讨的一些问题后来成为考古学研究的课题，出自文献的"巴蜀文化""巴蜀青铜器"等概念也从此为学界接受并沿用至今。

1950 年之后，随着考古工作的展开，考古发现和研究都增多。第二阶段的研究明显承继了第一阶段的学术传统，但运用了包括考古发现在内的更为丰富的资料，突出了考古学的研究方法。六七十年代基于考古材料而开展的一些研究具有奠基性和开创性，考古学由此开始建构成都平原青铜时代的文化与历史。

1980 年以来的第三阶段，考古发现的类别和数量、研究的深度和广度，都非过去所能相比。本书只归纳了 11 个主要的研究领域，但实际进行的研究和涉及的方向不只如此。大量的研究使成都平原的文化和历史开始以科学的面貌呈现出来，并日渐清晰。

从 20 世纪二三十年代至今，成都平原青铜时代考古还具有一些鲜明的特征。

第一，迄今为止几乎所有的重大发现都缘于偶然。三星堆遗址最早的发现，60 年代彭县竹瓦街铜器的出土，80 年代以后发掘的三星堆的 1、2 号祭祀器物坑、十二桥遗址、金沙遗址、成都商业街大墓，莫不如此。偶然的发现成为学术热点。

第二，在研究视角上，学界习惯于在地域上从中原的角度看待成都平原，在文化上用夏商周文明衡量成都平原的考古发现。在这样的视角中，中原为中心，成都平原为中心的"周边""边缘"。在这种视角下开展的研究往往出现两种情况，或是研究局限于这个"封闭"的"边缘"地区，或是将中原"中心"作为对比和衡量成都平原考古发现的标准。

第三，研究具有将考古材料与古史传说相结合的传统。最初因为缺乏考古材料，学界的研究主要依据包含着传说内容的文献。但在考古材料大量出土后，这个传统仍然得以延续至今。这固然是因为中国考古学和历史学本就有着千丝万缕的联系，但也还有另外的原因，那就是在四川盆地这个封闭的地理环境中，既产生了自成体系的古史传说，又留下了独一无二的物质遗存。将两者相结合，无论是以考古材料印证古史记载，还是用文献解释实物，似乎都可以成为一种有效的、理想的研究途径，并且能够达到所希望的最终目标。80 年代以后的研究还出现了另一个特征，那就是侧重于解释遗迹的性质和遗物的功能，这仍与成都平原出土考古材料的独特性相关，这类解释也不同程度地受到上述传统的影响。

第四，在研究的目标上，尽管 20 世纪后学界也开始关注人的行为、经济、社会、环境等，但长期以来的很多研究以构建和梳理文化谱系为主，这不应成为考古学研究的最终目标。文化谱系的建构又主要建立在对陶器的考察上，陶器的相同和相异作为区分考古学文化的标准，陶器的变化被视为文化演进的标志。研究过于注重陶器有可能导致对其他更能反映文化和社会的考古材料关注不够，至于陶器如何能成为这样的标准、标志，在这类研究中也缺乏明确的阐释。除文化谱系以外也有其他方面的研究，但研究的"多样化"在一定程度上取决于研究材料和对象，而非考古学理论、方法和研究目标的多元。

本书的研究建立在已有研究的基础上，所确立的研究对象、采纳的视角和设定的目标也是基于如上的学术反思。在对这些问题做进一步的阐述之前，我首先需要表明我对考古学的一个基本认识。

考古学将过去留存下来的物质遗存作为研究对象，这并不仅仅是简单地因为考古发掘出土的本来就是实物，而是因为"物"自身所具有的意义。

早在 19 世纪初期，随着石器时代、青铜器时代和铁器时代三期说的提出，考古学家已意识到了物质领域自身的存在意义，考古学开始从书写历史的限制中解放出来。也是从19世纪开始，考古学这门学科已被视为既是国家民族性的、又是一项国际性的新方法 [1]。时至今日，对于考古学这门学科，我更赞同丹麦考古学家克劳斯·韩斯堡（Klavs Randsborg）的下述观点：由考古发现和研究可以建构关于一个国家或地区的"考古学的历史"（archaeological history）；相比于文献，考古学研究所揭示出的"人造物的世界"（man-made material world）或者"物的历史"（material history）要远远早于文字的出现，因涉及包括地质、地理、气候、植物、动物等人类活动的多重环境因素，考古学建构的历史将是一个"更为广阔的历史舞台"；在 history 与 prehistory 之间也不存在截然的分界，甚至 prehistory 这个术语的提出就是以书写文献为依据的历史学家为贬低"物的历史"的臆造；从考古学的视角出发，考古学直接面对一个"人造物的世界"，不会为了使"物"成为科学认识的对象而对其进行"还原"，而是力争保留其"包括与环境的交互作用在内的人类努力、认识和行动的整体性" [2]。这里所说的"整体性"其实也指示出，考古学比历史学更本原，除了因为"物的历史"远比文字的历史长久之外，还因为"物的历史"与历史发展本身更为贴近。这个观点也是法国当代哲学家福柯得以建构"知识考古学"的哲学批判的思想基石。

（一）研究对象

本书研究的对象就是成都平原出土的青铜时代的实物遗存。作为考古学研究对象的实物遗存包括一切人为制造、加工或者与人的活动有关的"物"。从20世纪20年代以来，成都平原的考古发现层出不穷，至今已积累了各种类别的、极其丰富的实物资料，它们对于建构历史不可或缺。面对如此众多的实物遗存，本书有必要确定其中最重要的类别作为重点，并进而将其作为主线索贯穿研究的始终。但每类考古材料都有不可替代的意义，只有整合所有的考古

---

[1]　〔丹〕克劳斯·韩斯堡：《考古学在丹麦》，《考古》2006 年第 6 期。

[2]　Klavs Randsborg, *The Anatomy of Denmark: Archaeology and History from the Ice Age to the Present*, London: Bristol Classical Press, 2009, p. 3.

材料，才能更好地阐释那个时代的历史。因此，本书也将同时考察其他重要类别的实物资料，以使主线索之外有尽可能广的涵盖面。

具体而言，在遗物中本书选择青铜器作为研究的重点，并将青铜器作为研究青铜时代的一条重要线索。通过考古材料来认识青铜时代的一个区域文明最为核心的内容，揭示沟通与交流对于激发和成就古代文明的意义，那么在所有的遗物中青铜器最为重要。这取决于青铜器所具有的文化、社会等多层面的意义，青铜器的生产与使用对社会发展、甚至对早期国家的形成都有重要影响。首先是制造青铜器需要具备专门的冶金知识与技术，这些知识和技术难以从日常的生活经验中轻易获得。也正因如此，青铜器与石器、陶器等都不相同，其制作技术不大可能在世界多地各自起源。其次是生产和使用青铜器需要以手工业的专门化为前提，经过采矿、冶炼、运输、铸造等多个环节，形成统一而复杂的组织、协调、管理机制，以及相应的贸易、贡赋和分配系统。这从技术、经济、组织和管理系统等方面推动了社会的发展。第三是青铜器被广泛用作兵器、工具等实用器具，它们的功能相对于其他非金属器具有显著的优越性。但更重要的是当制造技术能够满足制作复杂的器物时，青铜器便因聚合了贵重的资源和专控的技术而不再是普通用具，很多地区和社会将青铜器作为政治、宗教权力的工具，青铜器同时包涵了技术与观念。由此我们可以设想，青铜器及其制造技术的起源与传播——且不论那些与青铜器相伴传播的其他文化因素，即使仅就青铜器自身所包含的知识和观念而言——将会对各地的文明产生怎样的影响。

青铜器除具上述的普遍意义外，在成都平原还有特殊意义，那就是青铜器集中体现了成都平原青铜文明的特点和成就，青铜器功能的变化更是指示出文化和社会的变革。成都平原出土的青铜器种类和数量都极为丰富，可确保青铜器研究这条线索不会淡化或中断。在其他实物遗存中，与青铜器具有相同意义的还有金器、玉器等贵重物品，以及功能和含义特别的部分石器，它们也将受到同样的关注。本书没有像很多研究那样突出陶器，这是因为本书的研究目的在于建构成都平原青铜时代的历史，而不是建立遗存的年代序列和文化谱系。单纯依据陶器建立的年代序列和文化谱系在某种程度上只是陶器的演变序列，日常生活用的陶器会发生自然变化，这种变化并不总是标志着文化的更替或社会的变革。陶器本身也不具有前述青铜器所包括的多层面的意义，仅据陶器材料难以认识青铜时代的社会和早期国家。

在遗迹中，本书选择祭祀遗存和墓葬作为研究重点，并以此构成全书的另一条研究线索。这是因为成都平原出土的遗迹以这两类发现最多、内容最丰富，也最能说明当时文化的核心内容和社会特点。在西周末期以前，成都平原最重要的遗迹是各类祭祀遗存，相当于东周时期的重要遗迹则是不同类型的墓葬，两类遗迹在整个青铜时代从早到晚此消彼长，正好深刻地揭示出文化与社会的变革。此外，成都平原的青铜器基本上都出自祭祀遗存和墓葬，青铜器是祭祀遗存和墓葬的重要内涵，祭祀遗存和墓葬则构成了认识和理解青铜器的出土背景和考古学背景。这几类考古材料实为一个不可分割的整体。

以青铜器为代表的贵重物品、以祭祀遗存和墓葬为代表的遗迹，分别是贯穿全书的两条的主线，两条线索各有独立发展的脉络，但又相互依存、彼此交织。其他类别的遗物，以及如遗址、城址、建筑等重要遗迹，对它们的考察和分析也将整合到研究中。

（二）研究视角

与所选取的物质研究对象相应，本书最基本的研究视角就是“物”的视角。成都平原出土的青铜时代的考古材料绝大多数没有文字，只极个别的外来铜器和东周时期的遗物上有简单铭文。因此，理解成都平原青铜时代的考古材料无文字可以依靠。涉及成都平原青铜时代的文献大致有两类。一是前述的商周时期的卜辞，内容过于简略，甚至于所指之“蜀”具体在何处都还有分歧。二是晚期的文献，既有《华阳国志》这样的四川地区的地方志，也有诸如《史记》这类非当地文化的文献。这样的文献对于早期历史的记载多侧重于蜀人世系，并掺杂很多传说。即使不计这些文献的成书年代和传说成分，文献也难以指引研究的方向，或是构成理解成都平原出土的考古材料的背景。“实物”与“文字”本来就是两类不同的材料，各具意义，不能相互替代，两者根本的差别在于“实物”没有经过观念的“梳理”，虽然像青铜器这类“实物”往往包含着一定的观念，但这种观念需要我们去“发掘”、解读。“实物”有其独立性，尤其是在当今，因各种科技手段和方法在考古学中的运用越来越广泛深入，"实物"所能提供的信息也越来越丰富。在缺乏文字材料的情况下，本书将对实物材料展开深入研究，注重对"物"进行阐释，结论不受文献左右，最终的认识也会超出于文献记载。需要说明的是，本书只是坚持"物"的视角，但研究的目的并不在于"物"本身，而是希望用"物"去建构历史。

本书取"区域"的视角而非"中心"与"边缘"的视角。新石器时代和青铜时代的成都平原为一个"区域"，它与中原、长江中下游、我国西北地区，以及还可能涉及的其他地区，是紧密联系的"区域"。成都平原这个"区域"并不孤立，它存在于一个广阔的时间和空间背景中。早在新石器时代，不同"区域"间就存在沟通和交流，并形成了广泛、长期的联系。至于"区域"之间存在着怎样的具体联系，正需要我们去寻找。由研究"建立"起的联系应是确实的，只有如此，不同"区域"的考古材料才具有可比性，经对比研究得出的结论才具有效性，应当避免以一种完全不同的区域性文明来衡量另一种区域性文明。

本书将持一个"整体"的视角。成都平原新石器时代、青铜时代的文化和社会虽然屡经变革，但作为一个"区域"的历史并不曾中断。这就需要进行较长时段的考察，将不同时期、不同类别的考古材料都纳入研究的视野，如此才可能看到更为完整的历史图景。对单个的遗址或者专门的遗存类别进行孤立的考察具有局限性，研究像三星堆和金沙这样重要的、相互关联的遗址尤其需要有"整体"的视角。本书虽然将青铜制品、祭祀遗存和墓葬作为研究的重点和两条主线索，但并非只关注这几类遗存，而是力图将各类材料进行整合研究。

本书还注重比较的视角。事物只有通过比较才会清晰，事物的"特点"也只能通过比较才能显现出来。要揭示各个区域间的沟通和不同文明间的交流，比较更是不可或缺。因此，无论是针对成都平原内部的考古材料，还是关于成都平原与域外的联系，本书都进行了大量的比较研究。比较并不限于某一类考古材料，更不是着眼于物质材料表面呈现出的异同，而是重在分析由各类考古材料反映出的知识体系与价值体系。与此相关的是，本书进一步通过技术、知识、观念来理解文化内涵、社会样貌和早期国家的特征。

最后对本书的章节设计和内容略做说明。

　　第一章安排的是新石器时代的内容,新石器时代是青铜时代的来源和基础。

　　第二章的重点是三星堆遗址和1、2号祭祀器物坑。因三星堆遗址有新石器时代和青铜时代的遗存,目前界定的三星堆文化在年代上跨越了两个时代,又与之后的十二桥文化密切相关,因此第一、二、三章都论及三星堆文化。多年来学术界对1、2号坑有完全不同的解释,为此第二章专门针对各种观点讨论了解释的方法,目的在于提供一种可供参考的研究视角。本书对三星堆祭祀器物坑的解释方法,同时也是考察其他考古材料、研究其他问题所运用和坚持的原则与方法。

　　第三章的重点是金沙和十二桥遗址,因有三星堆的研究为基础,对金沙遗址的研究突出了与三星堆的对比。

　　第四章将三星堆和金沙的考古材料加以整合,力图得出对这个时期文化、社会、早期国家、对外交流的整体性认识。

　　第五章将墓葬和青铜器两条线相交织,共同揭示出东周时期文化、社会的变革。

　　结语在对成都平原这个特定区域的研究的基础上,以一个区域为例证,阐释中华文明多元一体的内涵和形成,同时讨论了用考古学建构历史的可能性与意义。

　　还需要说明的是,本书同时使用了“文明”和“文化”两个概念。“文明”为辞典含义,即指人类在社会历史发展过程中创造的物质财富、精神财富的总和,书中主要用来泛指一个“区域”的物质、精神、社会制度等方面的成就。“文化”则更多地指具体的考古学文化,或侧重于精神层面。另外,涉及成都平原青铜时代遗存的年代时,本书使用“商代”“东周”等作为方便对比的年代标尺,并不表示这些遗存的文化属性。

（三）研究目的

　　本书的主旨是由考古学来建构历史,具体希望达到下述目的。

　　第一,希望利用考古材料,通过考古学的理论、方法、路径,建构出一个特定区域的连贯的历史。相比于文字记载的历史,考古学建构的历史图景或许不够完整、清晰，并且需要不断补充和修正，但这恰恰就是考古学家眼中历史的本来面貌。这样的工作可以反过来让我们理解考古学的意义，以及考古学如何能够成为一种有效的、不可替代的建构历史的方法。

第二，希望由成都平原的个案，揭示出一个区域的古代文明所具有的地域性特点，以及产生和发展演化的道路。同时也在于揭示，一个延续发展的文明不会孤立存在，即使处于封闭的地理环境中，它也总会与其他区域、其他文明保持沟通与交流，这使文明的发展生生不息。因此，一个古代的文明会具有独特性、区域性，也会与其他文明交流、融合；文明的"区域性"或"多元性"无损于文明的"一体性"，而意识到沟通与交流的意义同样不妨碍文明的"独立性"。

第三，希望能以考古学的方法建构出成都平原这个特定区域的青铜时代的历史，这样的历史在过去是未知的。同时也希望进一步将成都平原放在整个中国青铜时代的背景中，去审视这个区域的文明何以成其为一种区域性文明，又何以与其他区域的文明交流融合，最终共同丰富了中国乃至人类古代文明的图景。

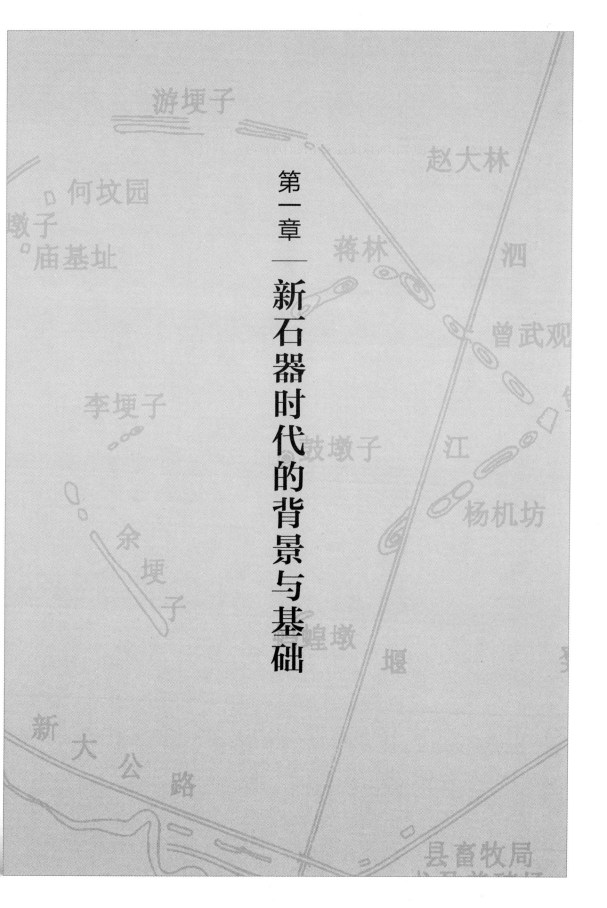

第一章——新石器时代的背景与基础

　　成都平原存在过与众不同的青铜时代文明，这种文明的产生、发展自有根源于当地的基础。成都平原的青铜时代大约开始于公元前 13 世纪。在此之前，成都平原还有 1000 多年的新石器时代。新石器时代奠定了青铜时代文明发展的物质和文化基础，从此开启了持续的远程交流。

第一节　桂圆桥与宝墩文化

一、桂圆桥遗址

　　目前在成都平原发现的年代最早的新石器时代遗址是什邡市东郊的桂圆桥 [1]。2009 年发掘出房址 3 座、灰坑 78 个、积石坑 10 个、窑址 2 座、水井 1 口、沟 16 条、墓葬 2 座。

　　据报道的材料，桂圆桥遗址的房址 F1 似为红烧土块砌成，平面大致呈长方形，东北—西南向，长 6.8、宽 5.2 米。房址中部有两道堆砌的红烧土矮墙，红烧土下的地面经平整，但未见明显的沟槽和规整的柱洞。F1 的年代可能为距今 4600—4300 年。

　　积石坑多为规整的圆形，坑壁一般烧结成红烧土，坑内堆积较多卵石。此类坑的性质尚不清楚。在以后的新石器时代遗址中仍有类似的积石坑，比如在成都青白江三星村遗址有圆形或方形坑，坑壁经烧烤，由下而上有黑土层、卵

---

[1]　四川省文物考古研究院、德阳市博物馆、什邡市博物馆：《四川什邡桂圆桥新石器时代遗址发掘简报》，《文物》2013 年第 9 期。

石或石块、细灰层，显然有意为之；有的坑内还有动物和鸟类遗骸。

桂圆桥的 2 座墓葬应是成都平原已知的最早的墓葬，但未报道具体资料。

桂圆桥遗址的遗物主要为陶器，以罐类器为主；石器主要为斧、锛，还有环、圭等。

发掘简报公布的材料有限，但将这些遗存分为三期，第一期的年代为距今5100—4600 年，第三期为距今 4300—4100 年。万娇、雷雨将第一期遗存代表的文化命名为桂圆桥文化[1]。

桂圆桥遗址的重要性不只在于年代早，还在于该遗址包含的信息。一些信息来自植物遗存，尽管对植物遗存的浮选有限但结果也很有价值。浮选的样本共 12 份，采集自不同时期的遗迹[2]。结果是第一期的灰坑 H43 中有丰富的黍和粟的遗存，还有一些藜属种子，地层中发现黍、粟和水稻遗存。第二期的房址、灰坑中有黍、粟和水稻，显示出主要依赖黍和粟的生业模式转变为以水稻和粟为主的混合农业，后者正是此后成都平原新石器时代经济文化的重要特征。第三期样本中的遗存主要是水稻，伴出少量的粟、黍和一种野生燕麦。在桂圆桥文化之后，成都平原的农业即以稻作为主。

桂圆桥遗址本身的资料较为有限，这类遗址现今在成都平原也仅发掘了这一处，因此对成都平原距今 5000 年以前的历史还难有更多了解。但桂圆桥遗址已显示了它的重要意义，那就是它所代表的桂圆桥文化可能是成都平原青铜时代文化在当地的最早源头之一。桂圆桥遗址的另一重意义，在于它提供了成都平原最早的人群迁移和文化交流的信息，对此将在后文论及。

除桂圆桥遗址外，过去在四川盆地的周边还发现一些新石器时代的文化遗存。与成都平原相邻的有绵阳的边堆山遗址，1952 年发现，1988 年调查采集有石器、陶器[3]。王仁湘、叶茂林推断边堆山遗址的年代大约为距今 5000—4500 年，更早的还有广元中子铺、张家坡、邓家坪遗址，年代可能为距今

---

[1] 万娇、雷雨：《桂圆桥遗址与成都平原新石器文化发展脉络》，《文物》2013 年第 9 期。

[2] 四川省文物考古研究院：《四川什邡市桂圆桥遗址浮选结果与分析》，《四川文物》2015 年第 5 期。

[3] 中国社会科学院考古研究所四川工作队：《四川绵阳市边堆山新石器时代遗址调查简报》，《考古》1990 年第 4 期。

7000—5000 年 [1]。边堆山的这个推断年代大致与桂圆桥文化年代相近。何志国据边堆山的材料提出边堆山文化是四川地区距今 5000—4000 年的文化，并将成都平原及周边地区这一时期的遗存归入其中 [2]。四川盆地周边的新石器时代遗存发现有限，对上述遗址的文化面貌，以及它们与成都平原宝墩文化的关系，都难有更多认识。江章华等学者比较石器和陶器，认为宝墩文化与边堆山文化的面貌有较多相近之处；嘉陵江上游的张家坡和邓家坪遗址代表的两种文化遗存，或许是宝墩文化的来源，但这种关系还不十分清楚 [3]。现在发现了桂圆桥遗址，或许桂圆桥文化与宝墩文化的关系更加紧密。

二、宝墩文化的发现

继桂圆桥文化之后，成都平原的新石器时代文化是宝墩文化。与桂圆桥文化不同，宝墩文化遗址发现众多，考古资料丰富，人们对宝墩文化的认识也更为深入。

1995 年考古工作者在新津县的宝墩遗址进行调查和试掘，首次确认成都平原存在新石器时代的城址，宝墩遗址呈现出的面貌也不同于此前所知的文化，代表一种新的文化遗存 [4]。此后，又相继在都江堰芒城村、郫县古城村、温江鱼凫村、崇州双河村与紫竹村发现另外 5 座城址。这些城址的年代略有差别，但文化的总体面貌基本一致，因宝墩遗址面积最大、文化内涵最丰富，江章华等学者遂将这批城址所代表的文化命名为宝墩文化 [5]，在考察宝墩文化的

---

[1] 王仁湘、叶茂林：《四川盆地北缘新石器时代考古新收获》，《三星堆与巴蜀文化》，成都：巴蜀书社，1993 年。

[2] 何志国：《绵阳边堆山文化初探》，《四川文物》1993 年第 6 期。

[3] 江章华、王毅、张擎：《成都平原早期城址及其考古学文化初论》，《苏秉琦与当代中国考古学》，北京：科学出版社，2001 年。

[4] 成都市文物考古工作队、四川联合大学考古教研室、新津县文管所：《四川新津县宝墩遗址调查与试掘》，《考古》1997 年第 1 期。

[5] 江章华、颜劲松、李明斌：《成都平原的早期古城址群——宝墩文化初论》，《中华文化论坛》1997 年第 4 期。

内涵、与其他文化的关系后，初步推定年代为距今 4500—3700 年 [1]。王毅、孙华又称之为"宝墩村文化"，推测年代大致为公元前 2800—前 2000 年，分布限于四川盆地，以现今的成都市区为中心分布区，以成都平原为基本分布区 [2]。江章华、王毅等的后续研究论述了宝墩文化的分期与特征，提出成都平原从新石器时代至战国末期的四个接续发展的文化阶段：即宝墩文化（距今4500—3700 年）—三星堆文化（距今 3700 年至殷墟第二期）—十二桥文化（殷墟第三期至春秋前期）—上汪家拐遗存（战国早期至西汉初年）；其中的宝墩文化又细分为四期七段 [3]。在桂圆桥遗址发现后，万娇、雷雨又提出一个文化发展序列：桂圆桥文化（距今 5100—4600 年）—三星堆一期文化（即宝墩文化，距今 4600—4000 年）—三星堆文化（距今 4000—3100 年）—三星堆四期文化（即十二桥文化，距今 3100—2600 年）[4]。

至今为止，在成都平原共发现宝墩文化城址 8 座，三星堆在宝墩文化时期也发展为一个重要的聚落（图 1-1）。各城址中都发现建筑、墓葬等，但开展的考古工作情况不一，对各个城址或遗址的了解程度也不相同。

（一）城址

1. 新津宝墩城

新津宝墩城是最早调查和发掘的城址、宝墩文化的命名地，发掘次数也最多。

宝墩城位于新津县城西北 5 千米的龙马乡宝墩村，地处成都平原的西南边缘（图 1-2）。20 世纪 50 年代曾进行过调查。1995 年的调查与试掘得知城址为方形，同年在北垣发掘，并发现房址和卵石遗迹。1996 年发掘东墙，

[1] 江章华、王毅、张擎：《成都平原早期城址及其考古学文化初论》，《苏秉琦与当代中国考古学》，北京：科学出版社，2001 年。

[2] 王毅、孙华：《宝墩村文化的初步认识》，《考古》1999 年第 8 期。

[3] 江章华、王毅、张擎：《成都平原先秦文化初论》，《考古学报》2002 年第 1 期。

[4] 万娇、雷雨：《桂圆桥遗址与成都平原新石器文化发展脉络》，《文物》2013 年第 9 期。

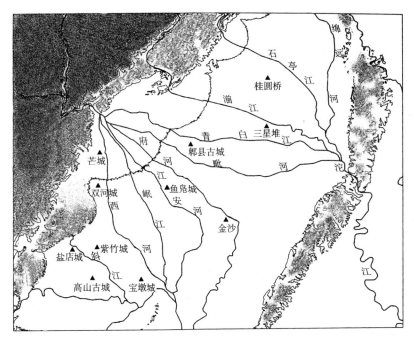

图 1-1　成都平原新石器时代遗址分布示意图

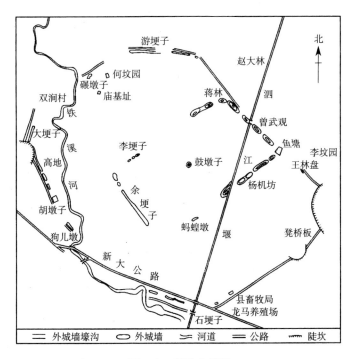

图 1-2　新津宝墩城

确认了城址的西南角，明确城址方向 45 度，北墙、南墙各长约 600 米，东墙、西墙各长约 1000 米，面积 60 万平方米。同时发掘出房址、灰坑和墓葬[1]。2009—2010 年的调查和试掘又取得重大收获，即在原确定的城址外发现了外城墙，外城平面为不甚规整的圆角长方形，方向与内城基本一致，长2000、宽约 1500 米，周长近 6.2 千米，城内面积 253 万平方米[2]。2010 年在鼓墩子和外城的罗林盘地点发掘[3]，在鼓墩子发掘出 1 座大型建筑 F1 和墓葬。2010—2013 年在严林盘地点发现可能存在大型建筑，刘林盘外城墙的废弃可能与洪水冲击有关，通过发掘还认识到距今 3900 年左右宝墩城可能逐渐废弃[4]。2012 年在内城东北的治龙桥发掘出 1 座大型建筑 F6 和 1 座墓葬[5]。2013 年再次在内城偏东部的田角林地点发掘出房址、墓葬等[6]。

历年的调查和发掘揭示出宝墩城有两圈城垣，形制虽不完全一致但方向相同。内城有不同规格和形制的建筑，还有灰坑和墓葬等。

2. 大邑高山古城

高山古城位于大邑县城南的三岔镇赵庵村和高山社区古城埂村，地处川西高原向平原过渡的山前地带（图 1-3）。2003 年发现[7]，2012—2013 年进行调

---

[1]　中日联合考古调查队：《四川新津县宝墩遗址 1996 年发掘简报》，《考古》1998 年第 1 期。

[2]　成都文物考古研究所、新津县文管所：《新津宝墩遗址调查与试掘简报（2009～2010 年）》，《成都考古发现（2009）》，北京：科学出版社，2011 年。

[3]　成都文物考古研究所、新津县文物管理所：《新津县宝墩遗址鼓墩子 2010 年发掘报告》、《2010 年新津县宝墩遗址外城罗林盘地点发掘简报》，《成都考古发现（2012）》，北京：科学出版社，2014 年。

[4]　成都文物考古研究所、新津县文物管理所：《新津县宝墩遗址 2012～2013 年度考古发掘简报》，《成都考古发现（2014）》，北京：科学出版社，2016 年。

[5]　成都文物考古研究所、新津县文物管理所：《成都市新津县宝墩遗址治龙桥地点的发掘》，《考古》2018 年第 1 期。

[6]　四川大学历史文化学院考古学系、成都文物考古研究院、新津县文物管理所：《成都市新津县宝墩遗址田角林地点 2013 年的发掘》，《考古》2018 年第 3 期。

[7]　陈剑：《大邑县盐店和高山新石器时代古城遗址》，《中国考古学年鉴（2004）》，北京：文物出版社，2005 年。

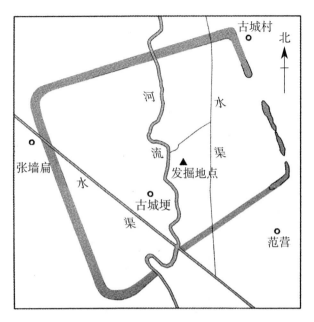

图 1-3　大邑高山古城

查和试掘[1]。城址平面为长方形，西北—东南向，北墙和东墙残存断续的城垣。城址东西长 570、南北宽 450 米，面积约 22.4 万平方米。在城内发掘出灰坑，城外东部还有商周时期的遗存。2014 年的发掘进一步明确城址平面略呈梯形，东西长 632、南北宽 544 米，面积 34.4 万平方米，城的中部有灰坑和墓葬。高山古城主体属于宝墩文化第一期而年代较早，有部分遗存的年代可能还早于宝墩文化[2]。2014—2016 年又发掘出 95 座墓[3]。

3. 大邑盐店城

盐店城位于大邑县南的晋原镇马王村（图 1-4）。城址平面略呈长方形，

[1]　成都文物考古研究所、大邑县文物管理所：《2012～2013 年度大邑县高山古城遗址调查试掘简报》，《成都考古发现（2013）》，北京：科学出版社，2015 年。

[2]　成都文物考古研究所：《成都市大邑县高山古城 2014 年发掘简报》，《考古》2017 年第 4 期。

[3]　周志清、陈剑、刘祥宇、闫雪：《四川大邑高山古城遗址 2015～2016 年发掘收获》，《中国重要考古发现（2016）》，北京：文物出版社，2017 年。

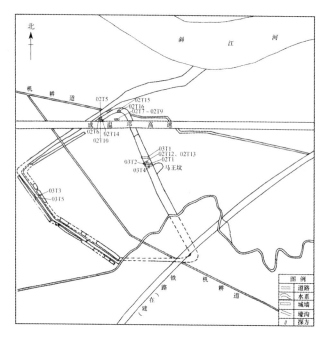

图 1-4　大邑盐店城

西北—东南向，北、东两道城墙保存较好。北城墙外有一道宽 20 米的壕沟；
西城墙有两重，内外城墙间亦有一道 20 米宽的壕沟；南墙地处台地边缘，
推测仅有一重墙。城址南北长约 700、东西宽近 500 米，面积近 30 万平方米。
2002—2003 年于城内发掘出灰坑和灰沟[1]。2013 年的发掘又确证城址南北
最长 480、东西最宽 330 米，面积 15.8 万平方米，并在城内发掘出灰坑和
灰沟[2]。

4. 都江堰芒城

芒城位于都江堰市区以南 12 千米的青城乡芒城村，地处成都平原的西部

---

[1] 成都文物考古研究所、大邑县文物管理所：《大邑县盐店古城遗址 2002～2003 发掘简报》，《成
都考古发现（2014）》，北京：科学出版社，2016 年。

[2] 成都文物考古研究所、大邑县文物保护管理所：《大邑县盐店古城遗址 2013 年发掘简报》《成都
考古发现（2013）》，北京：科学出版社。2015 年。

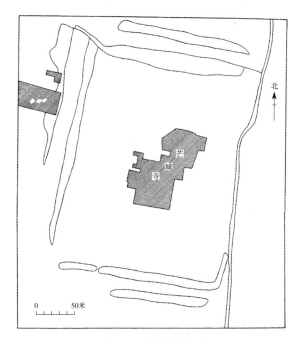

图 1-5　都江堰芒城

边缘（图 1-5）。1989、1990 年曾对遗址做过考古调查。1996 年的调查和试掘确认了遗址上的城墙，城墙有内外两圈，内城除东墙残缺外其余保存完整，外城墙只南、北墙保存完好。城址方向为东北—西南向。内城南北长 300、东西宽 240 米，面积 7.2 万平方米。外城推测南北长 350、东西宽约 300 米，面积约 10.5 万平方米[1]。1998、1999 年又再次发掘出房址、灰坑等[2]。

5. 温江鱼凫城

鱼凫城位于温江城关北约 5.5 千米处的万春镇鱼凫村、直属村、报恩村，地处成都平原中部（图 1-6）。1964 年曾对遗址进行调查。1996 年调查和试

---

[1]　成都市文物考古工作队、都江堰市文物局：《四川都江堰市芒城遗址调查与试掘》，《考古》1999 年第 7 期。

[2]　中日联合考古调查队：《都江堰市芒城遗址 1998 年度发掘工作简报》、《都江堰市芒城遗址 1999 年度发掘工作简报》，《成都考古发现（1999）》，北京：科学出版社，2001 年。

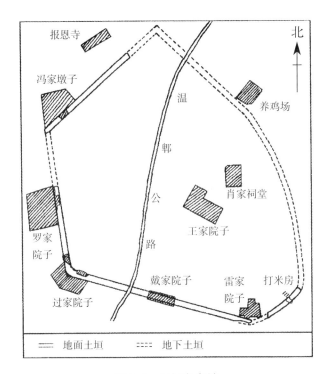

图 1-6   温江鱼凫城

掘[1]，得知城址平面为不规则多边形，地面残存 4 段城墙，其中以西北墙和南墙保存稍好，分别长 370、480 米。城墙周长约 2110 米，复原后城址面积约为 32 万平方米。在城内发现房址、灰坑、灰沟。对城墙的解剖可知其坡状堆积的形状和墙表排列密集的卵石层，利于防水。1999 年又在城中发掘出 90 个灰坑（含窑址）、12 座房址和 4 座墓葬[2]。

6.崇州双河城

双河城位于崇州市城关以北 16 千米的上元乡芒城村，位于成都平原西缘（图 1-7）。1996 年发现，1997 年钻探和试掘。城址平面大致呈长方形，两

---

[1] 成都市文物考古工作队、四川联合大学历史系考古教研室、温江县文管所：《四川省温江县鱼凫村遗址调查与试掘》，《文物》1998 年第 12 期。

[2] 成都市文物考古研究所：《温江县鱼凫村遗址 1999 年度发掘》，《成都考古发现（1999）》，北京：科学出版社，2001 年。

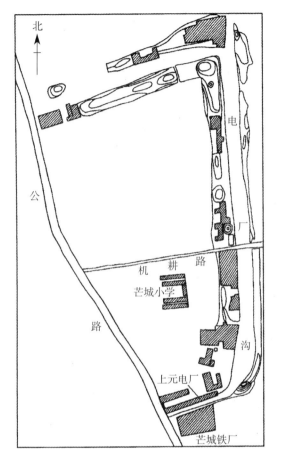

图 1-7 崇州双河城

圈城墙，内外圈都只保存有北、东、南三面城墙。东墙较完整，外墙长 500、内墙长 420 米，内外城墙间为壕沟。北墙方向为 70 度、东墙 170 度。城址面积 11 万平方米。城墙外侧没有发现古代文化堆积，于城内试掘出房址、灰坑和卵石遗迹[1]。

7. 崇州紫竹城

紫竹城位于崇州燎原乡紫竹村（图 1-8）。1997 年发现，2001 年调查和

---

[1] 成都市文物考古工作队：《四川崇州市双河史前城址试掘简报》，《考古》2002 年第 11 期。

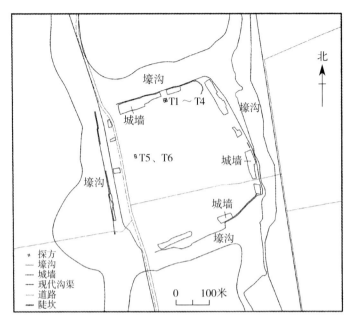

图 1-8　崇州紫竹城

试掘[1]，2014—2015 年再次调查、勘探和试掘[2]。城址平面为长方形，西北—东南向。保存有北、东、南三面城墙。城址面积 18.3 万平方米。在城内西部和北部发掘出灰坑，宝墩文化遗存之上有汉代、唐宋和明清时期的遗存。

8. 郫县古城

郫县古城位于郫县城北 8 千米的三道堰镇古城村和梓路村（图 1-9）。于 1996 年调查和试掘[3]。城址平面为长方形，方向 120 度，四周城墙完整。城址长 620、宽 490 米，面积约 30.4 万平方米。在遗址中部和南部发掘出房址、灰坑和灰沟。1997—1998 年在南城墙和城址的中南部发掘，出土大型建筑基址、

[1]　叶茂林、李明斌：《崇州市紫竹古城》，《中国考古学年鉴（2001）》，北京：文物出版社，2002 年。

[2]　成都文物考古研究所、崇州市文物管理所：《崇州市紫竹古城调查、试掘简报》，《成都考古发现（2014）》，北京：科学出版社，2016 年。

[3]　成都市文物考古工作队、郫县博物馆：《四川省郫县古城遗址调查与试掘》，《文物》1999 年第 1 期。

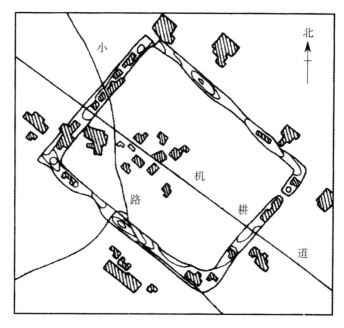

图 1-9 郫县古城

灰坑和墓葬[1]。1998—1999 年度再次发掘出房址、灰坑，并推测东墙北段缺口为城门。经发掘该城门处仍有夯土，只是夯土不及城门两侧的城墙高，城墙外侧仍有壕沟[2]。

9. 广汉三星堆

三星堆遗址发现于 1929 年。20 世纪 60 年代后在遗址上发现新石器时代遗存，被确定为"三星堆一期文化"，也被纳入宝墩文化。三星堆是青铜时代的区域中心，城址有多道城墙。目前所知最早的城墙修建于遗址的第二期，不确定在遗址第一期即宝墩文化时期三星堆是否已筑城。雷雨认为遗址上的新石器时代遗存广泛分布，仅据三星堆一期文化的地层分布范围推算，面积就已达

---

[1] 成都市文物考古研究所、郫县博物馆：《四川省郫县古城遗址 1997 年发掘简报》，《文物》2001 年第 3 期。

[2] 成都市文物考古研究所、郫县博物馆：《四川省郫县古城遗址 1998～1999 年度发掘收获》，《成都考古发现（1999）》，北京：科学出版社，2001 年。

3.7 平方千米，另外还有 1.3 平方千米的遗物分布区，面积远大于其他宝墩文化城址，由此推测三星堆一期文化可能存在城墙，只是因后来的破坏而不见于地表 [1]。我认为在宝墩文化时期三星堆是否存在城墙并不特别重要，但它肯定是一个非常重要的聚落，而且很可能在成都平原已居中心地位。

10. 城址的特点

宝墩文化城址群发现后不久，江章华等学者即总结了 90 年代发现的 6 座城址的特点：城均建在平原冲积扇河流间地势相对较高处，鱼凫城和郫县古城面积较大，超过 30 万平方米，大多布局规整，为方形或长方形；芒城、双河城、紫竹城有双重城墙，三者均分布在平原边缘近山地带，面积也仅有 10 ～ 20 万平方米；城墙以斜坡堆筑的方式修筑，城中心通常有大型建筑；城址的文化堆积大多较薄，表明城的年代跨度不长 [2]。

随着发掘不断开展，对城址特点的认识也在深入。冉宏林、雷雨据 9 处城址的分期和年代研究，认为年代较为清楚者使用期均不超过宝墩文化分期中的一段（平均 100 年左右），说明一座城的使用时期不长，频繁变换新址，从早到晚城址的面积还有扩大的趋势 [3]。结合其他遗址，江章华认为宝墩文化三期以前的聚落多分布于成都平原的北部、西部至西南靠近平原边缘地势相对较高的地带，包括宝墩文化一、二期的大邑盐店城、高山古城和都江堰芒城，高山古城下层还发现介于宝墩文化和桂圆桥一期文化之间的遗存；平原腹心地区的新都、郫县、温江等区域的聚落均为宝墩文化三、四期 [4]。

由新的资料可知，关于城址形制，宝墩城也有两重城墙，而且两重墙相距甚远，城内面积达 253 万平方米，远远大于其他城址。可见，双重城墙并不只限于靠近山地的城址，有的城由两重城墙分成内外城，有的两重城墙间只有壕

[1] 雷雨：《一年成聚　二年成邑——对于三星堆遗址一期文化遗存的两点认识》，《夏商都邑与文化》（二），北京：中国社会科学出版社，2014 年。

[2] 江章华、王毅、张擎：《成都平原早期城址及其考古学文化初论》，《苏秉琦与当代中国考古学》，北京：科学出版社，2001 年。

[3] 冉宏林、雷雨：《浅析成都平原先秦时期城址特征的变迁》，《四川文物》2014 年第 3 期。

[4] 江章华：《成都平原先秦聚落变迁分析》，《考古》2015 年第 4 期。

沟，大邑盐店城则只有西墙为两重，都江堰芒城的外墙也只保存有北、南两道。关于城墙结构，也有按水平层修筑的情况，如大邑盐店城、都江堰芒城、郫县古城。盐店城、芒城的城墙中心堆筑，两侧用砂石、卵石和黏土混合修筑。城址大多为西北—东南向，或东北—西南向，城址的中轴线与河流平行或垂直。城址内部的遗迹，大多不太清楚。

除城址或中心聚落，成都平原还有大量宝墩文化的普通聚落。据江章华的前述聚落研究，宝墩文化一、二期时除大型城址和聚落外，小型聚落发现较少，但第三、四期时聚落数量剧增，有未修筑城墙的面积达数十万平方米的大型聚落，也有面积 1 万平方米以下的小型聚落。不过，这些小型聚落的内部结构同样并不清楚。

（二）建筑

成都平原新石器时代及青铜时代的房址均为地上建筑，规模不等，形制和建筑方式多样。对于具有某些共性却又存在差别的建筑，难以确立一个一致的分类标准。但必要的分类有助于更好地认识对象，因此本书根据建筑方式与形制、规模等，将成都平原的房址大致分为三类。

1. 第一类

这类房址大多挖有墙基槽，在槽内立木（竹）棍而形成木（竹）骨泥墙。也有部分房址不挖基槽而砌土墙或石墙，或是只见柱洞而不见基槽。多数房址为单体，也有连排以及成组者。这类房址发现最多，以桂圆桥遗址的 F1 年代最早。

宝墩文化的这类房址主要发现于宝墩文化的城址中。

新津宝墩，2013 年在城内的田角林地点发掘 2 座。F16 大致为长方形，方向 325 度，残存 4 道墙基，为排列密集的卵石。墙基残长最长 10、最宽 0.5 米，4 道墙基总宽约 11 米（图 1-10）。F22 有 2 条大致垂直的基槽，一条为西北—东南向，底部有不明显的柱洞。在田角林和鼓墩子，还发现其他残存墙基槽。

都江堰芒城，1998 年清理的 F5 为长方形双套间，西北—东南向，长 8.8、

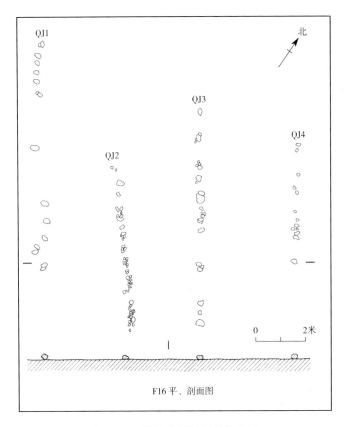

F16 平、剖面图

图 1-10　新津宝墩城田角林 F16

宽 5.6 米（图 1-11）；1999 年清理的 F7 似为一座排房。

温江鱼凫城，1996 年发现 2 座，仅存基槽或柱洞。其中的 F4 大致为西北—东南向，长 6.4、宽 3.9 米。1999 年发掘 12 座，基槽内填土或填卵石，列举的房址均为长方形，西北—东南向，长宽不足 10 米。

崇州双河城，1997 年发掘 1 座，有房基垫土和 1 处卵石面，14 个柱洞呈十字形布局，面积约 70 多平方米。

郫县古城发现的房址较多。1996 年发现 3 座，仅存墙基槽，有密集的柱洞。只发掘局部而形制不清，但平面都为长方形，西北—东南向。1997—1998 年发掘 3 座，相对完整的 F6 平面为长方形，42 度，长 8.15、宽 5.56 米。基槽内发现柱洞 60 个，房内有 5 个柱洞呈十字形排列，推测用以支撑房梁。门道位于西墙南段，房内东北部有灶坑（图 1-12）。1998—1999 年发掘 4 座，

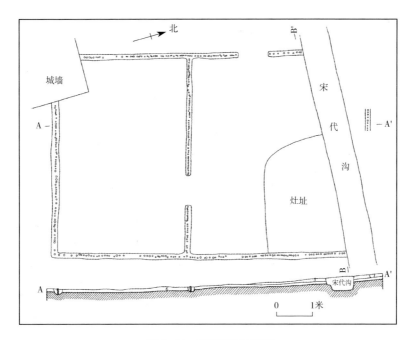

图 1-11　都江堰芒城 F5

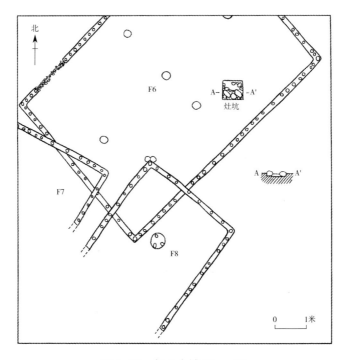

图 1-12　郫县古城 F6～F8

如 F10，基槽完整，平面为长方形，方向 38 度，长 5.15、宽 4.25 米，房基外有密集的卵石。

在广汉三星堆遗址，1980—1981 年发掘 18 座房址[1]，据叠压关系，其中 2 座圆形房址 F16、F18 和 1 座方形房址 F17 被划为第一期文化，相当于宝墩文化。3 座房址都仅有柱洞，圆形房址的直径和方形房址的边长都为 3 米多。

宝墩文化的一般遗址也有这类房址。如在成都金沙"置信金沙园一期"地点发现 3 座[2]，相互叠压；成都西郊的化成村发现 3 座[3]，F1 基槽转角处有大柱洞，屋内有灶坑；青白江区三星村发现 2 座[4]，其中 1 座残存一段弧形墙基，推测平面为圆形。郫县的三观村发现 7 座[5]，西北—东南向，有单室和双室；在陈家院子发现 1 座[6]，有基槽和隔墙。在温江永福村发现 1 座[7]，新都斑竹园镇忠义发现 3 座[8]。

第一类房址年代早，数量最多，城址、中心聚落和普通聚落中都存在。大多数房址挖基槽后立密集的木棍，较大的房址另立较粗的木柱，少数房址为土墙和石墙。绝大多数房址平面为长方形或方形，仅极个别为圆形。较完整的房址大多是西北—东南向，或东北—西南向。多为单体建筑，面积较小。

[1] 四川省文物管理委员会、四川省博物馆、广汉县文化馆：《广汉三星堆遗址》，《考古学报》1987 年第 2 期。

[2] 成都市文物考古研究所：《成都金沙遗址"置信金沙园一期"地点发掘简报》，《成都考古发现（2002）》，北京：科学出版社，2004 年。

[3] 成都市文物考古研究所：《成都市西郊化成村遗址 1999 年度发掘报告》，《成都考古发现（1999）》，北京：科学出版社，2001 年。

[4] 成都文物考古研究所、青白江区文物保护管理所：《成都市青白江区三星村遗址试掘简报》，《成都考古发现（2004）》，北京：科学出版社，2006 年。

[5] 成都文物考古研究所：《成都市郫县三观村遗址发掘简报》，《考古》2012 年第 5 期。

[6] 成都文物考古研究所：《成都郫县陈家院子遗址先秦时期文化遗存试掘简报》，《成都考古发现（2011）》，北京：科学出版社，2013 年。

[7] 成都文物考古研究所、温江区文物保护管理所：《温江永福村三组遗址先秦时期文化遗存试掘简报》，《成都考古发现（2010）》，北京：科学出版社，2012 年。

[8] 成都文物考古研究所、新都区文物管理所：《成都市新都区斑竹园镇忠义遗址发掘收获》，《成都考古发现（2007）》，北京：科学出版社，2009 年。

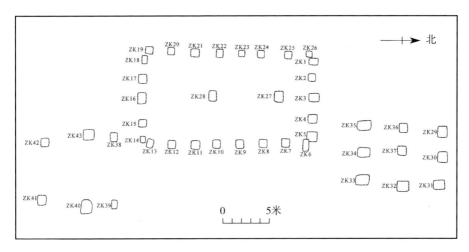

图 1-13 新津宝墩城鼓墩子 F1

2. 第二类

第二类房址的主要特点是规模较大，房址内有立柱形成柱网，立柱通常有柱坑，一般不见墙基槽，有的房址挖有基坑。

这类房址有 2010 年在宝墩城鼓墩子发掘的 F1，由 3 座大型基址组成。中部为长方形主体建筑，正东西向，地面垫有纯净黄土，南北长 20、东西宽 10.5 米。保留 28 个柱坑，东西侧各 8 个，南北侧各 5 个，中部 2 个。主体建筑的南北两侧为对称的附属建筑。北侧建筑南北长 10.5、东西宽 7.5 米，保存柱坑 9 个，三纵三横。南侧建筑南北长 9、东西宽 8 米，保存柱坑两排 6 个。柱坑间距大致为南北 2.5、东西 2 米，柱坑长 0.6～1.4、宽 0.6～1.2 米（图 1-13）。F1 是目前在宝墩遗址发现的最大的房址。据相关信息[1]，在 F1 以北约 13 米处还发现 F2，长约 9、宽约 8 米，方向朝南，17 个方形柱坑间距平行相等，面阔 2 间、进深 2 间；F1 以南约 22 米处有 F3，长约 24、宽约 12 米，28 个柱坑的布局与 F1 基本一致，有的柱坑边长达 1.5 米。柱坑内的填土都较坚硬但不见夯筑痕迹，少量底部有卵石。

---

[1] a. 中国社会科学院考古研究所聚落考古中心：《大型聚落田野考古方法纵横谈》，《南方文物》2012 年第 3 期。b. 江章华、何锟宇、左志强等：《宝墩遗址聚落考古取得重要进展》，《中国文物报》2012 年 8 月 17 日。

　　2012 年在宝墩城址东北部的治龙桥地点发掘的 F6，中部被两条晚期沟破坏。保存 47 个柱坑，大约为西北—东南向 8 排，东北—西南向 10 列。F6 似经两次修建。第一次修建的房址大体呈长方形，已发掘的部分长 19、宽 10.5 米，柱坑间距 1.7～2.5 米，柱坑边长 0.7～1.2 米，内填红色黏土并夹红烧土块和石块等。第二次修建主要是在东北侧和西南侧各加一排柱，残存面积扩大为长 22、宽 11 米。F6 因东南面有水渠而中断，原房址应更长。房址中部被破坏，难以确定是否也有柱网（图 1-14）。

　　1997—1998 年在郫县古城发掘的 F5，平面为长方形，131 度，与城址方向基本一致。长约 51.5、宽 10.7 米。营建过程是先挖一个与房屋大小一致的基坑，周边铺宽 0.8～1 米的卵石，于卵石内埋设木柱，然后在基坑内填掺有红烧土的垫土。卵石中的柱洞排列整齐，间距 0.7～1.2 米，洞径 0.2～0.3 米。推测为木柱夹竹笆墙，门道在南墙。房址内未发现隔墙，但有 5 处卵石堆积的长方形台基，台基边长 2 米多至 5 米多，周围有基槽并埋设圆竹，应为护壁用。F5 规模较大且形制独特，又处于遗址中部，在其上或周围未发现生活设施和生活遗物，推测为大型礼仪建筑（图 1-15）。

　　第二类房址发现不多，只见于重要城址内。它们形制、建筑方式互不相同，

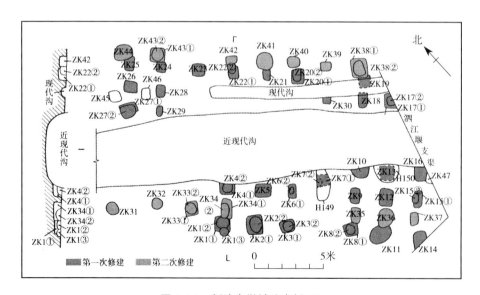

图 1-14　新津宝墩城治龙桥 F6

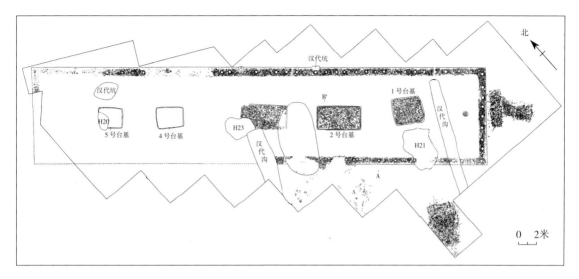

图 1-15　郫县古城 F5

但均是大规模的单体建筑，房址内部通常有密集的木柱，大多有柱坑，有的房址还先挖基坑。这类房址平面也都为长方形，同样是西北—东南，或东北—西南向。

3. 第三类

第三类为小型干栏式房址。1998—1999 年在郫县古城出土的房址中即有 2 座为干栏式，仅保存有卵石础，平面均为长方形，其中的 F13 方向 38 度，长 5.3、宽约 4 米，石础纵横均为 9 排，卵石间距 0.4 ～ 0.6 米（图 1-16）。1999 年在鱼凫城发掘的 12 座房址中也有干栏式，平面为长方形，西北—东南向，仅存 3 排规整的柱础石，卵石间距 0.35 ～ 0.5 米。2008 年在新都褚家村发掘 2 座[1]，平面均为长方形，西北—东南向。其中，F1 石柱础有 5 排 8 列，长 3.5、宽 2.6 米；F2 石柱础有 5 排 6 列，长 3.2、宽 2.1 米。2005 年在成都金牛区禾

---

[1]　成都文物考古研究所、新都区文物管理所：《成都市新都区褚家村遗址发掘报告》，《成都考古发现（2008）》，北京：科学出版社，2010 年。

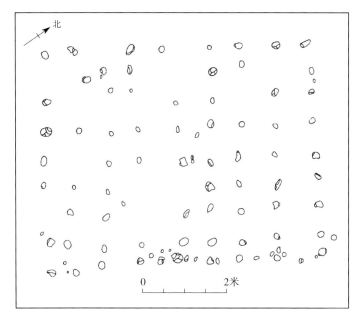

图 1-16　郫县古城 F13

家村还发现 1 座长 4.2、宽 3.2 米的房址[1]，推测为干栏式，但房内的柱洞并不明显，与其他干栏式房址不太相同。

　　干栏式建筑发现较少，平面均为长方形，面积小，立柱分布整齐，大多有卵石为柱础。

　　在宝墩文化中，这三类建筑同时存在，相互不具发展演变关系，应各有用途。第一类房址当是居址。第二类建筑从规模和形制看都不是普通民居，宝墩城的几座大房址可能为公共建筑，郫县古城的 F5 可能是特殊的礼制建筑。干栏式建筑数量少而且规模小，并非主要的房屋类型，可能有其他功用。

（三）墓葬

　　已发现的宝墩文化的墓葬多出自城址中，但也见于其他遗址。

---

[1] 成都文物考古研究所：《成都市中海国际社区古遗址发掘简报》，《成都考古发现（2005）》，北京：科学出版社，2007 年。

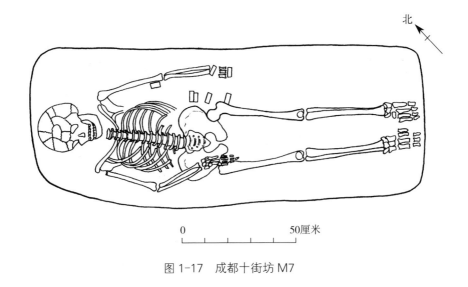

北

0　　　　　　　　　　50厘米

图 1-17　成都十街坊 M7

　　出土墓葬最多的是大邑高山古城，2014—2016 年发掘 95 座墓，被认为是成都平原年代最早、保存最完整的史前墓地。据悉有 3 座墓有随葬品，有拔牙习俗。见于报道的 2014 年发掘的 6 座墓均为竖穴土坑墓，有 1 墓为屈肢葬，时代或略早于宝墩文化。在宝墩城，1996 年于城内 III 区发掘 5 座墓，2013 年在田角林地点发掘 9 座墓，鼓墩子、治龙桥地点也有零散墓葬。在郫县古城，1997—1998 年发掘 1 座墓。在鱼凫古城，1999 年发掘 4 座墓，应为墓地的一部分。在三星堆月亮湾，1963 年发掘 6 座墓，较早的 3 座为少年和未成年人墓，属于这一时期。以上墓葬均无葬具和随葬品。

　　除城址外，成都是出土墓葬较多的区域。成规模的墓地见于 1998 年发掘的南郊十街坊遗址[1]，19 座墓中有 17 座由北向南呈三排分布，仰身直肢葬，头向西北。有的墓随葬骨质的镯、管、片状饰品、圆形器、锥形器等，一墓 1～2 件，最多者 14 件（图 1-17）。1999 年在前述的西郊化成村遗址发掘 16 座墓，有的墓带二层台，所知墓例头向西南，仰身直肢或屈肢葬，仅 1 座墓随葬 1 件石凿。2002 年在金沙遗址"置信金沙园一期"地点发掘 10 座墓，多为东南向，

[1]　成都市文物考古研究所：《成都市南郊十街坊遗址年度发掘纪要》，《成都考古发现（1999）》，
　　北京：科学出版社，2001 年。

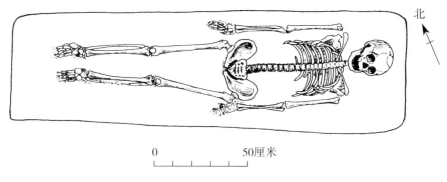

北

0   50厘米

图 1-18　金沙"置信金沙园"M172

葬式明确者均为仰身直肢葬，只在填土中出 2 件玉石锛（图 1-18）。在高新西区，2003 年在"格威药业一期"地点发掘 3 座[1]，在"航空港古遗址"发掘 3 座[2]，2007—2008 年又发现 5 座墓[3]，这些墓葬式明确者均为仰身直肢，仅有 1 墓出土 1 件陶尊。

这一时期的墓葬还见于出土房址的成都青白江区三星村、新都斑竹园镇忠义和褚家村、郫县三观村，以及新都陈家碾[4]和郫县曹家祠[5]等。一地少则 1 墓、多则 5 墓，墓向不一，均无随葬品。

宝墩文化时期的墓葬数量不多，以高山古城墓地规模最大，其他墓葬大多分布零散。墓葬均为长方形竖穴式，墓向不一，无葬具，多为仰身直肢葬，有少数屈肢葬。绝大多数墓无随葬品，只极个别墓随葬 1 件石器或陶器。成都南郊十街坊的墓葬略为特殊，因为有个别墓随葬 14 件骨器，有的墓则无随葬

[1] 成都市文物考古研究所：《成都市高新西区"格威药业一期"新石器遗址发掘简报》，《成都考古发现（2003）》，北京：科学出版社，2005 年。

[2] 成都市文物考古研究所、郫县文物管理所：《成都市高新西区航空港古遗址发掘简报》，《成都考古发现（2003）》，北京：科学出版社，2005 年。

[3] 成都文物考古研究所：《成都高新西区顺江小区三期新石器时代遗址发掘简报》，《成都考古发现（2008）》，北京：科学出版社，2010 年；《成都高新西区汇利包装厂古遗址发掘简报》，《成都考古发现（2009）》，北京：科学出版社，2011 年。

[4] 成都文物考古研究所、新都区文物保护管理所：《成都市新都区赵家河坝与上陈家碾遗址试掘简报》，《成都考古发现（2011）》，北京：科学出版社，2013 年。

[5] 成都文物考古研究所、郫县望丛祠博物馆：《郫县曹家祠遗址先秦文化遗存试掘简报》，《成都考古发现（2010）》，北京：科学出版社，2012 年。

品。但这并不表明墓主之间存在贫富差异或地位差别。墓葬中出现随葬品会有多种原因甚至偶然性，墓主可能将生前之物、喜爱之物带在身边，其他人也会往墓中放置物品。据国外的考古材料，旧石器时代、冰川时代的墓葬中也会有包括装饰品在内的随葬品。十街坊墓葬中的遗物只有骨器，很可能就是普通饰品。我认为具有墓葬等级标识意义的随葬品会有以下类别：一是聚合了贵重的资源、专门的知识和技术、大量的劳力与物力的物品，如金属器；二是不能在当地获得、只能由远程传入的贵重物品，如内陆墓葬中的海贝；三是被赋予了特定含义的物品，如商周文化墓葬中象征军权的铜钺；四是数量远远超过常人生前可能拥有或者实际需求的普通物品。这几类情况在墓葬中都能不难见到。无论是判断新石器时代还是青铜时代的墓葬，都可以参考这样的标准。

总体上，宝墩文化墓葬最显著的特点是普遍没有葬具和随葬品，墓葬无等级区别，表明当时尚未出现阶层分化，也没有厚葬习俗。

三、宝墩文化时期的社会

考古材料显示，宝墩文化时期还是一个和平、平等的社会。

宝墩文化时期出现了一批城，筑城虽然需要组织、管理大量的劳力，但这些城应当不是社会复杂化的结果，也不是战争或社会冲突的产物。早在城址发现后不久，林向、刘兴诗等学者就分别提出筑城可能是防洪[1]，冉宏林、雷雨还认为城址的外城墙很可能是挡水或居住遗迹而非城墙[2]。

有很多现象支持筑城防洪的观点。从城址位置看，所有的城均修筑在平原冲积扇河流间相对较高的台地上，城墙顺应河流与台地走向。靠近平原边缘的近山地带面临的洪水威胁显然更大，故而芒城、紫竹城和双河城有两重城墙。

---

[1]　关于成都平原筑城与防洪关系的早期论述，如林向《蜀与夏——从考古新发现看蜀与夏的关系》，《中华文化论坛》1998 年第 4 期；刘兴诗《成都平原古城群兴废与古气候问题》，《四川文物》1998 年第 4 期。

[2]　冉宏林、雷雨：《浅析成都平原先秦时期城址特征的变迁》注 23，《四川文物》2014 年第 3 期。

盐店城只面山的西墙为两道，甚至不构成外圈城墙，实为挡水坝。从城址结构看，双重城墙的城除宝墩城外，两道城墙仅距 20 米左右，墙间为壕沟，外城墙的功能只可能是防水。保存较好的城墙正中均不见明显的城门缺口，据发表资料，较为完整的郫县古城只在东南墙的北部有一明显缺口，其他墙似乎都封闭。经发掘，该缺口处也是夯土，城垣外侧是壕沟，说明缺口并非城门。墙垣都为堆筑，经水平和斜面拍打，内外均有坡度，有的垣墙两侧还有利于防水的砂石、卵石和黏土。城内的文化层堆积都较薄，除宝墩城、郫县古城有大型建筑外，城内的遗存较少，有的城址在城垣外即无文化层。城址的年代跨度不长，宝墩、鱼凫等城废弃后直到汉代才又有人活动。这个时期的考古材料中不见战争或暴力冲突的迹象，成都平原也没有与宝墩文化人群对立的其他族群。所有这些，都支持宝墩时期成都平原洪水泛滥、平原上的人筑城防洪的认识。

在成都平原还有同时期的不带城墙的重要遗址，它们或有丰富的内涵，如三星堆和最近持续发掘的青白江三星村；或规模较大，如 60 万平方米的新都陈家碾[1]。陈家碾遗址被河道分割成陈家碾、李子林、上陈家碾、赵家河坝四处，可能就是没有修筑城垣的结果。宝墩文化时期人们可能只在需要或利于筑墙的聚居点筑城防洪，城墙并不体现聚落的等级。

宝墩文化时期的民居主要是木骨泥墙的房屋，各地所见差别不大。大型建筑只见于城址中，当为某类公共设施，但它们的形制、建筑方式都不相同，即使同处宝墩城中也如此。这或许表明它们的具体功能不同，或者是公共的特定建筑尚未形成规制。墓葬也没有明确的葬制，从中看不出社会的分化。

宝墩文化的遗址出土大批遗物，以陶器最多，还有石器、骨器等，基本上都是日常生活用器和工具。

宝墩文化时期成都平原的文化面貌一致，阶层分化不明显，社会结构简单、松散。但也有学者认为此时已属较为复杂的酋邦社会。如彭邦本认为，成都平原古城的规模和工程量表明，筑城不是分散的单个部落或聚落所能承担，只有比较复杂的酋邦社会方能完成；古城既有历时性兴替，也有共时性的并存关系，

---

[1]　成都文物考古研究所、新都区文物保护管理所：《成都市新都区赵家河坝与上陈家碾遗址试掘简报》，《成都考古发现（2011）》，北京：科学出版社，2013 年。

宝墩以下的每一座城都是作为一支完整的族体从同一母体中分化而出，文化特征的演变也一致，因区域内的密切互动而结成酋邦共同体联盟的趋势是完全可能的，其后酋邦体制为三星堆国家体制取代的契机正孕育于这种互动中[1]。无论如何，宝墩文化都为后续的历史发展提供了物质、文化和社会的基础。

第二节　新石器时代的终结

一、关于"三星堆文化"

对于成都平原的文化发展序列，学界一般认为宝墩文化之后是三星堆文化。

三星堆文化的提出始于 20 世纪 80 年代在三星堆遗址的发掘[2]。发掘简报将三星堆遗址的遗存分为三期，认为遗址的堆积延续时间较长，从新石器时代晚期至中原的夏、商时期。此后，出现了三星堆遗址和三星堆文化的各种分期方案。以下举几种有代表性的观点。

陈显丹将遗址分为四期，第一期为新石器时代晚期（距今 4740—4070 年），第二期大致为夏至商代前期（距今 4070—3600 年），第三期相当于商代中期，第四期年代到了商末周初[3]。

孙华将遗址分为三期，认为第一期遗存接近绵阳边堆山的遗存，称之为边堆山文化；第二期为三星堆文化，年代相当于二里头文化时期到殷墟文化第一期；第三期为十二桥文化，年代相当于殷墟文化第一至第三期[4]。

---

[1] 彭邦本：《古城、酋邦与古蜀共主政治的起源——以川西平原古城群为例》，《四川文物》2003 年第 2 期。

[2] 四川省文物管理委员会、四川省博物馆、广汉县文化馆：《广汉三星堆遗址》，《考古学报》1987 年第 2 期。

[3] 陈显丹：《广汉三星堆遗址发掘概况、初步分期——兼论"早蜀文化"的特征及其发展》，《南方民族考古》第 2 辑，成都：四川科学技术出版社，1990 年。

[4] 孙华：《试论广汉三星堆遗址的分期》，《南方民族考古》第 5 辑，成都：四川科学技术出版社，1993 年。

　　王毅、张擎将遗址分为六段，其中的第Ⅱ～Ⅴ段为三星堆文化，并分别代表该文化的第一至四期，年代为二里头文化第二期到殷墟第二期。其余的Ⅰ、Ⅵ两段，一早一晚分别属于宝墩文化和十二桥文化[1]。

　　三星堆1、2号祭祀器物坑的发掘报告将遗址分为四期，第一期距今约4800—4000年，第二期年代相当于二里头文化时期至二里冈下层文化时期，第三期相当于二里冈上层一、二期至殷墟早期（殷墟第一、二期），第四期相当于殷墟晚期（殷墟三、四期）至西周早期[2]。

　　江章华等将三星堆文化分为三期，年代相当于从距今3700年左右的二里头文化第四期至殷墟文化第二期，三星堆遗址上此前的遗存被归入宝墩文化[3]。

　　万娇、雷雨将三星堆文化的年代定为距今4000—3100年[4]，此前的遗存称为三星堆一期文化。

　　以上意见互不相同，但有三个关键点基本一致。一是三星堆遗址的年代，从新石器时代晚期至殷墟晚期或西周初。二是从二里头文化时期至殷墟早期的一段被称为"三星堆文化"，此前的遗存归入"宝墩文化"或称为"三星堆一期文化"，此后的被称为"十二桥文化"。三是"三星堆文化"是一种青铜文化。

　　对这样的认识恰好需要提出疑问。中原的青铜时代开始于二里头文化，但成都平原却不是。如果二里头文化时期成都平原尚未进入青铜时代，那么目前划分的"三星堆文化"就包括了新石器时代和青铜时代的遗存，这个文化也就跨越了两个时代。因此，接下将讨论成都平原青铜时代的开端，以便从目前学界认知的"三星堆文化"中区分出新石器时代的遗存，对于作为青铜时代文化的"三星堆文化"，则在下一章论述。

---

[1]　王毅、张擎：《三星堆文化研究》，《四川文物》1999年第3期。

[2]　四川省文物考古研究所：《三星堆祭祀坑》，北京：文物出版社，1999年，第424～427页。

[3]　江章华、王毅、张擎：《成都平原先秦文化初论》，《考古学报》2002年第1期。

[4]　万娇、雷雨：《桂圆桥遗址与成都平原新石器文化发展脉络》，《文物》2013年第9期。

二、成都平原青铜时代的开端

　　青铜时代的开端，衡量的标准应是青铜器的生产和使用对社会产生了重要影响。少量或者偶然出现青铜器，并不表明社会进入了青铜时代。

　　成都平原目前发现的年代最早的青铜器，是广汉出土的4件青铜牌饰。1976年在广汉高骈乡出土1件[1]，1987年在三星堆真武仓包包出土3件[2]，其中有2件镶嵌绿松石（图1-19）。类似的嵌绿松石的铜牌饰因出自二里头遗址，一般认为其年代相当于二里头文化时期。这种铜牌饰也见于甘肃天水，并有多件流传于国外，在新疆哈密还发现未嵌绿松石的铜牌饰。学界对这些牌饰有过很多研究。比如关于这类牌饰的来源，王青认为可能与东方地区的龙山文化有关[3]；新近又有陈小三的研究，他认为三星堆铜牌饰从形制、镂孔、穿孔方式

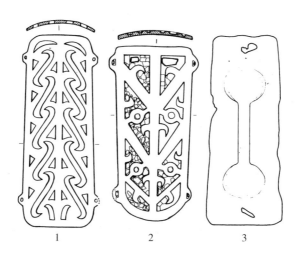

图 1-19　广汉三星堆仓包包出土铜牌饰

1. 87GSZJ∶16　2. 87GSZJ∶36　3. 87GSZJ∶17

---

[1]　敖天照、王有鹏：《四川广汉出土商代玉器》，《文物》1980年第9期。

[2]　四川省文物考古研究所三星堆工作站、广汉市文物管理所：《三星堆遗址真武仓包包祭祀坑调查简报》，《四川考古报告集》，北京：文物出版社，1998年。

[3]　王青：《镶嵌铜牌饰的初步研究》，《文物》2004年第5期。

等方面看与哈密的牌饰联系更为紧密，镶嵌绿松石牌饰的起源地可假定在河西走廊，岷江和白龙江是沟通四川与河西走廊的两条通道[1]。这类铜牌饰风格相近，数量不多但却分布较广。三星堆和高骈4件牌饰的制作年代如果相当于二里头文化时期，那么成都平原或四川盆地发现的这个时期的青铜器仅此几件，它们与后来的三星堆青铜器也没有关联，很可能是从西北传入的早期青铜制品。

1970、2004年在三星堆还出土2件单翼铜铃，据认它们不同于三星堆祭祀器物坑的双翼铃而与二里头遗址的铃类似[2]。三星堆器祭祀物坑中有各种类型的铜铃，即使这2件铜铃属于二里头文化时期，我们也难以断定它们产于当地。

总之，我们目前并不能确定二里头文化时期三星堆当地已出现青铜器铸造业。这几件铜牌饰、铜铃如果是传入品，那么数量有限的几件铜制品并未对当时成都平原的文化和社会产生太大影响，我们不能因为它们的存在或者传入，便认为二里头时期成都平原已属于青铜时代。

排除这几件铜器，三星堆遗址的青铜器目前基本出自三星堆台地的祭祀器物坑，这批青铜器的出现，才意味着成都平原青铜时代的开始。

在1986年发掘的三星堆1、2号坑的青铜器中，尊、罍、盘、瓿几类容器可以和其他地区的青铜器相比较进而判定年代。这些容器与殷墟早期的同类器相近，尊、罍在长江中下游和陕南也有出土。考虑到1号坑的龙虎尊与安徽阜南的龙虎尊相似，后者的年代可能相当于二里冈上层文化，那么三星堆这批青铜容器的年代最早也只能到二里冈上层文化时期。坑中的其他青铜器无对比器，但有头顶圆尊的跪坐人像、上为方尊形器的"神坛"，这些尊形器也具有殷墟早期圆尊和方尊的风格。如此，三星堆的其他青铜器可能与容器大体同时。三星堆祭祀器物坑的发掘报告将1号坑和2号坑的地层年代分别定为遗址第三期后段偏晚和第四期前段，第三期相当于二里冈上层第一、二期至殷墟早期（殷墟第一、二期），第四期相当于殷墟晚期（殷墟第三、四期）至西周早期。参考器物坑的年代，三星堆这批青铜器群的年代上限或为第三期的某个时间点。

[1] 陈小三：《试论镶嵌绿松石牌饰的起源》，《考古与文物》2013年第5期。

[2] 敖天照：《三星堆文化遗址出土的几件商代青铜器》，《文物》2008年第7期。

　　由此分析，我认为成都平原青铜时代开始于遗址第三期，即二里冈上层文化时期至殷墟早期，这也是成都平原新石器时代的终结点。

三、新石器时代最后的遗存

　　重新评估了成都平原青铜时代的开端，那么过去认为属于三星堆文化的、从二里头文化时期到二里冈上层文化时期的遗存，就还属于新石器时代，不过这部分遗存在考古报告中很难区分。

　　在三星堆遗址，城墙修筑至少经历了两个阶段：最初于第二期时在遗址的西北部建造月亮湾小城，第三期时才在月亮湾小城的基础上扩建大城[1]。第二期建造的小城就还属于新石器时代。

　　属新石器时代的重要遗存还有三星堆遗址的仁胜墓地[2]。墓地位于城址以西550米的仁胜村，过去曾在墓葬所处的台地上发现玉石器和象牙。1998年发掘墓葬29座，除8座被破坏外，21座墓中有2座被遗址第一期的地层叠压，其他为近现代层叠压并打破生土。简报判定墓葬年代为三星堆遗址第一期后段至第二期前段。宋治民将墓葬分为早、晚两期，晚期墓早于或属于遗址第二期[3]。从地层关系、墓葬排列和出土遗物看，这些墓或属同一时期。墓葬最特别之处在于墓坑和墓底经夯砸和拍打，填土夯实，虽无葬具和完整人骨，但墓底有人骨朽痕和腐殖质痕迹，推测人骨也经砸击（图1-20）。部分墓随葬陶豆、豆形器、尊形器、器盖，玉蜗旋状器、泡形器、璧形器、锥形器、斧形器、凿、矛、斧，以及黑曜石珠和石弹丸（图1-21）。这批墓葬出土相对丰富的玉石器和陶器，显然不同于宝墩文化墓葬。玉石器与三星堆1、2号祭祀器物

---

[1]　四川省文物考古研究院：《四川广汉市三星堆遗址马屁股城墙发掘简报》，《四川文物》2017年第5期。

[2]　四川省文物考古研究所三星堆遗址工作站：《四川广汉市三星堆遗址仁胜村土坑墓》，《考古》2004年第10期。

[3]　宋治民：《三星堆遗址仁胜村土坑墓的思考》，《四川文物》2005年第4期。

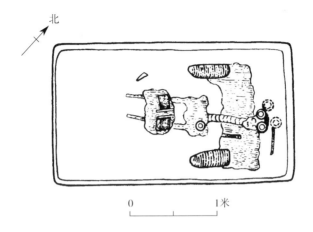

图 1-20　广汉三星堆仁胜村 M21

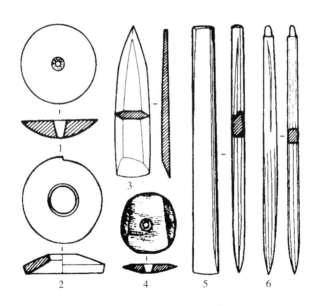

图 1-21　广汉三星堆仁胜墓地出土玉石器

1. 泡形器（M5：3）　2. 蜗旋状器（M21：2）　3. 矛（M21：6）　4. 璧形器（M8：1）
5. 凿（M10：1）　6. 锥形器（M5：6）

图 1-22

广汉三星堆仁胜村出土陶人

（99GSZYT111：33）

坑的出土物不同，但也有相似点，如玉锥形器和祭祀器物坑的玉凿顶端都有小榫，象牙在祭祀器物坑中也有大量发现。仁胜村墓葬葬俗奇特，随葬品的数量、种类等都不同于宝墩和三星堆文化墓葬，而且含有明显的外来文化因素。这些都表明墓主似乎具有特殊的身份，或者有某类特殊信仰，而不意味着社会阶层的分化。仁胜墓地还出土 1 件陶人像，立姿，光头，高鼻，阴线刻划眼和口，手、足残，着长裙，腰部系带，残高 10 厘米[1]（图 1-22）。陶人像在发掘简报中未报道，当不出自墓葬。它与其他随葬品格格不入，但却让人联想到此后三星堆的青铜人像。

在三星堆遗址以外，还有一些被认为属于三星堆遗址第二期的遗存，也应归入新石器时代。如 2005 年金沙郎家村出土的 2 座相互叠压的房址[2]，有两个开间，室内地面铺垫草木灰，属于前文划分的第一类建筑。

三星堆遗址第二期遗存虽属于新石器时代，但又与宝墩文化不同。对于成

[1] 四川省文物考古研究院、三星堆博物馆、三星堆研究院：《三星堆出土文物全记录·陶器·金器》，成都：四川出版社集团、天地出版社，2009 年，第 317、457 页。

[2] 成都文物考古研究所：《成都市金沙遗址郎家村"精品房"地点发掘简报》，《成都考古发现（2004）》，北京：科学出版社，2006 年。

都平原新石器时代的文化序列，蒋成、李明斌提出在宝墩文化和三星堆文化之间还存在一种以鱼凫村第三期遗存为代表的文化[1]。李明斌进一步提出鉴于鱼凫村第三期遗存独特的文化内涵和所处发展阶段，应从宝墩文化中单列出来命名为鱼凫村文化，年代为距今 4000—3700 年[2]。宋治民也指出，鱼凫村三期的陶器既有三星堆遗址一期的文化因素，又有二期和三期的因素；学术界公认三星堆遗址一期和二期之间有较大的缺环，鱼凫村三期正好填补了这个空缺的一部分[3]。

　　将鱼凫村遗址第三期遗存单列并命名为鱼凫村文化，是因为这类遗存的内涵有别于其他考古学文化，目的在于更好地衔接宝墩文化和三星堆文化，或者是填补三星堆遗址第一、二期之间的缺环，并不解决本书提出的三星堆遗址第二期的归属问题。李明斌推测的鱼凫村文化的年代下限为距今 3700 年，这差不多才是三星堆遗址第二期开始的年代。但鱼凫村文化的提出对重新认识三星堆遗址各期遗存或有帮助，它说明宝墩文化与三星堆文化并非直接相接，更重要的是按宋治民的认识，鱼凫村三期的陶器同时具有三星堆遗址一期至三期的因素，成都平原新石器时代和青铜时代的分界正在第三期。

第三节　成都平原与域外的沟通

一、西北的源头

　　新石器时代的成都平原与四川盆地以外的区域存在联系，对外联系的区域广泛，而且持续不断。不同区域间的交流涵盖了许多方面的内容，这是在获得考古材料以前难以想象的。

---

[1]　蒋成、李明斌：《四川温江县鱼凫村遗址分析》，《东南文化》1998 年第 4 期。

[2]　李明斌：《再论温江鱼凫村遗址第三期文化遗存的性质》，《华夏考古》2011 年第 1 期。

[3]　宋治民：《试论四川温江鱼凫村遗址、新津宝墩遗址和郫县古城遗址》，《四川文物》2000 年第 2 期。

　　据现有材料，新石器时代的成都平原与川西高原的联系最早、最紧密。

　　在川西高原的岷江上游有一批重要的新石器时代遗址，近 20 年来经发掘的有茂县营盘山[1]、波西[2]、沙乌都遗址[3]，汶川姜维城遗址[4]，理县箭山寨遗址[5]。川西高原的新石器时代文化深受我国西北地区文化的影响，属于西北史前文化的分布区。陈剑认为营盘山等遗址的早期受仰韶文化庙底沟类型的强烈影响，主体都是外来文化因素；较晚阶段又与甘青地区的马家窑文化石岭下类型和马家窑类型、以大地湾遗址第四期文化为代表的仰韶文化晚期遗存都有一定程度的亲缘关系[6]；如果以彩陶的分布和特征看，仰韶文化和马家窑文化还先后影响到了大渡河上游、中游，以及白龙江的下游[7]。陈卫东、王天佑认为箭山寨、姜维城、营盘山、白龙江流域的大李家坪晚期类型，同属仰韶文化晚期遗存，并推测仰韶文化晚期类型的居民沿白龙江流域南下，过松潘草原而到达茂县、汶川、理县等地[8]。江章华也认为应将营盘山这类新石器文化遗存归入马家窑文化，岷江上游应属马家窑文化的分布区[9]。对于与岷江上游相邻、相关的白龙江流域，张强禄认为那里的新石器时代从早到晚同样属于仰韶文化的不同类型[10]。

[1]　成都文物考古研究院、阿坝藏族羌族自治州文物管理所、茂县羌族博物馆：《茂县营盘山新石器时代遗址》，北京：文物出版社，2018 年。

[2]　成都文物考古研究所、阿坝藏族羌族自治州文物保护管理所、茂县羌族博物馆：《四川茂县波西遗址 2002 年的试掘》，《成都考古发现（2004）》，北京：科学出版社，2006 年。

[3]　成都文物考古研究所、阿坝藏族羌族自治州文物保护管理所、茂县羌族博物馆：《四川茂县沙乌都遗址调查简报》，《成都考古发现（2004）》，北京：科学出版社，2006 年。

[4]　a. 四川省文物考古研究所、阿坝州文物管理所、汶川县文物管理所：《四川汶川县姜维城新石器时代遗址发掘报告》，《四川文物》2004 年增刊。b. 四川省文物考古研究所、阿坝州文物管理所、汶川县文化体育局：《四川汶川县姜维城新石器时代遗址发掘简报》，《考古》2006 年第 11 期。

[5]　成都文物考古研究所、阿坝藏族羌族自治州文物管理所、理县文物管理所：《四川理县箭山寨遗址 2000 年的调查》，《成都考古发现（2005）》，北京：科学出版社，2007 年。

[6]　陈剑：《波西、营盘山及沙乌都——浅析岷江上游新石器文化演变的阶段性》，《考古与文物》2007 年第 5 期。

[7]　陈剑：《川西彩陶的发现与初步研究》，《古代文明》第 5 卷，北京：文物出版社，2006 年。

[8]　陈卫东、王天佑：《浅议岷江上游新石器时代文化》，《四川文物》2004 年第 3 期。

[9]　江章华：《岷江上游新石器时代遗存新发现的几点思考》，《四川文物》2004 年第 3 期。

[10]　张强禄：《白龙江流域新石器时代文化谱系的初步认识》，《考古》2005 年第 2 期。

成都平原的新石器时代文化又与岷江上游的上述文化密切相关。

联系首先体现在植物遗存和生业方面。赵志军、陈剑 2003 年在营盘山遗址进行植物遗存浮选，获得近 8000 粒炭化植物种子，农作物籽粒和杂草类植物种子占 95%。农作物包括粟和黍，还有大量的藜属植物种子，杂草植物种子也都属秋熟旱作农田中常见的杂草类型，由此判断营盘山当属中国北方的旱作农业[1]。前述桂圆桥第一期的植物遗存主要是黍和粟，也有藜属种子，与营盘山遗址的植物遗存一致。因此，分析桂圆桥浮选结果的结论是，桂圆桥第一期的样本显示成都平原的生业形态与川西高原相近，粟作农业从川西高原传入成都平原，此后的农业系统转而发展为以稻作为主、粟作为辅，这样一个农业系统最终推动成都平原进入青铜时代的社会[2]。桂圆桥遗址的发掘者万娇、雷雨还揭示出桂圆桥遗址与西北地区在陶器方面的联系，如遗址第一期的 2 件陶重唇口瓶与甘肃秦安大地湾遗址和白龙江流域的尖底瓶相近，并同样推测成都平原最早的新石器时代的桂圆桥文化来自西北的仰韶文化晚期类型，创造出该文化的人群可能由白龙江迁移至川西高原，再由岷江上游来到成都平原[3]。

对于宝墩文化，早有学者提出可能与川西高原的新石器时代文化有关。比如江章华认为宝墩文化与营盘山文化陶器的制法、形制、纹饰都有共性，只不过二者之间还有较大时间距离[4]。如今，在两者之间新发现了桂圆桥遗址和高山古城下层文化遗存等，这将有助于我们更好地认识成都平原与川西高原的关系。近年江章华、何锟宇提出，成都平原的人群最初由岷江上游迁徙而来，当时保留了岷江上游的传统农业而只种植小米，主要活动在成都平原北部、西部至西南山地边缘，以后向平原的腹心地区移动，并适应环境而种植由长江中游传入的水稻，由此带来人口增长、聚落增加，最终使社会向复杂化方向演进[5]。

---

[1] 赵志军、陈剑：《四川茂县营盘山遗址浮选结果及分析》，《南方文物》2011 年第 3 期。

[2] 四川省文物考古研究院：《四川什邡市桂圆桥遗址浮选结果与分析》，《四川文物》2015 年第 5 期。

[3] 万娇、雷雨：《桂圆桥遗址与成都平原新石器文化发展脉络》，《文物》2013 年第 9 期。

[4] 江章华：《岷江上游新石器时代遗存新发现的几点思考》，《四川文物》2004 年第 3 期。

[5] 江章华、何锟宇：《成都平原史前聚落分析》，《四川文物》2016 年第 6 期。

成都平原新石器时代文化来自于川西高原,而川西高原的文化又属于陕西、甘肃一带的仰韶文化、马家窑文化。由此,与成都平原相关联的区域也由川西高原延伸至我国的西北地区。

在成都平原新石器时代的最后阶段,二里头文化时期的青铜牌饰广泛分布于中原、新疆、河西走廊和成都平原。成都平原的 4 件青铜牌饰应不是当地生产的,很可能也是由西北地区而来。这意味着在中原进入青铜时代之际,青铜制品也同时传入到成都平原,只不过传入的可能只是制品而非技术。铜牌饰为区域间的沟通和早期青铜制品的传播留下了痕迹。

二、东方的影响

除来自西北的人群迁徙与文化传播外,成都平原新石器时代的文化可能还受到了来自东方长江中游的影响。桂圆桥遗址第二期的房屋用红烧土块砌成,万娇、雷雨认为,在年代接近的考古学文化中以大溪文化的红烧土建筑技术最为成熟,推测桂圆桥曾受大溪文化的影响;第二期陶器内红外黑,也具大溪文化陶器的特征;第三期文化则受峡江地区的哨棚嘴文化的影响;桂圆桥文化源于川西高原,之后受长江中游的大溪文化影响,发展出的后续的新石器时代文化始在成都平原上广泛分布[1]。从桂圆桥遗址第二期以后,农业开始由粟作、黍作转向稻作,这也是东方影响的结果。

宝墩文化同样受到东方的影响。过去江章华等学者比较宝墩文化与川东长江沿岸的哨棚嘴文化的关系,认为两者存在较大差异,但又有较多的联系和相似之处,应属于一个大文化区系中的两个小的区域文化[2]。王毅、孙华还认为宝墩村文化中有石家河文化因素,可能是石家河文化强盛之时西向辐射四川盆

---

[1] 万娇、雷雨:《桂圆桥遗址与成都平原新石器文化发展脉络》,《文物》2013 年第 9 期。

[2] 江章华、王毅、张擎:《成都平原早期城址及其考古学文化初论》,《苏秉琦与当代中国考古学》,北京:科学出版社,2001 年。

地所致 [1]。这些认识主要来自于对陶器的比较和分析。现在从成都平原稻作农业和城的起源的角度，可以更清楚地认识到成都平原与东方的交流范围远远超出了川东的峡江地区，来自长江中游的影响对宝墩文化的形成和发展可能具有决定性的意义。成都文物考古研究所 2009 年对宝墩遗址进行植物遗存浮选 [2]，结果是水稻在所有的炭化植物种子中占 45%，并在几乎所有地层和遗迹单位中都有发现；粟的数量仅占 1.6%，只集中出现在宝墩一期的地层和遗迹单位中。分析简报由此推断，无论是在宝墩文化时期还是在汉代，此处都以水稻的种植为主，粟则在宝墩文化第一期以后逐渐绝迹。这样的结果，以及宝墩文化出现了城，使学者们开始考虑稻作农业的传播以及宝墩文化和长江中游屈家岭文化的联系 [3]。

在长江中游存在屈家岭—石家河文化（公元前 2800—前 2100 年）的城址群 [4]。这些城址城墙与壕沟并重，城墙采用堆筑法平地起建，有的城墙外还有其他土墙。宝墩文化的城址也如此。俞伟超由宝墩文化城址和灰白陶的突然出现、城墙的堆砌技术，认为宝墩文化是长江中游的屈家岭、石家河文化与成都平原当地文化的结合 [5]。何锟宇由陶器谱系、筑城技术、生业方式等方面对宝墩文化的来源做了较为系统的梳理，认为宝墩文化主要源自川西北的马家窑类型，同时吸收了来自长江中游的挖壕筑城和水稻种植技术、某些制陶工艺，以及峡江地区的一些文化因素，从而独立发展成为一种新兴的考古学文化 [6]。

成都平原和长江中游两个区域的生业都是稻作农业，都为防洪而采用相同的技术筑城，人们在城中居住生活，在城外种植水稻，从而可能形成相同的经济和社会样态。成都平原接受的东方影响并不只是种植水稻与筑城的技术，更

[1] 王毅、孙华：《宝墩村文化的初步认识》，《考古》1999 年第 8 期。

[2] 成都文物考古研究所：《新津宝墩遗址 2009 年度考古试掘浮选结果分析简报》，《成都考古发现（2009）》，北京：科学出版社，2011 年。

[3] a.Fuller Dorian, Qin Ling, Water Management and Labour in the Origins and Dispersal of Asian Rice, *World Archaeology*, Vol. 41, 2009. b.Zhang Chi, Hung Hsiao-Chun, The Emergence of Agriculture in Southern China, *Antiquity*, Vol. 84, 2010.

[4] 许宏：《先秦城邑考古》，北京：金城出版社、西苑出版社，2017 年，上编第 78 ～ 86 页。

[5] 俞伟超：《四川地区考古文化问题思考》，《四川文物》2004 年第 2 期。

[6] 何锟宇：《试论宝墩文化的源头》，《南方民族考古》第 12 辑，北京：科学出版社，2016 年。

重要的应当是决定生活方式、生业、技术的知识和观念。

　　成都平原新石器时代最后阶段的遗存表明，与东方的交流可能延伸到了长江下游。三星堆仁胜墓地出土的玉器不见于宝墩文化，宋治民指出其中的锥形器、泡形器都见于良渚文化，说明史前时期成都平原和长江下游的良渚文化有过交流[1]。与桂圆桥文化和宝墩文化不同的是，这个时期成都平原又与中原发生了联系。除了前述的青铜制品外，还有玉器和陶器的例证。仁胜村墓葬出土数量较多的玉蜗旋状器，形状近似二里头遗址出土的斗笠状白陶器[2]，类似的器物不见于其他地区。对于三星堆遗址出土的陶盉，学界早已意识到它与二里头文化陶盉的关联，杜金鹏推测二里头文化的陶盉在不晚于二里头文化三期时经鄂西长江沿岸传入四川[3]。

　　从大约距今 5100 年到公元前 13 世纪，经由桂圆桥文化、宝墩文化到三星堆文化之前，成都平原形成了具有鲜明特色的区域性文化，但也从始至终在多个方向与四川盆地以外的区域保持沟通与交流。具有如此广度和深度的交流直接塑造了成都平原新石器时代的文化，并对其后的青铜时代产生了深远的影响。

　　考古学揭示出新石器时代成都平原对外沟通、交流的丰富多彩的动态图景。

---

[1]　宋治民：《三星堆遗址仁胜村土坑墓的思考》，《四川文物》2005 年第 4 期。

[2]　许宏、陈国梁、赵海涛：《二里头遗址聚落形态的初步考察》，《考古》2004 年第 11 期。

[3]　杜金鹏：《封顶盉研究》，《考古学报》1992 年第 1 期。

第二章　青铜时代的三星堆

大约在公元前13世纪，即相当于中原的二里冈上层文化时期至殷墟早期，成都平原进入了青铜时代，并在广汉三星堆形成区域文明的第一个中心。如今三星堆遗址出土的遗存，显示出青铜时代成都平原独特的文化和社会面貌，代表了这个区域性文明所达到的高度。

第一节　三星堆遗址

一、三星堆城址

在宝墩文化时期，三星堆已形成大规模的聚落。在新石器时代的最后阶段，三星堆西北的月亮湾已筑小城。大约在三星堆遗址第三期，月亮湾小城沿北墙和西墙分别向东、向南扩建，最终形成了面积约350万平方米的大城[1]。现在所知的三星堆遗址面积约6平方千米，城址面积（含城垣与城壕）3.24平方千米，城内面积约3.11平方千米[2]。

经多年的考古调查与发掘，目前已在遗址上确认7道断续的、年代并不相同的城墙[3]。随着对马屁股等城墙段的发掘，三星堆的城址结构逐渐清晰，现

---

[1] 冉宏林、雷雨：《浅析成都平原先秦时期城址特征的变迁》，《四川文物》2014年第3期。

[2] 陈德安、杨剑：《三星堆遗址商代城址的调查与认识》，《夏商周方国文明国际学术研讨会论文集（2014中国广汉）》，北京：科学出版社，2015年。城址面积又有一说为350万平方米，见注[1]。

[3] 冉宏林、雷雨：《浅析成都平原先秦时期城址特征的变迁》，《四川文物》2014年第3期。

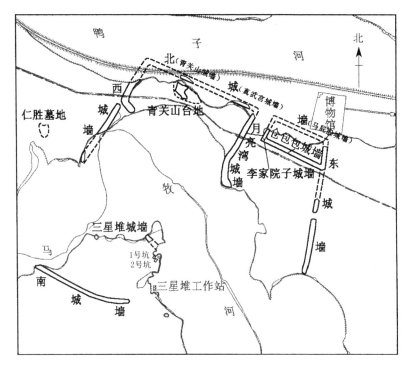

图 2-1　三星堆城址

知其格局大致为"一大多小"[1]。"一大"即是由东城墙、南城墙、西城墙，以及北部青关山城墙、真武宫城墙、马屁股城墙合围起来的大城。"多小"指大城内有多座小城，已确认 2 座，一座为西北部的月亮湾小城，由月亮湾城墙、真武宫城墙、青关山城墙、大城西城墙北段及其南端东折部分合围而成；另一座为东北部的仓包包小城，由仓包包城墙、李家院子城墙、马屁股城墙、大城东城墙北段合围而成。大城的南部还有三星堆段城墙，因此南部可能也存在小城。城址北部为鸭子河，马牧河从城中穿过，东、西城墙的外侧有壕沟（图 2-1）。

各段城墙中，马屁股城墙于三星堆遗址第四期时废弃，可能是毁于北部鸭子河的冲击而非人为原因，发掘简报由此认为北部城墙被毁和废弃并不改变城

---

[1]　四川省文物考古研究院：《四川广汉市三星堆遗址马屁股城墙发掘简报》，《四川文物》2017 年第 5 期。

的性质，大概在遗址的第五期即相当于西周早期时，都城才发生迁移。

　　三星堆城墙的修筑方式也与此前不同，由城墙剖面可见平行夯筑的主体部分和斜向夯筑的内外侧护坡，局部类似版筑，东城墙和西城墙有使用土坯的迹象。

　　城内地形较复杂，城的西北部有青关山台地，北部有月亮湾台地，马牧河南岸的三星堆一带也是台地。历年发现的重要遗存基本都位于这些台地上。

二、城内遗存

　　三星堆城址内的遗存十分丰富，可惜很多重要发现没有报道。据已报道的信息，1929 年在燕家院子出土玉石器；1963 年在月亮湾出土房址、墓葬和青铜冶铸遗物等；1964 年在燕家院子附近再次发现玉石器坑；1974 年在城址北部的鸭子河畔发现玉石料坑；1984 年在遗址东北部的西泉坎发现石器加工场；1980—1986 年在三星堆附近的多次发掘，发现房址、墓葬等；1986 年在三星堆南侧发现 1、2 号祭祀器物坑；1987 年在仓包包出土玉石器坑；2012 年以来在大城西北的青关山发现大型夯土台基和大型建筑基址（图 2-2）。历年发现的重要遗迹有建筑、器物坑、墓葬，还有零散出土的各类遗物。

（一）建筑

　　三星堆城内发现不少建筑，最重要的是青关山台地上的大型建筑[1]。

　　2012 年以来在青关山揭示出一个面积 16000 平方米、高约 4 米的人工夯筑的两级台地，东西两侧经钻探可能有水道与台地南北的鸭子河和马牧河相连。至今还不清楚台地最早修筑于何时，鉴于在新石器时代就已有月亮湾小城，这

---

[1]　a. 雷雨：《四川广汉三星堆遗址 2012～2013 年考古新收获》，《中国重要考古发现（2013）》，北京：文物出版社，2014 年；b. 四川省文物考古研究院：《四川广汉市三星堆遗址青关山一号建筑基址的发掘》，《四川文物》2020 年第 5 期。

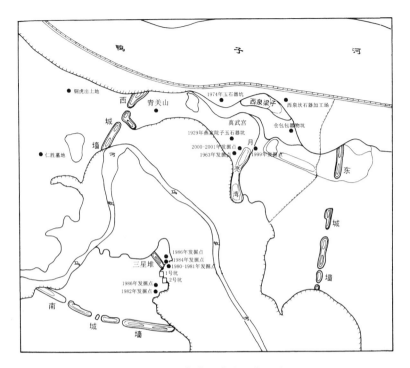

图 2-2　三星堆遗址遗迹分布示意图

个位于小城中的台地很可能在那时即已修筑。

青关山第二级台地现存面积约 8000 平方米。台地南部发现红烧土基址 F1，平面为长方形，西北—东南向，长 55、宽近 16 米。房址中间的廊道两侧各有 3 排柱洞，每排柱洞现存 22 个，房间大约是分两排沿廊道对称分布。墙基内外又各有一排共计约 200 个密集排列的"檐柱"柱洞。推测 F1 由多间正室、楼梯间、廊道、门垫等组成。F1 柱网密集，柱洞直径 0.4～0.5 米，排距约 1 米，列距约 1～1.4 米，因而推测可能为干栏—楼阁式建筑（图 2-3）。F1 的台基上埋有石璧和象牙。在 F1 以北约 3 米处又有一座方向相同、形制可能略小的长方形红烧土建筑 F2。在几乎整个第二级台地上还分布着同层位的红烧土与夯土，F1、F2 可能仅为一个大型建筑群的一部分。在此"大型建筑群"之下还普遍存在 3～4 层厚度大致相同的红烧土堆积，与夯土层和文化层交互叠压。

青关山土台上两座大型建筑的修筑和使用年代大致可以判定。根据台地上

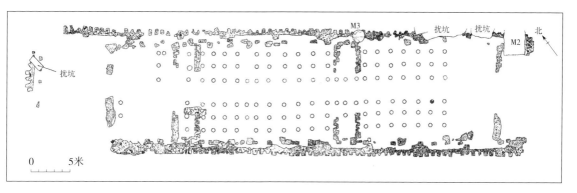

图 2-3 三星堆青关山 F1

的红烧土与夯土堆积，这两座建筑位于最上层，其下还叠压有更早的建筑，因而它们很可能是三星堆文化时期的遗存。F1 的台基上埋有石璧和象牙，三星堆的两个祭祀器物坑也有这类遗物，因而 F1 的修筑年代大概与器物坑内的遗物同时。

发掘者认为青关山土台很可能在相当长的时间内都是三星堆王国的"宫殿区"，这是一种合理的推测。但如果结合三星堆祭祀器物坑的发现，土台上也很可能还有宗庙、神庙一类的建筑。

三星堆城址内出土的带基槽的木骨泥墙小型房址不多。第一章提及 1980—1981 年在三星堆地点发现 18 座房址，其中有 15 座或属于三星堆文化，均为长方形，西北—东南向或东北—西南向，似经规划而成组分布（图 2-4）。1963 年在月亮湾的发掘[1]，曾发现过 3 组建筑基址。据悉 1999—2001 年在月亮湾城墙西还发现近 30 座三星堆遗址三期的长方形房址，只剩基槽和柱洞，分布密集，两三座、甚至七八座相叠压，房址面积 14 ～ 37 平方米[2]。

（二）器物坑

三星堆出土较多的一类特殊遗存是器物坑。1986 年出土的 1、2 号祭祀器

---

[1] 马继贤：《广汉月亮湾遗址发掘追记》，《南方民族考古》第 5 辑，成都：四川科学技术出版社，1993 年。

[2] 王林：《川西平原先秦时期建筑初论》，《成都文物》2010 年第 3 期。

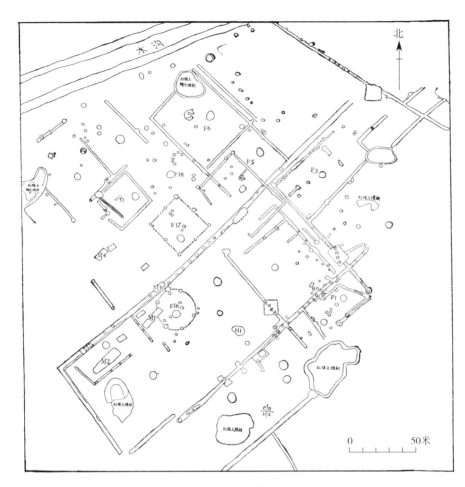

图 2-4　三星堆房址

物坑不仅是三星堆、而且是成都平原青铜时代最重要的遗存，下节将专门讨论。
其他器物坑情况各不相同，有的性质还不能确定。

1. 燕家院子玉石器坑

　　1929 年燕家院子的村民燕道诚在住宅旁挖掘沟渠时发现一个土坑，掘出
的玉石器流散后才为人知晓，具体的出土情况已不清楚。1931 年戴谦和考察

出土地，简要记录了部分遗物，有石璧、凿、矛、环、琮和石珠[1]。1934年葛维汉到出土地点调查并开掘探沟，又收集了大量的石器、玉器和陶片。据他的报告，在1929年发现的玉石器坑和他自己的发掘品中，都有大量的绿松石、小青玉片、穿孔玉珠等，他推测玉片可能粘在木质或皮质品上；土坑的性质暂被推测为墓坑，时代上限或为铜石并用时代，下限为周代初期[2]。一同参与调查和发掘的林名均也记录了1934年的发掘获得玉器、石器、陶器和陶片共600多件，并记载坑中出土的石璧最大者直径70、孔径18、厚7厘米；石珠为绿松石两面钻孔磨成。他推断坑中出土遗物的年代为周代，溪岸上的发掘品为新石器时代末期至殷周以前[3]。此后，郑德坤也介绍了燕家院子玉器的发现、发掘情况，推测土坑为祭山遗迹，年代或为东周，遗址的年代为公元前1200—前700年[4]。

1929年出土玉石器中的一部分后来入藏四川大学博物馆，冯汉骥、童恩正对此进行了介绍和讨论[5]。传说当时坑中的玉石器不下三四百件，有玉圭、璋、琮、斧和"石璧"。一说是"石璧"下大上小叠放于坑中，形如一塔而略为倾斜，旁边放置其他玉器；一说坑为长方形，坑两边由大而小各竖一列"石璧"，中间放玉器，其上又由大而小平覆一列"石璧"。博物馆收藏有玉斧3件，璋3件，琮1件，钏3件，"石璧"数十件。冯汉骥赞同这些"石璧"可能为衡权的观点，并推测出土地点可能为手工业作坊所在地。

1929年和1934年出土的遗物数量丰富，一些"石璧"形体巨大，制作粗糙（图2-5）。三星堆1、2号坑中没有这样大的璧，但不乏其他大型玉器，如玉璋。绿松石片和青玉片都让人想到三星堆出土的镶嵌绿松石的铜牌饰和铜虎，但无论是在月亮湾一带还是在整个三星堆，尚未发现生产铜器的作坊。

[1] D.S.DYE, Some Ancient Circles, Squares, Angles and Curves in Earth and in Stone in Szechwan, China. *Journal of the West China Border Research Society*, Vol. IV, 1930-1931.

[2] David C. Graham, A Preliminary Report of the Hanchow Excavation, *Journal of the West China Border Research Society*, Vol. VI, 1933-1934.

[3] 林名均：《广汉古代遗物之发现及其发掘》，《说文月刊》第3卷第7期，1942年。

[4] 郑德坤：《四川古代文化史》，华西大学，1946年；成都：巴蜀书社，2004年。

[5] 冯汉骥、童恩正：《记广汉出土的玉石器》，《文物》1979年第2期。

图 2-5　三星堆燕家院子出土石璧

2. 月亮湾器物坑

据冯汉骥上文介绍，1964 年当地农民在距燕家院子玉石器发现地点 50～60 米处掘坑时，又发现一坑石器，有成品、半成品和石坯，资料存四川省博物馆。另据报道，1964 年发现的这个坑出土玉料 300 余件，被称为"磨石"，资料存广汉市文物管理所[1]。

3. 仓包包器物坑

1987 年因砖厂在真武村名为仓包包的高地上取土而发现[2]。坑中出土 3 件铜牌饰，其中 1 件镶嵌绿松石。此外还有玉瑗 8 件、凿 1 件、箍形器 1 件，石璧 21 件、斧 3 件。遗物绝大多数经火烧，坑内有碎骨渣和朱砂。第一章已讨论这些牌饰的年代可能相当于二里头文化时期，玉石器或与牌饰同时，或者牌饰为早期流传物。

另外，还有 2 个坑出土玉石器，一个于 1974 年发现于月亮湾梭子田，另

[1]　四川省文物考古研究所：《三星堆祭祀坑》，北京：文物出版社，1999 年，第 15 页。

[2]　四川省文物考古研究所三星堆工作站、广汉市文物管理所：《三星堆遗址真武仓包包祭祀坑调查简报》，《四川考古报告集》，北京：文物出版社，1998 年。

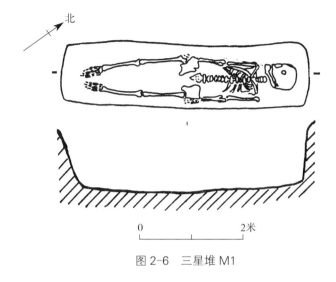

图 2-6 三星堆 M1

一个于 1987 年发现于东城墙南端的狮子闹[1]。

（三）墓葬

三星堆文化的墓葬发现非常少。1963 年在月亮湾发掘 6 座，较早的 3 座为少年和未成年人墓，无葬具和随葬品；较晚的 3 墓随葬陶瓢形器和圈足豆。1980—1981 年在三星堆城址内发掘 4 座墓[2]，均无葬具和随葬品（图 2-6）。据悉 1999—2000 年在月亮湾城墙西发掘 30 座房址时，还发掘墓葬 9 座，但不知详情。

（四）其他发现

除以上所述外，三星堆遗址历年还有若干重要发现，部分零散遗存见诸一

---

[1] 赵殿增：《人神交往的途径——三星堆文物研究》，《四川考古论文集》，北京：文物出版社，1996 年。

[2] 四川省文物管理委员会、四川省博物馆、广汉县文化馆：《广汉三星堆遗址》，《考古学报》1987 年第 2 期。

些报道和研究成果中，它们主要集中在以下区域。

1. 青关山至月亮湾的台地

1956 年在月亮湾横梁子一带收集到一批历年出土的玉石器，有玉圈状器、牙璋、石璧、斧、锛、半成品的圭、赭石[1]。

1961 年在中兴公社真武宫一带采集璧、斧、锛、矛、盘状器、砺石等 17 件石器，包括废品和璧芯[2]。

1963 年在月亮湾发掘出土石锛、斧、凿、矛、璧、石料和未加工成的残件。在月亮湾遗址的第二层中发现青铜器残块、孔雀石、铜炼渣，还有 1 块附有铜炼渣的粗砂陶片，或为坩埚残片。这次发掘将遗址地层分为第二、三层，分别代表月亮湾第一期和第二期；月亮湾第一期又大体相当于三星堆遗址第一期，第二期相当于三星堆遗址第三、四期。据这次发掘，石璧和与青铜冶铸相关的遗物都是在第二层中才出现。

1970 年出土许多铜器，被作为废铜处理，其中包括 1 件单翼铜铃。2004 年又出 1 件单翼铜铃。据认为此 2 件铃不同于三星堆祭祀器物坑的双翼铃，而与二里头遗址的铃类似，时代相当于商代早期，是三星堆遗址出土的最早的铜乐器[3]。

此外在这个台地上，1977 年出土刻纹玉器，1999 年出土石琮，2000—2001 年出土跪坐石人、石虎、石琮、陶璋、陶瓦、穿孔石器。

2. 西泉坎

在西泉坎一带，1974、1988、1993、1997 年出土玉料；1984 年出土跪坐石人像、残石璋、玉凿，发现大量成品和半成品的石璧、废料和房屋基址，推测该地为石璧加工作坊[4]；1999 年出石琮、陶人；2013 年出石人像。

---

[1]　王家祐、江甸潮：《四川新繁、广汉古遗址调查记》，《考古通讯》1958 年第 8 期。

[2]　四川大学历史系考古学教研组：《广汉中兴公社古遗址调查简报》，《文物》1961 年第 11 期。

[3]　敖天照：《三星堆文化遗址出土的几件商代青铜器》，《文物》2008 年第 7 期。

[4]　陈显丹：《广汉三星堆遗址发掘概况、初步分期——兼论"早蜀文化"的特征及其发展》，《南方民族考古》第 2 辑，成都：四川科学技术出版社，1990 年。

图 2-7 三星堆出土铜虎

3. 月亮湾城墙东南仓包包

1981、1985 年出玉矛，1999 年出石虎、玉璋，2012 年出玉璇玑。

4. 三星堆

1986 年 4 月发现 2 个土坑，出土零星的铜器、玉石器、烧骨和灰烬[1]。同年，村民在清理出的三星堆祭祀器物坑填土堆积旁发现 1 件小铜人，头戴绳圈形帽，身着裙，双手平举于胸前，右手上左手下呈执握状，踞坐，左腿残，高3.5 厘米。1987 年当地民工在三星堆取土时发现 1 件直筒铃，不同于祭祀器物坑中的铃，与妇好墓铙类似[2]。在三星堆北侧，1986 年出跪坐石人像、残玉璋。

5. 三星堆城墙外

1981 年在三星堆城址西城墙外不远处的鸭子河南岸采集到 1 件铜虎，虎为立状，昂首，立耳，长口，身扁长，尾下垂后上翘。一面微鼓，素面；另一面平整，铸有虎斑纹凹槽，内嵌绿松石。鼓面前后腿部有半环形钮[3]（图 2-7）。

[1] 四川省文物考古研究所：《三星堆祭祀坑》，北京：文物出版社，1999 年，第 12 页。

[2] 敖天照：《三星堆文化遗址出土的几件商代青铜器》，《文物》2008 年第 7 期。

[3] 敖天照：《三星堆文化遗址出土的几件商代青铜器》，《文物》2008 年第 7 期。

这件虎被认为是商代晚期铜器[1]。在西北城墙外、仁胜村墓地以北，还出土过成组的玉璋、凿。

另外，一些图录中还公布有三星堆的石人像、石蛇、石蟾蜍等[2]，但不知具体出土地。

由以上各类遗存的分布，可以推测三星堆城大致的功能分区。青关山一带在新石器时代末期已筑城，三星堆文化时期是政治、宗教的中心，青关山夯土台上的大型建筑就可能是宫殿、神庙或宗庙。月亮湾台地及两侧为居民区、作坊区，这个区域及鸭子河的南岸都有生产玉石器的遗存。月亮湾遗址的发掘还说明石璧、青铜冶铸遗存都是在相当于三星堆遗址第三、四期时才出现。相比之下，城址北部的遗存较多，青关山和月亮湾台地上的遗迹最集中，南部目前所知主要是三星堆台地的祭祀器物坑。祭祀器物坑附近的小型铜人像、铜铃应属于坑中的铜器群。如果"三星堆"是城墙的残存部分，那么已发掘的1、2号坑便在这道城墙之外。另一个重要现象是，从月亮湾台地到三星堆，主要的器物坑大致呈线状分布，这条线正好可视为城的中轴线。

第二节   1、2号祭祀器物坑

一、既有的研究

据现有的发掘资料，三星堆遗址最重要的遗存是1986年在"三星堆"南侧发现的1、2号祭祀器物坑[3]。2019年底以来，在1、2号坑附近又新发现了3号至8号坑，但目前尚未发掘而不知具体情况，因此以下对祭祀器物坑的讨

---

[1]   中国青铜器全集编辑委员会：《中国青铜器全集·巴蜀》，北京：文物出版社，1994年，图版66。

[2]   四川省文物考古研究院、三星堆博物馆、三星堆研究院：《三星堆出土文物全记录·陶器·金器》，成都：四川出版社集团、天地出版社，2009年，第751、752页。

[3]   四川省文物考古研究所：《三星堆祭祀坑》，北京：文物出版社，1999年。

图 2-8 三星堆 1 号坑

论只针对 1、2 号坑。

1 号坑坑口为长方形，口大底小，坑口长 4.5～4.64、宽 3.3～3.48、深 1.46～1.64 米。据发掘报告，坑内掩埋青铜器 178 件、金器 4 件、玉器 129 件、石器 70 件、复原陶器 39 件，还有骨器残片 10 件、象牙 13 根、海贝 62 枚，以及约 3 立方米的烧骨碎渣。遗物多因焚烧而残损，大部分堆放在坑的西南、东南面及坑的南角近坑壁一线（图 2-8）。

2 号坑在 1 号坑东南约 30 米处，坑口呈长方形，口略大于底，四壁规整，坑口长 5.3、宽 2.2 ～ 2.3、深 1.4 ～ 1.68 米。坑内掩埋青铜器 735 件、金器 61 件、玉器 486 件、绿松石 3 件、石器 15 件、象牙器残片 4 片、象牙珠 120 颗、虎牙 3 枚、象牙 67 根、海贝约 4600 枚。遗物大致分三层堆积，底层主要是小型青铜器、饰件、玉器和石器，坑底东南面有草木灰和海贝。中间一层全是青铜器，还有从青铜容器中倒出的玉器和海贝。上层为 60 余根象牙。多数遗物被焚烧或砸毁（图 2-9）。

1、2 号坑出土的遗物丰富而又独特，揭示出一个前所未知的文明。它们的发现轰动一时，引发了学界异乎寻常的关注和持久、热烈的探讨。由于这两个坑出土的考古材料在一定程度上超出了我们现有的知识范围，在研究中我们也难以直接参考其他考古材料或文献资料，因此对于这两个坑的年代、性质以及所反映的文化、信仰等，学术界始终存在不同认识，观点之多和分歧之大在学术史上也不多见。截至目前，1、2 号坑的遗物仍然是建构成都平原青铜时代最重要、最关键的材料，要对这些材料得出合理的认识，就有必要分析已有的各种观点，检视相关的研究方法。

自 1、2 号祭祀器物坑发现以来已有大量的研究成果，此处仅着重分析关于 1 号坑和 2 号坑年代与性质的主要观点，这是两个最基础、最核心的问题。需要说明的是，各种认识和观点中，有的得到了学术界较多的认可，有的没有产生太大影响，还有的随着新材料的发现和研究的深入而被修正。比如关于坑和遗物的年代曾有西周、甚至春秋时期的观点，但 2001 年发现了金沙遗址，金沙是继三星堆之后的成都平原政治、文化的中心，遗址的年代大约相当于殷墟晚期至西周末期，因此学界已认同祭祀器物坑的年代为殷墟时期。本书仍将各主要观点列出，既是为了说明对三星堆这批重要材料的认识过程，更是为了检视研究的方法。观点都需要接受检验，检验来自于新材料，也来自于对方法的检讨。

（一）1、2 号坑的年代

对于 1、2 号坑的年代有两者不同时和同时两种意见。在两种意见之下，对年代的具体判定又各不相同，最早定为商代中期，最晚定为春秋。

图 2-9　三星堆 2 号坑

1. 1 号、2 号坑不同时

两个坑的发掘简报定 1 号坑的年代相当于殷墟第一期[1]，2 号坑为殷墟晚期[2]。1999 年出版的《三星堆祭祀坑》仍定 1 号坑的埋藏时间为殷墟一期末至二期之间，2 号坑年代为殷墟二期至三、四期之间。这个意见得到很多学者的赞同，如李学勤即同意将 1、2 号坑分别判定为殷墟早期和晚期[3]。也有其他观点，如 1994 年出版的《中国青铜器全集·巴蜀》[4] 将 1 号坑铜器定为商代中期，2 号坑铜器定为商代晚期。高大伦也认为 1 号坑年代相当于商中期，2号坑则为商末[5]。孙华曾提出 1 号坑是殷墟一期或稍后的遗存，2 号坑的年代定为殷墟一期偏晚[6]。王燕芳等提出两坑各为鱼凫氏和开明一世的遗存，年代分别为殷周之际和春秋[7]。宋治民认为 1 号坑属三星堆遗址第四期，相当于西周后期，2 号坑晚于或同时于 1 号坑，坑内铜器铸造于商代晚期到西周早期或更晚[8]。

2. 1 号、2 号坑同时

孙华新的研究认为两个坑的器物都是在殷墟中期前段同时掩埋的[9]。林向认

[1] 四川省文物管理委员会、四川省文物考古研究所、四川省广汉县文化局：《广汉三星堆遗址一号祭祀坑发掘简报》，《文物》1987 年第 10 期。

[2] 四川省文物管理委员会、四川省文物考古研究所、广汉市文化局、文管所：《广汉三星堆遗址二号祭祀坑发掘简报》，《文物》1989 年第 5 期。

[3] 李学勤：《商文化怎样传入四川》，《中国文物报》1989 年 7 月 21 日；《三星堆饕餮纹的分析》，《三星堆与巴蜀文化》，成都：巴蜀书社，1993 年。

[4] 中国青铜器全集编辑委员会：《中国青铜器全集·巴蜀》，北京：文物出版社，1994 年。

[5] 高大伦：《古蜀国鱼凫世钩沉》，《四川文物》1998 年第 3 期。

[6] 孙华：《关于三星堆器物坑若干问题的辩证》，《四川文物》1993 年第 4、5 期。

[7] 王燕芳、王家祐、李复华：《论广汉三星堆两座窖藏坑的性质及其相关问题》，《四川文物》1996 年增刊《四川考古研究论文集》。

[8] 宋治民：《广汉三星堆一号、二号祭祀坑几个问题的探讨》，《南方民族考古》第 3 辑，成都：四川科学技术出版社，1991 年。

[9] 孙华：《三星堆器物坑的埋藏问题——埋藏年代、性质、主人和背景》，《南方民族考古》第 9 辑，北京：科学出版社，2013 年。

为两个坑是杜宇和开明时期的遗存，年代约为殷末周初[1]。胡昌钰、蔡革认为两个年代相同的器物坑反映了鱼凫王朝的灭亡和杜宇王朝的建立，坑的下限为殷末周初[2]。徐朝龙认为两个坑是鱼凫王朝灭亡和杜宇崛起时的遗存，年代相当于西周中期[3]。诺埃尔·巴纳德认为三星堆青铜器受到中原文化、楚文化及中国境外其他文化的影响，利用文化滞后论将两个坑的时代定为东周[4]。李伯谦针对这一观点，阐述应正确理解和运用"文化滞后"理论，指出将三星堆铜器的年代从商代推后到春秋缺乏科学依据[5]。徐学书也提出器物坑时代为春秋[6]。

另外，张增祺将 2 号坑中的铜鸡、鸟和玉瑗与滇文化的同类器物相比较，对 2 号坑商代晚期的定年提出怀疑[7]。

（二）1、2 号坑的性质

对于 1、2 号坑的性质观点分歧，即使对性质看法一致，对成因等也有不同解释。

1. 祭祀坑

祭祀坑的观点提出最早，影响最广。但同为祭祀坑说，在祭祀对象、祭祀目的、祭祀方式、祭祀者等方面实有诸多差别。

1 号坑简报认为坑内的遗物是举行"燎祭"活动后瘗埋的，祭祀对象为自然神祇，蜀人的宗教意识和祭祀礼仪制度等与商王朝相近。这是最早的祭祀坑

[1] 林向：《蜀酒探源——巴蜀的"萨满式文化"研究之一》，《南方民族考古》第 1 辑，成都：四川大学出版社，1987 年。

[2] 胡昌钰、蔡革：《鱼凫考——也谈三星堆遗址》，《四川文物》1992 年"三星堆古蜀文化研究专辑"。

[3] 徐朝龙：《三星堆"祭祀坑说"唱异——兼谈鱼凫和杜宇之关系》，《四川文物》1992 年第 5、6 期。

[4] 〔澳〕诺埃尔·巴纳德：《对广汉埋葬坑青铜器及其它器物之意义的初步认识》，《南方民族考古》第 5 辑，成都：四川科学技术出版社，1993 年。

[5] 李伯谦：《从对三星堆青铜器年代的不同认识谈到如何正确理解和运用"文化滞后"理论》，《四川考古论文集》，北京：文物出版社，1996 年。

[6] 徐学书：《三星堆遗址"祭祀坑"年代为春秋说》，《社会科学研究》1995 年第 1 期。

[7] 张增祺：《关于三星堆二号"祭祀坑"出土文物的定名、用途及时代问题》，《考古》1999 年第 4 期。

说。2 号坑简报认为器物坑附近没有墓葬，传说中的鳖灵和杜宇时期没有发生
"犁庭扫穴"的剧烈事件，坑内的人像、神树、玉器等都是祭祀用品且投放具
有一定规律，因而是一次综合祭祀活动的遗存。发掘报告提出有必要修正简报
的结论，认为器物同宗庙一道被焚毁后按一定的宗教礼仪埋葬，两个坑为祭祀
坑。报告虽坚持祭祀坑说，但看法已有很大调整，即认为和宗庙一起先被焚毁
再以一定的礼仪掩埋的器物是宗庙内的陈设器，不是专为一次祭祀制作的祭器，
挖坑掩埋也不专为祭祀。

祭祀坑说还有其他观点，如陈显丹根据《周礼》《礼记》和《吕氏春秋》
等文献记载及坑内的埋藏物，认为两个坑是祭祀坑，祭祀方法有燔燎、瘗
埋、血祭和悬，内容为祭天、祭地、祭山和迎神驱鬼[1]；除 2 号坑有许多与神话传
说相关的器物外，两个坑的出土物显示出一致性，都是就地铸造并举行仪式后
现场掩埋[2]。此后他又提出两个坑的地层、坑形、埋藏物都存在差别，但在出
土大量宗庙重器和烧埋程序等方面又是共同的，因而都是祭祀坑，所说的祭祀
是含义广泛而又复杂的宗教礼仪，包含了各种宗教活动[3]。宋治民认为两个坑
是蜀人从三星堆迁都到十二桥后在故都举行祭祀活动留下的遗迹[4]。王家佑、
李复华认为从规模看两坑应用于祭天，神树为社树，立人像为社主，面像为列
神[5]。李安民认为两个坑有差别，分属两个部族，反映了王权的交替；两个坑
都具有祖先崇拜的内容，2 号坑还表现了蜀人的宗教观念和神话[6]；又提出 1
号坑有设尸祭祀和猎头祭祀，主要用于祭祖，人像的形象是殷人；2 号坑反映
的祭祀习俗有树崇拜、山崇拜等，戴冠立人像等则为蜀人形象[7]。彭明瀚认为

[1]　陈显丹：《广汉三星堆一、二号坑两个问题的探讨》，《文物》1989 年第 5 期。

[2]　陈显丹：《三星堆一、二号坑几个问题的研究》，《四川文物》1989 年"广汉三星堆遗址研究专辑"。

[3]　陈显丹：《广汉三星堆遗址一、二号坑的时代、性质的再讨论》，《四川文物》1997 年第 4 期。

[4]　宋治民：《论三星堆遗址及相关问题》，《三星堆与巴蜀文化》，成都：巴蜀书社，1993 年。

[5]　王家佑、李复华：《关于三星堆文化的两个问题》，《三星堆与巴蜀文化》，成都：巴蜀书社，
1993 年。

[6]　李安民：《论广汉三星堆一、二号祭祀坑非同一民族所为及相关问题》，《三星堆与巴蜀文化》，
成都：巴蜀书社，1993 年。

[7]　李安民：《广汉三星堆一号、二号祭祀坑所反映的祭祀内容、祭祀习俗研究》，《四川文物》1994
年第 4 期。

青铜人头像是祭品，反映了猎头风俗，铜树是社树，玉石农具是农耕巫术的用器，两个坑用于农业祭祀 [1]。谭继和提出祭先姒的"高禖"说，认为这是古代最盛大的祭祀活动，立人像为女性神像，两个坑反映了巴蜀生殖崇拜和杜主神禖文化的内容 [2]。

　　另一类解释则是更明确地与蜀人的世系、部族的更迭相联系。如胡昌钰、蔡革认为坑内的器物反映了来自东方的崇拜凫的部落和崇拜鱼的氏人的联盟，两个年代相同的坑反映了鱼凫王朝的灭亡和杜宇王朝的建立，战胜者用战败者的社神、社树和礼器等来祭祀自己的祖先 [3]。赵殿增提出三星堆文化与中原的信仰和祭祀不同，不能简单套用中原的文献，两个坑是鱼凫氏在国破前举行最后祭祀活动的祭祀坑 [4]。这种观点认为祭祀者是战败者，他们焚毁、掩埋了自己的器物。王燕芳等提出两个坑分别是鱼凫氏和开明一世称王告祭百神的遗存 [5]；又认为三星堆的祭祀与周初开国的盛大祭礼活动相似，两个坑可能是某一蜀王取得统治地位后举行大型综合祭祀的遗存，青铜人头像和立人像为诸神形象 [6]。

2."厌胜"性埋藏

　　林向提出蜀文化为地域性文化而不能用中原的祭祀坑来硬套，两个坑可能是萨满式文化的产物，属巫术活动后的"厌胜"性埋藏；坑内的人像是供奉者，神树是若木和建木，人头像反映了蜀国是多民族的联盟，人面像为崇拜偶像；神像等的失宠大概与杜宇和开明时蜀地的洪水与战乱有关 [7]。

[1]　彭明瀚：《四川广汉三星堆商代祭祀坑为农业祭祀说》，《农业考古》1994 年第 1 期。

[2]　谭继和：《三星堆神禖文化探秘》，《四川文物》1998 年第 3 期。

[3]　胡昌钰、蔡革：《鱼凫考——也谈三星堆遗址》，《四川文物》1992 年"三星堆古蜀文化研究专辑"。

[4]　赵殿增：《三星堆祭祀坑文物研究》，《三星堆与巴蜀文化》，成都：巴蜀书社，1993 年。

[5]　王燕芳、王家祐、李复华：《论广汉三星堆两座窖藏坑的性质及其相关问题》，《四川文物》1996 年增刊《四川考古研究论文集》。

[6]　王燕芳：《四川西部三种文化类型及其相关问题》，《四川考古论文集》，北京：文物出版社，1996 年。

[7]　林向：《蜀酒探源——巴蜀的"萨满式文化"研究之一》，《南方民族考古》第 1 辑，成都：四川大学出版社，1987 年。

3. 火葬坑

张明华认为两个坑与已知的祭祀遗迹几无共同之处，主张火葬坑说[1]。

4. 鱼凫灭国器物坑

徐朝龙提出两个坑的出土物为鱼凫王朝灭亡和杜宇崛起时埋葬的宗庙重器，两坑应更名为"鱼凫灭国器物坑"[2]。高大伦认为坑中金杖的图案表现的是鱼凫，强国墓地与此相关，埋藏重器反映了鱼凫国灭[3]。

5. 不祥宝器掩埋坑

孙华提出两个坑可能是因原始宗教的习俗掩埋的三星堆古国神庙器物坑，"不祥宝器掩埋坑"与"亡国宝器掩埋坑"的解释都相对合理[4]；又认为，毁埋与原始宗教相关的器物或与某个重要的带有宗教意义的周期有关，或与两个带有神性的国王兼巫师的死亡或替换有关，这些器物属某个国王，他人用之不祥或不能使用，所以被毁埋[5]。

6. 盟誓遗存

王仁湘认为人像中的椎髻者可能是蜀人，编发者可能是氐、嶲、昆明等人，这两个坑可能是蜀与其他部族结盟活动的遗存；立人像是主誓盟主蜀王，其余头像是与盟的各族首领，其他青铜制品是在会盟前专门制作的"盟器"[6]。

7. 封禅遗存

樊一在赞同广义祭祀坑说的前提下，通过夏商周三代封禅考，提出两个坑

---

[1] 张明华：《三星堆祭祀坑会否是墓葬》，《中国文物报》1989 年 6 月 2 日。

[2] 徐朝龙：《三星堆"祭祀坑说"唱异——兼谈鱼凫和杜宇之关系》，《四川文物》1992 年第 5、6 期。

[3] 高大伦：《三星堆器物坑饰"鱼凫纹"金杖与强国墓地"鸭首形"铜旄》，《中国文物报》1997 年 10 月 12 日；《古蜀国鱼凫世钩沉》，《四川文物》1998 年第 3 期。

[4] 孙华：《关于三星堆器物坑若干问题的辩证》，《四川文物》1993 年第 4、5 期。

[5] 孙华：《三星堆器物坑的年代及性质分析》，《文物》1993 年第 11 期。

[6] 王仁湘：《从月亮湾到三星堆——葬物坑为盟誓遗迹说》，《文物天地》1994 年第 6 期。

是因王朝内部权力转移而举行封禅的遗迹 [1]。

8. 神庙器物埋藏坑

张肖马认为难以在考古材料和文献资料中找到如此规模的祭祀，两个坑不是祭祀遗存而是非正常性埋藏，坑内的青铜器应是宗庙或神庙内的重器 [2]。孙华新提出，两个坑同时埋藏的是两个独立神庙内的物品，其拥有者分别是世俗贵族和神权贵族，它们被损坏埋藏是由于这两个掌握三星堆王国权力的贵族集团的内部冲突 [3]。

9. 性质难定

诺埃尔·巴纳德质疑祭祀坑说并使用了不具特定含义的"埋藏坑"（pit-burial）[4]。罗伯特·贝格勒指出不能将出土物与文献强作对应并推断出具体的祭祀对象，根据坑内的器物来确定坑的性质也不恰当，从文献与考古材料中寻找祭祀目的和对象是困难的 [5]。

讨论 1、2 号坑的年代、性质需从遗物入手，上述研究自然也都涵盖了遗物。此外还有只针对一类或几类遗物的研究，通常也与坑的性质问题相关联。这类专门的研究涉及两个坑中几乎所有的器类，多讨论遗物的功能或象征意义，进而探讨信仰。由此得出的三星堆文化的宗教信仰与崇拜几乎无所不包。这部分遗物研究在导论的学术简史中已介绍，此处只就研究的方法一并讨论。

---

[1] 樊一、陈煦：《封禅考——兼论三星堆两坑性质》，《四川文物》1998 年第 1 期。

[2] 张肖马：《"祭祀坑说"辨析》，《四川考古论文集》，北京：文物出版社，1996 年。

[3] 孙华：《三星堆器物坑的埋藏问题——埋藏年代、性质、主人和背景》，《南方民族考古》第 9 辑，北京：科学出版社，2013 年。

[4] 〔澳〕诺埃尔·巴纳德：《对广汉埋葬坑青铜器及其它器物之意义的初步认识》，《南方民族考古》第 5 辑，成都：四川科学技术出版社，1993 年。

[5] 〔美〕罗伯特·W. 贝格勒：《四川商城》，《三星堆与巴蜀文化》，成都：巴蜀书社，1993 年。

二、方法检视

三星堆1、2号坑未出土文字。对于这样独特的发现，我们也缺乏有效的可供参照的对比材料，用来引导出各种结论的"证据"只有这两个坑出土的遗物。面对已有的考古材料和多样的解释，研究又当如何推进？人们对自身历史和"历史的真实"的探寻是个永远不会终止的过程，对于三星堆这类关乎我们自身历史的考古发现，自然应当不断地研究。

至于如何继续深入研究，如何通过考古材料去接近"历史的真实"，我们可以从已有的研究中得到启示：从考古材料中提出假设，寻找证据，以求得合理的解释。对三星堆祭祀器物坑所做的研究就是在进行解释。但要推进、深化认识，只解释并不够，还需要对已有的解释提出怀疑和批判，再提出新的假设、寻求新的解释。科学哲学认为，所有的科学理论都是一个从提出假设、对假设进行批判、再到提出新的假设以及对之进行再批判的过程[1]。在考古学研究中，根据现有材料提出的假设和解释的可能性并不是唯一的，在一种假设和解释成立的同时往往也存在着其他可能性，这就需要不断地进行批判、假设和再批判。

对于三星堆祭祀器物坑研究中存在的众多解释，我们不以追求一致和最终的解释为目标，而只求尽可能合理、可靠的解释。从这个意义上说，很多不同的观点并没有绝对的正确与错误之分，但有合理性和可靠性的问题。认识是否可靠、合理，不能只看结论，更要检视引导出结论的方法是否能够经受科学与理性的检验。

（一）年代判定

研究三星堆祭祀器物坑，判定年代是基础。1、2号坑出土的遗物中，只

---

[1] 〔英〕卡尔·波普尔：《猜想与反驳——科学知识的增长》，傅季重等译，上海译文出版社，1986年。

有青铜容器和部分玉石器能与殷墟和长江中下游的材料相比较，其中并没有晚于殷墟第二期者，两群遗物的年代应不会晚于此时，坑的年代为商代晚期。个别研究将部分铜器或器物坑的年代定为商代中期，但缺乏对商代中期年代范围的说明和具体的论证。将器物坑或器物的年代定为殷墟之后，主要是对三星堆遗址的地层分期、器物坑的地层、相关陶器的年代、选择的对比材料有不同认识。在此暂不论具体认识，而是首先讨论方法。

第一，建构解释的理论框架往往需要从一个前提出发，前提合理与否决定了整个理论框架的合理性。在一些年代研究中，前提恰好并不一定成立。比如过去曾认为四川盆地在西周以前不存在大规模的青铜冶铸业，只有在蜀参与了灭商战争后才可能从中原获得青铜器和青铜冶铸技术，如果这只是一个源于传统历史观的认识，那么这一前提下的结论就不会可靠。又比如，如果将三星堆的青铜器晚于东周的楚文化作为研究前提，那么即使论证的逻辑过程严密，结论同样不能让人信服。

第二，确定年代需要运用比较的方法。但要就不同时代、地域、文化的材料相对比，应先确定它们具有可比性。比如将三星堆与滇文化的器类相比较，就需要确认两种文化是否存在联系。将缺乏可比性的对象放在一起，比较就可能无限地进行下去，最终却得不出可靠的年代。另外，两个坑的年代与遗物的年代并不相同，除非是这些器物都因某种特殊目的同时制作并随即被埋葬。可见，即使对遗物的年代有合理的认识，也不一定能说明器物坑形成于何时。反之亦然。

第三，有些研究由文献来判定年代。比如依据《蜀王本纪》《华阳国志》记载的蜀王世系，推断器物坑与某位蜀王有关，再推断蜀王的在位时间，由此得出器物坑的年代、主人、形成原因。但文献中蜀王世系的内容掺杂传说成分而且相当模糊，因此才会出现依据相同记载却得出不同年代的情况。比如，两个坑就被不同的研究认为是鱼凫、杜宇或者开明的遗存；即使都认为是鱼凫灭国的遗存，年代又被定为殷末或者西周；或者都认为与开明有关，年代却为殷末周初与春秋。可见据文献判定各代蜀王的年代并不可靠。考古学研究应从实物入手，不能以文献或传说作为出发点。

还有的断代研究对一些考古学理论的运用不恰当，比如文化滞后论，对此已有专门的讨论和阐述。

（二）性质推断

判定坑的性质同样需从实物和埋藏现象入手。对遗物应当全面考察，孤立地依据一类或几类器物很难得出合理认识。只有在明确坑的性质后，针对一类遗物的研究才有意义。否则，在没有限定的情况下考察某一类遗物，解释的随意性会无限扩大，结论相应地将具有无限的多样性和不确定性。如果以一类遗物来推断坑的性质，同样会产生无限多的结论，而且结论会与其他材料不符。因此，研究器物坑性质必须全面考察所有遗物和现象。一个好的理论应当是一个严密的体系，能经受全部材料的检验，每类遗物和现象也都可以从中得到解释。

关于坑的性质，形成最早、影响最大的是祭祀坑说。各种祭祀坑说对祭祀的对象、目的、方式等看法不尽相同，甚至有很大差别，但它们有两个关键的共同点，即认为毁坏和埋藏器物是为了祭祀，或者在埋藏时有祭祀行为。对于这两点，1号坑的发掘简报虽首先称祭祀坑，但并没有具体的说明；2号坑简报称祭祀坑，主要是排除墓葬、认为器物的投放有一定规律、主张部分遗物为祭祀用品。以后学界的研究又借助卜辞、文献、商周文化中的信仰和祭祀等，不断对祭祀坑说加以补充和发展。只因对遗物功能和祭祀规模理解不同，对文献材料也有不同的引用，才又分化出各种观点。学界对祭祀坑说也有批评且不乏合理意见，但此处只讨论提出和证明祭祀坑说的方法。

首先，不能通过排除一种可能性来证明另一种可能性。因为逻辑的可能性是无限的，无论排除多少可能，我们也只能说研究的对象不是什么而不能断言它是什么。当然，如果不是为了证明，那么排除某种可能对于认识考古材料是有意义的。排除不正确的认识或不合理的解释是认识上的进步，证伪的方法是获得知识的有效途径。

其次，解释应尽可能避免随意性，随意性表现为现象与结论之间缺乏必然联系。比如，曾经作为祭祀坑说的证据包括器物投放有规律，坑的方向有所指。器物的摆放、遗迹的形制与方向都是重要现象，但就三星堆器物坑而言，坑内的堆积很难说具有某种"规律"并反映人们的某种"意识",而且还都与祭祀有关。坑的形状也并不必然与某类特定的遗存相关,坑的某个方向之外会有山峰或某类自然物,但难以说明这就是祭祀的对象。再比如,过去还有研究依据青铜人头像的颈部呈倒三角形而认为它们象征牺牲,反映了猎头祭祀的习俗。解释的随意性几乎可以让我们从任何情形的遗迹中找出满足结论的"规律""意识"和现象。

第三,坑与埋藏物的性质可能相同,也可能完全不同。即使所有的埋藏物都与祭祀相关,也不足以说明坑的性质。祭祀坑说关键需要证明挖坑和掩埋的目的是祭祀,或者是在由其他原因导致的掩埋过程中发生了祭祀行为,但这两点还需要更多证据。

第四,如前所述,对器物坑性质的推断不能仅依靠考释一类或几类遗物,而应建立在对所有材料的全面研究之上。

最后,一些研究中用于证明祭祀说、广义祭祀坑说的封禅说等的文献材料,多出自中原文化的《周礼》《礼记》《吕氏春秋》、殷商卜辞等。学界都认同三星堆文化是一种区域性文化而非商周文化,不同文化的人的信仰、祭祀行为是否相同?在得以肯定之前就将三星堆的两个坑与中原的各种祭祀相比附,显然缺乏说服力。这种比附也使一些祭祀坑说存在矛盾。比如,既认为三星堆文化是不同于商文化的地方性文化,但祭祀坑说本身又无异于承认三星堆文化的信仰、祭祀等核心内容与中原文化相同。又比如,一方面认为三星堆的每一类发现都可以与中原文献的记载相对应,但却不能举出在中原有这样的一次性祭祀:使用如此丰富的器类,采用焚烧、砸毁、瘗埋、悬的方式,同时祭祀祖宗、天地、鬼神,又迎神驱鬼、迎敌祭祀,更重要的是大多数祭祀器物完全不见于中原。再比如青铜人像,如果既为祭祀者、又是受祭者,一同遭到毁坏和掩埋就不合理。因此,中原的材料可以作为一种参照,不能成为判断的直接依据。又有一些对祭祀坑说的质疑,利用中原的考古材料或文献提出反证,这在方法上同样不合适。

除祭祀坑说外,其他观点也涉及方法和合理性问题。

火葬墓说的结论主要来自对祭祀坑说的排除。

"厌胜"性埋藏说明确提出不能用中原的祭祀材料来套三星堆的发现,将三星堆的材料置于萨满式文化的背景下考察。但需要考虑的是埋藏坑不只一个，神物是否会经常失灵并被大规模焚毁。

不祥宝器掩埋坑说是以 1、2 号坑存在一定时间距离为前提的，但两个坑的相对年代并不确定。另外，这还需要更多地说明导致神庙器物被毁的习俗，找到两个坑和这种习俗之间的联系。

盟誓遗迹说较好地解释了不同发式和服饰的人像的共存，但对于神树、"神坛"、太阳形器、眼形饰等遗物如何作为盟器使用的考察不够全面，也不易解释人像为何会与盟器一起被焚烧和掩埋。

遗物为神庙内的祭祀器物，1、2 号坑为权力斗争或王朝交替等事件的结果，这类观点可以解释器物群的规模，以及它们为何被焚毁和掩埋。但相对于其他观点，这类认识侧重于解释埋藏现象和器物坑成因，对器物功能和性质的解释却显得比较薄弱。器物坑的成因目前还难以用考古材料来直接说明，也正因如此，这种解释受到的质疑较少。至于这一事件是否是杜宇取代鱼凫，还是发生了其他内乱，掩埋者是胜方还是败方，掩埋时有无祭祀活动，一些根据蜀人传说得出的结论还难以得到验证。

（三）考古材料与文献传说

研究三星堆祭祀器物坑如果仅限于这批材料本身，那么得出的认识会非常有限。因此，凡有助于理解这批材料的方法、手段和资料都应尽可能利用。在可资利用的材料中，文献自然非常重要，但对文献材料应恰当运用并合理地看待其作用。三星堆文化有别于中原文化，出自中原文化体系的文献，并不直接涉及成都平原的记载就当慎用。研究中使用较多的文献还有《华阳国志》《蜀王本纪》《古蜀论》《山海经》和《淮南子》。这当中的前三种都出自蜀地，记载有蜀的历史和传说，参考价值更大。对于后两种，据蒙文通考证，《山海经》中的《五藏山经》《大荒经》和《海内经》可能是巴蜀地区流传的代表巴蜀文化的典籍，有的可能就完成于蜀地；《淮南子》也是南方的作品，它的许多内容和《山海经》基本一致而又能相互补充[1]。因此，这两部书对研究三星堆器物坑也可以发挥作用。这也就是说，出自不同地域或文化传统的文献，适用性和作用并不一样。

对于巴蜀文化系统的文献，也需要合理看待它们的作用。《华阳国志》出自晋代，《本蜀论》和《蜀王本纪》分别出自汉末和蜀汉时期[2]，《山海经》的写作年代应是春秋战国时期[3]。这些文献的记载比两个器物坑晚了数百上千年。在这些文献和传说中，的确有一些神奇的内容能与三星堆独特的发现相联系，比如《山海经》中的各种神木与三星堆的铜树，《华阳国志》中蚕丛氏的纵目与三星堆的青铜凸目面像等，这不一定都是巧合。如何看待这种情况，比如是否能据蚕丛氏纵目的记载来肯定青铜凸目面像就是蚕丛或蜀人祖先神的形象？又比如，假如三星堆立人像或人面像与甲骨文和金文中的"蜀"真有联系，那么是肯定这些人物造型就是"蜀"字，还是认为"蜀"字来源于这些造型？这里涉及的认识论问题，就是当用三星堆的发现去证明文献和传说，还是用文献传说来解释考古发现？或者是将这种相关性理解为实物和文字两者都是对相同史实、传说或是信仰的不同形式的"记载"，被分别"记载"的"史实"恰好需要不断地探索。

考古材料与文献传说、实物与文字，还存在着谁更根本、更原初的问题。在关于三星堆的具体研究中，我认为后世文献和传说的价值与意义在于，它们有助于理解考古材料，可以带来启示和思考。包括文献和传说在内的任何材料都不可能推导出最终结论而使解释走向终结，所有的研究和解释都只能让我们无限接近"历史的真实"。

---

[1] 蒙文通：《略论〈山海经〉的写作时代及其产生地域》，《巴蜀古史论述》，成都：四川人民出版社，1981年。

[2] 徐中舒：《论〈蜀王本纪〉成书年代及其作者》，《论巴蜀文化》，成都：四川人民出版社，1982年。

[3] 蒙文通：《略论〈山海经〉的写作时代及其产生地域》，《巴蜀古史论述》，成都：四川人民出版社，1981年。

三、1 号坑和 2 号坑的比较

目前在三星堆发现的同类器物坑不止一个。要解释坑的性质，首先应当考虑为什么存在不止一个坑，已发掘的 1 号和 2 号坑的相对年代如何，各坑之间又有何异同。过去对每个单独的问题都有研究，但这几个问题是密切相关的，任何一种解释的理论框架都需要对此一并回答。

对 1 号和 2 号坑的相对年代，一种认识是 1 号坑早于 2 号坑，另一种认识是两坑同时。由于遗物与坑的年代不一定相同，判定坑的相对年代还要分析地层。两个坑在同一发掘区，1 号坑叠压在第 6 层下，第 6 层仅见于探方的西侧。2 号坑在 1 号坑以东 30 多米处，该地无第 6 层而被叠压在第 5 层下。两个坑上的第 1 ～ 5 层的堆积相同。从地层上看同样有两种可能性，或同时，或 1 号坑早于 2 号坑。那么，对器物坑性质的各种解释在这两种可能性下又如何呢？

先看同时的可能性。如果是祭祀坑，无论祭祀对象是什么，都存在为什么同时需要多个祭祀坑的问题。盟誓遗迹、失灵神物掩埋坑、亡国宝器掩埋坑、不祥宝器掩埋坑等，也都需要解释为何这些器物会埋在不同的坑内。不同的器物坑埋藏物实有很大区别，如果这些坑年代、性质相同，还需要合理解释相互间的差别。

再看不同时的可能性。仅就 1、2 号坑而言，学界对两者的具体年代看法不尽相同，但一般认可它们的年代相距不远。如此，完全可能先后举行多次祭祀并留下多个坑，只是需要考虑为何在短时期内重复进行如此规模的祭祀。神物失灵、统治者死亡、盟誓、政权更替等，一般而言都具有突发性，至少不应在短时间内重复发生。总之，各种解释都需要说明频繁、大规模地毁埋需要投入大量人力、物力、资源和先进技术制作的青铜器及其他财富的目的，同时也都需要说明性质相同的坑中埋藏遗物的差异。

应当说明的是，以上分析根据的是现已发掘的材料和我们今天的知识与价值判断标准，一些今天看来不可能的事在当时却可能发生，因此这些分析并不绝对。但要对坑的年代和性质提出合理的解释，无论如何都需要比较 1、2 号坑的异同，然后再分别对每个坑进行全面考察。

　　已有的研究多认为 1、2 号坑的遗物具有一致性，只不过 2 号坑的遗物年代较晚，种类和数量更多；或者认为 2 号坑有更多具神话色彩的器物，祭祀的对象有所不同。以下分别列出 1、2 号坑的遗物（表 2-1）。为便于对比，遗物的名称和数量依发掘报告，尽管持续的整理和研究又不断增添有新资料。

表 2-1　三星堆 1 号坑与 2 号坑出土遗物

器类	1 号坑	2 号坑
坑形	坑口平面呈长方形，坑口外有三条坑道	坑口平面呈长方形
青铜人头像	削发头像 3，双角盔头像 1，编发头像 9	编发头像 38（2 件戴金面罩），戴冠头像 1，戴帽箍头像 1，戴发簪头像 1，椎髻头像 4（2 件戴金面罩）
青铜人像	小型人像 1	大型人像 1，小型人像 6，鸟足人身像 1
青铜面具	人面像 1，人面具 1	人面具 20，兽面 9，凸目面具 3
青铜眼形器		眼形器 71，眼形饰 5，眼泡 33
具"神话色彩"的青铜器		人身形牌饰 2，神树 6，太阳形器 6，"神坛" 3，"神殿" 2
青铜动物形饰件	龙柱形器 1，虎形器 1，龙形饰 1，夔龙形羽饰 3	鸡 1，龙形饰 28，蛇 10，鸟、兽、铜箔饰件等若干
青铜容器	瓿 1，盘 1，器盖 1，圆尊 2	圆尊 8（另有残片 3 件），方尊 1，圆罍 3（另有残片 2、盖 2），方罍 1
其他类青铜器	戚形方孔璧 33，瑗 74，戈 44	戚形方孔璧 25，瑗 58，戈 17，璋形饰 1，铃 43，挂饰等若干
金器	杖 1，虎形饰 1，面罩 1，金料 1	面罩 2，鱼形饰等若干
玉器	璋 40，琮 1，戚形璧 3，瑗 2，戚形佩 1，环 1，坠饰 1，戈 18，剑 1，锛 2，斧 12，斤 6，凿 35，凹刀凿形器 3，磨石 2	璋 17，璋形饰 3，璧 2，瑗 7，环 1，戈 21，刀 1，斧 1，斤 1，凿 43，磨石 6，坠饰、饰品若干

续表 2-1

器类	1 号坑	2 号坑
石器	戈 27，矛 2，斧 34，斤 2，凿 1，铲 3，方台 1	璧 3，瑗 2，戈 10
陶器	盉、器座、盘、罐等 39	
其他	骨器 10 片，象牙 13 根，海贝 62 枚	象牙 67 根，海贝 4600 枚，象牙珠 120 件

据上表，可以将 1、2 号坑的遗物分为三类。

第一类：只见于 1 号坑。包括青铜削发头像、双角盔头像、人面像、龙柱形器、虎形器、夔龙形饰件、瓿、盘，金杖、虎形饰，玉琮、戚形璧、戚形佩、剑、锛，石工具，陶器和骨器。动物形象主要是龙和虎两类，青铜尊也以龙和虎为装饰母题。鸟在金杖和玉璋上分别出现过一次，鱼只见于金杖。

第二类：只见于 2 号坑。包括青铜戴冠头像、戴帽箍头像、戴发簪头像、椎髻头像、大型立人像、鸟足人身像、凸目面具、兽面、眼形器、神树、太阳形器、人身形牌饰、"神坛""神殿"、鸟兽形象与鸟兽形饰件、鸡、铜铃与各类挂饰、方尊、圆罍、方罍、金鱼形饰件等，玉璧、璋形饰、刀，石璧、瑗，象牙珠等。这一类遗物种类和数量都非常多。2 号坑中出现的动物形象以鸟最为突出，另外还有鸡、龙、蛇、怪兽等。

第三类：同时见于 1、2 号坑。包括青铜编发头像、小型人像、人面具、龙形饰件、圆尊、瑗、方孔璧、戈，金面罩，玉璋、瑗、环、戈、斧、斤、凿、磨石、饰件，石戈，象牙，海贝等。这类器物不多，而且两个坑的小型人像、圆尊等形制都有差别。

通过分类，可知 1、2 号坑的遗物有相同部分，第三类中的一些遗物甚至完全相同。但第一类和第二类遗物差别很大，尤其是 2 号坑的相当一部分遗物与 1 号坑完全没有共性。这表明，无论是完全相同还是完全不同的遗物，都说明不了 1、2 号坑的相对年代。换言之，1、2 号坑遗物的差异不在于年代差距，而是各自的功能和性质不同，以下分别考察。

四、1 号坑的内涵

1. 青铜人像

1 号坑出土青铜人头像、面具、跪坐人像。对于青铜人头像，曾有受祭者、施祭者和祭品等不同意见。祭品的观点已少有提及，施祭者的观点主要针对 1、2 号坑的人物造像而言。2 号坑的人像基本都双手持物，或立或跪，的确是在进行某种祭祀活动。但 1 号坑恰好没有这类形象。结合 1 号坑的其他遗物，受祭者的观点更合理。各型人头像最重要的差异是发式。在古代，不同的发式最可能反映出不同的族属。有研究还具体地推测两个坑中的椎髻人像可能是蜀人，编发者是其他民族，并认为这反映了当时的蜀国是一个多民族的联合体。1 号坑的 13 件青铜人头像中有削发（图 2-10∶1）、编发者（图 2-10∶2），也有插发簪并"戴盔"者（图 2-10∶3），表现的可能是不同部族的首领。

图 2-10　三星堆 1 号坑铜人像

1～3. 头像（K1∶2，K1∶72，K1∶5）4. 跪坐像（K1∶293）5. 面具（K1∶4）

出土2件面具，1件较为写实（图2-10：5），1件与人头像相仿。面具当与人头像性质相同而使用方法有别，头像可以套在木质躯干甚至木柱上，面具则可悬挂。

1号坑只有1件跪坐小人像，头发后梳后又向前卷，双手扶膝，身穿交领长袖短衣和"犊鼻裤"，腰部系带（图2-10：4）。其发式、跪姿、衣着，甚至神情都与2号坑中的人像完全不同，显得非常特别。这至少表明它不同于2号坑举行祭祀活动的祭祀者。

2．青铜动物形器

1号坑出1件龙柱形器，形制为一龙趴于柱顶。器高41厘米（图2-11：4）。推测是某种器物上的附件，也可能是与权力相关的仪仗用品。另外还有4件龙形饰（图2-11：1）和夔龙形羽翅饰件。羽翅形饰件也见于龙柱形器上。

虎形器形体较小，为一虎四足立于一圆圈形座上，虎身长11.4厘米（图2-11：2、3）。

1号坑中动物形象的类别和数量都很少，而且可能都是器物附件，这与2号坑有明显差异。

3．金杖

金杖为金条锤打成的长143、宽约7.2厘米的金皮，金皮内侧尚存木质炭化物，它应包裹在木质杖上，为木芯金杖无疑，包裹后直径为2.3厘米。一般认为这是王杖，也有观点认为是魔杖、法杖，或兼有几种杖的功能。1号坑中并没有与魔术相关的遗存，不应是魔杖。如果青铜人头像是部族首领的形象，人像群表现的是多民族的联合体，那么王杖的解释显然更合适。杖上有鱼、鸟、箭和人头图案（图2-12），有的研究认为这表现的就是"鱼凫王"，或者反映了鱼和凫两个部落的联盟。现在还难以认定当时存在哪些部落，但这样的联盟是可能存在的。

1号坑的1件金面罩为锤打而成，形制、大小与人头像面部相当，残宽21.5厘米（图2-13：1）。另有1件虎形金箔饰，呈奔跑状，长11.6厘米（图2-13：2）。

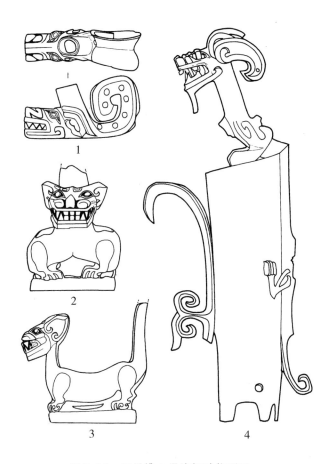

图 2-11　三星堆 1 号坑铜动物形器

1. 龙形饰（K1：188）　2、3. 虎形器（K1：62）　4. 龙柱形器（K1：36）

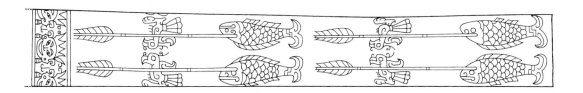

图 2-12　三星堆 1 号坑金杖图案

图 2-13　三星堆 1 号坑金器
1. 面罩（K1：282）　2. 虎形饰（K1：11-1）

4. 祭祀用器

1 号坑还出青铜容器、玉石器、陶器、海贝和象牙等。容器中的尊（图 2-14：1）、瓶（图 2-14：4）、盘（图 2-14：2）、器盖（图 2-14：3），基本器形和纹饰源于商式铜器，但有自身特点。在商文化中这些容器是礼器，用以标识所有者的身份和地位等级。但三星堆 1、2 号坑的遗物没有任何"礼制"背景，这类容器不具有礼制意义，当然也不能称为礼器。2 号坑中有个别器物显示了这类容器的使用方式，它们应属祭祀器物。青铜戈形器援部有或宽或细的连弧状齿，与商周的兵器戈不同，它们和方孔器、瑷形器等都是独特的祭祀用器（图 2-15）。

玉石器很多，大多具体功用不明。在三星堆仁胜村墓葬中就多玉器，三星堆器物坑中的玉石器更加丰富。1 号坑的玉器以璋最多，大致可以分为五大类，最大的一件残长 162 厘米。有 1 件璋射部为立鸟，还有一些璋射部呈鱼嘴形，不知是否与金杖上的图案有相同含义（图 2-16）。戈也较多，大致有七大类（图 2-17）。另外还有琮、戚形璧、瑷、环（图 2-18）。若以玉器为祭器，这也是三星堆文化的特色之一。

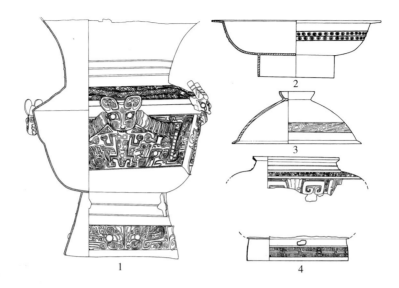

图 2-14　三星堆 1 号坑铜容器

1. 尊（K1：158、258）　2. 盘（K1：53）　3. 器盖（K1：135）　4. 瓿（K1：130）

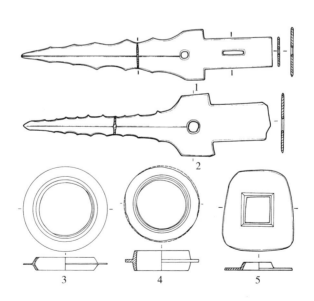

图 2-15　三星堆 1 号坑铜祭祀用器

1、2. 戈形器（K1：3-7，K1：127）　3、4. 瑗形器（K1：223-2，K1：262-2）　5. 方孔器（K1：271-2）

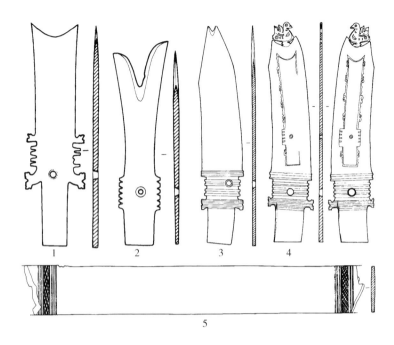

图 2-16　三星堆 1 号坑玉璋

1. K1：01　2. K1：275　3. K1：146　4. K1：235-5　5. K1：81、97

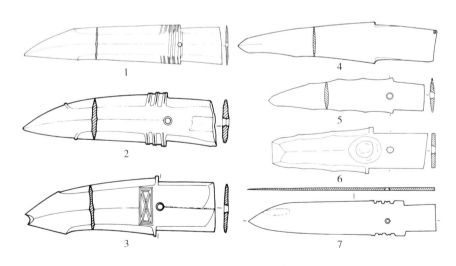

图 2-17　三星堆 1 号坑玉戈

1. K1：108　2. K1：288　3. K1：23-1　4. K1：156　5. K1：136　6. K1：246　7. K1：155-1

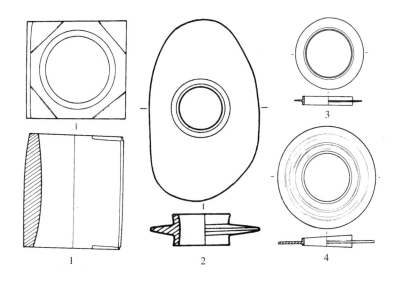

图 2-18　三星堆 1 号坑玉器

1. 琮（K1：11-2）　2. 戚形璧（K1：245）　3. 瑗（K1：284）　4. 环（K1：191、264）

五、2 号坑的内涵

1. 青铜人像

2 号坑的人头像和面具很多，较为复杂。人头像与 1 号坑的头像是同一类器物，表现对象应一致，即部族的首领。但 2 号坑中另有戴冠（图 2-19：3）、戴帽箍（图 2-19：1）、戴发簪（图 2-19：2）和椎髻头像（图 2-19：6），有 4 件头像有金面罩（图 2-19：4、5），有的头像上涂有朱砂和黑彩，人物的身份更为多样。2 号坑出 20 件青铜人面具，但都用黑彩描绘，形体更大。两个坑相同的人像和人面具表现的都是统治者，但 2 号坑特有的人像可能另有身份，戴金面罩和描彩的人像、面具或许表明统治者在不同背景中的角色差异。对这些人像的新身份和新角色，留待考察了 2 号坑的其他遗物后再讨论。

各型立人像、跪坐人像等很多，尤其是其中高达 260.8 厘米的大型立人像引发了很多讨论。人像头戴高冠，手握成环状，穿长襟衣，赤足站在三层座上（图 2-20：1）。对这件人像不宜孤立看待，同样需要将 2 号坑中所有的人像和其

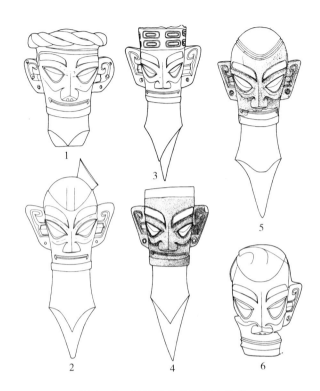

图 2-19 三星堆 2 号坑铜人头像

1. K2②：83　2. K2②：58　3. K2②：90　4. K2②：45　5. K2②：214　6. K2②：63

他遗物综合考察。还有 2 件残损人像形体也很大。1 件戴兽首冠，手为握物状，残高 40.2 厘米（图 2-20：2）；1 件为鸟形足，站在飞鸟之上，残高 81.4 厘米（图 2-20：3）。其他人像较小，有 3 件戴冠跪坐人像，2 件正跪（图 2-21：1），1 件侧跪（图 2-21：2）；1 件头顶尊形器跪在喇叭形器座上（图 2-21：3）；1 件似穿铠甲（图 2-21：4）。有的可能原在"神坛"等其他器物上（图 2-21：5），还有 1 件跪坐人像双手持璋（图 2-21：6）。除发掘报告的报道外，还有人像见于其他出版物中[1]，或立或跪，双手都呈握物状，有的人像残缺头部，有的头戴帽箍。另外，在"神坛"、神树上都有多件人像，均头戴冠，手握

---

[1] 四川省文物考古研究院、三星堆博物馆、三星堆研究院：《三星堆出土文物全记录・青铜器》，成都：四川出版集团、天地出版社，2009 年。

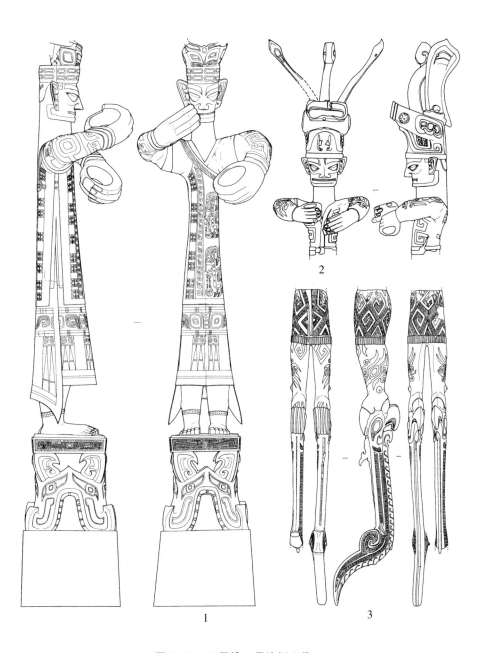

图 2-20　三星堆 2 号坑铜人像

1. 立人像（K2②：149、150）　2. 兽首冠像（K2③：264）　3. 鸟足人像（K2③：327）

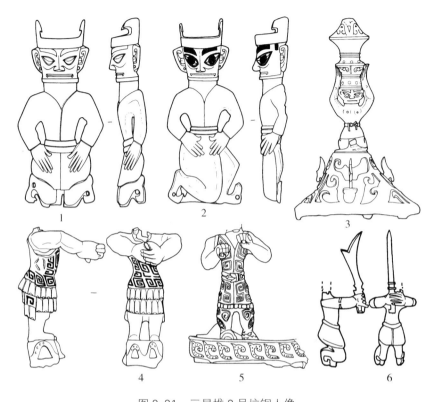

图 2-21　三星堆 2 号坑铜人像

1. K2③:05　2. K2③:04　3. K2③:48　4. K2③:292-2　5. K2③:296-1　6. K2③:325

枝状物或呈握物状。1 件玉璋上也有人物形象：一排跪坐，一排站立，戴冠，两手相握，可与青铜人像相比较。

　　这些人像具有显著的共同点，即或站立或跪坐，残存头部者均有冠或帽箍，手握璋、枝状物或呈握物状，有的头顶尊形器，应当都在进行某种祭祀活动。"神坛"和玉璋上的人像表现得更清楚。2 号坑的所有人像均与 1 号坑的跪坐像不同，可以认为是举行祭祀活动的巫师。他们的身份、或者进行的具体活动不同，所以姿势、手势、服饰、所持物品又有区别。因表现的祭祀场景不同，人像的大小也各不相同。大型立人像头上的冠曾被认为是莲花并象征太阳[1]，但冠上残缺

[1]　〔日〕林巳奈夫：《中国古代的日晕与神话图像》，《三星堆与巴蜀文化》，成都：巴蜀书社，1993年。

的纹饰实为一对眼睛[1]，亦与太阳相关，这说明这件人像的确非同寻常，可能是国王及群巫之长。

2. 青铜神面

2号坑出土各种面具。上述人面具虽然与人头像和1号坑面具相同，但形体普遍较大，最大的1件高40.3、宽60.5厘米，这在某种程度上也是将人物神化了（图2-22：2）。除人面具外又有神面和兽面。3件形体巨大的凸目面具，最宽者宽138厘米，连额上饰件最高者高84.3厘米，其中1件似乎也涂彩（图2-22：1）。这3件面具凸目、大耳、带额饰的造型与1、2号坑的其他人像和人面具都不同，它们表现的对象就不应是部族首领和巫师。有观点认为这是蚕

图 2-22　三星堆 2 号坑铜面具

1. 凸目神面具（K2②：142）　2. 人面具（K2②：153）　3、4. 兽面具（K2③：229、K2③：231）

---

[1]　王仁湘：《三星堆出土青铜高台立人像观瞻小记》，《中华文化论坛》2005年第4期。

丛祖先神，或是人首鸟身的神。我赞同后一种看法，因为 2 号坑的 1 件神树，两支树干上有 2 件小铜像，均为一朵花蕾上站立一个人首鸟身像，人的双眼外凸。人面鸟身的形象还见于"神坛"最上部。这种凸目的形象可能表现了同一类神。

2 号坑还有 9 件兽面，与人面、凸目神面又不同，部分兽面在额、眼、口部也涂彩。这类兽面有一个共同特点，即突出眼睛，这又与凸目神面相同。一种兽面为椭圆形大眼，有的下颏下又有一对眼睛；另一种为上下眼角内卷的长条形大眼（图 2-22：3、4）。

3. 青铜眼形器

2 号坑有很多专门表现眼睛的铜器，种类、形制不一，被分别称为眼形器（图 2-23：1 ～ 3）、眼形饰（图 2-23：4、5）、眼泡（图 2-23：6、7）。眼形器有的为菱形的眼睛造型，有的由 2 个钝角三角形或者 4 个直角三角形拼成菱形。它们形体较大，完整器多长 50 余厘米。眼形饰与兽面上的椭圆形眼和长条形眼非常相近，眼角上下内卷，或均向下内卷，还有的仅有一只眼角，有的带有凸出的眼目，个别有彩绘。有的眼形饰形体巨大，残长即达半米。眼泡形同神面上的凸目，粗细、高矮不一。以上各类眼形器上多有穿孔，可能用于悬挂、固定。这类器物类别和数量多，形制特别，形体巨大，在 2 号坑中非常突出，无疑有极强的象征意义。联系到 2 号坑的神面、兽面、鸟身人像等上突出眼睛，以及铜器上大量使用眼睛形纹饰，说明极具象征性的眼睛的含义，一定与 2 号坑遗物的性质直接相关。

在相关的研究中，孙华认为在某些神话中眼睛与太阳相同，因为睁开眼睛世界是白天，闭上眼睛世界就变成了黑夜[1]。王仁湘认为萨满教中的天神也是太阳神，后者往往被绘为眼睛状，因为在诸多古代神话中，太阳被称为天之眼；婆罗门教的太阳神也被称为"天之眼睛"或"世界的眼睛"[2]。如果眼睛象征太阳，那么它可能就是崇拜对象。

---

[1]　孙华：《四川盆地的青铜时代》，北京：科学出版社，2000 年，第 248 页。

[2]　王仁湘：《三星堆出土青铜高台立人像观瞻小记》，《中华文化论坛》2005 年第 4 期。

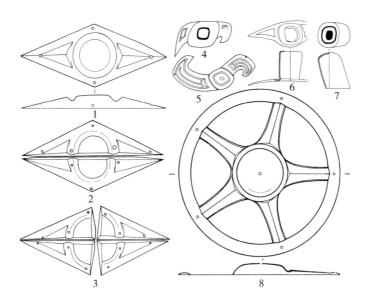

图 2-23 三星堆 2 号坑铜眼形器与太阳形器

1～3. 眼形器（K2③: 202，K2③: 197、8，K2③: 101、106、8-1、99） 4、5. 眼形饰（K2③: 214-2、K2②: 79-21） 6、7. 眼泡（K2③: 103-24、K2②: 182） 8. 太阳形器（K2②: 67）

4. 青铜太阳形器

如果眼睛只具象征性，那么 6 件太阳形器可能就是对太阳的直观表现。太阳形器的中央为一圆形凸起，有"芒"和外圈，形同太阳（图 2-23：8）。这类器物曾被疑为车轮，又被释为盾饰。太阳形器与车轮有别，在三星堆也没有任何与车相关的遗存。器物直径达 80 多厘米，也不像盾饰。2 号坑的遗物多同神话传说或某种信仰相关，其中绝无实用器，包括实用的装饰器。太阳形器形体较大，有固定用的穿孔，悬挂后可以表现太阳的晕圈和光芒。这种认识并不是对这类形象的孤立解释，后文还会谈到 2 号坑很多青铜器上有同样的太阳纹。

5. 青铜树

除了象征性的眼睛和直观的太阳形象外，铜树表现了太阳的升降之处。2 号坑共有 2 棵大型铜树，另有 4 件残存个体。最大、最完整的一棵树高达 396 厘米，另一棵残高 193.6 厘米，这样的铜器在 2 号坑器物群中无疑处于中心地位，因而理解铜树的含义是认识 2 号坑遗物性质的关键。

对铜树大致有四种意见，第一种认为是建木、若木、扶桑，象征太阳升降之所；第二种认为是象征通天途径的神树；第三种认为是社树、代表社神，反映的是土地崇拜；最后一种认识是反映古代的树崇拜。

最大的一棵树 K2②：94 下端为圆环形底盘和三叉形树座，主干分出三层支干，每层三枝，每枝上又各有一立鸟和一花果（图 2-24）。另一棵大型树 K2②：194 有圆形树座，座上有跪坐人像，树干上残存两层树枝，每层三枝，枝端也有花和鸟（图 2-25：1、2）。其他 4 棵，K2③：204、261 在主干上生出三枝（图 2-25：4）。K2③：272 主干上生出三支直立树干，顶端各有一朵花，花上有一鸟身人面像，三支干上又再生出更小的树枝，所有的树干都扭成辫绳状（图 2-25：5）。还有 2 件仅存树座和残枝（图 2-25：3、6）。这些树形状奇特而且形态各异，似用来表现某类特定的、各不相同的树，表现通天途径、社树似不必如此。在传说中，与太阳升降相关的扶桑、若木等就是不同的神木。《山海经·海外东经》记载扶桑为"有大木，九日居下枝，一日居上枝。"《大荒东经》又说："汤谷上有扶木，一日方至，一日方出，皆载于乌。"《大荒北经》记若木为："大荒之中，有衡石山、九阴山、灰野之山，上有赤树，青叶赤华，名曰若木。"《海内经》记"南海之内，黑水青水之间，有木名曰若木，若水出焉。"《淮南子·墬形训》说"建木在都广"，"若木在建木西，末有十日，其华照地下"。对于扶桑，还有另外一种传说，《文选思玄赋》条李善注引《十洲记》："扶桑叶似桑树，长数千丈，大二千围，两两同根生，更相依倚，是以名之扶桑"。这些文献传说中的扶桑和若木，与三星堆的几棵神树非常相似。相关的研究还认为与若木、建木等相关的地名也都在巴蜀地区。因此，扶桑、若木、青铜神树，它们很可能反映了某种共同的传说。

根据《山海经》等所记，扶桑、若木是太阳升起、降落之处，都是与太阳有关的神树。太阳由鸟负载运行，鸟也就象征太阳。如果三星堆的铜树表现的正是这类神树，那么树、鸟反映的就是太阳崇拜。大型铜树上残存 9 只鸟，或许原本表现的是十日，当然也可能就是表现树上九日、空中一日。

2 号坑还有 1 件人身形牌饰，形似人身与双腿（图 2-26：1）。胡昌钰认为这件器物应按纹饰方向颠倒过来，其瓠形器身呈太阳柱的形状，象征昆仑

图 2-24　三星堆 2 号坑铜树（K2②：94）

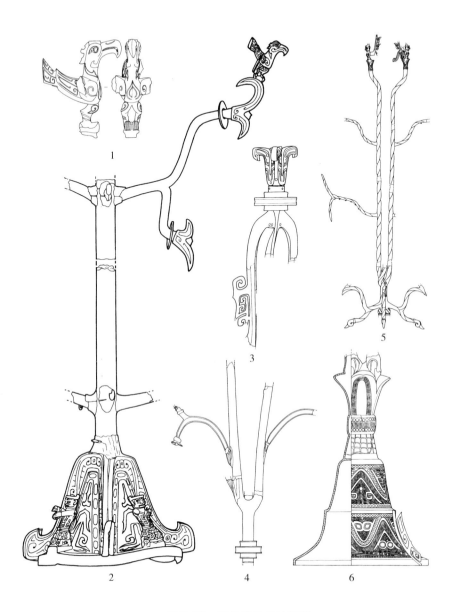

图 2-25   三星堆 2 号坑铜树

1. K2②: 194-1   2. K2②: 194   3. K2③: 20   4. K2③: 204、261   5. K2③: 272   6. K2③: 55

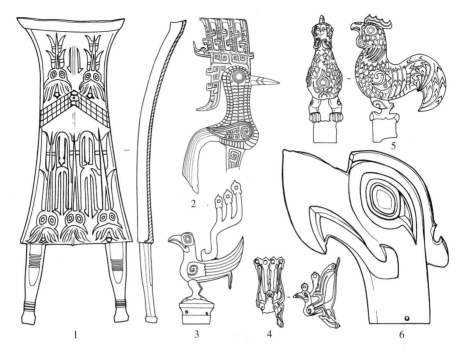

图 2-26　三星堆 2 号坑铜牌饰、铜鸟与铜鸡

1. 牌饰（K2③：103-27）　2～4. 鸟（K2③：193-1、K2③：301-3、K2③：239-1）
5. 鸡（K2③：107）　6. 鸟头（K2②：141）

神山，原认为的双腿应当是山上同根连理的若木，整件器物意指太阳归宿之
所[1]。这一解释虽然恰好与太阳、若木相关，但这件铜器较为奇特，含义存疑。

6. 青铜鸟

意指太阳升降的铜树上有鸟，鸟负日飞行，鸟本身也象征太阳。青铜鸟不
见于 1 号坑，但在 2 号坑中数量众多、形态各异。除神树上的立鸟外，还散见
10 余件铜花朵和鸟。"神坛"的上端四角也各立一鸟，正中有人面鸟身像。
前述鸟足人像，上为人身、下为飞鸟。

2 号坑还有不少单件的铜鸟和鸟形饰。铜鸟大者高 30 多厘米，小者高仅
几厘米（图 2-26：2～4），1 件鸟头高达 40 厘米（图 2-26：6）。鸟形饰一

---

[1] 胡昌钰、耿宗惠：《广汉三星堆遗址出土"铜'次'形器"研究》，《四川文物》2003 年第 2 期。

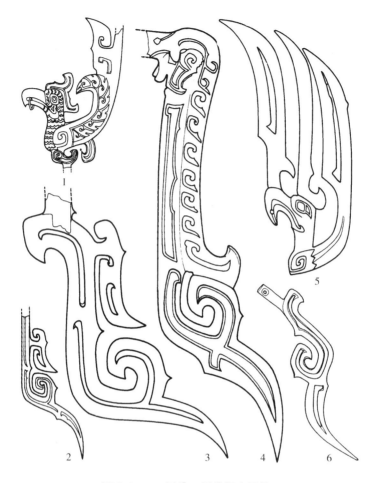

图 2-27　三星堆 2 号坑铜鸟形饰

1. K2③:193-4　2. K2③:193-11　3. K2③:24-1　4. K2③:4-2　5. K2②:70-9　6. K2③:4-1

类为扁平状，或写实，或抽象（图 2-27）；另一类用铜箔捶打而成。又有鸟
形器物，如鸟形铜铃。2 号坑的铜器上也多鸟纹。

　　鸟与太阳的主题并不只存在于三星堆，鸟负日的形象还见于我国新石器时
代至历史时期的遗物上。比如浙江余姚河姆渡遗址出土 3 件相关遗物[1]，一

---

[1]　a. 浙江省文物管理委员会、浙江省博物馆：《河姆渡遗址第一期发掘报告》，《考古学报》1978 年
　　第 1 期。b. 河姆渡遗址考古队：《浙江河姆渡遗址第二期发掘的主要收获》，《文物》1980 年第 5 期。

图 2-28 太阳与鸟的形象

1. 河姆渡遗址出土骨器 2. 河姆渡遗址出土象牙器 3. 河姆渡遗址出土陶盘
4. 泉护村遗址出土彩陶 5. 印第安陶盘 6. 印第安贝刻盘

件骨器正面雕刻两组相同的纹饰，每组为两只相背的鸟，两鸟中间有太阳形
图案（图 2-28：1）；一件象牙器的雕刻纹饰为两鸟相对，中间为太阳（图
2-28：2）；一件陶豆盘内底有四个鸟首形图案，中间的圆或许象征太阳（图
2-28：3）。对于河姆渡遗址的鸟日形象，林巳奈夫认为它们表现的并非天鸟
负日或飞鸟，而是太阳及其幻影[1]。冯时认为这些形象是用不同位置的鸟来象
征太阳一年四季运行方位的变化，形象和含义类似的四鸟绕日图案，还见于我
国西南地区的铜鼓，以及美洲发现的印第安文化的陶盘和贝刻盘上（图 2-28：5、

---

[1] 〔日〕林巳奈夫：《中国古代的日晕与神话图像》，《三星堆与巴蜀文化》，成都：巴蜀书社，1993 年。

6）；良渚文化玉器上多鸟的图像，同样也是太阳神的化身[1]。表现金乌负日含义的图案，在陕西泉护村仰韶文化彩陶（图 2-28：4）、嘉兴双桥良渚文化陶鬶，以及西汉马王堆汉墓帛画和河南南阳东汉石刻画像上都可看到。

2 号坑的青铜器中，鸟不与太阳结合而是与花朵组合，花朵或许也有特别的含义。但 2 号坑的鸟并不全都表现太阳，因为有的鸟还与人的形象组合，如鸟足人像立于飞升的鸟头上，这样的鸟或许是巫师借助的神鸟。鸟是崇拜对象或者具有神性，人面鸟身、人身鸟足的形象表现的就应是神。

7. 青铜鸡

2 号坑出土 1 件青铜鸡，为公鸡形象，昂首引颈，尾羽丰满，站立于方座之上。鸡长 11.7、通高 14.2 厘米（图 2-26：5）。已有学者关注到这件青铜鸡，如张耀辉认为它反映了古代的鸡崇拜，有"天鸡唤日""以鸡祀春"等多种含义和功能[2]。这件鸡与一批高等级的祭祀器物共出，制作精美、风格写实，必有其含义。

青铜眼形器、太阳形器、神树和鸟，我认为表现对象都与太阳有关，在这样的背景下，铜鸡也不例外。

公鸡突出的习性是天亮前啼叫，这正好与天明、日出相关。中国古代的早期文献如《诗经》就记有天明前的鸡鸣。《郑风·女曰鸡鸣》："女曰'鸡鸣'。士曰'昧旦'。'子兴视夜，明星有灿'。'将翱将翔，弋凫与雁'。"在古代一天的记时法中，"鸡鸣"和"昧旦"还是"夜半"以后先后相继的两个时段。《齐风·鸡鸣》也有"鸡既鸣矣，朝既盈矣。匪鸡则鸣，苍蝇之声"。鸡鸣与天明相联系的内容还很多。如《左传·宣公十二年》有"右广鸡鸣而驾，日中而说"。《左传·襄公十四年》有"荀偃令曰：鸡鸣而驾，塞井夷灶"。《史记·孟尝君列传》记载齐国孟尝君被秦国扣留，被释后夜半逃至函谷关，"关法鸡鸣而出客，孟尝君恐追至，客之居下坐者有能为鸡鸣，而鸡齐鸣，遂发传出"。

---

[1] 冯时：《中国天文考古学》，北京：社会科学文献出版社，2001 年，第 149～151、154～160 页。

[2] 张耀辉：《三星堆二号祭祀坑出土铜鸡考》，《四川文物》2008 年第 6 期。

　　《太平御览》引晋《玄中记》："玄中记曰，东南有桃都山，上有大树，名曰桃都，枝相去三千里。上有天鸡，日初出照此木，天鸡即鸣，天下鸡随之鸣"[1]。这则传说中有日出时啼叫的天鸡，还有天鸡栖息的神树。南宋淳熙年间的《古玉图谱》引《玄中记》的同一记载，但却有所不同："蓬莱之东，岱舆之山，上有扶桑之树。树高万丈。树巅常有天鸡，为巢于上。每夜至子时，则天鸡鸣，而日中阳乌应之；阳乌鸣，则天下之鸡皆鸣。"[2]郭沫若对比两条材料，认为"在这儿，所谓'桃都树'变成了'扶桑树'。这显然是传说上的变异，可以明显地看出桃都树是从扶桑树演化出来的。阳乌之外还有天鸡，是新构传说的特点，但在新传说中说法也不尽一致。一说'日初出，光照此木，天鸡则鸣'，另一说'天鸡鸣，而日中阳乌应之'。到底是鸡先乌后，还是乌先鸡后，这应该又是传说上的变异了"[3]。1969年在河南济源泗涧沟一座大约为西汉晚期的墓葬中出土一棵陶树，高0.63米，还有天鸡，据认为表现的就是桃都树[4]。有意思的是，在三星堆2号器物坑中，不仅有青铜神树，而且可能象征阳乌的青铜鸟和象征天鸡的青铜鸡都已同时出现了。

　　以上文献记录比三星堆青铜鸡的时代晚，但可以说明古人早已意识到了公鸡天明前啼叫的习性。结合这一习性和对2号坑出土遗物的解释，可以认为这只青铜公鸡同样用于表现日出。

　　对青铜鸡的这一解释还涉及两个问题。第一个问题是，这只青铜鸡表现的是否家鸡。邓惠、袁靖等认为，我国家鸡出现的时间下限为殷商时期[5]。韩起认为，三星堆出土的铜鸡至少在形态上非常逼真；联系《诗经》中对于鸡的记载，可知至少到春秋初年家鸡已相当普遍，并在人们的生活中发挥着重要作用[6]。这件青铜鸡的外形特征，明显不同于野生的雉属的环颈雉。环颈雉雄鸟羽色华丽，头顶为黄铜色，颏、喉、后颈均为黑色，颈下有一圈显著的白圈；

[1]　《太平御览》卷九一八，北京：中华书局，1960年，第4074页。

[2]　转引自郭沫若：《桃都·女娲·加陵》，《文物》1973年第1期。

[3]　郭沫若：《桃都·女娲·加陵》，《文物》1973年第1期。

[4]　河南省博物馆：《济源泗涧沟三座汉墓的发掘》，《文物》1973年第2期。

[5]　邓惠、袁靖、宋国定、王昌燧、江田真毅：《中国古代家鸡的再探讨》，《考古》2013年第6期。

[6]　韩起：《中国家鸡的起源从公元前141年开始吗？》，《中国文物报》2009年11月27日。

尾羽甚长，主要为黄褐色，而横贯一系列的黑斑[1]。铜鸡的冠和尾羽等明显不同于此。难以判定的是，它表现的是原鸡属的原鸡还是家鸡。原鸡形体近似家鸡，头有肉冠，喉侧有肉垂，雄性羽毛很像家养公鸡，最显著的差别是头和颈部的羽毛狭长而尖；毛色比家鸡更华丽，前面为深红色，向后转为金黄色，尾羽为黑色，并具金属绿色反光[2]。铜鸡的羽毛无色泽，因此难以区别。这便进入第二个问题，即什么样的鸡会在日出时啼叫。据说原鸡也会在黎明时报晓，音调与家鸡相仿而略尖，尾声不拖长[3]。至于环颈雉，并不确定是否有日出时打鸣的习性。为明确此问题，我在查阅资料而难获确切答案后，曾求助美国康奈尔大学的鸟类学实验室（The Cornell Lab of Ornithology，www.birds.cornell.edu），并进行多次讨论。我尽可能清楚地解释了中国古代文献及诗歌中有关"鸡鸣"的含义及其文化背景，但据该实验室，雉、原鸡和家鸡一天中任何时候都会叫，雉叫是为了吸引雌性，家鸡在清晨叫是为了保护它想要交配的母鸡，所谓"报晓"只是一种巧合。这是一种科学的结论。不过鸡在天明时啼叫这种生物现象，在中国古代的文化背景中显然被赋予了文化的含义。与鸡鸣的大量记载相对比，古代文献中虽然也记有雉，但却与天明啼叫无关，这至少说明雉不具备这方面的意义。由此得出的结论是，虽然不能完全确定铜鸡表现的就是家鸡，但它在2号坑中的出现并非偶然，很可能和鸡鸣报晓有关。这说明三星堆人也意识到了这种生物现象，而且同样使鸡鸣具有了宗教和文化的意义。鉴于2号坑中的青铜鸟和动物均为神鸟与神异动物，这只铜鸡即使表现的是家鸡，可能也一样被神化了。

8. 动物与神兽形象

动物与神兽形象中最突出的是10件铜蛇，形体大者残长54.8厘米（图2-29：1）。在金沙遗址石蛇与石人像共出，《山海经》中还有很多操蛇的传说。神兽见于"神坛"下部，前述1件人像头戴兽首冠，兽首与"神坛"下的神兽

---

[1] 《中国大百科全书·生物学》（III），北京：中国大百科全书出版社，1992年，第2254页。

[2] 《中国大百科全书·生物学》（III），北京：中国大百科全书出版社，1992年，第2128页。

[3] 匡邦郁：《原鸡生活习性点滴》，《生物学通报》1964年，第3期。

相同。另外又有很多单独的神兽个体，龙形器的头部和角上还突出眼睛纹、兽耳上饰太阳纹（图2-29：2～6）。一些古代文化中，巫师常以动物作为助手或工具，从2号坑中这些动物与人物的组合关系看，它们同样为巫师所用。

9.“神坛”与“神殿”

3件“神坛”和2件“神殿”均不能完全复原。最完整的1件“神坛”，最下层为圈足，足上有两只独角、带翼、四蹄的立兽，兽上站戴冠、手握枝状物的4人。按发掘报告的描述，4人头项上为山形座，四山之上为盝顶建筑，建筑四周的每一面都有5个双手呈握物状的跪坐人像，人像又头顶建筑的上额

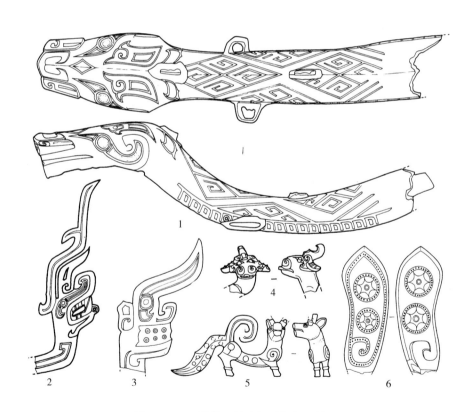

图 2-29　三星堆 2 号坑铜动物与神兽形象

1. 蛇（K2③：87）　　2、3. 龙形器（K2③：203、K2③：145）
4、5. 怪兽（K2③：193-8、K2③：193-10）　　6. 兽耳（K2③：193-62）

（图2-30：1）。樊一、吴维羲认为这件器物由上到下表现了天界、人界和地界，也反映了当时的宗庙等礼仪建筑的形制[1]。孙华认为4人头顶上的是一件方尊，山形座为尊足，建筑为尊腹，四面坡顶为尊肩，巫师手握树枝举行祭祀太阳的仪式[2]。这件器物的顶部虽然残缺，但上部确实与方尊非常相似。这件器物虽被称为"神坛"，但它由人、兽、物共同组成，并不是"坛"，我们也完全不清楚当时的人会修筑什么样的神坛。这件器物更像是对祭祀活动的表现，但4名巫师脚下有神兽，头顶方尊，当然又不是真实的祭祀场景。这应是对某种宗教观的表现。

其他几件"神坛"和"神殿"（图2-30：2、3），因残破而难以分析。

10. 其他遗物

2号坑也有和1号坑相同的青铜尊、罍等容器（图2-31）。尊数量较多，而且还出现在跪坐人像和"神坛"立人像的头顶，因此尊一定有特别的、不同于中原礼器的含义。青铜戈形器、方孔器、瑗等与1号坑所出相同，但出土较多铃、挂饰、挂架，非常特别（图2-32）。同样不见于1号坑的还有铜箔制品，有鸟形、鱼形、璋形、兽面形等（图2-33），它们代表了另一类铜器生产工艺。

玉石器大多与1号坑所出相同，但有2件玉璋较为特别，其中1件璋上有丰富的人物图像（图2-34）。玉璧不同于1号坑的戚形璧，石璧也不见于1号坑。

金器主要为金箔残片。2件面罩残宽分别为23.2、19.3厘米，同1号坑面罩。另有四叉器、璋形饰、鱼形饰等，有的与铜箔形饰相近。

以上器物以及象牙和装在容器内的海贝等应当也是祭祀器物。部分铜鸟形饰和动物形象，以及金箔饰、铜箔饰件等也可能是神树或其他器物上的物品。

这些形体较小的遗物中，可能还有一些与太阳崇拜的主题相关。比如孙华将铜树上套挂的璧形器与三星堆和金沙的璧相联系，认为在这个文化中，玉璧中央的圆孔象征太阳，璧轮象征苍天，神话中背负太阳的神鸟在天空中由东向

---

[1]　樊一、吴维羲：《三星堆神坛考》，《四川文物》2003年第2期。

[2]　孙华：《四川盆地的青铜时代》，北京：科学出版社，2000年，第259页。

1

3

2

图 2-30　三星堆 2 号坑铜 "神坛" 与 "神殿"

1. "神坛" (K2③: 296)　2、3. "神殿" (K2②: 143、K2②: 143-1)

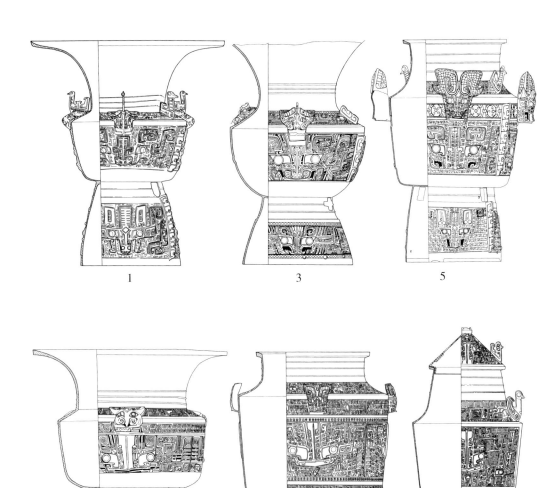

图 2-31 三星堆 2 号坑铜容器

1～3. 圆尊（K2②：146、K2②：112、K2②：109） 4、5. 圆罍（K2②：70、K2②：159）
6. 方罍（K2③：205、205-1）

图 2-32　三星堆 2 号坑铜铃与挂饰

1～6. 铃（K2③：103-28、K2③：78、K2③：149、K2③：70-7、K2③：274、K2②：103-8）
7～14. 挂饰（K2③：39、K2③：115-7、K2③：103-22、K2②：70-5、K2③：11、K2②：103-12、
K2②：30-7、K2②：30-6）

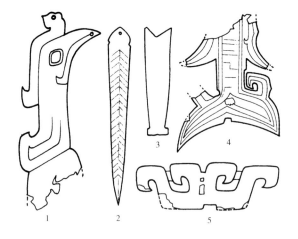

图 2-33

三星堆 2 号坑铜箔饰件

1. 鸟形饰（K2②：70-19）
2. 鱼形饰（K2③：194-7）
3. 璋形饰（K2③：194-3）
4. 兽形饰（K2③：193-58）
5. 兽面形饰（K2③：193-59）

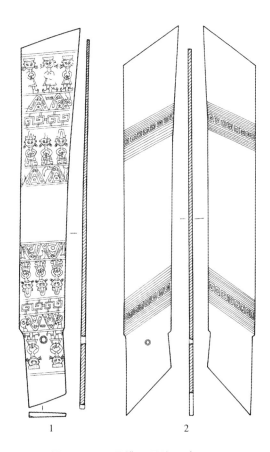

图 2-34 三星堆 2 号坑玉璋

1. K2③：201-4 2. K2③：194

西飞翔[1]。玉璧和石璧恰好只出自 2 号坑而不见于 1 号坑，如果璧形器也象征太阳，那这一出土情况就不是偶然。

11. 铜器纹饰

2 号坑铜器上的纹饰比较丰富，其中一些完全不同于中原青铜器纹饰。考察这些特有的纹饰，同样有助于理解遗物的性质。

三星堆青铜器纹饰可以分为两大类。第一类包括兽面纹、夔纹、云雷纹、弦纹、涡纹、四瓣花纹、目雷纹、连珠纹和鳞纹等，只见于尊、罍、瓿、盘和器盖上。它们与中原铜器的纹饰相同或相近，有的虽然有自身特点，但均由中原铜器的纹饰变化而来。第二类与中原铜器纹饰完全不同，出现在尊、罍等容器以外的铜器上。比如有回字形纹，见于人头像、立人像的冠上；龙纹，见于立人像上；变形兽面纹，见于铜铃、挂饰等上。第二类纹饰中最重要的有三种，并都只见于 2 号坑。

第一种是太阳纹，或称"日晕"纹。见于立人像座、小型人像兽首冠、神树树座、"神坛""神殿"、挂饰和神兽等上。有的很像太阳，如"神殿"和神兽耳上的纹饰；有的仅用一个圆圈表现，如立人像座上的纹饰；还有的没有圆圈，形似涡纹，主要见于人像上。

第二种是眼睛纹，主要见于青铜人像和动物形象上。如大型青铜立人像的头冠和衣襟、多件人像的腿部、龙形器的头部和角部等。在人腿、龙角等部位饰突出的眼睛纹，显然有特别的含义。

第三种是歧羽纹，形如鸟羽，有的在纹饰内填有圆点或圆圈纹。这种纹饰见于"神坛""神殿"、铜铃和许多饰件上。相关的是鸟纹，见于人身形牌饰等器物上。

三种纹饰在 2 号坑中运用广泛。在有的遗物上，三种纹饰非常突出地一起出现，如"神坛"下部的两只神兽，口部非常罕见地装饰太阳纹，头部有眼睛纹，尾、翅上为歧羽纹。兽首冠铜人像上的纹饰也如同神兽。在"神殿"上也

---

[1] 孙华：《玉璧的造型渊源及象征意义——以三星堆和金沙村的璧形器为证据》，《夏商时期玉文化国际学术研讨会论文集》，北京：科学出版社，2018 年。

是几种纹饰共存。铜铃和圆形挂饰上多饰突出的太阳纹或眼睛纹，有的挂饰下还有两只飞升的鸟，又如同双鸟负日。

　　有意思的是这三种既特别、使用又多的纹饰都有对应的器物。太阳纹与太阳形器对应，眼睛纹与眼形器、眼形饰对应，鸟纹与铜鸟对应，与歧羽纹相近的饰件在坑中出土很多，它们又都同鸟的羽翅相似。这指示出三种纹饰与三类器物相关，太阳、眼睛和鸟三者也相关。种种关联一同指向太阳崇拜。

六、对 1、2 号坑的再解释

　　通过以上的对比和分析可以提出一个新的解释。仅就 1、2 号坑而言，1号坑的遗物更像是宗庙内的器物群。在最主要的遗物中，青铜人头像是各部族首领的形象，金杖是权力的象征，青铜龙形器可能是仪仗用器。金杖上的图案、射部有立鸟和呈鱼嘴形的玉璋都只见于 1 号坑，可能表示某种联盟。其他器物主要是祭器。与王权相关的动物形象是龙和虎。1 号坑像是宗庙祭祀器物的一个埋藏坑。

　　2 号坑最主要的遗物集中反映了太阳崇拜。表现或象征太阳的是太阳形器、各种眼形器，或许还有玉璧；象征太阳升降之所的是神树，负载太阳运行的是鸟，与日出相关的还有铜鸡。它们中有的是被崇拜、祭祀的对象，有的可能用来表达象征意义。人头像和面具是各部族首领的形象，但在这里他们是祭祀者而不是 1 号坑中的受祭者，所以在戴冠、戴金面具和涂彩等方面与 1 号坑人像有区别。从铜树、"神坛"、玉璋等器物上的人像可知，立人像和各类小型人像也是祭祀者，是巫师。大型立人像和戴兽首冠的立人像，冠上有表现太阳的图案，或许就是主祭太阳神的祭司，他们在祭祀场景或是遗物群中都处于突出的位置。其他人像分别进行各种祭祀活动，还有站在鸟头上借助神力升天者。神兽、蛇、部分鸟是巫师的助手或工具。凸目面像和鸟身人面像可能代表神，因鸟与太阳有关，神可能也与太阳相关。"神坛""神殿"等表现的是祭祀场景，也是某种宗教观的表达。表现真实祭祀场景的器物有顶尊人像、执璋人像、铜树下的跪坐人像等。铜尊、罍、戈形器、方孔器、各种玉石器、象牙、海贝等为祭器。这样，2 号坑内几乎所有的遗物都有关联，并集中而明确地表现了同一个主题：太阳崇拜。因此，2 号坑出土的遗物可能是太阳神庙中的陈列品，2 号坑是一个神庙祭祀器物的埋藏坑。

1 号坑和 2 号坑互不相同的遗物表达的是不同的主题。两个坑共同的遗物，除了少数人头像和面具外，主要是铜容器、戈形器、方孔器，部分玉石器，象牙与海贝。这些遗物数量虽多，但都是小型器物而不突出，在不同的器物群中它们具有相同的功能。1 号坑还有陶器而 2 号坑没有，或许说明生活中的实用陶器不会出现在更具神性的场合中。

如此，1 号和 2 号坑的遗物也就基本上可以归纳为三大类。第一类为象征性器物，用来表现崇拜或祭祀的对象，如金杖、铜树、太阳形器、眼形器、鸟、鸡、凸目神面具等；第二类为表现祭祀场景、祭祀活动的器物，如"神坛"和大量或立或跪、手中握物或呈握物状的人像；第三类为祭祀用器，包括青铜容器、各类小件青铜器、玉石器、象牙、海贝。三类器物表达了两个主题，即王权和以太阳崇拜为主的宗教信仰。

如果这样解释 1、2 号坑及其埋藏遗物，两群遗物就存在因某种原因而同时掩埋的可能性。崔剑锋、吴小红通过对 1、2 号坑铜器进行的铅同位素分析，认为两个坑中有相当数量的铜器是同时铸成，由此判断两个坑掩埋的时间应相同[1]。

三星堆祭祀器物坑的发掘报告将 1、2 号坑的地层年代分别定为三星堆遗址第三期后段偏晚和第四期前段。遗物中年代特征明显的只有青铜容器，其他青铜器过于独特而缺乏对比材料，玉石器或者年代特征不够鲜明，或者可能有复杂的流传史。第一章已论及容器可以说明器物群的年代。1 号坑出 1 件龙虎尊和 1 件残损的羊首牺尊，其中的龙虎尊肩饰龙纹，腹饰虎食人纹，形制和纹饰母题与安徽阜南出土的同类尊基本一致，阜南尊被认为属二里冈上层文化时期。1 号坑的铜瓿、盘、器盖，形制和铜器上的兽面纹、夔纹、目雷纹等都与殷墟早期的铜器最接近，不应晚于殷墟早期。2 号坑有 8 件圆尊、1 件方尊、5 件圆罍、1 件方罍，还有几件残片。尊和罍的形制、纹饰都有鲜明的自身特色，

---

[1] 崔剑锋、吴小红：《三星堆遗址祭祀坑中出土部分青铜器的金属学和铅同位素比值再分析——对三星堆青铜文化的一些新认识》，《南方民族考古》第 9 辑，北京：科学出版社，2013 年。

但基本的器形和装饰母题都同殷墟早期的青铜器。具有同样的地方风格的尊、罍在长江中游的湖南、湖北和陕南的城固都有发现，其年代大致也都相当于殷墟第二期左右[1]。2 号坑的跪坐人像和"神坛"上还有圆尊、方尊，这些尊形器也具有殷墟早期尊的风格，至少这两件铜器也与容器同时。由此推断，1、2 号坑的遗物最可能相当于殷墟早期，不晚于殷墟第二期。这些祭祀器物不会制造后随即被毁，而应当使用了一段时期。1、2 号坑形成的时间最可能在殷墟晚期或者商末，1 号坑中还出土了陶尖底器，也说明坑的形成年代不会太早。有可能在大批祭祀器物被毁坏和埋藏后，三星堆城开始失去中心地位，新的统治中心转移到成都地区。

相对于学界已有的其他认识，以上对三星堆 1、2 号坑的解释不是通过排除某种可能性来证明另一种可能性，不是仅根据个别的器类来得出结论，同时也尽可能避免了不合理的前提、不可靠的假设和缺乏联系的对比。这些认识建立在对遗物全面考察的基础上，参考的文献和传说也都属于当地的文化系统。这一结论可以同时解释一开始提出的几个相关联的问题，即为何存在不同的坑，1、2 号坑的异同和遗物的性质。尤其是，对 1、2 号坑的主要器类都有明确、一致的解释。至于这些遗物的拥有者、掩埋者、埋藏原因，以及掩埋过程中是否有祭祀行为等，都可以作为开放性问题在这个解释框架中继续探讨。

在世界其他古文明中，如埃及文明、西亚文明和最早的中南美洲文明中都有各种宗庙和神庙。在古埃及，最主要的神庙就是太阳神庙。三星堆文化作为一种区域文化，存在祖先崇拜与太阳崇拜、宗庙与神庙完全可能。果真如此，那么崇拜太阳神，神权与王权并存，这些就可能是三星堆文化的最重要的特征。无论如何，三星堆的考古材料都揭示了三星堆文化的独特性，并极大地丰富了中国古代文明的多样性。

最后需要说明的是，对三星堆 1、2 号坑的上述解释不是为了"解决"器物坑的年代与性质等问题，特别是在三星堆遗址又发现了一批新的器物坑，新材料也会对以上认识进行检验和修正。本章对已发掘的 1、2 号坑的材料进行

---

[1] 施劲松：《长江流域青铜器研究》，北京：文物出版社，2003 年，第 182～186、294～298 页。

的对比研究，重在提供一种可供参考的研究视角和方法。同时也在于说明，如果我们希望并且相信能够通过实物进入古人的生活世界、能够从实物包含的信息中接近"历史的真实"，那么不断进行解释和批判的思路或许就是一条有效的途径。即使合理的解释也不是唯一而是多样的，对本书的解释同样需要有进一步的怀疑和批判。解释没有终结，考古学的问题永远是开放的。

第三节　沱江上游与成都地区的遗址

三星堆城是一个中心，它并非孤立存在，在它的周边还有其他次一级的聚落。

与三星堆城关系最密切的聚落就分布在鸭子河两岸。2011—2013 年四川省文物考古研究院在三星堆遗址西北的鸭子河南北两岸发现 17 处呈线状分布的中小型聚落遗址 [1]。河北岸 45 平方千米的范围内发现 10 处，南岸 10 平方千米的范围内发现 7 处。两岸遗址的分布与河平行，距河 350 ～ 800 米。这些遗址中未发现相当于三星堆遗址第一期者，绝大多数相当于三星堆遗址第三期至第四期，有 3 处的年代明确晚至第四期（图 2-35）。这表明聚落多处于三星堆城的兴盛时期。

在鸭子河两岸还发现有与三星堆器物坑同类的遗迹。1976 年在三星堆城址西北约 10 千米的高骈乡，砖瓦厂挖沟时发现 1 个土坑 [2]，出 3 件玉器，为两侧腰间有齿状牙的青玉戚，柄端有三个小穿孔的"刀形器"（璋），菱形的矛。戚的齿牙较细、齿距稀疏，据认为与二里头时期玉器上的齿牙风格接近。玉器之下 30 厘米处出土 1 件铜牌饰，镶嵌有绿松石（图 2-36）。遗迹、遗物与三星堆仓包包器物坑相近。

---

[1]　四川省文物考古研究院：《四川鸭子河流域商周时期遗址 2011 ～ 2013 年调查简报》，《四川文物》2014 年第 5 期。

[2]　敖天照、王有鹏：《四川广汉出土商代玉器》，《文物》1980 年第 9 期。

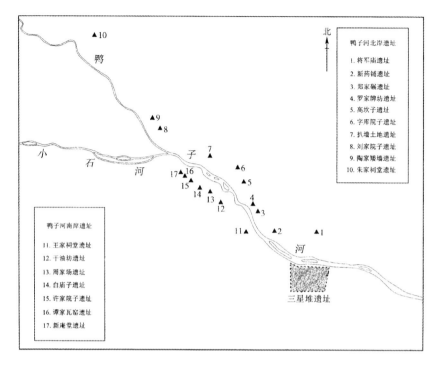

图 2-35　鸭子河流域的遗址分布示意图

　　1986—1990 年四川省文物考古研究所等单位在广汉、什邡的石亭江、绵远河、鸭子河、马牧河流域调查[1]，发现 10 余处遗址和采集点，遗址主要分布在河流两岸较高的台地上，距河最远不超过 1 千米，年代属三星堆遗址第二期至第四期。调查表明沱江上游的冲积扇可能是三星堆文化的集中分布区。

　　在岷江流域及成都地区，三星堆文化的遗址发现不多，少数经发掘的遗址也没有重要遗存。曾在成都核桃村遗址出土与三星堆遗址第二、三期文化面貌相近的陶器[2]，在新都桂林乡遗址发现年代接近三星堆遗址第三期的灰坑、

[1]　四川省文物考古研究所三星堆工作站、四川省广汉市文管所、什邡县文管所：《四川广汉、什邡商周遗址调查报告》，《南方民族考古》第 5 辑，成都：四川科学技术出版社，1993 年。

[2]　成都市文物考古工作队：《成都市核桃村商代遗址发掘简报》，《文物》2003 年第 4 期。

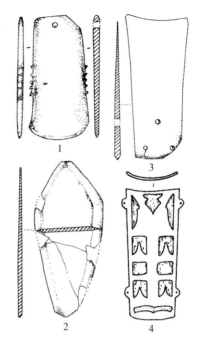

图 2-36　广汉高骈器物坑出土遗物

1. 玉斧　2. 玉矛　3. 玉璋　4. 铜牌饰

石器和陶器[1]。2005 年在金沙郎家村还发掘 1 座三星堆文化时期的干栏式房址
F63[2]，平面为方形，东北—西南向，长、宽约 3 米，残存 6 排卵石柱础，柱
础间距 0.24 ～ 0.3 米。

成都平原在三星堆文化时期进入了青铜时代，三星堆城址内的各类考古发
现显示出当时的青铜文明所达到的高度。但除沱江上游外，成都平原其他地区
的三星堆文化遗存并不多。在成都地区的很多遗址，宝墩文化的地层之上就是
十二桥文化地层，恰好缺失三星堆文化的遗存。这种情况有几种可能。一是在
三星堆文化的聚落集中于沱江流域，以三星堆为中心分布，之后随着区域中心

---

[1] 成都市文物考古工作队、新都县文物管理所：《四川新都县桂林乡商代遗址发掘简报》，《文物》
　　1997 年第 3 期。

[2] 成都文物考古研究所：《成都市金沙遗址郎家村"精品房"地点发掘简报》，《成都考古发现
　　（2004）》，北京：科学出版社，2006 年。

由三星堆转移到金沙，成都地区的聚落才大量出现。二是成都地区三星堆文化的遗址可能后来被洪水冲毁，正如宝墩文化的城址中，宝墩文化地层之上就是汉代及汉以后的地层。三是成都地区一些重要遗址也可能存在三星堆文化的地层和遗迹，只是因为遗址保护而未发掘到三星堆文化的地层，一些三星堆文化晚期的遗存还可能被归入到了后续的十二桥文化中。以墓葬为例，三星堆文化的墓葬发现极有限，不排除有些相当于三星堆文化时期的墓葬被划入十二桥文化。比如，2010 年在新都朱王村发掘 4 座墓[1]，仰身直肢葬，无随葬品。该遗址全然不见十二桥文化的陶尖底器，所出小平底罐、敛口罐与十二桥文化的同类陶器也有差异，此类遗存在成都地区还存在多处。2008 年在郫县广福村发掘 5 座墓[2]，有 1 座墓出 1 件磨石。该遗址出土较多三星堆文化陶器，但尖底器很少。又如成都金沙遗址"阳光地带二期"地点的一些墓葬，推断年代到了距今 3400 年[3]，这在三星堆文化的年代范围之内，只不知是年代推断有误，还是一些墓确属三星堆文化时期。

　　成都地区的三星堆文化的遗址不多，以上三种可能性都存在，对此后面的章节将会继续分析。

[1]　成都文物考古研究所、新都区文物管理所：《成都市新都区朱王村遗址发掘报告》，《成都考古发现（2011）》，北京：科学出版社，2013 年。

[2]　成都文物考古研究所：《四川郫县广福村李家院子古遗址发掘简报》，《成都考古发现（2009）》，北京：科学出版社，2011 年。

[3]　成都文物考古研究院、成都金沙遗址博物馆：《金沙遗址——阳光地带二期地点发掘报告》，北京：文物出版社，2017 年，第 422 页。报告推断该地点的许多墓葬时代为距今 3400—3100 年，此时还出现了船棺葬。

第二章 — 青铜时代的金沙

　　三星堆城大约在殷墟晚期或商末不再是成都平原青铜时代的政治、文化和宗教中心，之后的中心和人们的主要活动区域由沱江上游转移到了今天的成都地区。1985 年在成都十二桥发现大型木构建筑，该地一度被认为是一个新的中心，以该遗址为代表的文化被称为十二桥文化。

　　21 世纪初，随着成都金沙遗址的发现和认识的深入，金沙被视为成都平原青铜时代继三星堆之后的文明中心。按目前的新认识，三星堆作为中心延续到遗址的第五期，即相当于西周早期，然后都城才迁移到金沙 [1]。我的认识是，三星堆有第五期的遗存，说明到西周早期还有人生活在那里。但中心或都城的迁移可能发生在城废弃之前，即大批祭祀器物于殷墟晚期或商末被埋藏之后。金沙最早于何时出现聚落还不清楚，但它在成为中心前可能和三星堆城并存过。

　　作为继三星堆之后的中心，金沙对于建构成都平原青铜时代的历史至关重要。金沙、十二桥，以及成都地区丰富的遗存，展现出一幅新的历史图景。

第一节　金沙遗址

一、遗址概貌

　　金沙遗址位于成都市西北部，东北距三星堆遗址 38 千米。金沙东南有抚

---

[1]　四川省文物考古研究院：《四川广汉市三星堆遗址马屁股城墙发掘简报》，《四川文物》2017 年第 5 期。

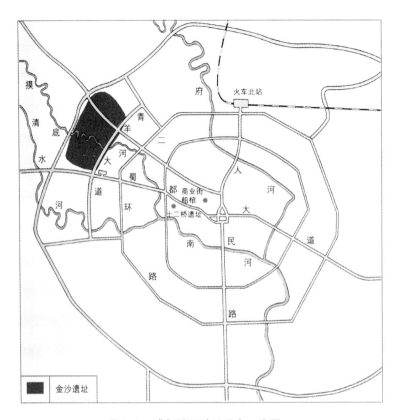

图 3-1　成都地区遗址分布示意图

琴小区、十二桥、方池街、指挥街等同时期遗址组成的绵延 10 余千米的遗址群，东北向 8 千米处为羊子山土台遗址（图 3-1）。

1995 年在金沙遗址范围内的黄忠村发现商周时期的遗存，1999—2000 年又在黄忠村的"三合花园"地点发现大型建筑基址[1]。2001 年在黄忠村以西的青羊区金沙村发现祭祀遗存，金沙遗址由此面世。

多年的发掘、研究确认金沙遗址北南长约 3 千米、东西宽约 2 千米，面积超过 5 平方千米。遗址内地势平坦，大体为西北高、东南低，相对高差不足 5 米。摸底河由西向东横穿遗址中部，之后向东南流入清水河。至今已在金沙遗

[1]　成都市文物考古研究所：《成都市黄忠村遗址 1999 年度发掘的主要收获》，《成都考古发现（1999）》，北京：科学出版社，2001 年。

址范围内的70余个地点进行了考古发掘。遗存大多分布在地势略高的台地上，其中以摸底河以南的金沙村、以北的黄忠村地点最为重要，两者隔河相对。据发现的遗存，可以在遗址内大体分出大型建筑区、宗教祭祀区、一般居址区和墓地（图3-2）。在遗址周围还发现很多古河道，它们为不同时期聚落的自然边界。

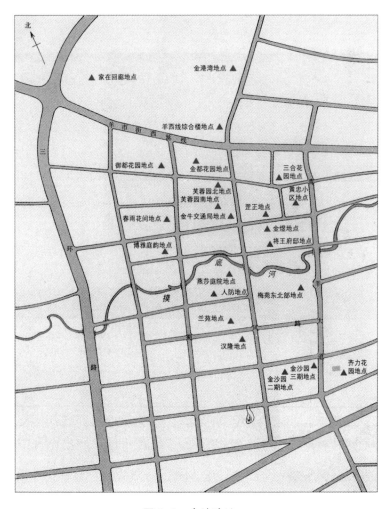

图 3-2　金沙遗址

学术界的基本认识是，金沙可能是商代晚期至西周时期的蜀国都邑，它所代表的文化属十二桥文化，与三星堆文化有紧密的传承关系[1]。

二、祭祀遗存

在金沙遗址已发掘的地点中，"梅苑"祭祀区的遗存最为丰富和重要，并在很大程度上代表了这个时期文化的面貌。也可以说，目前所知的金沙遗址最重要和最具代表性的遗物均出土于此。祭祀区位于"梅苑"地点，地处摸底河南侧，面积约22万平方米。经勘探确认的文化堆积主要分布在该地点的中北部，面积约8万平方米，发现可能与祭祀相关的遗存26处，出土各类遗物5000余件，以及数以千计的象牙和野猪獠牙，数以百万计的陶器和陶片[2]。

学界对金沙祭祀区已有很多研究，但相关的讨论并不那么激烈，解释不那么多样，与对三星堆祭祀器物坑的研究有所不同。之所以如此，可能的原因是金沙祭祀区发现于三星堆研究热潮之后，遗存又与三星堆的发现明显相似，因此，认识未超出此前针对三星堆祭祀器物坑形成的解释框架。但对金沙祭祀区仍然需要按前述的研究理路和方法进行系统研究，只有理解了金沙祭祀区，才能更全面地认识成都平原的青铜时代。

---

[1] 朱章义、张擎、王方：《成都金沙遗址的发现、发掘与意义》，《四川文物》2002年第2期。

[2] a. 成都市文物考古研究所、北京大学考古文博学院：《金沙淘珍》，北京：文物出版社，2002年。
　　 b. 成都市文物考古研究所：《成都金沙遗址I区"梅苑"地点发掘一期简报》，《文物》2004年第4期。
　　 c. 成都文物考古研究所：《金沙——再现辉煌的古蜀王都》，成都：四川出版集团、四川人民出版社，2005年；《金沙——21世纪中国考古新发现》，北京：五洲传媒出版社，2005年；《金沙玉器》，北京：科学出版社，2006年。d. 成都文物考古研究院、成都金沙遗址博物馆：《金沙遗址祭祀区出土文物精粹》，北京：文物出版社，2018年。

（一）遗物的类别

金沙祭祀区的遗物大多集中出土，较多的情况是象牙、玉器、铜器，或者玉器、铜器、金器，或者玉器、石器共出，多为平地掩埋，也有的出自土坑。

2004 年《文物》发表的金沙祭祀区第一期发掘简报，报道祭祀区出土青铜器 400 多件、金器 56 件、玉器 500 多件、石器 200 多件。随着发掘与整理的深入，披露的材料不断增多。据 2005 年出版的《金沙——21 世纪中国考古新发现》，出土青铜器 1500 余件、金器 200 余件、玉器 2000 余件、石器近1000 件，另有骨器、陶器、木器、象牙、卜甲等。2018 年出版的《金沙遗址祭祀区出土文物精粹》报道的数据很具体，青铜器出土 686 件、采集 681 件，金器出土 207 件、采集 57 件，玉器出土 2229 件、采集 546 件，美石出土 259 件、采集 19 件，磨石出土 75 件、采集 47 件，石器出土 4426 件、采集 251 件，漆木器出土 75 件、采集 1 件，骨角器发现 60 余件，另有较多卜甲和大量宝墩文化至商周时期的陶器。

铜器多为小形器物，主要有立人像、人头像、人面形器、人形器、眼形器、动物形器、戈、镞、钺、璋、璧形器、圆角方孔器、铃、挂饰和容器。金器以金片和金箔为主，有金带、面具、人面形器，以及大量几何形和动物形金片。玉器有戈、璋、璧形器、环形器、琮、凿等。石器有璋、璧形器、饼形器、人物和动物雕像等。陶器有豆、罐、器盖、猪首等。木器有神人像、面具和建筑构件。金沙祭祀区遗物的埋藏方式、类别和组合，与大型建筑区、居址区、墓葬区出土的遗物完全不同。据已报道的材料，整个金沙遗址现已出土的象牙、卜甲，绝大多数的金器、青铜器和玉器均出自祭祀区。

祭祀区之外，遗物多出自灰坑、墓葬、房址和地层，主要是陶器而不见象牙或象牙制品，只"兰苑"地点报道有金箔[1]。铜器只有很少的兵器和工具，如黄忠村遗址出土少量剑、锛和削，"兰苑"地点出土 7 件钺、戈、斧和饰件，

---

[1] 成都市文物考古研究所：《成都市金沙遗址"兰苑"地点发掘简报》，《成都考古发现（2001）》，北京：科学出版社，2003 年。

在金沙遗址西北的"青羊兴城建"地点还出土 1 件铜篦[1]。玉器在"兰苑""万博"地点[2]等有少量发现，主要是锛、凿等。其他类别的玉器更少，如"兰苑"出 3 件璋，"万博"地点出 1 件璋和 1 件瑗。根据对 2003 年前金沙遗址各地点出土玉器的统计，在属于居址区和墓葬区的 10 个地点仅发现 70 件，除极个别的璋和璧形器外主要是斧、锛、凿和玉料[3]。为数不多的石器如斧、锛、凿、矛、钺等也见于以上几个地点，在"郎家村"地点出土 1 件石璋[4]。

由此可见祭祀区与其他地点埋藏物的差别。祭祀区出土遗物都是宗教或祭祀用器，不是日常生活的实用器，器类、器形多与三星堆祭祀器物坑的遗物相同或相近。将集中出土这类遗物的地点推断为祭祀区是合理的。

（二）遗存的年代

祭祀区因基建工程而发现，大量遗物出自基建挖掘的水沟中。随后进行了大规模发掘，但为保护遗址而未发掘至生土。据发掘简报，该区域的文化层堆积厚近 5 米，至少有 16 层。大部分探方发掘至第 8 层，深约 1.2 米，仅个别探方发掘至第 12 层。这些地层中，第 5 层仅有局部分布，年代约相当于春秋前期。第 6 层与第 5 层年代接近。第 7 层出土陶敛口尖底杯、敛口尖底盏、圈足罐、高领罐，与十二桥文化第一期晚段的陶器相似，相当于西周前期，该层下的遗迹单位出土大量金器、铜器、玉器、石器和象牙器。第 8 ～ 12 层出土陶器较少，与十二桥文化第一期陶器的组合及器形相近，约相当于商代晚期至西周前期。第 12 层下的遗迹单位中也有大量玉器、金器、铜器、石器等。第 12 层下尚未发掘的地层中仍出土此类遗物，有的与三星堆 1 号坑器物接近。

金沙祭祀区从商代晚期到西周的地层中都有遗物。遗物不同时，但已不能

---

[1] 刘祥宇、周志清、王占魁：《成都金沙遗址出土铜篦》，《文物》2018 年第 9 期。

[2] 成都市文物考古研究所：《成都金沙遗址万博地点考古勘探与发掘收获》，《成都考古发现（2002）》，北京：科学出版社，2004 年。

[3] 成都文物考古研究所：《金沙玉器》，北京：科学出版社，2006 年，第 13 页。

[4] 成都文物考古研究所：《成都市金沙遗址郎家村"精品房"地点发掘简报》，《成都考古发现（2004）》，北京：科学出版社，2006 年。

还原遗迹单位或出土层位。很多遗物具有共性，早晚变化不大，也很难据器类、器形辨别具体年代。但上述地层明确了祭祀遗存的年代范围，也说明金沙祭祀区与三星堆城址在年代上可能交错，两地的部分祭祀遗物可能同时。

（三）与三星堆祭祀器物坑的比较

金沙祭祀区出土的遗物数量和种类丰富，同样大多不见于成都平原之外而具有鲜明的地域特点，但因在三星堆已有类似的发现，它们已不再让人感到陌生。认识金沙祭祀遗存，三星堆祭祀器物坑可以提供比较材料和研究参照，我们可以将金沙的发现放入由三星堆的考古材料建构的背景中去考察。

将金沙祭祀区和三星堆祭祀器物坑出土遗物相比较的研究方法具有合理性和可行性。首先，考古发现与研究表明金沙和三星堆关系密切，两个遗址的文化相似、相承。其次，金沙祭祀区的遗迹主要为遗物堆积，遗物都是因某种特定目的而埋藏的祭祀器物，这与三星堆祭祀器物坑的遗物性质和埋藏方式相似。第三，金沙祭祀区的很多遗物类别仅见于三星堆祭祀器物坑，如金带与金面具、青铜人像、面具、眼形器、璧形器、圆角方孔器，以及玉戈、璋等。即使金沙有部分遗物也见于其他地区，但与三星堆的同类器关系更近。对于类别和形制相同、相似的遗物，可以进行直接的对比。

比较研究不仅可行而且必要。比较可以加深我们对两地遗存的认识，了解两个遗址的关系，进而建构成都平原在三星堆和金沙作为区域文明中心时的历史图景。

基于上述理由，以下先就金沙祭祀区和三星堆1、2号坑的遗物进行比较和分析。需要说明的是，此节两地遗物对照表中的内容，主要据三星堆1、2号坑的发掘报告和金沙祭祀区发掘简报。两地的遗物都不断有图录等增补，在三星堆博物馆和金沙遗址博物馆也有实物展出，但难以得知准确数据。因此表及正文中的类别和数量只是阶段性统计结果，主要用于加深理解。

1. 青铜器
金沙祭祀区和三星堆1、2号坑的出土遗物均以青铜器最为重要（表3-1）。

表 3-1 三星堆 1 号、2 号坑与金沙祭祀区出土青铜器

器类	三星堆 1 号坑	三星堆 2 号坑	金沙祭祀区
人像	小型人像 1	大型人像 1，小型人像 6，鸟足人身像 1	小型人像 1，人形器 2
人头像	13	44	2
面具	人面具 2	人面具 20，兽面 9，凸目面具 3	人面形器 2
眼形器		眼形器 71，眼形饰 5，眼泡 33	眼形器 25，眼泡 2
具"神话色彩"的青铜器		神树、太阳形器、人身形牌饰、"神坛""神殿"等 19	
动物形器	龙柱形器 1，虎形器 1，龙形饰 1，夔龙形羽饰 3	龙形饰 28，蛇 10，鸡 1，鸟、兽及铜箔饰件若干	龙形器 7，虎 1，兽首 4，鸟 5，鱼形器 2，羽状饰 2，蝉形器 1
容器	尊、瓿、盘、器盖 5	尊、罍 13，残片及器盖 7	圈足等残件 4，罍 1
戈	44	17	31
璧形器（瑗）	74	58	142
方孔器	33	25	100
挂饰		圆形、龟背形、扇贝形、箕形器 112	圆形、圆角方形、多边形器 78
铃		43	12
其他		璋 5，箔饰若干	璋、钺、镞、菱形器、喇叭形器各 1，锥形器 8，螺形器 10，板形器 14，长条形器若干

图 3-3 金沙铜人像（2001CQJC：17）

小型立人像 1 件，头戴有 13 道芒的太阳形冠，脑后垂三股发辫，身穿短袍，腰束带，双手举至胸前作握物状，足下有一插件，通高仅 19.6 厘米（图 3-3）。人像明显与三星堆 2 号坑立人像相似。三星堆立人像头上的冠饰有一对眼睛，象征太阳，因此也可理解为太阳形冠。由此看来，两件立人像不仅形态相似，而且表现的还是身份相同并在进行同类活动的人。但两者大小差距极为悬殊。

人形器 2 件，呈立人状，器上端为圆弧形而无头，器身上部有一个边缘凸起的圆孔，孔两侧为下垂并与胯相连的双手，腰身细长，下肢较粗，双膝外屈，分别高 10.35、10.4 厘米[1]（图 3-4：1）。这种人像不见于三星堆。除立人像和人形器外，金沙祭祀区未见三星堆的各种青铜人像。

---

[1] a. 四川省文化厅、四川省文物管理局：《天府藏珍——四川馆藏文物精华》，成都：四川出版集团、四川科学技术出版社，2009 年，第 36 页。b. 成都文物考古研究院、成都金沙遗址博物馆：《金沙遗址祭祀区出土文物精粹》，北京：文物出版社，2018 年。

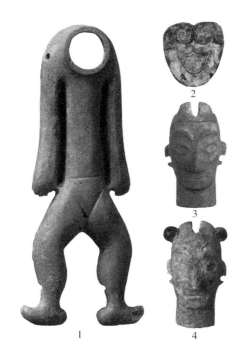

图 3-4　金沙铜人像
1. 人形器（IT8206⑩:2）　2. 人面
3、4. 人头像（IT8206⑨a:1、L8①:10）

人头像 2 件，圆顶中空，1 件头两侧有孔，1 件两侧有圆形凸起，高仅为 4.5、4.33 厘米（图 3-4：3、4）。头像与三星堆的大量青铜人头像应属同类器，但造型不同，大小悬殊。

人面 2 件，为变形的人面形。1 件中部纹饰锈蚀，长仅 15 厘米。另 1 件带彩绘（图 3-4：2）。这与三星堆的人面具似属同类器物，但形制差异大，形体很小。

眼形器数量较多，形制不一。一类器身中部较宽，两端分别向上下弯曲，瞳孔、眼角及周缘有墨绘，大者长 26.2 厘米（图 3-5：1）。另一类呈菱形，中部略外弧，瞳孔、眼角和眼眶或墨绘（图 3-5：2），或镂空（图 3-5：4），大者长 21.7 厘米。还有中空的半球状眼泡，较大者高 7.7 厘米（图 3-5：3）。这三类器物分别与三星堆 2 号坑的眼形饰、眼形器和眼泡相似，它们在金沙祭祀区属形体较大的青铜制品，但与三星堆同类器相比仍然较小。

动物形器表现的动物形象较多。可见 6 件鸟，1 件鸟尾上翘后前卷，似为容器上的立鸟；3 件长尾下垂，足部残，长尾又各不相同，有宽尾（图 3-6：1）、窄尾（图 3-6：2）和双尾（图 3-7：4）；2 件鸟首，1 件为长喙有冠，1 件为粗颈，

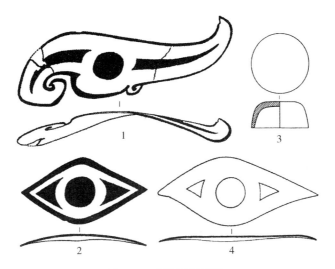

图 3-5 金沙铜眼形器

1. 2001CQJC：393　　2. 2001CQJC：692　　3. 2001CQJC：330　　4. 2001CQJC：1272

图 3-6 金沙铜动物形器

1、2. 鸟（IT8206⑦：46、IT8205⑦：48）　3. 龙形钮（IT7009-7110（12）：18）

4. 兽首（IT8405⑦：16）

饰鳞状纹。后 5 件鸟与 2 号坑的鸟近似。有 1 件高仅 5.3 厘米的牛头鸟身器，下为空心的长方体，两侧饰鸟爪和鸟尾，与上面的鸟身连为一体（图 3-7：7）。金沙也有像 2 号坑那样的鸟羽形镂空饰（图 3-7：2）。

金沙祭祀区出土兽首，2 件形同牛首，1 件与一铜环相连，可能都是容器上的牺首。还有 1 件带双耳的兽首（图 3-6：4）与 2 号坑中的铜怪兽相似。

龙形饰有 7 件。2 件呈弧形，圆眼中空，突出上牙（图 3-7：3）。1 件为器钮，盖上的龙形钮头、身、尾俱全（图 3-6：3），龙首造型可与 1 号坑的龙柱形器相比。但盖钮仅高 4.2 厘米。金沙祭祀区出土 1 件器体扁平的铜虎和 1 件残存的虎头。铜虎为大头，张口，长尾上卷，呈行走状，表面有浮雕，出土时周围有绿松石片，估计凹槽内嵌有绿松石（图 3-7：1）。这与三星堆

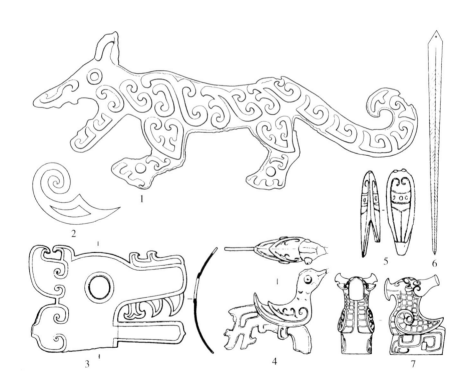

图 3-7 金沙铜动物形器

1. 虎（IT8201 ⑤：1） 2. 羽形饰（2001CQJC：615） 3. 龙形器（2001CQJC：506）
4. 鸟（2001CQJC：553） 5. 蝉形器（2001CQJC：1159） 6. 鱼形器（2001CQJC：1285）
7. 牛头鸟身器（IT8004 ⑦：37）

遗址鸭子河畔出土的嵌绿松石铜虎基本相同，但形体较小。此外，金沙还出土鱼形器（图 3-7∶6）、蝉形器（图 3-7∶5）等，鱼形器在 2 号坑也有大量发现。但金沙未见青铜鸡和蛇。

容器有 4 件残片，2 件应为圈足，1 件带条状扉棱和多圈雷纹，1 件饰圆圈纹和折线纹，与三星堆青铜容器不同。金沙遗址博物馆展出 2 件容器的腹部或圈足残片，残缺的变形兽面纹与三星堆铜容器的纹饰略相近。另见报道的还有 1 件高仅 3.6 厘米的小铜罍，形似中原商末周初的铜罍。

戈大致有五类。第一类援细长，本宽大，上下刃有细而深的连弧状齿。第二类刃部的齿较宽。第三类数量最多，刃部齿不明显，援部有多道短横脊。第四类近似第三类，但援上横脊不明显，援后无穿。第五类仅 1 件，长条形援，长方形内，窄阑，无穿，与其他戈差别明显（图 3-8）。第一、二类戈在三星堆 1、2 号坑中都有，形制和大小差别不大。第三、四、五类戈为金沙特有。戈多制作粗糙，未经打磨，不具实用性。

壁形器有四类。第一类中心圆孔两面有外凸的斜缘，有 124 件占绝大多数。第二类两面凸出直缘，有 1 件带短柄并于两面饰三只飞鸟。第三类是仅一面凸出孔缘，有的极薄。第四类无凸出的孔缘且器形较小、较薄（图 3-9）。这类器物在三星堆称瑗，出土最多的一类也是两面凸出斜缘，它们间的器形和大小差别不大。三星堆也有直缘者，但不带柄，也没有鸟纹。第三、四类不见于三星堆。

圆角方孔器可分两类。第一类 89 件，呈梯形，绝大多数方孔一面凸出斜缘，仅少数缘近直。第二类 11 件，为方形，中央的孔很大，单面斜缘（图 3-10）。三星堆有第一类方孔器，称为戚形方孔壁，但形体略大。

挂饰大致有四类。第一类为圆角方形，两侧有翼或隆起的一面有脊棱，数量最多。第二类为圆形，两侧有翼或带齿。第三类为多边形，第四类为两侧带翼的钟形（图 3-11∶1～3）。报道的标本高均不足 6 厘米。2 号坑有圆形、龟背形、扇贝形和箕形挂饰，高多超过 10 厘米。其中龟背形和扇贝形挂饰与金沙圆角方形挂饰最相近。两地挂饰虽不完全相同，但明显为同类器物。

铃 12 件，有梯形和带翼长方形（图 3-11∶6、8），报道的标本最高 6.4 厘米。2 号坑有大量铜铃，除梯形、长方形外，还有鸟形、兽形、花形等，形制多样且形体普遍较大。

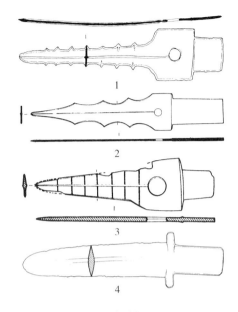

图 3-8　金沙铜戈形器

1. 2001CQJC：169　2. 2001CQJC：873　3. 2001CQJC：844　4. 2001CQJC：646

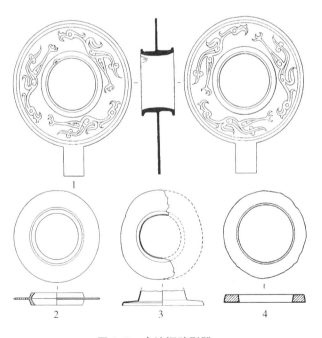

图 3-9　金沙铜璧形器

1. 2001CQJC：588　2. 2001CQJC：307　3. 2001CQJC：1202　4. 2001CQJC：552

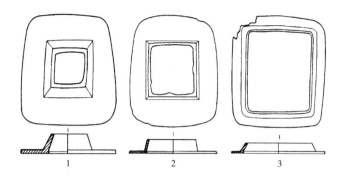

图 3-10　金沙铜方孔器

1. 2001CQJC：686　2. 2001CQJC：380　3. 2001CQJC：381

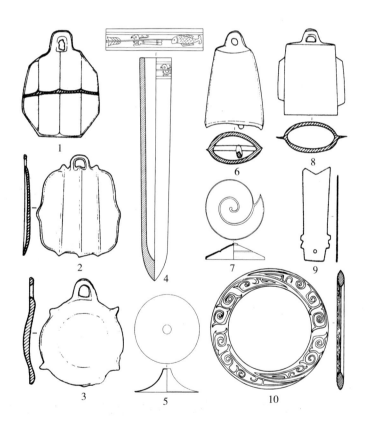

图 3-11　金沙铜器

1～3. 挂饰（2001CQJC：1376、2001CQJC：1082、2001CQJC：1324）　4. 锥形器（L8④：44）
5. 喇叭形器（2001CQJC：555）　6. 铃（2001CQJC：44）　7. 螺形器（2001CQJC：542）
8. 铃（2001CQJC：497）　9. 璋（2001CQJC：713）　10. 环（IT8105⑦：18）

璋仅 1 件，双阑，无齿，刃内凹，器物极薄，长仅 4 厘米（图 3-11：9）。2 号坑有类似的铜箔璋形器，另有中部有钩、射部弯曲的大型铜璋。金沙还有不少菱形和条形器，与 2 号坑的某些玉璋相似。

螺形器 10 件，器壁呈螺旋状，外沿突出一尖（图 3-11：7）。还有 1 件喇叭形器，小平顶上有孔，无旋状纹和外突的尖（图 3-11：5）。这类器物不见于三星堆，但仁胜村墓葬中出土 6 件玉蜗形器，也是一面呈盘状内凹，一面外弧，外沿有一缺口，中有圆孔。它们质地不同、用途不详，但形制相近。

锥形器有两种。一种为管状，有 1 件上端饰一圈鱼、鸟和箭的纹饰（图 3-11：4），与 1 号坑金杖上的纹饰相同。另一种为长条形或长菱形，两端窄而中间宽，有的一端有孔或环。

此外，金沙祭祀区还出土有环（图 3-11：10）、钺、镞，以及用途不明的菱形器、板形器、方形器等。

金沙祭祀区青铜器的主要器类都见于三星堆祭祀器物坑，与铜虎、螺形器、喇叭形器类似的器物在三星堆遗址也出土。两地大部分璧形器、圆角方孔器和部分戈等基本相同；立人像、眼形器、挂器、铃、璋风格一致；人头像、面具、人形器、动物形器虽有不同，但为同类器物。因此，两地青铜器在器类上并无太大差异，只个别器类的形制或纹饰有差别，这突出显示了两地青铜器的共性。从立人像、眼形器、挂饰、铃等器类看，金沙青铜器与 2 号坑铜器更接近，但锥形器上的图案与 1 号坑金杖图案相同。

两地铜器也有差别，突出表现在金沙没有 2 号坑那些具神话色彩的大型铜器，如铜树、太阳形器、凸目面具、"神坛"等，立人像、人头像、面具、容器等的种类和数量有限。金沙铜器的形制还缺少多样性，形体普遍小而轻薄，较之于三星堆铜器，立人像、人头像、动物形像等大小尤为悬殊。

2. 金器

金沙和三星堆器都有大量金片和金箔制成的金器，种类丰富（表 3-2）。

面具 2 件，一大一小，互不相同。大者眼和口中空，鼻、耳下有孔，长 20.5 厘米（图 3-12：1），如同三星堆的金面罩。小者为圆脸，弯眉，鼻梁高直，双眼和大口镂空。器高 3.74、宽 4.92 厘米（图 3-13：6）。另有 1 件人面形器，

表 3-2　三星堆 1 号、2 号坑与金沙祭祀区出土金器

器类	三星堆 1 号坑	三星堆 2 号坑	金沙祭祀区
面具	1	2	2
鱼纹带饰	1（杖）		3
条形器		若干	14
鱼形器		19	3
圆形器		6	11
其他	虎形器 1，金料 1	四叉形器 1，璋形器 14，残片 5，残屑 56	人面形器 1，蛙形器 7，环形器 4，喇叭形器 3，盒 1，三角形器 1，几字形器 1，残片 14，眼形器，蛇形器，齿形器，环形器

饰两组卷云纹（图 3-12：4），与金沙的青铜人面形器相似，应为同类器物。

眼形器为菱形，中心为黑色，不知是彩绘还是铜锈，长 4.98 厘米（图 3-12：2）。

带状器 3 件。1 件出土时断为条形，复原为直径约 20 厘米的圆环形，被认为是冠饰，其上錾刻四组图案，每组由一鸟、一鱼、一箭和一个圆圈组成（图 3-13：1），同 1 号坑金杖上的图案，仅纹饰组的一端不是戴冠的人头像而是圆圈。同类图案亦见于前述金沙铜锥上。另 2 件为金带，饰长喙上勾的鱼纹（图 3-13：9）。

圆形器较多，大小不一。最重要的 1 件为独特的"太阳神鸟"金饰，为镂空四鸟绕日图案，直径 12.5 厘米（图 3-13：2）。其他圆形饰直径约 1 厘米，或器表略弧、中心有圆孔，或器表平整、边缘有一穿孔；还有的稍大，带镂空图案。2 号坑也有圆形金箔饰，直径约 2 厘米。

鱼形器也较多，呈柳叶形，长短不一，头部有孔，身饰鱼刺纹和刺点纹，

图 3-12　金沙金器

1. 面具（L8④：58）　2. 眼形器（2001CQJC：689）　3. 蛇形器（L8④：13）
4. 人面形器（L8③：26）　5. 喇叭形器（L8③：1）

长约 5 厘米（图 3-13：8），与 2 号坑的鱼形金饰相同而形体偏小。

金沙祭祀区和 2 号坑都出土不少条形金饰。金沙还有金喇叭形器（图 3-13：3），有的带镂空卷云纹（图 3-12：5），以及蛙形器（图 3-13：7）、蛇形器（图 3-12：3）、齿形器、环形器、三角形器（图 3-13：5）、几字形器、盒（图 3-13：4）等，但不见三星堆的虎形饰、四叉形器和璋形器。仁胜墓出 4 件泡形玉器，一面平，一面圆凸，中部有一圆孔或一圆窝，金沙的喇叭形器也与之相近。

总体上，两地金器共性明显，面具、鱼形饰、圆形饰，以及鱼鸟图案等尤为相近。环形饰、蛙形饰、几字形器、喇叭形器和一些残片上都附有铜锈，面

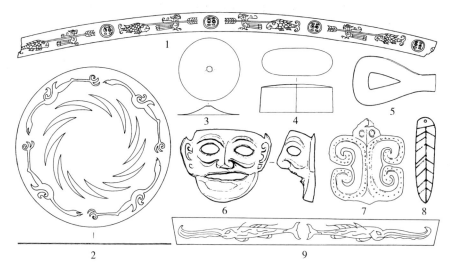

图 3-13　金沙金器

1. 冠饰（2001CQJC：688）　2. 太阳神鸟（2001CQJC：477）　3. 喇叭形器（2001CQJC：551）

4. 盒（2001CQJC：591）　5. 三角形器（2001CQJC：834）　6. 面具（2001CQJC：465）

7. 蛙形器（2001CQJC：215）　8. 鱼形器（2001CQJC：1359）　9. 带状器（2001CQJC：687-1）

具等表面抛光而内壁粗糙，三角形器、环形饰、几字形器、圆形饰等器缘内卷，喇叭形器的形制、大小还与青铜喇叭形器相同。这些都表明很多金器可能附于铜器或其他器物的表面。金沙金器普遍小于三星堆金器，可能是因为多附于小型铜器上。

3. 玉器

玉器是金沙祭祀区出土数量最多的遗物，与三星堆出土玉器比较如表 3-3。

璋 101 件，发掘简报分为三型。A 型最多，刃呈弧形内凹，刃尖一高一低，大多有阑并带齿状饰。B 型刃呈 V 字形，阑部有齿或有凹槽。C 型为平刃，阑部有齿（图 3-14：1～3）。另有 1 件称为圭，平刃，阑部有凹槽（图 3-14：6），近似于 C 型璋。这只是大致的分类。其他图录中还收录有多件平刃的圭和四边形的璋。有 1 件四边形璋器身两面分别刻两组图案，每组为一向右侧跪坐的人，肩扛一象牙状物，身下有折线纹（图 3-14：5）。人物与三星堆的跪坐人像相同。

表 3-3　三星堆 1 号、2 号坑与金沙祭祀区出土玉器

器类	三星堆 1 号坑	三星堆 2 号坑	金沙祭祀区
璋	40	17	101，圭 1
琮	1		12
璧形器	戚形璧 3	2	62
瑗	2	7	
环形器	1	1	61
戈	18	21	31
剑	1		3
刀		1	3
锛	2		18
斤（锛形器）	斤 6	斤 1	锛形器 4
斧	12	1	9
凿	35	43	65
凹刃凿形器	3		33
磨石	2	6	47
其他	玉料 1，戚形佩 1	玉料 2，盒 1，珠饰、管饰若干，绿松石贝 1，绿松石珠 2	人面像 1，钺 4，矛 11，箍形器 9，多边形器 3，椭圆形器 1，球形器 1，镂空饰 1，贝形器 1，特殊玉器 34，美石 19，残件 7，玛瑙珠 2，绿松石珠管 15

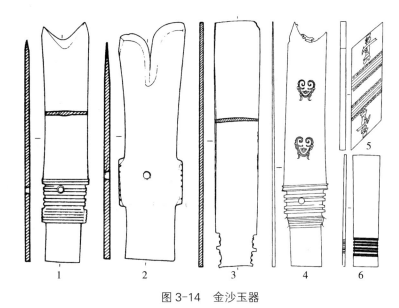

图 3-14　金沙玉器

1～5. 璋（2001CQJC：123、2001CQJC：122、2001CQJC：956、2001CQJC：141、L10：16）

6. 圭（2001CQJC：477）

三星堆 1 号坑中也有凹弧刃和 V 字形刃的璋，与金沙玉璋相似。1 号坑最多的刃部分岔的 D 型璋则形同金沙的 C 型戈；还有 1 件平刃带齿的斤，也与金沙的 C 型璋相近。金沙还有 1 件两面各饰两个人面形纹的璋，凹刃内据认为雕有一动物（图 3-14：4），如同 1 号坑的璋在刃部雕立鸟。2 号坑中最多的是 V 字形刃的璋，有的两侧上下两齿呈云雷纹状内卷，金沙最多的凹刃璋在 2 号坑仅有 1 件，但都有四边形璋。

金沙与三星堆的玉璋既有共性又各有特点。总体上，金沙玉璋更接近 1 号坑的璋。从所举标本看，金沙最大的璋长 67.8 厘米，大量璋长仅 5 厘米左右。相比之下，三星堆璋形体偏大。

琮 12 件，2 件器表分节并有纹饰（图 3-15：1），其他 10 件较矮，不分节，素面（图 3-15：2）。1 号坑出土 1 件素面琮。金沙带节的琮不见于三星堆而与良渚文化的琮相同，其来源不明。

璧形器 62 件，形同青铜璧形器，大小不一，大致可分两类。第一类数量较多，中央圆孔孔缘两面凸出，有的边缘还有四组齿饰（图 3-15：3）。第二类孔缘不凸出（图 3-15：4）。1 号坑有 3 件戚形璧，不同于金沙璧形器。2 号坑出

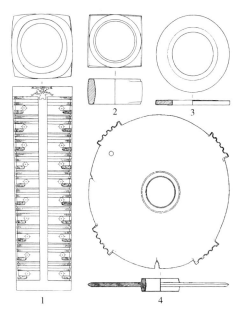

图 3-15　金沙玉器

1、2. 琮（2001CQJC：61、2001CQJC：556）　3、4. 璧形器（2001CQJC：474、2001CQJC：11）

出 2 件两面凸出孔缘的璧，与金沙璧形器相近。

　　环形器或环面窄而厚，或环面极薄。三星堆 1、2 号坑各出 1 件环形器，上下凸出孔缘，近似于璧形器。两个坑又都出土玉瑗，有的孔径很大而肉径很窄，近似金沙玉环，也都上下凸出孔缘。

　　戈报道 31 件，简报分为五型。A 型为宽援尖锋，长方形内。B 型 10 件，最多，上下刃均有弧形脊，援本部两面刻方框纹饰，有上下阑，长方形内。C 型尖锋分岔形成两个三角形歧锋，阑部有三组对称的齿。D 型为窄长援，中部起脊，上刃至前锋处斜收，长方形内较长。E 型仅 1 件，援两侧边呈连弧状刃（图 3-16）。三星堆 1 号坑有 B 型、D 型、E 型戈，另有一类戈援和内都近似 B 型，但尖锋分岔。1 号坑有 1 件戈（K1：155-1）阑部有齿，锋不分岔；1 件（K1：246）援呈梯形，刃为连弧形，都不见于金沙。1 号坑的 D 型玉璋，前端锋分岔，阑部两侧有三组齿饰，与金沙的 C 型戈应为同类器。2 号坑的玉戈与金沙的 A 型、B 型和 D 型相近，不见锋分岔的戈（即 1 号坑的 D 型璋）。金沙玉戈所举标本长均不足 40 厘米，三星堆的一些戈长五六十厘米。

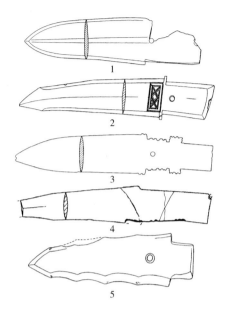

图 3-16　金沙玉戈

1. 2001CQJC：32　2. 2001CQJC：683　3. 2001CQJC：168　4. 2001CQJC：196　5. 2001CQJC：478

剑 3 件，扁茎，剑身中部一面内凹、一面外凸（图 3-17：3）。1 号坑出土 1 件相同的玉剑。

锛一类呈梯形，体宽短，身较厚，单面刃，另一类为长条形（图 3-17：2）。1 号坑也出玉锛，但形体较长。金沙长条形、单面弧刃的锛又类似 1 号坑中的斤。

斧有的呈梯形，外弧刃（图 3-17：4），也见于 1 号坑。也有长条形、长方形等。三星堆 1、2 号坑都出长条形斧。从所举标本看，金沙玉斧大多形体更小。

凿均呈条形，一端或两端出双面刃，有的无使用痕迹而非实用工具。一类较细长，长 20 多厘米（图 3-17：5），另一类体较宽，长 10 多厘米。形制、大小相近的玉凿在三星堆 1、2 号坑都有。金沙还出一类很有特色的凹刃凿形器，一面平直，一面外弧，平直面在近刃口处内凹，单面外弧刃（图 3-17：1）。此类凿在 1 号坑出土 3 件。

刀 3 件。2 件为条形，横剖面为三角形。1 件为梯形，平刃，平背，有 4 个单面钻穿孔，背长 56.4、刃长 62 厘米（图 3-18：1）。2 号坑出 1 件带柄玉刀，与金沙的两类刀不同。

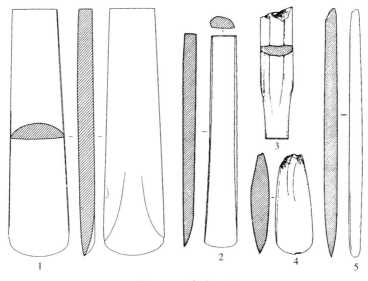

图 3-17　金沙玉器

1. 凹刃凿形器（2001CQJC：9）　2. 锛（2001CQJC：40）　3. 剑（2001CQJC：583）
4. 斧（2001CQJC：590）　5. 凿（2001CQJC：142）

　　磨石在金沙出土很多，三星堆也有发现。均呈不规则形，上有磨痕。

　　金沙还出土玉璜、钺（图 3-18：3～5）、矛（图 3-18：7）、梯形器（图 3-18：2）、箍形器（图 3-18：6）、瓶形器、球形器、贝形器（图 3-19：3）、人面像（图 3-19：2）、椭圆形器（图 3-19：1）、镂空饰（图 3-19：4）、多边形饰、玉珠、玉链、玉片、特殊玉器、美石等，这些大多不见于三星堆。但玉人面像近似三星堆的青铜凸目神面，椭圆形器近似眼形器，贝形器形同海贝，镂空饰近似 2 号坑的部分铜镂空饰，玉箍形器在三星堆仓包包出土 1 件，同形制的陶器也见于 1 号坑。

　　总之，金沙绝大部分玉器的种类和形制都与三星堆玉器相同，有不少器类或器形也仅见于这两地。两地玉器还具有一些共同的特殊风格，如璋、戈、璧上的齿状饰等。据可见材料，金沙锋分岔和连弧状刃的戈、剑、平刃带齿璋、梯形斧、锛、凹刃凿形器、琮等，仅见于 1 号坑，戈和璋总体上也更接近 1 号坑的同类器。这似乎表明金沙的玉器与青铜器不同，它们与 1 号坑玉器的相似性更多。两地玉器大多形体相近，也各有大型器，如三星堆有大型的玉戈、璋、斧等，金沙也有个别较大的刀、琮、璧。

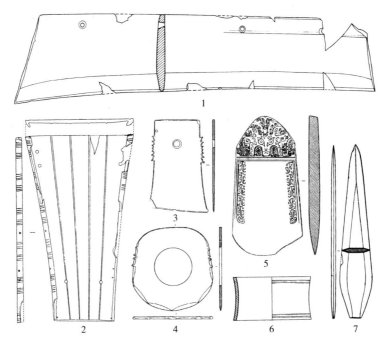

图 3-18 金沙玉器

1. 刀（2001CQJC：118） 2. 梯形器（2001CQJC：109） 3～5. 钺（2001CQJC：775、2001CQJC：
546、2001CQJC：7） 6. 箍形器（2001CQJC：172） 7. 矛（2001CQJC：18）

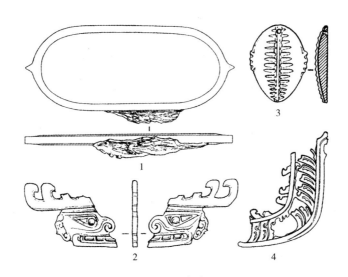

图 3-19 金沙玉器

1. 椭圆形器（2001CQJC：19） 2. 人面像（2001CQJC：167） 3. 贝形器（2001CQJC：632）
4. 镂空饰（2001CQJC：130）

4. 石器

金沙的石器较多且富有特色，它们与三星堆祭祀器物坑的石器比较如表3-4。

表3-4　三星堆1号、2号坑与金沙祭祀区出土石器

器类	三星堆1号坑	三星堆2号坑	金沙祭祀区
璧形器		3	87
矛	2		11
斧	34		23
其他	戈27，斤2，铲3，凿1，方台1	戈10，瑗2	人像12，动物18，饼形器46，璋16，锛9，钺1，环形器1，小型璋、琮、磬、凿若干

璧形器与孔缘不外凸的玉璧形器近似，所见标本都不大。另有不少石饼，有的中心孔未钻透，整器未经打磨，或为半成品。2号坑也有石璧和石瑗，但上下凸出孔缘。

矛有三类。第一类矛叶较宽，无脊无骹。第二类叶身细长，有脊，骹不明显。第三类有明显的边刃和骹。1号坑出土2件矛，尖叶形，有边刃，形体较大，与金沙矛不同。

斧为上窄下宽的长条梯形，双面弧刃，大小不一。类似的斧见于1号坑。

金沙还有石璋、锛、钺、环形器等不见于三星堆的器类，三星堆的石戈、斤、铲、凿等又不见于金沙，不过两地石器的器类和形制大多与同类玉器近似。金沙遗址博物馆还陈列有大量长仅数厘米的小石璋，在三星堆博物馆也有三星堆遗址出土的同类器。

金沙石器的特别之处在于有许多人像和动物雕像，后者有虎、蛇、鳖（图3-20）等，这些形象在三星堆祭祀器物坑中均为铜器，在三星堆遗址上也发现有石人、石虎、石蛇。

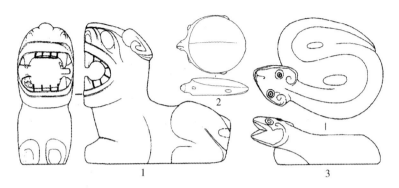

图 3-20　金沙石器

1．虎（2001CQJC：3）　2．鳖（2001CQJC：642）　3．蛇（2001CQJC：719）

5．其他遗物

金沙还出土有陶器、木器、象牙等（表 3-5）。

金沙与三星堆都出大量象牙，金沙有的象牙还被截成段或片。

金沙骨牙器由象牙、鹿骨和牛骨等制成，与三星堆骨牙器也有区别。

金沙祭祀区出土陶器极多，但报道的陶器与 1 号坑陶器不尽相同。

表 3-5　三星堆 1 号、2 号坑与金沙祭祀区出土其他遗物

器类	三星堆 1 号坑	三星堆 2 号坑	金沙祭祀区
象牙	13 根	67 根	若干
骨牙器	骨器碎片 10 件	象牙珠 120 枚，象牙器残片 4 件，虎牙 3 枚	镞、锥形器、柱形器等 57 件，獠牙、鹿角数千
海贝	62 枚	4600 枚	
陶器	尖底盏、器座、罐、平底盘等 39		纺轮、器盖、豆、罐、猪首等 18
木器			人像 1，兽面 1，木胎漆器、木构件若干
卜甲			若干

　　金沙出土木器，其中1件由整木制成的长80厘米的"彩绘神人头像"，上部刻人的五官，绘黄、红、黑彩，头顶中部有一圈V字形槽，可能有其他物质粘贴于其内。木器下部呈尖状向前弯曲，形似象牙，并有可能是用于安插的小孔（图3-21：1）。另1件木兽面，突出的双眼向两侧展开，鼻、口等不甚清楚，长94厘米（图3-21：2）。金沙还出很多木建筑构件，这件兽面也

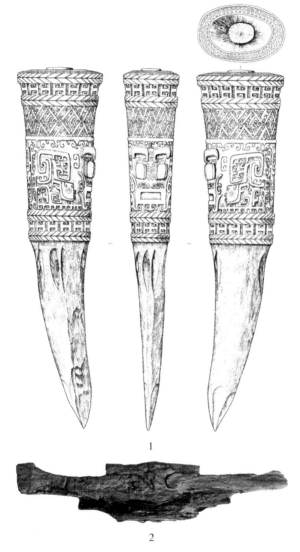

图 3-21　金沙木器

1. 人像（L58①：688）　2. 兽面（L24：61）

被认为是构件。

金沙出土很多卜甲和漆器，三星堆则出土大量海贝，这是两地遗物的差别。

（四）文化面貌与性质

上文比较了金沙祭祀区与三星堆祭祀器物坑的出土遗物，根据两地遗物的异同，可将金沙祭祀区遗物分为三类。

第一类：与三星堆遗物基本相同，包括多数玉器、少数小型青铜器、部分石器、象牙。玉器有琮、剑、锛、梯形斧、凹刃凿形器、部分戈和璋，铜器有璧形器、圆角方孔器、部分戈和眼泡等，石器有璧形器和斧。

第二类：与三星堆遗物形制有差别，但风格相同，包括大多数青铜器、部分金器、玉器、石器。具体如青铜立人像、人头像、面具、眼形器、挂饰、铃、璋、动物形器、部分戈，金面具、鱼鸟纹金冠带、金带、鱼形饰，玉璧、带齿璋、部分戈，以及石矛等。

第三类：不见于三星堆的器类，如青铜人形器、虎、容器、螺形器、喇叭形器、板形器、钺、锥形器，金太阳神鸟、环形器、盒、蛙形器、眼形器、喇叭形器、三角形器、几字形器，玉箍形器，石璋、锛、钺、环形器、人像与动物像，木雕像，漆器等。

以上三类，无论是器类还是数量都以第一、二类居多，而且其中很多器类和器形只见于这两地，具有鲜明、一致的地域特色。第三类器物较少，也不都是新出现的器物，金沙新创者并不多。如青铜螺形器、喇叭形器见于仁胜村墓地，铜虎见于三星堆遗址，玉箍形器见于仓包包和1号坑陶器，石雕人像和动物像、木雕神人像和兽面等在三星堆祭祀器物坑有相应的青铜制品，石锛、璋、环形器等在金沙和三星堆都有同类玉器。由此可见，两地遗物明显相似并具有共同的文化面貌。

但金沙又明显缺少三星堆的一些重要器类，尤其如2号坑的铜树、太阳形器、凸目神面、"神坛"等具神话色彩的大型铜器。青铜人像、人头像、人面具、容器等的种类和数量也明显较少。

根据这一分析，再进一步讨论以下问题。

1. 遗物的相对年代

金沙祭祀区与三星堆祭祀器物坑基本相同的遗物主要是玉器、小型铜器和个别石器，有的遗物可能年代相同，祭祀区的地层堆积也说明存在这种可能性。值得注意的是，金沙的一些玉器更接近1号坑玉器。三星堆祭祀器物坑的发掘报告认为1号坑的遗物略早于2号坑，若如此，金沙部分遗物也可能早于2号坑的遗物。这说明在三星堆祭祀器物被掩埋或城废弃前，金沙已有祭祀活动，两个遗址在年代上有重叠。金沙大多数青铜器、金器、石器、木器等与三星堆遗物风格相近但形制有别，它们可能才是金沙成为中心后的产物。至于那些只见于三星堆的器类，后文将分析它们可能因某种原因未在金沙延续下来。

2. 遗物的文化面貌

第二章对三星堆1、2号坑的认识是，1号坑的埋藏物主要表现的是部族首领的形象或象征权力，突出的是王权；2号坑埋藏的主要遗物都用以表现太阳，反映了崇拜太阳的信仰。

金沙祭祀区出土的直接表现这两种崇拜的遗物不如三星堆多，但少数关键遗物表明同样的信仰仍然存在。最重要的遗物之一是金冠饰，它表现王权或象征权力，冠上的图案除人像被简化或抽象外，与1号坑金杖图案相同，也具有完全一样的含义。鱼鸟纹在金杖上为两排两组，在金冠饰上为一排四组，这只是因器类差异而采取的不同的构图方式。金沙1件青铜锥上也有这组图案，同类的铜锥很多，锥本身不应是权力的象征物。由此推测，代表王权的是金杖、金冠，而不是这组图案，图案的含义还待解。另一个有趣的图案是金沙2件金带上的鱼纹，长长的鱼嘴如同鸟喙，仿佛也表现了鱼和鸟的结合。金沙也出多件青铜龙形器，弧形的龙首形器可能用于包裹其他柱状器，或许类似于1号坑的龙柱形仪仗使用器。金沙盖钮上的龙与1号坑龙柱形器的龙形象相近。

金沙突出表现太阳崇拜的是四鸟绕日金饰。青铜带柄璧形器在圆孔外围有三只同样的飞鸟，寓意当相同，孙华认为金沙和三星堆的璧都有表现太阳运行的含义。青铜立人像戴太阳形冠，与三星堆大型立人像的头冠一样象征太阳。金沙有很多青铜和金箔的眼形器、眼泡，陶器上也有眼形图案，如陶器座上的眼睛形镂孔[1]。金沙的一些青铜鸟可能是容器上的装饰物，也有一些与2号坑的鸟造型相近。眼睛和鸟的形象仍与太阳崇拜相关。

可见，金沙祭祀区出土遗物仍然突出了权力以及崇拜太阳的信仰，这些遗物代表的文化显然延续了三星堆的传统。

3. 遗物的组合与功能

金沙祭祀区与三星堆祭祀器物坑出土遗物相似并反映出相同的文化与信仰，但器物的组合和具体功能有所不同。

三星堆1、2号坑的遗物按表现对象或功能分三类。第一类为祭祀、崇拜的对象，如1号坑表现部族首领的青铜人头像和面具、象征权力的金杖和青铜龙柱形器等，2号坑象征太阳的太阳形器、铜树、眼形器、鸟、鸡，以及表现神的凸目面具和鸟身人面像等。第二类表现祭祀者、巫师、实际和观念中的祭祀场景，主要出自2号坑，有各类青铜人像和面具、"神坛"等。虎、蛇、兽等动物形象可能是巫师的工具。第三类为祭祀用器，为1、2号坑共有的铜容器、小型铜器、部分玉石器、象牙、海贝等。

以上三类器物在金沙祭祀区都有发现。大概属于前两类的不多，有金冠饰、面具、眼形器，青铜眼形器、鸟、立人像、人头像，石人像和石雕动物，木雕人像等。属于第三类祭祀用器的有戈、璧等小型铜器、青铜容器，以及玉器、石器、象牙、兽牙、兽骨和卜甲等。与三星堆不同的是，金沙的第一、二类遗物相互不易区分。可能的原因，一是金沙的遗物多缺乏出土背景，二是没有表现祭祀对象或场景的大型器物，三是金沙时期这两类对象本身就不再分明，祭祀器物的功能已有变化。

以下进一步从金沙遗物的出土情况和共存关系，考察可能的使用情况。根据已出版的论著和金沙遗址博物馆的展出，可知有以下几类出土情形。

（1）组合以象牙为主，多伴出玉器、铜器、漆器和兽牙。如遗迹L65中有8层规律地平行放置的亚洲象门齿，最长者近1.85米，象牙缝中有少量玉

---

[1] 成都文物考古研究所：《金沙——21世纪中国考古新发现》，北京：五洲传媒出版社，2005年，第125页图97。

器和铜器[1]（图 3-22）。相距 2 米处为 11 号遗迹，长 2.5、宽 1 米，底层为柱状象牙段和 1 件玉器，中层为柱状象牙段和漆器等，上层为 10 余根完整象牙和 1 件镶玉片漆器。10 号遗迹，面积 1.5 平方米[2]，下层为 16 件玉器，上层为 7 根象牙[3]（图 3-23）。1 号遗迹，长 2.5、宽 1.2 米，中央为 1 根象牙，四周规整地排列 28 枚兽牙。

（2）组合以金器、铜器和玉器为主。这类组合的遗迹较多，遗物数量差异很大，多者数百件，少者数件。如 6 号遗迹，面积 26.8 平方米，出土遗物 300 多件，包括 16 件金器、108 件铜器、156 件玉器、52 件石器、7 件骨器、2 件陶器。14 号遗迹，长 2、宽 1 米，出土 43 件金器、4 件铜器、330 件玉器、4 件石器、3 件骨器。8 号遗迹，出土 45 件金器、95 件铜器，以及玉器和石器，器物上撒有朱砂（图 3-24）。4 号遗迹，面积 1.37 平方米，出土 2 件铜器、12 件玉器、2 件石器（图 3-25）。属此类组合的还有 5 号遗迹（图 3-26）。

（3）组合以石器或以玉器为主。如位于祭祀区南部的 3 号遗迹，长 19、宽 14 米，出土大小不一的石璧、石饼形器和石璋。璧和饼形器为西北—东南向呈扇形层层叠压，一旁为璋。19 号遗迹，出土 33 件遗物，包括石人、石蛇、石虎、石璧、象牙器等（图 3-27）。

（4）牙、角堆积。如 2 号遗迹，面积约 500 平方米，堆积大量的野猪獠牙、鹿角、麂角，还有少量象牙、铜器、玉器、美石和完整陶器，其中玉器 43 件、铜器 7 件[4]（图 3-28）。

（5）陶器堆积。如 28 号遗迹，在一面积约 13 平方米的长方形浅坑内，有 100 多件陶器，主要是尖底杯和尖底罐（图 3-29）。

---

[1]　《金沙遗址祭祀区出土文物精粹》介绍为 L65。《金沙——再现辉煌的古蜀王都》介绍的 1 号坑长 1.6、残宽 0.6 米，下层为玉器和铜器，上层有规律地堆积 8 层象牙，应为同一遗迹。

[2]　《金沙——21 世纪中国考古新发现》和《金沙——再现辉煌的古蜀王都》介绍 10 号遗迹面积为 1.5 平方米，《金沙玉器》介绍面积为 3.4 平方米。

[3]　金沙遗址博物馆展出 10 号遗迹出土遗物，除多件玉凿、玉器残件外，尚有铜戈、绿松石和美石。

[4]　《金沙——21 世纪中国考古新发现》介绍 2 号遗迹面积为 300 平方米，《金沙——再现辉煌的古蜀王都》介绍面积为 500 平方米，两者均未说明出土铜器。《金沙玉器》介绍面积为 500 平方米、出土 7 件铜器。

图 3-22　金沙 L65 号遗迹

图 3-23　金沙 10 号遗迹

图 3-24   金沙 8 号遗迹

图 3-25   金沙 4 号遗迹

图 3-26 金沙 5 号遗迹

图 3-27 金沙 19 号遗迹

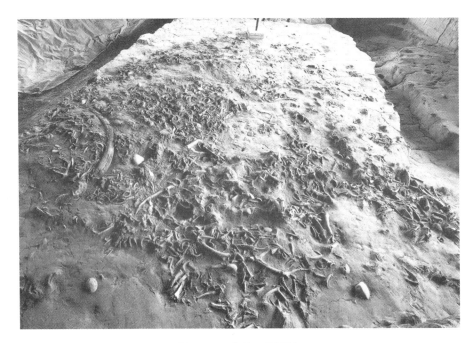

图 3-28　金沙 2 号遗迹

图 3-29　金沙 28 号遗迹

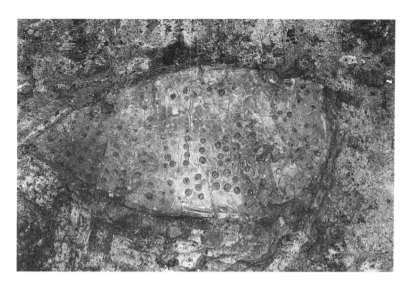

图 3-30　金沙卜甲

（6）卜甲堆积。位于祭祀区西部，发现大小卜甲 19 片（图 3-30）。

据发掘者研究，各类遗迹大体分三个阶段。相当于殷墟第二、三期的第一个阶段，祭祀用品以象牙、石器为主，另有陶器和极少量玉器，如第 11 号、第 3 号遗迹。相当于殷墟第三、四期之际至西周中期的第二阶段，以玉器、铜器和金器为祭品的遗迹较多，如第 6 号遗迹；象牙与玉器的组合仍然流行，如第 10 号遗迹和 1 号坑。相当于西周晚期至春秋早期的第三阶段，大量使用野猪獠牙、鹿角、美石和陶器，如第 2 号、28 号遗迹，早期的铜器、玉器和象牙数量骤减 [1]。这三个阶段与前文对金沙祭祀区遗物的比较结果和年代推断一致：即金沙的玉器和石器与三星堆 1 号坑玉器具有更多共性而年代接近，三星堆也将象牙作为祭祀用品，故金沙以玉石器和象牙为主的组合年代可能最早；金沙的青铜器和金器与三星堆同类器既有共性又有差异，这类组合应稍晚；以兽牙、兽角、卜甲和陶器为主的组合与三星堆差别最大，年代应较晚。

在各种堆积类型中，玉石器和象牙堆积最普遍，两者种类和数量最多，应

[1]　成都文物考古研究所：《金沙——21 世纪中国考古新发现》，北京：五洲传播出版社，2005 年，第 12 ～ 16 页。

是金沙最主要的祭祀用器。铜器和金器次之，陶器、卜甲和牙角堆积较为特殊。遗物又分平地和浅坑两种方式埋藏。不同的组合与埋藏方式可能因年代差异，也可能是祭祀内容不同。每类堆积都很特别，或许分别用于不同类的祭祀。虽然我们只知堆积的大致器类而不清楚更具体的组合，但似乎可以确定没有组合完全一样的堆积。这说明祭祀不同用器也不同，或同类祭祀每次使用的器物并不固定。

与三星堆 1、2 号坑的遗物组合相比，金沙器物组合多属祭祀用品，除下文即将讨论的石人像等少量遗物外，缺乏明确的祭祀者和祭祀对象。无论是浅坑还是平地掩埋，祭祀规模都较小，一个遗迹单位中的遗物相对较少，遗物没有被有意毁坏和焚烧的痕迹，这些都说明金沙祭祀区的遗迹、遗物是在长时间内由多次祭祀活动留下的。金沙时期的祭祀活动已有变化，不再制作、供奉突出的祭祀对象和祭祀者形象，但实际举行的小规模祭祀活动更为频繁。祭祀区遗迹和遗物的三个阶段也反映了不同时期祭祀方式和埋藏内容的特点与变化。

4. 石人像与动物像

金沙祭祀区出土 12 件石人像，并与石虎、石蛇共出，这在遗物类别和组合中都很突出。石人像和石雕动物不见于三星堆 1、2 号坑，但在三星堆遗址有发现。同样的石像存在于两个重要遗址，认识它们的身份、含义，显然有助于更好地理解两个遗址的祭祀遗存和当时的宗教信仰。

金沙的石雕人像形制基本相同，即都为双手被反绑的跪坐状。头顶均呈 V 字形，相关报道与研究均认为这是一种奇特的发式，即头发中分并向左右分开，如同翻开的书本。头左右两侧没有头发，脑后有发辫垂至腰间。人脸方正瘦削，高鼻，大嘴，耳上有穿孔。双手在后背交叉，双膝屈跪坐于足上。人身上未刻纹饰，也未提及有彩绘，似为全身赤裸。人像的细部有所不同。如标本 2001CQJC：716，人像头顶中分的"发式"上刻有"发丝"，用阴线刻出眼、嘴、双股发辫和捆绑双手的绳索（图 3-31：1）。2001CQJC：717，用彩绘出眼睛，嘴部涂有鲜艳的朱砂。2001CQJC：188，头后下垂三股发辫。有的人像雕琢不细或保存不佳，如 2001CQJC：159，五官、头顶"发式"和绳索仅刻出轮廓，不见发辫，双眼仅用红、白两色描绘。2001CQJC：166，嘴仅用一道阴线表示，

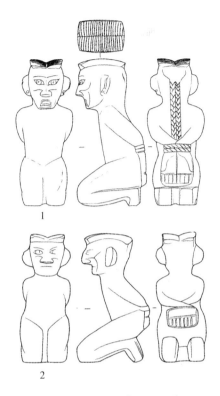

图 3-31　金沙出土石人像

1. 2001CQJC：716　2. 2001CQJC：166

背部看不出发辫和绳索，后绑的双手仅刻出手指（图 3-31：2）。2001CQJC：212，风化严重，但眼、嘴、耳部残留有朱砂，脑后的头发由三股合为一束。人像中，所知最小者高约 17 厘米，最大者高约 27 厘米。

　　金沙之外，在三星堆月亮湾台地发现过石人和石虎，西泉坎和三星堆地点出土石人，仓包包出土石虎，遗址上还出土过石蛇。三星堆博物馆陈列的 1 件石人，即与金沙石人像相同。1983 年前后在成都方池街遗址出土 1 件青石人像 [1]，高约 50 厘米，保存不佳，同出陶尖底杯、尖底罐、圜底釜、石斧、石锛和卜骨等。后来又报道了石人像的出土层位，以及同地层的陶盘、圈足罐和

[1]　徐鹏章：《我市方池街发现古文化遗址》，《成都文物》1984 年第 2 期。

石璜[1]。此外，美国芝加哥艺术学院收藏 1 件黑色玉石像，高约 20 厘米[2]。

以上可见的石像和金沙石像一样，人头顶呈奇特的 V 字形，双手被绑，跪坐，裸体。除国外的藏品外，同类的石人像在成都平原以外的地方尚无发现，而石人像的特点也使它们与其他地区、其他文化的人物雕像明显区别开来。

吴怡认为方池街石人像的头发由中间分开向左右披下，正面看上去像甲骨文的"羌"字，羌由游牧改为定居并从事农耕后成为氐，氐进入成都平原成为蜀人祖先，石像表现的就是蜀族先民，这个奴隶形象还表明蜀族已进入奴隶制社会[3]。后又对比"羌"字和甘肃出土仰韶文化彩陶瓶上的头像，认为石人像表现的是羌人奴隶，古蜀人将羌人形象的石俑作为人祭的代用品[4]。赵殿增也将三星堆的石人像释为奴隶像，用以证明当时已进入奴隶制社会[5]。金沙的石人像同样被认为表现的是奴隶或战俘，其族属与统治成都平原的古蜀族不同。黄剑华持不同观点，他据古代文献、中原和三星堆的考古材料认为石人并非奴隶、社会下层或战俘，而是古蜀族巫师的象征，表现的是"暴巫求雨"的情形[6]。

将石人像定为奴隶、战俘或是巫师，主要都依据人像的发式、双手反缚并呈跪姿等外在特征。但对石人像身份的解释不能仅进行形态观察，而应考察和分析石人像的出土状况、共出遗物和文化背景，并与金沙和三星堆的其他人物形象相对比。

三星堆 2 号坑青铜"神坛"中部的 4 个立人头顶即呈 V 形，与石人像相似。按三星堆发掘报告的描述，青铜人像头顶的 V 形部分为敞口的方斗形帽，帽檐前方呈 V 字形，帽箍上有一周几何纹，帽顶上又生出扁平的侧面人头像[7]。

[1] 王毅、徐鹏章：《方池街古文化遗址的出土文物》，《成都文物》1999 年第 2 期。

[2] 成都文物考古研究所：《金沙——再现辉煌的古蜀王都》，成都：四川出版集团、四川人民出版社，2005 年，第 21～22 页。

[3] 吴怡：《成都市方池街出土的石人初探》，《成都文物》1985 年第 1 期。

[4] 吴怡：《成都方池街出土石雕人像及相关问题》，《四川文物》1988 年第 6 期。

[5] 赵殿增：《三星堆考古发现与巴蜀古史研究》，《四川文物》1992 年"三星堆古蜀文化研究专辑"。

[6] 黄剑华：《金沙遗址出土石雕人像探析》，《中华文化论坛》2004 年第 1 期。

[7] 四川省文物考古研究所：《三星堆祭祀坑》，北京：文物出版社，1999 年，第 231 页。

从照片和实物看不太清楚 V 字形部分与人头的分界，但线图描绘清楚，冠上还有纹饰，说明那不是发式。"神坛"上的 4 个立人是进行祭祀的巫师。2 号坑还有其他很多表现巫师的青铜人像也戴有不同的冠，如立人像突出双目的兽面纹冠和兽首形冠，青铜人头像的"回字纹冠""箍形冠""双角形冠"等。金沙立人戴太阳形冠。在包括萨满教的许多原始宗教中，巫师的头冠通常复杂多样。金沙石人像与三星堆青铜人像相同的 V 字形部分可能也是冠而非发式。俯视石雕人像就会发现，发式不可能如此规整方正、棱角分明（图 3-32）。若头顶的头发中分，两侧头发又被剃光，那么脑后的头发难以再编成下垂至腰的双股或三股发辫。

　　金沙与三星堆的遗物有显著的共性，两个遗址紧密关联，文化一脉相承。石人像与三星堆"神坛"人像头顶上的无论是冠还是发式，它们在极具特征的细节上所具有的相似性，可以表明两者身份相同，即都是巫师。

　　脑后编发的人像在三星堆也有多例，金沙头戴太阳形冠的青铜立人像的发式也是三股发辫合编于脑后，这种编发很少见。若依据发式来辨别族属或者身份，那么石人像与表现巫师的青铜立人像并无区别。

图 3-32　金沙出土石人像（2001CQJC：716）

　　三星堆有很多青铜人像都是跪姿，金沙石人像与它们的最大区别在于双手被缚。但呈此姿势的人像也不一定就是奴隶或战俘。在一些古代文化中，巫师举行祭祀时自己也会成为牺牲。商代甲骨文中就有祭祀时焚烧巫师的内容。古代文献中也有将巫作为牺牲的记录，这类祭祀多为求雨。常被引述的如《礼记·檀弓下》："岁旱，穆公召县子而问然，曰，天久不雨，吾欲暴尪而奚若？曰，天则不雨，而暴人之疾子，虐，毋乃不可与。然则吾欲暴巫而奚若？曰，天则不雨，而望之愚妇人，于求之，毋乃已疏乎"。《春秋左传》僖公二十一年："夏，大旱，公欲焚巫尪"。《春秋繁露·求雨》："春旱求雨……暴巫聚蛇八日，于邑东门之外，为四通之坛"，"秋暴巫尪……为四通之坛，于邑西门之外，方九尺"。统治者也会将自己作为牺牲，《吕氏春秋》卷九秋季"昔者汤克夏而正天下，天下大旱五年不收，汤乃以身祷于桑林……于是翦其发，磨其手，以身为牺牲"。因此，我们不排除这种可能性，即石人像表现的也是用巫师作为牺牲的情形，或是以石人像作为巫师的替身进行祭祀。

　　辨析石人像的身份，更重要的还在于考察和分析出土状况。与方池街石人像共出的遗物中有卜骨，其中1件为人头盖骨，上有凿痕与灼痕。卜骨通常应是由巫师所用。三星堆石人像出土的具体情况不清楚，有报道说西泉坎的1件出自有大量石璧成品、半成品和石废料的房基处[1]。如果这处房址是石器加工作坊，那么这件石人像便是作坊中的石制品。

　　金沙有的石人像明确与其他遗物同出于一个遗迹单位，或跪在石虎前，或与石蛇共出，或置于玉璋上，或一旁伴出石璧、铜器和陶器等。如第19号遗迹出土1件石人、1件石蛇、2件石虎、3件石虎尾和大量石璧，出土时人像与石虎在一处，虎口正对人胸。在"梅苑"地点东北部的第8层中，1件石人像和1件石蛇在一起。

　　石人像与石虎、石蛇共出应非偶然。金沙和三星堆遗址还出土金虎、青铜虎和青铜蛇，虎和蛇一定有特殊含义。王方讨论金沙的石雕，认为从史书记载看，蛇同神、人有某种特殊联系，巫师可能因操蛇而成为时人心目中的英雄或

---

[1] 陈显丹：《广汉三星堆遗址发掘概况、初步分期——兼论"早蜀文化"的特征及其发展》，《南方民族考古》第2辑，成都：四川科学技术出版社，1990年。

神，蛇也成为巫师的工具或助手[1]。考虑到当时的人在成都平原所处的生存环境，以及虎、蛇等动物带来的威胁和恐惧，有人的确可能因具有控制这些动物的能力而取得特殊地位，或是利用动物来让他人畏惧和敬服。张光直对商周时期的动物形象和它们与巫师的关系有很多论述，在一系列的文章中都提出巫师与动物有密切关系，表现为人与动物的转型，或人与动物为亲昵伙伴，特别是动物发挥了帮助巫觋通天地的作用[2]。在许多具体讨论中还都列举了虎与蛇。张光直的这些论述并非针对金沙的考古发现，但毫无疑问有助于我们理解金沙石人像的身份和它们与石虎、石蛇的关系。另外，还有石人像置于玉璋上。三星堆和金沙的玉璋同样是巫师的用器，三星堆手执玉璋祭祀的青铜跪坐人像就说明了这一点。

最后，我们将石人像放在成都平原的青铜文化和更宽广的背景中考察。三星堆和金沙出土的各类人像，表现的都是巫师或部族首领，有的还出现在祭祀场景中，并无一例可认为表现的是奴隶、战俘或下层人物。石人像虽在不同遗址中出土多件，但它们形象一致而仅属一类，认为它们表现的奴隶或战俘，这尚属孤例，也缺乏其他考古材料的支持。在三星堆和金沙又都有大量表现祭祀场面的器物、纹饰，以及实际祭祀的遗迹，其中均无用奴隶或战俘祭祀的迹象。由此我们不能认为石人像表现的是用奴隶进行人祭。

在商周文化或其他地区的古代文化中，虽然有人祭，但将人、虎、蛇一同作为祭品，或是将人作为牺牲供奉给虎、蛇从而完成祭祀，这些类情况都很少见。若认为石人像是用于人祭的奴隶，反而难以解释它们和虎、蛇以及和卜骨、玉璋的共存关系。三星堆1号坑出土龙虎尊腹部的纹饰，即为虎口下有一人，此类"虎食人母题"多见于商周青铜器上，人像都位于虎口之下，但不表明人被虎吞噬[3]。四川较晚的考古材料中也有类似的纹饰，1963年在峨眉县符溪乡7座战国墓中出土一批青铜器，有1件戈的援和胡上饰有一只虎，大张的虎口

---

[1]　王方：《对成都金沙遗址出土石雕作品的几点认识》，《考古与文物》2004年第3期。

[2]　张光直：《商代的巫与巫术》《商周青铜器上的动物纹样》《中国古代艺术与政治》等，《中国青铜时代》，北京：生活·读书·新知三联书店，1999年。

[3]　施劲松：《论带虎食人母题的商周青铜器》，《考古》1998年第3期。

下跪有一双手被反绑的人，人头顶也有略似 V 字形的凸出物[1]。戈纹的拓片不很清楚，戈的时代也晚于三星堆和金沙遗址，戈上的人像与金沙人像没有直接关系。不过就商周青铜器上虎与人的关系看，戈上的跪人也不一定是奴隶。

综上所述，金沙等地的被缚跪坐石人像可以解释为巫师，共出的石虎、石蛇、玉璋和卜骨是巫师的工具，石人像及其共存物表现的也是巫师祭祀的一个场景。在突出太阳崇拜的信仰体系中，它们表现的是什么祭祀场景，祭祀的目的和对象又是什么，目前还难有进一步的认识。但对石人像的分析表明，解释不能只看表面现象，只有对遗物进行深入"发掘"才可能揭示出其真实含义。要做到这一点，最重要的是将遗物放到它的出土背景和文化背景中，发现、建立它们与其他遗物和现象的联系。很多考古材料，特别是诸如祭祀遗迹等特定考古单位的遗物，应当是相互关联而非支离破碎的，对它们更应有全面的考察而不是孤立的解释。当然，对遗物的解释不能脱离今人的视角、知识和价值观，但我们还是应当努力将遗物放回它原本的背景中，让实物自己"说话"，并尝试着去与古人的思维相"沟通"，如此才可能获得更合理的认识。

（五）遗物的特点与成因

金沙祭祀区遗物具有自身特点，青铜器尤其突出，这些特点的形成自有原因。

1. 特点

金沙青铜器的种类和数量相对较少。已出土的器类没有表现祭祀对象和祭祀场景的大型器物，人像、面具、容器等数量不多。

金沙青铜器形体普遍较小。最明显的如青铜立人像、人头像等，与三星堆同类器相比差异极大。这方面的差异不是仅就两件具体铜器的比较而言，而是说三星堆的青铜器普遍形体高大，金沙铜器却不然，即使是作为祭祀用器的小型铜器也如此。比较已发表的数据，除两地形制相同的少部分戈和璧形器等外，

---

[1]　陈黎清：《四川峨眉县出土一批战国青铜器》，《考古》1986 年第 11 期。

金沙的大多数戈、璧形器、人面具、眼形器、龙、鸟、圆角方孔器、璋、挂饰、铃、罍等形体均很小，与三星堆同类器相比大小甚至相差数倍。

金沙青铜器大多轻薄。据肖璘等对 13 件铜器标本的测量和检验，圆角方孔器、眼形器和一些残片的厚度一般为 0.02 厘米左右，仅个别残片厚 0.07 厘米[1]。据金沙祭祀区发掘者张擎告知，已测量的 10 件眼形器厚多为 0.08 ～ 0.12 厘米。据其他数据或介绍，璧形器、戈、镂孔饰、挂饰等也都很薄。有的圆角方孔器中间为极大的方孔而四周仅存窄边，与三星堆的方孔器完全不同。

金沙青铜器的制造和装饰技术大多不同于三星堆青铜器。肖璘等对前述金沙 13 件标本的金相检验表明，除 1 件璧形器和 1 件残片为铸造外，其余 11 件样品均为热锻成形，它们可能先铸成较厚的铜片，再据需要加热锻打成不同的形状和尺寸。当然，这个检测和分析结果会受限于样品多为片状器，但即使如此，这也表明金沙的很多铜器是锻造成型。曾中懋对三星堆铜器所做的同类分析则表明，测试标本均为铸造成型[2]，崔剑锋、吴小红对三星堆 20 件样品所做的分析同样也都是铸造而成[3]。三星堆的青铜器形体高大、厚重，纹饰铸造而成。金沙铜器小而轻薄，有的只能用彩绘或镂空装饰。比如在很薄的眼形器上用墨绘和镂空表现眼眶、瞳孔、眼角，在人面形器上彩绘五官。金沙铜器因为小而轻薄，故普遍素面，如立人像身上就没有那些复杂的服饰和装饰。

三星堆的一些青铜器类，在金沙改为石雕、木雕和玉器。最突出的就是大量的石雕人像和动物，木雕神人头像和兽面，玉人面像、镂空饰、椭圆眼形器等。

以上是金沙青铜器相对于三星堆青铜器的突出特点。但金沙的金器、玉器、石器、木器和象牙并不如此，它们的种类和数量丰富，形体差异也不突出。

对于金沙遗物的以上特点，最后强调两点。一是祭祀区并未全部发掘，因此上述认识具有局限性；二是已出土的青铜器确实存在小型化、轻薄化、锻造

---

[1]　肖璘、杨军昌、韩汝玢：《成都金沙遗址出土金属器的实验分析与研究》，《文物》2004 年第 4 期。

[2]　曾中懋：《广汉三星堆一、二号祭祀坑出土铜器成分的分析》，《四川文物》1989 年 "广汉三星堆遗址研究专辑"。

[3]　崔剑锋、吴小红：《三星堆遗址祭祀坑中出土部分青铜器的金属学和铅同位素比值再分析——对三星堆青铜文化的一些新认识》，《南方民族考古》第 9 辑，北京：科学出版社，2013 年。

成型和以其他质地代替青铜的情况，即使今后有新发现，这些特点也一样存在。

2. 可能的原因

金沙青铜器及其他遗物之所以形成上述特点，原因需要从多方面分析。

金沙和三星堆遗址可能有一段并存期，并存时的金沙不如三星堆重要，祭祀器物的规格相应较低。这可以解释金沙一些遗物、特别是玉器，形制与三星堆遗物相同但形体偏小。但金沙成为中心或都邑时，祭祀器物理应具有如同三星堆遗物那样的规格。事实上，除青铜器之外的遗物的确种类、数量丰富。金沙的金器、象牙就很多，玉器的制作水平也很高。如此，青铜器出现上述特点当另有原因。

金沙和三星堆的祭祀器物的功能可能不完全相同，比如金沙的遗物或用于现场的祭祀活动而不用于供奉，因而没有表现祭祀对象和场景的大型器物。但金沙也有立人像、人头像、眼形器和铜鸟等，这不足以解释为何金沙的这类铜器也数量少、小型化、轻薄化、代用石器和木器，以及为何金沙在有的阶段缺少青铜器的组合。

人们价值观、审美观或信仰的变化都会影响青铜制品的制作。但金沙与三星堆遗址年代紧密衔接，文化面貌一致，社会处于同一发展阶段，人们的生活环境和信仰相同。在此背景下，价值观和审美观不会突然变化并影响到青铜器的生产与使用，两地遗物风格的明显的相似性也说明了这一点。

最后，导致金沙遗物出现以上特点的原因可能是铜矿资源匮乏。

铜料不足会明显影响铜器的生产。这将限制人们制造更多、更大的青铜器，必要的铜器会制作得尽量小巧轻薄，甚至采取诸如将方孔器的方孔扩大的办法节省铜料。三星堆青铜器给人的强烈的直观感受是资源富足，一件大型铜器所用的铜料在金沙足以制作数件同类器。当然，三星堆的统治者可能控制或聚敛铜矿资源以满足于制作宗教、祭祀用器，因而在其他遗址点少见青铜器。但金沙遗址除祭祀区以外的地点同样少见铜器，一样是控制资源，三星堆的统治者显然拥有更充足的铜料。

金沙时期因铜料不足还开始用石器、玉器、木器来代替本来是用青铜铸造的人像、神像、面具、眼形器和动物形象，同时尽可能用金器、玉器、石器、象牙、陶器、漆器、獠牙、鹿角等作为祭祀用器。正如此，金沙的一些金器、玉器、石器的规格并不低。

在制作上，铸造与锻造是不同的技术，两者的一个重要差别就是锻造可以大为节省铜料。贝格立提出商代与世界其他地区青铜器制造业的主要差别即在于对铸造法和锻造法各有所重，这种差异缘于一个经济问题，即商代的工匠没有金属资源匮乏的顾虑，而其他地区如近东总是采用锻制技术来解决金属资源不足的问题[1]。三星堆与金沙的工匠无疑具有制作铜器的相同的知识和技术。金沙有铸造成型的铜器，有的器物甚至是先铸后锻，说明三星堆的铸造技术并未中断。反之，三星堆的很多铜箔饰件等也是锤打成型，并同样在铜箔上运用了錾凿和彩绘的装饰方法，只不过锻造技术和这类装饰方法使用不多。因此，金沙与三星堆铜器主要成型技术和装饰技法互换的原因就在于金沙时期铜料匮乏。

青铜器成分检测和分析证明两地铜器的矿源确有变化。关于三星堆的青铜器，据金正耀[2]、崔剑锋、吴小红[3]等学者分别进行的检测和分析，样品都为同一矿料来源，并含高放射成因铅。对金沙青铜器，金正耀等就戈钺形器、容器、璧环类器、像生和装饰类器、杂器等22件铜器进行检测，结果表明戈形器、锄形器（即方孔器）、璧形器等多含与三星堆青铜器铅同位素组成完全一样的高放射成因铅，但也出现了含普通铅的器物；一半以上的像生和装饰类器物含高放射成因铅；杂器和容器多含普通铅；这揭示出金沙时期延续利用了早期开发的高放射成因铅青铜原料产区，同时矿业活动也由开采已久的矿区向新矿区转移[4]。马江波等的成分研究也表明，三星堆和金沙铜器的合金成分存在差异，

[1] 〔美〕贝格立：《商时期青铜铸造业的起源和发展》，《南方文物》2009年第1期。

[2] 金正耀、马渊久夫、Tom Chase、陈德安、三轮嘉六、平尾良光、赵殿增：《广汉三星堆祭祀坑青铜器的化学组成和铅同位素比值研究》，《三星堆祭祀坑》，北京：文物出版社，1999年。

[3] 崔剑锋、吴小红：《三星堆遗址祭祀坑中出土部分青铜器的金属学和铅同位素比值再分析——对三星堆青铜文化的一些新认识》，《南方民族考古》第9辑，北京：科学出版社，2013年。

[4] 金正耀、朱炳泉、常向阳、许之咏、张擎、唐飞：《成都金沙遗址铜器研究》，《文物》2004年第7期。

金沙含锡铜器和低铅含量的器物都较多[1]。肖璘等还检测出 1 件环形器为砷铜，砷铜器多见于我国西北地区[2]。金沙时期延续开采早期矿区和向新矿区转移的具体情况难以知晓，但检测和分析表明金沙时期的矿源确实发生了变化。经分析的金沙铜器中，含高放射成因铅者以戈、方孔器和璧形器居多，它们恰好与三星堆的同类器差别不大，也可能是同时代的器物。据形制和成分或许可以认为，金沙含高放射成因铅的铜器年代较早。金沙像生类器物、装饰类器物，特别是杂器和容器多为普通铅，它们恰好与三星堆青铜器的差异更明显，更可能生产于金沙时期。金属成分的差异可以表明三星堆时期的矿源在金沙时期可能中断并致使资源匮乏。

再从金沙器物组合的三个阶段看，第一阶段应与三星堆 1、2 号坑年代相近，金沙还不是中心，祭祀器物规格较低。第二阶段金沙已是新的中心，遗物组合最丰富，铜器增多，但铜料来源中断或不足导致青铜器发生明显变化。第三阶段铜料更加匮乏，祭祀器物以兽牙、兽角、美石和陶器为主。铜料影响了祭祀用品的组合，甚至可能改变了祭祀方式，人们不再用青铜制作那些巨大的表现崇拜对象和祭祀场景的器物，而是更多地使用其他质地的器物在河边祭祀。

铜料匮乏的现象在金沙其他地点和成都平原同时期的其他遗址中也有体现。在金沙祭祀区以外很少出土青铜器，在已发现的数以千计的金沙时期的墓葬中，青铜器极少见，这与葬俗和观念有关，但铜料不足应当也是重要原因。成都平原的东周时期的考古材料显示，铜料匮乏的情况直至战国时才有所改变。

如果金沙时期铜料匮乏，那么这将是了解从三星堆到金沙的社会变化的重要线索，也为我们研究两个遗址的关系提供一个新视角。目前我们并不清楚三星堆衰落的确切原因，金沙在三星堆时期已是一个重要活动区，但不知它在何种情况下替代三星堆成为新的中心。可以肯定的是，无论是在三星堆还是金沙，青铜制品对维系社会制度和宗教信仰至关重要，铜矿资源的重要性不言而喻。在此背景下，铜矿资源中断或不足可能引发社会变化或其他后果。因此在商末

---

[1]　马江波、金正耀、田建花、陈德安：《三星堆铜器的合金成分和金相研究》，《四川文物》2012 年第 2 期。

[2]　肖璘、杨军昌、韩汝玢：《成都金沙遗址出土金属器的实验分析与研究》，《文物》2004 年第 4 期。

时，是社会变动使成都平原的统治中心转移并进而致使铜料匮乏，还是因为铜料来源的中断导致了三星堆的衰落和金沙的兴起，这非常值得关注。

总之，金沙祭祀区青铜器及其他遗物显现出的特点以及该时期可能出现的铜矿资源的匮乏，有助于说明成都平原两个中心历经的变化。

三、其他遗存

金沙遗址除祭祀遗存外，还有很多居址、墓葬等。这些考古材料从另外的方面揭示出这一时期的文化和社会。

（一）建筑

金沙遗址的建筑，按前两章的房址分类，发现最多的一类是带基槽的木骨泥墙建筑。

这类房址以金沙和黄忠村遗址的发现最重要。1999 年在黄忠村"三合花园"地点发现的那批房址，第 4 层下有大型房基 F1～F4，呈南北向。F1、F2方向一致，可能为一组；F3、F4 相对独立。以 F3 为例，为南北向的长方形排房，发掘部分长 18.5、宽 6.1～6.44 米，现存 4 条基槽，至少为两开间。基槽宽 0.6～0.7 米，内有密集且有规律的柱洞，南室东墙和南北室间可能有门道。简报推测有的房址可能和陶窑相关。第 5A 层下的 F5～F9 均为大型建筑，长至少都超过 20 米。此 5 座房址或为一组：F6 在北侧，为东西向的长条形排房；F5 在东、F9 在西，均为南北向的排房；F7 在 F5 和 F9 之间，近方形，经重建后为 F8。F6 是其中最北、最大的一座，方向 50 度，发掘部分长 43.8、宽近 8米。基槽不甚规整，宽约 0.4～0.5 米，东、北、南三面墙基槽内均有排列整齐的柱洞。大柱洞多位于基槽中部，大多填红烧土块、砾石及沙土并夯筑；小柱洞排列整齐，多为两个一组。房内有垫土和隔墙，至少是 5 开间的大型排房（图 3-33）。

2007 年在黄忠村"金沙朗寓工地"又发掘出 2 座大型建筑 F160、F161，

图 3-33　黄忠村"三合花园"地点 F5 ～ F9

在金沙"金牛城乡一体化 5 号 A"地点也发掘 3 座。它们与"三合花园"的 5 座大型房址平行或垂直，西北—东南向或东北—西南向；结构也相同，均为有大型木柱支撑的木骨泥墙式建筑。

规模较小的房址发现于"芙蓉苑南"地点[1]。2002 年清理出房址 F31 ～ F37，7 座均为长方形，东北—西南向，有的房门两侧有门柱。面积最大的 F31 为 67.5 平方米，F32、F33 两座一组的面积也仅有 83.5 平方米。另有 16 座残房址 F45 ～ F60，多仅存单边墙基，它们的修建或有早有晚，但分布集中，朝向一致，当为成组建筑（图 3-34）。因房址面积不过一百平方米，木骨泥墙较为单薄，简报推断该地可能是平民居住区。

金沙"兰苑"地点发现房址甚多，见诸报道的是 2001 年发掘的 17 座，平面为长方形或方形，基本为西北—东南向，基槽内有密集的小柱洞，面积较大者间隔一定距离还有较大的柱洞。

在金沙祭祀区还发现 9 个纵横分布的柱坑，尚不清楚该建筑的形制与性质。

[1]　成都市文物考古研究所：《金沙村遗址芙蓉苑南地点发掘简报》，《成都考古发现（2003）》，北京：科学出版社，2005 年。

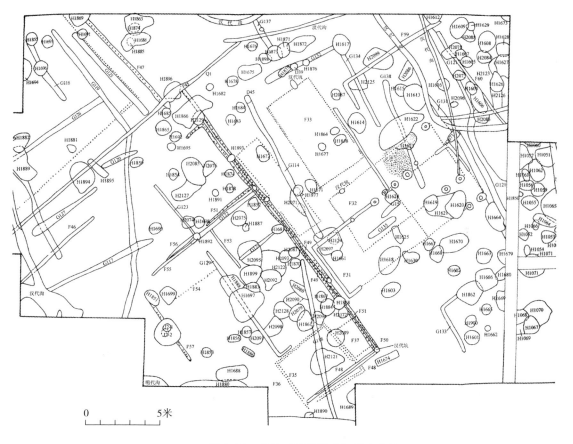

图 3-34 金沙"芙蓉苑南"地点房址

（二）墓葬

　　与三星堆文化墓葬发现极少不同，在金沙遗址发现的墓葬已达数千座。很多墓葬集中分布，形成大规模的墓地。已报道的墓地多南北向分布于祭祀区以西。

　　2001 年在最南的"兰苑"地点发掘 100 余座墓，墓葬排列有序，很少叠压和打破（图 3-35）。以西北—东南向为主，竖穴土坑为长方形或方形，个别有生土二层台，以仰身直肢葬居多，有少量二次葬。未见葬具，大多数墓无随葬品，随葬品以陶器居多，个别墓有少量铜器、玉器和石器，简报提到有墓

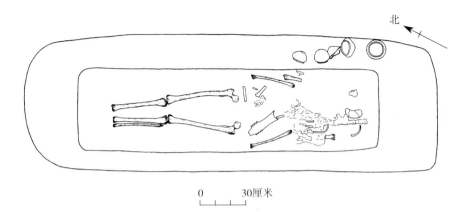

北

0 ⊢—⊢—⊢ 30厘米

图 3-35 金沙"兰苑"地点 M33

葬出金器。铜钺、戈、斧、斤均为小型器物，制作粗糙，锈蚀严重；玉锛、凿、璋形体较小但磨制精细。简报认为墓主人多为贫民，但墓主之间存在严重的社会分层。

向北的"蜀风花园城二期"地点可能为墓地[1]，2001 年发掘 15 座墓。葬式明确者均为仰身直肢葬，墓向均为西北—东南向，二次葬似较为流行，有 4 座墓出土陶器和石器。

2004 年在"国际花园"地点发掘 62 座墓[2]，其中 48 座叠压于遗址的第 5A 层下，推断为西周晚期至春秋早期。有 1 座船棺墓，其他葬具不明，仅有 9 座墓有陶器和石器（图 3-36）。

2002—2003 年在"万博"（"博雅庭韵"）地点发掘 60 座墓[3]，所举墓例多为东北—西南向，有一次葬和二次葬，有 3 座墓底有木痕，仅少数墓出土陶器，一墓多为 1 ~ 2 件，多者 5 件（图 3-37）。

[1] 成都市文物考古研究所：《金沙遗址蜀风花园城二期地点试掘简报》，《成都考古发现（2001）》，北京：科学出版社，2003 年。

[2] 成都文物考古研究所：《金沙遗址"国际花园"地点发掘简报》，《成都考古发现（2004）》，北京：科学出版社，2006 年。

[3] 成都市文物考古研究所：《成都金沙遗址万博地点考古勘探与发掘收获》，《成都考古发现（2002）》，北京：科学出版社，2004 年。

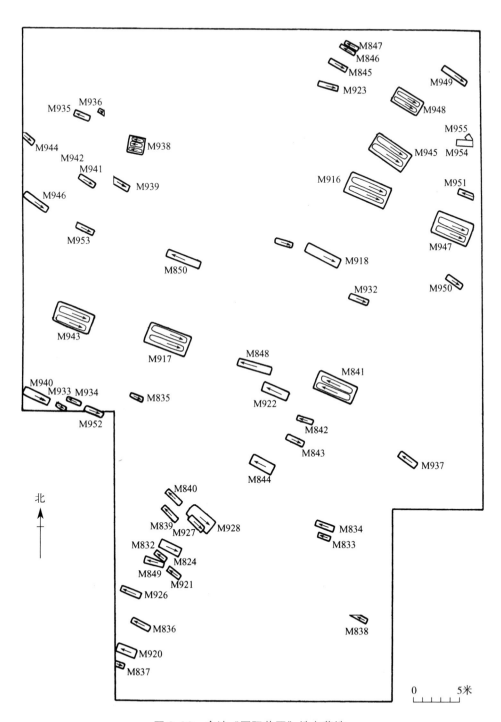

图 3-36　金沙"国际花园"地点墓地

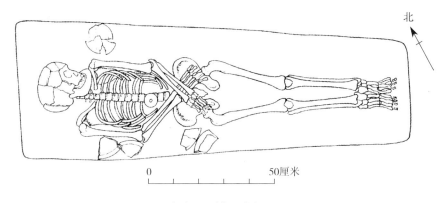

图 3-37　金沙"万博"地点 M197

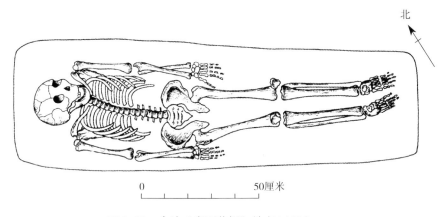

图 3-38　金沙"春雨花间"地点 M416

2002—2003 年在"春雨花间"地点发掘 17 座墓[1]，多为西北—东南向，少数为南北向，均为一次葬，除 2 座俯身直肢葬外均为仰身直肢葬。5 墓有随葬品，每墓出 1 件陶纺轮，只有 1 墓还出 1 件小平底罐（图 3-38）。

2003—2004 年在西部最北的"阳光地带二期"地点发掘约 290 座墓，其中有 21 座船棺墓[2]。墓葬多为西北—东南向，土坑墓多为仰身直肢葬，有少

[1] 成都文物考古研究所：《成都市金沙遗址"春雨花间"地点发掘简报》，《成都考古发现（2004）》，北京：科学出版社，2006 年。

[2] 成都文物考古研究院、成都金沙遗址博物馆：《金沙遗址——阳光地带二期地点发掘报告》，北京：文物出版社，2017 年。发掘墓葬的总数，以及船棺墓和疑似船棺墓的数量等，报告所述似不一致。

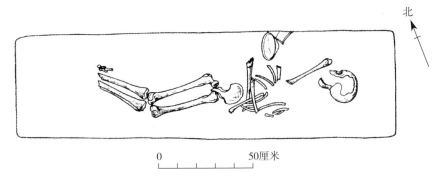

图 3-39　金沙"星河路"地点 M2704

量屈肢葬和二次葬，只 1 座墓出土小型青铜器，其他有陶器和石器。船棺墓有 6 座为双棺或三棺合葬，仅 1 座墓随葬陶器，但疑似船棺墓多随葬磨石。该地点的大多数墓葬无随葬品。

在金沙遗址的东北部，2008 年在"星河路"地点发掘 48 座墓，其中有 24 座叠压在遗址第 5 层下而属于这个时期[1]。18 座为西北—东南向，6 座为东北—西南向，均无葬具，仰身直肢葬，有 3 墓出土 1～2 件陶器（图 3-39）。

在金沙东部的黄忠村遗址，1999 年发掘 13 座墓，无葬具，有仰身直肢葬和二次葬，成人墓内多出兽骨，仅 1 座墓出铜柳叶形剑。2001—2002 年在黄忠村四组又发现 1 座[2]。

金沙墓葬多成片分布，每个墓地内墓葬排列较为整齐。墓坑多为西北—东南向，或东北—西南向，同一方向的墓头向又不一致。有少量俯身葬、屈肢葬和二次葬，个别墓地出现了船棺墓和合葬。船棺墓很少随葬陶器而多磨石，其他方面与土坑墓无明显区别。大多数墓葬没有随葬品，但有随葬品的墓葬增多。随葬品也不丰富，每墓通常只一两件，陶器有高领罐、小平底罐、圈足罐、尖底罐、尖底盏、尖底杯、壶、器盖、纺轮，极少数墓有小件铜器和玉器，随葬

[1]　成都文物考古研究所：《金沙遗址星河路西延线地点发掘简报》，《成都考古发现（2008）》，北京：科学出版社，2010 年。

[2]　成都市文物考古研究所：《成都金沙遗址 2001 年黄忠村干道规划道路 B 线地点试掘简报》，《成都考古发现（2002）》，北京：科学出版社，2004 年。

玉石条、磨石、纺轮的现象非常突出。三星堆仁胜村墓葬、三星堆祭祀器物坑都多见玉锥、凿等条状器，金沙祭祀区除此类条状器外还有磨石、卵石等，金沙墓葬随葬玉石条和磨石不知在观念上与此有无关联。

金沙墓葬总体上延续了此前的传统，最鲜明的特点是数千座墓中仍然没有大型墓葬。墓葬随葬品与祭祀区的遗物完全不同，与三星堆时期一样，贵重物品仍是祭祀器物而非随葬品。金沙时期的社会依然是王权与神权并在，早期国家的结构和统治方式一如三星堆时期，但社会的分层在墓葬中并没有明显的体现。个别墓葬出土的铜器与祭祀区铜器小型化、轻薄化的特点一致，或因为铜料匮乏，或是保持着不随葬贵重物品的传统。墓葬中有少量青铜器和玉石璋、戈等，或许统治阶层对社会财富的控制较三星堆文化时期有所放松。

墓葬的主要变化是形成了大规模的墓地。尽管墓葬的出土数量与多种因素有关，但在金沙一个遗址就发现多个墓地，一个墓地又有大片墓葬，这与此前显然不同。此时成都地区的遗址数量也超过了宝墩文化和三星堆文化时期。由此可认为，成都平原的人口显著增加，人口密度以金沙一带最高。墓葬中不见实用兵器，也没有战争或其他暴力行为的迹象，社会和平、稳定。魏东等对雍锦湾墓地 380 座墓所出的 363 个人骨标本进行鉴定，结果显示男女死亡的高峰期都在中老年期，进入老年期的个体较多，表明生活条件相对较好；男性死亡高峰未集中在青壮年期，推测与没有大规模的战争有关 [1]。尽管这只是对一个墓地的鉴定分析，但其结果与墓葬的其他特点一致。

四、都邑形态与年代

金沙遗址出土的考古材料极为丰富，但材料多在整理中，这也使得我们难以整合各类材料对遗址形成更多的总体性认识。目前除了对祭祀区有较多研究

---

[1]　魏东、朱泓：《成都金沙遗址雍锦湾墓地人骨鉴定报告》，《四川文物》2008 年第 2 期。

外，对金沙这个都邑的年代和形态的认识都还需深入。

　　江章华根据金沙11个发掘点的材料，主要通过陶器研究将遗址分为六期。第一期相当于商代晚期，部分陶器明显属三星堆文化，第二期为商末周初，第三期为西周早期，第四期为西周晚期，第五期为春秋早期，第六期为春秋晚期。在金沙遗址范围内，第一期的遗址明显呈西北—东南向的线状分布，第二期至第四期的遗址在祭祀区西北部和北部呈较为集中的片状分布，格局相对稳定，遗存最丰富，"三合花园"的大型建筑和祭祀区的主要遗存即属这一时期。第五、六期的遗存主要是墓葬[1]。这些研究有助于我们了解整个遗址的概况。

　　与三星堆城址不同的是，在金沙没有发现城墙，金沙遗址与其他遗址之间也无明显界线。又因遗址内发现的墓葬中并无高规格的"王陵"，因而有学者对金沙的都邑地位提出怀疑，认为金沙或许只是一个祭祀中心。但我认为遗址、墓葬等材料都表明金沙时期聚落数量增加，人口增长，社会稳定，同时也没有迹象显示出当时存在外敌，因此城墙一类的防御设施并非必要。从宝墩文化的城开始，城墙的功能就是防洪，如果金沙不面临洪水威胁，也不必修筑城墙。至于金沙没有大型墓葬，则与当时的社会特点和观念相关，不只是金沙，在整个成都平原也尚未发现这一时期的大型墓葬。以遗址的规模，以及内涵的丰富和复杂程度衡量，金沙就是当时成都平原的中心。

第二节　十二桥遗址

一、十二桥遗址与十二桥文化

　　成都十二桥是金沙时期的另一个重要遗址，位于金沙东南，发现于1985年，至1988年经过了多次发掘[2]。此前学界的关注点是三星堆遗址，对于三星堆

---

[1]　江章华：《金沙遗址的初步分析》，《文物》2010年第2期。

[2]　四川省文物考古研究院、成都文物考古研究所：《成都十二桥》，北京：文物出版社，2009年。

文化的去向、成都平原在三星堆之后的文化面貌等都不太清楚。因此，十二桥遗址发现后便被认为是成都平原的中心遗址。

自 20 世纪 80 年代以来，在成都市区相继发现一批与十二桥遗址大致同时的遗址，分布于新一村、抚琴小区、方池街、指挥街等地，十二桥遗址的发现，也使这些遗址的文化面貌逐渐明晰。1993 年孙华在讨论三星堆遗址的分期时，即将广泛分布于成都市区故郫江两岸、以十二桥遗址为代表的这类遗存命名为十二桥文化[1]。江章华等对十二桥文化的认识是，它由三星堆文化发展而来，重要遗址位于十二桥、抚琴小区、方池街、岷山饭店、指挥街、羊子山和新繁水观音；房屋为木构建筑；陶器以夹砂陶为主，素面陶占绝大多数，纹饰以绳纹为主，有高柄豆、小平底罐、盉、鸟头柄勺、尖底杯、尖底罐、尖底盏、壶、瓶、盆、高领罐、波浪花边口罐、盆形豆、罐形豆、瓮、喇叭口罐、釜、绳纹罐等；石工具以磨制的小型斧、锛、凿和不知用途的盘状器为主，还有很多骨器和铜器；年代相当于殷墟第三期至春秋前期[2]。

金沙遗址于 21 世纪初被发现后，虽然内涵更丰富，但学界还是将金沙纳入十二桥文化。要认识三星堆之后成都平原的文化和社会，自然需要研究十二桥遗址和十二桥文化，厘清十二桥、三星堆和金沙三个遗址的关系。

十二桥遗址的重要遗迹是 2 座大型木构建筑，遗物主要是出自地层的陶器。学界对遗址的分期、年代和文化内涵有各种意见。

（一）地层与分期

根据发掘报告，遗址分两个发掘区，各区探方的地层堆积不同。东边的 I 区 T25 堆积为 6 层，其他探方为 13 层。西边的 II 区，东部探方为 13 层，西部探方为 9 层。遗址第 13～10 层为商周时期文化遗存（包括 I 区 T25 第 5、6 层），第 9～5 层为战国至汉代文化层，第 4、3 层为隋唐时期文化层。

---

[1]　孙华：《试论广汉三星堆遗址的分期》，《南方民族考古》第 5 辑，成都：四川科学技术出版社，1993 年。

[2]　江章华、王毅、张擎：《成都平原先秦文化初论》，《考古学报》2002 年第 1 期。

在相当于商周时期的第 13 ~ 10 层中，遗物主要是陶器。各层出土陶器有差别，第 13、12 层种类和数量相对较多，第 11、10 层较少。

第 13 层的陶器，小平底罐、壶、盆、盉数量相对其他层最多，另外还多高领罐、花边口沿罐、敛口罐、尖底杯、器盖、高柄豆、细柄豆和鸟头柄勺等。

第 12 层的陶器丰富，喇叭口罐、敛口罐、瓶、盘、尖底杯、尖底盏、器盖、器圈足、高柄豆、纺轮等最多，另外还多高领罐、花边口沿罐、壶、盆、细柄豆、盉等。新出现喇叭口罐、绳纹罐和器座。

第 11 层的陶器器类和数量都有所减少。尖底杯最多，有一定数量的高领罐、敛口罐、器盖、器圈足、高柄豆等。不再有前两层的花边口沿罐、广肩罐、带耳罐、壶、瓶、盘、瓠、簋形器、尊形器、器座和鸟头柄勺等。

第 10 层的器类和数量最少，主要有小平底罐、敛口罐、盆、尖底杯、尖底盏、器圈足等。较第 11 层又少了钵和盉，但又出现个别的尊形器和簋形器，可能是晚期地层中出现的早期器物。

总体上看，这四个地层陶器的器类逐渐变化，同类器的数量和形制在不同地层有差别，但其间没有中断。

发掘报告将四个地层分为早晚两期，第 13 和 12 层为早期，年代相当于殷墟第三、四期；第 11 和 10 层为晚期，年代为西周早期。又将早期陶器分为两群，A 群为小平底罐、高柄豆、盉、瓶、壶、尊形器、瓠、细柄豆等，属于三星堆文化的典型陶器；B 群有尖底杯、尖底盏、尖底罐、喇叭口罐、高领罐、盆、钵、绳纹罐、广肩罐、敛口罐、圈足罐、簋形器等，它们是十二桥遗址与三星堆文化的区别所在。报告认为遗址早期尽管有大量三星堆文化的陶器，但考虑到考古学文化遗存的变化应当晚于社会与政治的变革，因此这一阶段应归入十二桥文化，处于三星堆文化与十二桥文化的过渡期。

除发掘报告的结论，对十二桥遗址上述四个地层的年代、分期和文化属性还有几种观点。

宋治民将四个地层分为早中晚三期，早中期为西周后期，晚期为春秋[1]；

---

[1]　宋治民：《早期蜀文化分期的再探讨》，《考古》1990 年第 5 期。

又据多个遗址的地层和陶器演变推定十二桥第 13、12 层年代为西周后期，第 11、10 层为春秋 [1]。

孙华认为第 11 层和第 10 层间的分界线更明显，因而将第 13 层划为十二桥遗址群第一期早期第一段，年代为殷墟一二期之际；第 12、11 层为第一期早期第二段，为殷墟第三期左右；第 10 层为第二期，为春秋早期至战国初期。第一期晚期和第三期为其他遗址的相关遗存 [2]。

江章华将第 13、12 层划为十二桥下层文化一期，第 11、10 层为下层文化二期，下层文化的年代从殷墟第三四期到西周前期；又将十二桥以东 100 米处的新一村遗址第 8 ～ 6 层定为十二桥上层文化，年代从西周后期到春秋前期 [3]。之后，又把第 13、12 层划为十二桥文化第一期早段，为殷墟三期至商末周初；第 11、10 层为一期晚段，为西周前期；将新一村的遗存定为十二桥文化第二期，年代为西周后期至春秋前期 [4]。

赵殿增、李明斌将十二桥第 13、12 层划分为十二桥文化第一期，年代为殷墟至西周前期；第 11、10 层为第二期，年代为西周后期至春秋初；将新一村遗址的相关地层作为第三期，年代为春秋时期 [5]。

以上意见中，孙华将这四个层位分为三组，即第 13 层、第 12 和 11 层、第 10 层。其他观点都认为第 13、12 层与第 11、10 层有区别。至于十二桥文化的具体年代，认识互有差异。

如前所述，十二桥第 13、12 层的陶器基本相同，它们与第 11、10 层陶器的差别更明显。第 11、10 层的器类和数量都明显减少，特别是不再有花边口沿罐、广肩罐、带耳罐、壶、瓶、盘、瓿、簋形器、器座、鸟头柄勺。于孟洲、夏微提出，第 12 层包含大量砾石和沙，出土的很多动物骨骼有水冲留下的各种刮擦痕迹，其形成也许与洪水相关，由此提出第 13 层与 12 层的共

[1] 宋治民：《试论蜀文化和巴文化》，《考古学报》1999 年第 2 期。

[2] 孙华：《成都十二桥遗址群分期初论》，《四川考古论文集》，北京：文物出版社，1996 年。

[3] 江章华：《成都十二桥遗址的文化性质及分期研究》，《四川大学考古专业创建三十五周年纪念文集》，成都：四川大学出版社，1998 年。

[4] 江章华、王毅、张擎：《成都平原先秦文化初论》，《考古学报》2002 年第 1 期。

[5] 赵殿增、李明斌：《长江上游的巴蜀文化》，武汉：湖北教育出版社，2004 年，第 316 ～ 325 页。

时性问题[1]。因此，对这四个地层进行分组，将界线划在第 12 层和 11 层之间更合适。第 13、12 层有很多三星堆文化的陶器，两层的年代应相当于殷墟中晚期。

十二桥遗址可能受到洪水冲击，地层中的陶器会扰乱。遗址中未发现包含陶器的灰坑等遗迹，以可能受扰动的地层中的陶器来判定遗址的分期和年代会有局限性。要确立一个更准确的文化分期标尺，还需要其他遗址的材料。

（二）文化的"断裂"

十二桥遗址的遗存与三星堆文化紧密关联，但与更晚的文化却有"断裂"，这是十二桥遗址的另一重意义。

十二桥遗址 I、II 区（除 I 区 T25）相当于战国晚期到东汉的第 9 ～ 5 层出土陶鼎、豆、釜、罐、盆、钵、盘、圈足碗和瓦当，与第 10 层十二桥文化的陶器不同，而且明显缺乏连续性。第 8 层下的房址 F3，可能是由两排竹桩构成的曲尺形、带散水的竹骨泥墙建筑。第 7C 层下的建筑 F4，有黄土夹卵石垫土、卵石面和成排的柱洞。这些建筑虽残缺而难以复原，但据现存遗迹，它们与早期的大型木构建筑的规模、形制和建筑技术都不相同。十二桥濒临河道，应易于解决用水问题，而第 6 层下出现 5 口水井，这也从一个侧面反映出生活环境的变化。

十二桥遗址东 100 米处的新一村遗址[2]，存在西周晚期至春秋中期的地层和战国中期的墓葬。前述学者将新一村的地层纳入十二桥遗址一并讨论，但所得出的年代序列是由不同的遗址点拼合而成，就十二桥遗址本身而言，第 9 层和第 10 层间的空缺仍然存在。

十二桥遗址的木构建筑 F1 也表明该地曾遭洪水冲击，但第 13 ～ 10 层

---

[1] 于孟洲、夏微：《成都平原商周时期考古研究的重要成果——〈成都十二桥〉读后》，《考古》2013 年第 6 期。

[2] 成都市文物考古研究所：《成都十二桥遗址新一村发掘简报》，《成都考古发现（2002）》，北京：科学出版社，2004 年。

间看不出有太长的时间间隔，可见人们很快又在此地恢复活动。第 9、10 层
并没有洪水冲击的迹象，但反而从西周前期直到战国晚期都没有文化遗存。
无论对遗址各地层的年代有何判断，十二桥文化与东周时期的文化显然都缺
乏承继关系。

金沙遗址其实也存在类似的现象，金沙遗址在西周晚期或春秋早期之后，
也没有紧密衔接的其他遗存。

当然这里所说的"断裂"现象绝非指历史、文化的中断，而是主要针对两
种现象。一是相对于三星堆、十二桥文化和战国时期大量的遗址和墓葬而言，
成都平原春秋时期的遗存发现相对较少，即使在金沙和十二桥遗址也如此。二
是十二桥文化和三星堆文化面貌相近，但与战国时期的文化相去甚远。

二、十二桥遗址与三星堆文化

十二桥遗址出土两类陶器，一类是属于三星堆文化的以小平底罐、盉为代
表的 A 类，另一类是以尖底器为代表的 B 类。这两类陶器不仅在十二桥文化
的诸多遗址而且在三星堆遗址也都存在。那么应当如何理解这两类陶器，以及
十二桥和三星堆两个文化的关系？

根据三星堆遗址 1980 年发掘的资料，三星堆遗址的文化层被划分为三期，
最晚的第三期陶器以小平底罐、高柄豆和鸟头柄勺最多，它们在第二期已出现，
其他还有高领罐、广肩罐、圈足盘、壶、盉等 [1]。陈显丹结合 1980—1986 年
的发掘而将三星堆遗址分为四期，新补充的年代为商末周初的第四期，主要特
点是鸟头柄勺减少而尖底罐流行 [2]。孙华将三星堆遗址分为三期六段，认为包
括三星堆 1 号坑在内的第三期以为数众多的尖底器最具特色，这类遗存在三星

[1]　四川省文物管理委员会、四川省博物馆、广汉县文化馆：《广汉三星堆遗址》，《考古学报》1987
　　　年第 2 期。

[2]　陈显丹：《广汉三星堆遗址发掘概况、初步分期——兼论"早蜀文化"的特征及其发展》，《南方
　　　民族考古》第 2 辑，成都：四川科学技术出版社，1990 年。

堆遗址已不占主导地位，而在成都市区故郫江两岸有广泛分布，并以十二桥遗址的材料最具代表性，因而提出这类遗存为十二桥文化[1]。江章华等学者也将尖底器的大量出现作为三星堆文化和十二桥文化的分界，认为三星堆遗址以尖底器为代表的上层文化的典型遗址是十二桥，这类文化是十二桥文化[2]。

出现尖底器是三星堆遗址陶器组合的显著变化。但是否据此就足以分别确立三星堆和十二桥两种文化？一种考古学文化在长期的发展过程中是否可以出现新的器类？我认为，无论是在同一个群体还是在同一种文化中，日用陶器的器类和形制不应是恒定不变的，生活的需要或外来文化的影响等都可以产生新器类。

陶尖底器大量出自三星堆遗址和十二桥文化诸遗址，其来源颇受关注。江章华认为十二桥文化的最大特点就是出现了大量的尖底杯和圜底釜，十二桥遗址第13、12层出土的这两种陶器与鄂西香炉石文化的杯和釜完全一致，香炉石文化约在殷墟第二期时西迁，对三星堆文化造成强力冲击并使之变异，这可能成为十二桥文化形成的动因[3]。白九江、李大地也提出尖底器最早出现在鄂西和峡江地区，十二桥类型尖底器应受其影响而产生[4]。宋治民认为成都平原从宝墩文化、鱼凫村文化至三星堆文化都无尖底陶器，十二桥文化却有大量发现，说明尖底器不是本地区固有的，极有可能是由湖北西部、重庆东部的长江沿岸传播而来[5]。这里还涉及一个特别需要注意的问题，即峡江地区很多商周时期的制盐遗址集中出土陶尖底杯和圜底罐，它们是煮盐、盛盐的专门用具，同类陶器间的形制差异、变化出于不同的制盐技术，满足盐的储存、运输等特定需求。制盐陶器与族属无关，也不能用以确立、衡量考古学文化，出自制盐遗址之外的这类陶器则可能与盐的运输、贸易相关。对于成都平原突然出现的

[1]　孙华：《试论广汉三星堆遗址的分期》，《南方民族考古》第5辑，成都：四川科学技术出版社，1993年。

[2]　江章华、王毅、张擎：《成都平原先秦文化初论》，《考古学报》2002年第1期。

[3]　江章华：《试论鄂西地区商周时期考古学文化的变迁——兼谈早期巴文化》，《考古》2004年第11期。

[4]　白九江、李大地：《试论石地坝文化》，《三峡考古与多学科研究》，重庆出版社，2007年。

[5]　宋治民：《蜀文化研究的几个问题》，《南方民族考古》第7辑，北京：科学出版社，2011年。

尖底器和圜底器，如果它们由鄂西、渝东传来，那么在初传入时也不足以立刻改变原来的文化，并由此就分化出另一个文化。

三星堆 1 号坑的陶器复原出 22 件尖底盏、14 件器座、1 件小平底罐和 2 件平底盘，这些器类都见于十二桥遗址第 13、12 层。三星堆祭祀器物坑的遗物都是相关联的，1 号坑的尖底盏和器座等成组出现，它们和共出的其他遗物一样为祭祀用器。如果尖底器从成都平原以外传入，那只能说明此时尖底陶器已为三星堆文化所用。学界对三星堆 1、2 号坑的埋藏年代虽有不同看法，但都不否认坑内的遗物属于三星堆文化。如此，1 号坑中的陶器自然属于三星堆文化，换言之，三星堆文化已有尖底陶器。宋治民指出 1 号坑的 A 型尖底盏和十二桥遗址第 13 层的 A 型 I 式尖底盏最接近，是成都平原最早的尖底盏，其形制不见于重庆东部沿江地区的诸遗址，可能是十二桥文化接受东方的尖底器时根据自身需要制成[1]。我认为尖底器由东传入成都平原的中心三星堆及十二桥时，被三星堆文化吸收、改造和利用，最早的尖底器属于三星堆文化。

三星堆 1 号坑上的第 5、6 层堆积，出土陶器多为夹粗砂褐陶和夹砂灰陶，有小平底罐、尖底盏、高柄豆、敛口瓮、尖唇瓮、尊形器和平底盘等，大多素面。2 号坑上的第 5 层有器盖、壶和花边口沿罐[2]。这两层堆积应是三星堆文化在遗址上的最后的遗存。较之于祭祀器物坑埋藏前的堆积，这两个地层的陶器器类已大为减少。三星堆城不再是中心后并没有立即废弃，此后一段时间人们继续在此活动留下的遗存还属于三星堆文化，这才是文化并不因社会或政治的变化而立即改变面貌。但城继续使用的时间可能不长，据 1980 年的发掘资料，三星堆文化的地层之上没有其他文化层。在 1、2 号坑发掘点，三星堆文化之后的地层已属宋元时期。宋治民根据月亮湾地点的发掘资料，提出在三星堆文化和十二桥文化之间有一个过渡阶段的月亮湾二期文化，它既有三星堆文化的小平底罐、圈足盘、瓠形器，又有更接近十二桥文化的大口盉、"8"字钮器

---

[1]　宋治民：《蜀文化研究的几个问题》，《南方民族考古》第 7 辑，北京：科学出版社，2011 年。

[2]　四川省文物考古研究所：《三星堆祭祀坑》，北京：文物出版社，1999 年，第 16、154 页。

盖和尖底器[1]。但月亮湾二期文化层之上同样再无文化层。三星堆城废弃后，遗址上不再有十二桥文化时期的堆积，这种情况与十二桥文化的遗址不同。从这个角度看，在三星堆遗址，也许目前所知的新石器时代之后至城废弃前的遗存都属于三星堆文化，包括尖底陶器。

三、同时期遗存的归属

以上讨论的目的也在于认识成都平原这一时期的文化格局。对于三星堆文化遗存为何少见于成都地区，第二章结束时提出了三种可能性，其中第三种可能即是有的三星堆文化遗存或许因出尖底陶器而被排除。

三星堆文化时期，三星堆城不应孤立存在。根据一些发掘简报的认识，成都地区的部分遗址也有三星堆文化遗存，或三星堆文化与十二桥文化的陶器共出，如金沙郎家村"精品房"地点、金沙遗址西北的"成都中海国际社区"2号地点[2]、青白江区三星村遗址[3]、新都正因村遗址[4]、郫县清江村遗址[5]、金堂县"金海岸二期 A 区"地点[6]。更多的遗址因出陶尖底器，或出土与十二桥遗址第 13、12 层相同的陶器而被划归十二桥文化。成都地区又有很多遗址没有三星堆文化遗存，宝墩文化层之上便是十二桥文化地层，或是遗址中只见宝

[1] 宋治民：《蜀文化研究的几个问题》，《南方民族考古》第 7 辑，北京：科学出版社，2011 年。

[2] 成都文物考古研究所：《成都中海国际社区 2 号地点商周遗址发掘报告》，《成都考古发现（2010）》，北京：科学出版社，2012 年。

[3] 成都文物考古研究所、青白江区文物保护管理所：《成都市青白江区三星村遗址试掘简报》，《成都考古发现（2004）》，北京：科学出版社，2006 年。

[4] 成都市文物考古研究所、新都区文物管理所：《成都市新都区正因村商周时期遗址发掘收获》，《成都考古发现（2001）》，北京：科学出版社，2003 年；《成都市新都区正因小区工地考古勘探发掘收获》，《成都考古发现（2003）》，北京：科学出版社，2005 年；《成都市新都区商周遗址发掘简报》，《文物》2008 年第 5 期。

[5] 成都市文物考古研究所、郫县博物馆：《四川省郫县清江村遗址调查发掘收获》，《成都考古发现（1999）》，科学出版社，2001 年；《四川郫县清江村遗址发掘简报》，《文物》2003 年第 1 期。

[6] 成都文物考古研究所：《金堂县金海岸二期 A 区商代遗址发掘报告》，《成都考古发现（2007）》，北京：科学出版社，2009 年。

墩文化和十二桥文化的陶器，如金沙"芙蓉苑南"地点、金沙"黄忠村A线"地点 [1]、高新西区"汇利包装厂"地点 [2]，以及新都褚家村遗址 [3] 和太平村遗址 [4]、郫县曹家祠遗址 [5] 等。金牛区"如阳实业发展有限公司商住楼"地点的发掘简报也指出，由金沙遗址至高新西区的一系列发掘看，从金沙至郫县，十二桥文化层下多叠压宝墩文化层 [6]。

　　成都平原三星堆文化遗址少而十二桥文化遗址多的现象已被关注。于孟洲、夏微认为三星堆文化的遗址少可能是因该文化的人群大量迁至峡江地区，十二桥文化的遗址数量大增又是因为峡江地区的人群大量迁入 [7]。从成都平原的文化格局看，成都地区应存在更多与三星堆城址同时的遗址，只是有的可能被划入了十二桥文化，有的也可能处于十二桥文化的地层之下而尚未发掘。

　　在十二桥遗址，陶器的明显变化发生在第 12 层之后，第 13 和 12 层出土的很多陶器与三星堆 1 号坑及其以上地层的陶器相同，也可以把它们归为三星堆文化，第 11 和 10 层没有三星堆文化的陶器而属另一阶段。相应地，以第 13、12 层陶器为标准而被归入十二桥文化的其他遗址，文化属性也可以再考虑。此外，在十二桥遗址，因为保护第 12、13 层叠压的木结构建筑而未向下发掘，不知第 13 层下是否还有更早的遗存。

　　金沙在成为中心前可能已是聚落和祭祀区。江章华分析金沙陶器，也认为

[1] 成都市文物考古研究所：《2001 年金沙遗址干道黄忠 A 线地点发掘简报》，《成都考古发现（2003）》，北京：科学出版社，2005 年。

[2] 成都文物考古研究所：《成都高新西区汇利包装厂古遗址发掘简报》，《成都考古发现（2009）》，北京：科学出版社，2011 年。

[3] 成都文物考古研究所、新都区文物管理所：《成都市新都区褚家村遗址发掘报告》，《成都考古发现（2008）》，北京：科学出版社，2010 年。

[4] 成都文物考古研究所、新都区文物管理所：《成都市新都区新繁镇太平村遗址发掘简报》，《成都考古发现（2010）》，北京：科学出版社，2012 年。

[5] 成都文物考古研究所、郫县望丛祠博物馆：《郫县曹家祠遗址先秦文化遗存试掘简报》，《成都考古发现（2010）》，北京：科学出版社，2012 年。

[6] 成都文物考古研究所：《四川如阳实业发展有限公司商住楼地点古遗址发掘简报》，《成都考古发现（2008）》，北京：科学出版社，2010 年。

[7] 于孟洲、夏微：《三星堆文化向十二桥文化变迁的相关问题——从金沙遗址兰苑地点谈起》，《南方民族考古》第 7 辑，北京：科学出版社，2011 年。

相当于商代晚期的第一期陶器与十二桥遗址第 13、12 层陶器类似，有明显的三星堆文化因素，陶器在相当于商末周初的第二期时才有比较大的变化[1]。可见两个遗址的陶器特点及变化的时间点一致。据金沙祭祀区发掘简报，该地文化层至少有 16 层，大部分探方只发掘到第 8 层，仅个别探方发掘至第 12 层，第 8～12 层的陶器很少，与十二桥文化一期（应指十二桥遗址最下两个地层）的器物组合和特征相似。在金沙遗址，第 12 层下显然还有更早的遗存。

　　总之，就成都地区的文化格局而言，一种可能是宝墩文化连续发展到三星堆文化和十二桥文化，在三星堆城作为中心时成都地区也存在一般聚落。另一种可能是许多遗址只有宝墩文化和十二桥文化的遗存，文化发展并不连续；三星堆文化主要局限于沱江上游而在成都地区少有分布，三星堆城废弃前成都平原已发展出十二桥文化，其陶器进入三星堆并与三星堆文化的青铜器共存。如果考虑到成都平原文化发展的连续性，以及三星堆文化的影响力，前一种可能性应当更大。

四、十二桥遗址的木构建筑

　　最后讨论十二桥遗址最重要的遗存：两组木构建筑。它们规模较大，形制特别，遗迹面积达 1300 平方米。两组建筑事关对十二桥遗址性质的认识。

　　第一组建筑是叠压在第 12 层下的 F1。其建筑过程是先将下端削尖的圆木桩成排成行地打入地下形成密集的木桩网，在木桩上端绑扎地梁构件和地板梁，形成一个平面为方格网状的框架结构。墙体用圆木绑成方格网状的木骨架，再绑上用竹片和茅草编织的墙壁材料。木骨架的上端为叉形以托檩子，房顶也将作为檩子与椽子的圆木构件连接成方格网状，再铺茅草。最后复原的 F1 平面为 T 字形，东为南北向的"廊道"，地梁式基础，长 22、宽 3 米；西为东西向的"主体建筑"，干栏式建筑，长 25、宽 7 米，有 5～6 个开间（图 3-40）。

[1]　江章华：《金沙遗址的初步分析》，《文物》2010 年第 2 期。

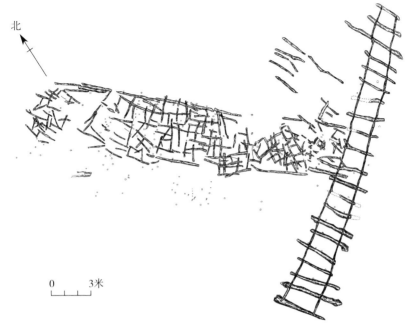

图 3-40　成都十二桥 F1

　　在 F1 的东部，Ⅰ 区 T25 的第 5 层下发现另一木构建筑 F2，有 5 根长方木，其中 4 根由东向西平行排列，方木长 4.33 ～ 8.51 米，上有卯孔（图 3-41）。叠压 F2 的第 5 层出土陶鸟头柄勺、尖底杯、高柄豆等，因此 F1 与 F2 应大体同时。这组建筑只揭露局部而不知全貌，但规模较大，报告认为可能为宫殿类建筑的基础。

　　发掘报告推测，建筑濒临古河道，F1 的木构件沿一条弧形通道明显位移，木构件和茅草等不见火烧痕迹，因而 F1 可能被洪水冲毁。对于 F1 的相关地层可能与洪水存在的关联，以及房址等遗迹的堆积成因和性质，于孟洲、夏微[1]、万娇[2] 等学者都有讨论。较为一致的看法是 F1 濒河而建并可能毁于洪水，

[1]　于孟洲、夏微：《成都平原商周时期考古研究的重要成果——〈成都十二桥〉读后》，《考古》2013 年第 6 期。

[2]　万娇：《成都十二桥遗址早期堆积的性质及成因分析》，《文物》2017 年第 12 期。

只是建筑的形制与用途还不太明确。

　　成都平原从宝墩文化到三星堆文化都有干栏式建筑，但数量少且都是小型房址，十二桥 F1 与这些干栏建筑及同时期的金沙房址都明显不同。

　　首先是形制。F1 的 T 字形形制不见于成都平原。从结构图看，F1 的"主体建筑"和"回廊"似乎不完全垂直，若结构准确，这不合常规。因这种特殊形制，建筑的朝向、"主体建筑"与"廊道"的关系也都不太清楚。报告推测"主体建筑"有 5 或 6 个开间，但未说明门向。若门开设于"主体建筑"的某一面，则"廊道"就位于"主体建筑"的一侧；如果"廊道"为这组建筑的正面，那"主体建筑"就是进深 5 或 6 间。这两种情况都不常见。

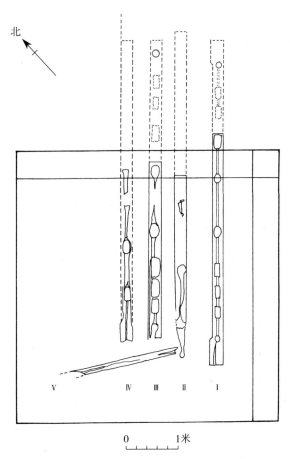

图 3-41　成都十二桥 F2

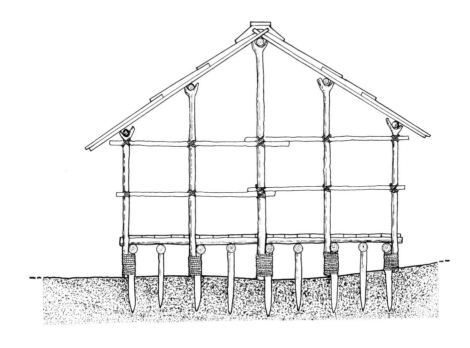

图 3-42   成都十二桥 F1 结构示意图

其次是建筑方式。F1 为全木结构，且"主体建筑"为干栏式，"廊道"为地梁式，一组建筑由两种完全不同的方式建成，这种情况也不见于成都平原。"主体建筑"为木柱与木构件形成方格网状，木柱密集但分布没有规律，并不是根据房屋结构来规划木柱。解剖得知木柱的下端削尖插入土中，并非挖柱坑放置柱础石后再埋柱（图 3-42）。经统计，下端削尖的木桩有 43 根。已发现的其他干栏式房屋的木柱分布整齐且普遍有石柱础。没有柱础而且木柱下端削尖，这方便在不能挖柱坑的情况下安插木桩，但并不利于承重。

第三是建筑的位置。F1 所处地点濒临古河道，相关地层的堆积特征也与河漫滩的沉积结构相似。成都平原的其他房址，特别是同时期的大型或成组建筑的所在地，并不见这类堆积特征。在十二桥遗址也没有发现与建筑共存的其他遗迹，包括一般居住区常见的灰坑，这不同寻常。出土遗物以陶器为主，青铜器只有剑、镞、刻刀、凿等 10 件小型器物，石器为小型生产工具和少量的璋、璧等，不见金沙遗址所出的贵重物品。

据以上分析，F1 或为濒河的某类特殊建筑。相关研究推测 F1 被洪水冲毁，木构件发生了位移，但"主体建筑"保留有网状分布的木桩，"廊道"南部的一些圆木两侧也有固定木桩，说明两部分的基础似乎未发生位移。如此，F1确为一特别的 T 字形建筑。万娇推测 F1 的 T 形建筑或可分开为两部分，其中"廊道"更像是伸向河道内的一座码头[1]。若按这种推测，那么 F1"主体建筑"的木桩削尖且分布密集，建于水中的可能性更大，而"廊道"的地梁更可能建在岸上。

F2 只发现几根地梁，规模虽大，但难以据此知其形制。成都平原先秦时期的重要建筑，无论是公共建筑还是统治者的居址，同样未见木地梁。F2 与 F1 一样濒河，周围也没有其他遗迹和高等级遗物，性质还难以确定。2000年在成都商业街发现一座船棺合葬墓，墓坑周围也有带榫头的条形地栿和木质柱础[2]。

十二桥遗址的 2 座木构建筑规模大，形制和结构特殊，是成都平原青铜时代的重要建筑。从宝墩鼓墩子 F1、郫县古城 F5、三星堆青关山 F1 与 F2、金沙祭祀区的大型柱坑看，成都平原一直存在形制和用途特别的建筑。十二桥建筑的结构、性质等同样有待进一步明确，这或许还需要古环境学和建筑学的帮助。

十二桥遗址曾被认为是成都平原的中心遗址，一个重要原因就是认为这两座建筑是宫殿。十二桥遗址位于今天的西郊河、摸底河与南河之间，当时则位于古郫江西岸，正濒临河道。从发表资料中我们不知两座建筑与当时河道的关系，从建筑的遗存看，它们最后也确实毁于洪水。成都平原长期水患频繁，人们从宝墩文化时期以来就已生活在这种环境中，早已意识到洪水的危害并形成、积累了防洪经验，此时不可能将宫殿等重要建筑建于易被洪水冲毁的地点。从以上分析看，十二桥的建筑不是宫殿，而可能是某类特殊的濒河建筑。十二桥也不是当时的中心，黄忠村"三合花园"一带的大型建筑规模超过十二桥的木构建筑，更可能是上层人物的居所。

---

[1] 万娇：《成都十二桥遗址早期堆积的性质及成因分析》，《文物》2017 年第 12 期。

[2] 成都文物考古研究所：《成都商业街船棺葬》，北京：文物出版社，2009 年，第 20～21 页。

第三节　其他遗址

　　除金沙和十二桥遗址外，成都平原还有这一时期的遗址，并主要分布在成都地区。这些遗址数量多但较为零散，呈线状分布的特点明显。按江章华的研究，金沙西北的成都高新西区有众多遗址，年代均在商代晚期至西周；在金沙的东南又有抚琴小区、十二桥、方池街、指挥街、磨子桥等遗址点[1]。在成都市区以外，如新繁水观音也有这一时期的遗址。这些遗址上大多没有重要遗迹，当时应为普通聚落。它们由早到晚在空间上呈线性分布，可以说明当人们的活动中心由沱江上游转移到岷江流域的成都地区后，聚落沿江分布、发展的情况。

　　部分遗址中也有房址和墓葬。房址仍多是木骨泥墙建筑。2006 年在温江"西藏地质花园"地点发掘 7 座[2]，是金沙遗址以外规模较大的房址，有基槽，个别转角处有柱洞，面积较大。如 F1 为长方形，西北—东南向，长 16.8、宽 7.6米，有隔墙分为南北两室。F2 被 F1 打破，形制、方向同 F1，长 16、宽 9 米。F3 同 F2，F4 与 F3 并排。F5 另在一处，整体形状不明。这几座房址先后修建，但属同一时期，应为一组连排建筑（图 3-43）。2003 年在成都高新西区发现2 座[3]，在青白江区宏峰村发现 1 座[4]。2009 年在郫县波罗村发掘 1 座[5]，长方形，东北—西南向，长 6.9、宽 5.6 米，由红烧土和木炭铺成居住面。1999 年

[1]　江章华：《金沙遗址的初步分析》，《文物》2010 年第 2 期。

[2]　成都文物考古研究所、温江区文物保护管理所：《成都市温江区"西藏地质花园"商周遗址发掘简报》，《成都考古发现（2014）》，北京：科学出版社，2016 年。

[3]　成都市文物考古研究所：《成都市高新西区"万安药业包装厂"商周遗址试掘简报》，《成都考古发现（2003）》，北京：科学出版社，2005 年。

[4]　成都文物考古研究所、青白江区文物保护管理所：《成都市青白江区宏峰村古遗址发掘简报》，《成都考古发现（2005）》，北京：科学出版社，2007 年。

[5]　成都文物考古研究所、郫县望丛祠博物馆：《成都郫县波罗村商周遗址发掘报告》，《考古学报》2016 年第 1 期。

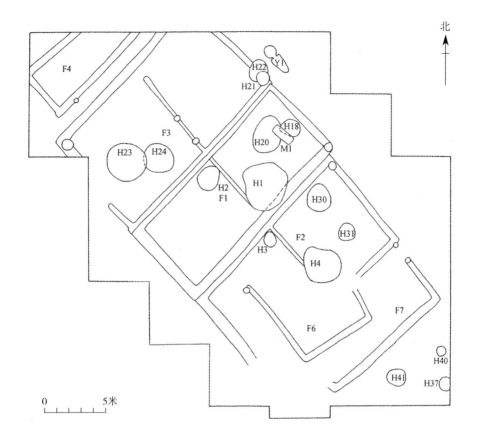

图 3-43 温江 "西藏地质花园" 地点房址

在成都岷江小区发现 4 座房址[1]，其中既有木骨泥墙式，也有一座 F4 由 9 个柱洞构成一个方形，边长 4 米，无基槽，推测为干栏式房址。

成都市区除金沙遗址外发现墓葬不多，2004—2005 年在金沙西北的金牛区禾家村发掘 6 座墓[2]，仰身直肢葬，仅个别墓随葬陶器、玉石条和卵石，与

[1] 成都市文物考古研究所：《岷江小区遗址 1999 年第一期发掘》，《成都考古发现（1999）》，北京：科学出版社，2001 年。

[2] 成都文物考古研究所：《成都中海国际社区 2 号地点商周遗址发掘报告》，《成都考古发现（2010）》，北京：科学出版社，2012 年。

金沙墓葬特点相同。成都岷江小区也发现墓葬，无随葬品。成都市区以外以郫县的发现较多，见于清江村、天台村[1]、三观村[2]、青杠村[3]等。在彭州天彭周家院子[4]、温江"西藏地质花园"地点、新都正因小区和褚家村等也有发现。这些墓大多没有随葬品，仅个别墓出 1 件或少量陶器、石子等。只 2007 年在郫县三道堰镇宋家河坝[5]、2011 年在新都同盟村[6]各发现一座合葬墓随葬品较多，每墓均有多件陶器和玉石条。2009 年在郫县波罗村发掘 26 座墓，其中 1座也随葬多件玉石条和 1 件陶纺轮。20 世纪 50 年代在新繁水观音发掘的墓葬中[7]，有 5 座早期墓出土少许陶器，或属此时期，所报道的 2 座有葬具痕迹的墓葬都无随葬品。

在成都还有一处重要而特殊的遗迹，即位于原成都北门外的羊子山土台。土台于 20 世纪 50 年代清理[8]，当时已遭破坏。以后只能推测它为正方形的三级土台，方向 305 度。土台中心的最高的一级用墙围成，面积 31.6 平方米，墙为土砖砌筑，内填夯土，残高 7.5 米。距第一道墙 12 米处砌第二道墙，墙残高 4.2 米，由此构成第二级夯土台，面积 67.6 平方米。在此之外应有第三道土墙，台底面积应为 103.6 平方米（图 3-44）。土台上出土陶片、石器、兽骨，还有战国晚期的墓葬。对土台的年代认识不一，清理报告推测为西周晚期到春

[1] 成都文物考古研究所、郫县望丛祠博物馆：《郫县天台村遗址先秦文化遗存试掘简报》，《成都考古发现（2010）》，北京：科学出版社，2012 年。

[2] 成都文物考古研究所：《成都市郫县三观村遗址发掘简报》，《考古》2012 年第 5 期。

[3] 成都文物考古研究所：《成都郫县青杠村遗址先秦时期文化遗存试掘简报》，《成都考古发现（2011）》，北京：科学出版社，2013 年。

[4] 成都文物考古研究所、彭州市文物保护管理所：《四川彭州天彭周家院子遗址发掘简报》，《文物》2016 年第 3 期。

[5] 成都文物考古研究所：《成都市郫县三道堰镇宋家河坝遗址发掘报告》，《成都考古发现（2007）》，北京：科学出版社，2009 年。

[6] 成都文物考古研究所、新都区文物管理所：《成都市新都区同盟村遗址商周时期遗存发掘简报》，《四川文物》2015 年第 5 期。

[7] 四川省博物馆：《四川新繁县水观音遗址试掘简报》，《考古》1959 年第 8 期。

[8] 四川省文物管理委员会：《成都羊子山土台遗址清理报告》，《考古学报》1957 年第 4 期。

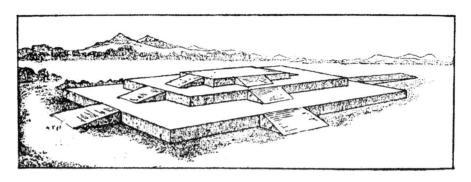

图 3-44　成都羊子山土台复原示意图

秋前期，林向认为始建于商代[1]，李明斌认为大致为殷墟到西周前期[2]，孙华认为建于战国早期[3]。土台的性质，一般认为属祭坛或盟誓遗存。现有材料早已不足以说明土台的年代和功能，只能推测它可能是金沙时期的祭祀遗存。理由是，三星堆文化时期成都地区还不一定有重要的祭祀类建筑；春秋战国时成都平原的宗教遗存又早已消失，战国晚期的墓葬甚至埋在土台上，说明土台早已完全废弃。

　　成都地区过去还有大石遗迹。这些大石遗迹既有实物，又见于各种地方志和文献，对于各地大石通常还附有各种传说。20 世纪三四十年代，冯汉骥在成都平原调查此类墓石、独石、列石等遗迹[4]，如成都的"支机石""天涯石""五块石""石笋""五丁担"，新繁的"飞来石"，新都的"八阵图"等。有些遗存调查时还可见，不过即使是在当时也已难明确它们的年代。可以确定的是，这些大石不是自然存在而是人工搬运而来，因为当地为冲积平原，只有在周围的山地才可能开采此类大石。对于这些 20 世纪还真实存在的遗迹，我认为可以用同样的理由，假设它们与羊子山土台大体同时。

　　这个时期宗教祭祀性遗迹突出，可说明当时文化与社会的特点。

[1]　林向：《羊子山建筑遗址新考》，《四川文物》1988 年第 5 期。

[2]　李明斌：《羊子山土台再考》，《古代文明》第 2 卷，北京：文物出版社，2003 年。

[3]　孙华：《羊子山土台考》，《四川文物》1993 年第 1 期。

[4]　冯汉骥：《成都平原之大石文化遗迹》，《冯汉骥考古学论文集》，北京：文物出版社，1985 年；又见 *Journal of the West China Border Research Society*, Vol.16, 1945.

第四章

三星堆—金沙时期的文化、社会与早期国家

此前两章重点讨论了青铜时代的三星堆、金沙和十二桥遗址，以及三者间的关系。此章将在此基础上进一步整合相关的考古材料，将三星堆文化和十二桥文化视为一个整体，揭示成都平原在三星堆—金沙时期的文化、社会和形成的早期国家。

第一节　三星堆—金沙文化

一、问题的缘起

（一）年代序列的意义与局限

自 20 世纪 80 年代以来，一系列重大考古发现逐步揭示出成都平原从新石器时代到青铜时代的文化面貌。随着考古发现的增多和研究的深入，成都平原的文化发展序列日益清晰、完善。目前的基本认识是桂圆桥文化、宝墩文化、鱼凫村文化、三星堆文化、十二桥文化、东周时期的巴蜀文化，各文化从新石器时代直到秦汉前后相承、延续不断。虽然对某种文化会有不同命名，对某具体遗址或遗存的年代、性质存有分歧，对每个文化也还可以进一步细分时段，但都不影响这一总体认识。

建构这个文化发展序列的意义主要在于，它以一条连贯的时间轴，串联起成都平原从新石器时代到青铜时代的各类遗存，使这些遗存呈现出较为清晰的发展脉络。但这个序列也有局限。首先，它主要是立足于对遗物、特别是对陶器的大量研究而建立的，因此在很大程度上它只是一个陶器的发展序列，实质上只反映陶器组合和形态的演变。其次，它又是通过不同时期发现的重要遗址而逐步建构的，其中三星堆、十二桥等遗址通常被认为代表着一个独立的发展阶段，因而这个序列确定的是各遗址的相对年代和衔接关系。显然，仅这样一个年代序列并不足以揭示文化的整体面貌和社会的发展状况，更不能用以说明早期国家的形成。

　　为了更全面、深入地认识成都平原青铜时代的文化、社会和早期国家，我认为除了梳理贯穿各类遗存的时间线条外，更有必要整合考古材料，换个角度审视三星堆文化和十二桥文化，以求得新的认识和理解。整合的目的并不是对目前已被学界接受的考古学文化重新进行简单的拆分合并，而是力求在陶器的发展谱系之外，从更多方面探究成都平原青铜时代文化的核心内容和社会的发展状况。

（二）文化谱系中的问题

　　按目前的认识，三星堆文化和十二桥文化是成都平原青铜时代两个具代表性的考古学文化，学术界最初对两种文化的命名、阐释以及后续的研究，主要针对陶器并大多集中于分期和断代。对于两个文化的分期意见和年代认识，前面的章节均已介绍。对于两个文化的分期与年代，存在几个需要进一步考虑的重要问题。

　　第一个问题是成都平原青铜时代的开端，这在第一章已提出并讨论。即成都平原进入青铜时代的标志是三星堆青铜器群的出现，从现有的材料看大规模的铜器生产可能在二里冈上层文化时期至殷墟早期。如此，若三星堆文化按学界通常认为的开始于二里头文化时期，即距今 3700 年甚至 4000 年，那么它实际上就跨越了新石器时代和青铜时代、"前国家"时代和"早期国家"时代。

　　第二个问题也在第三章提出并有所讨论，即成都平原很多遗址出土的陶器既保留了三星堆文化的特点，又具有十二桥文化的新因素，这些遗址因而被认为是两种文化间的过渡性遗存[1]。两种考古学文化交替时陶器会渐变，但如果

---

[1] 张文彦、吴超明、张雨颖：《十二桥文化早期遗存研究述评》，《四川文物》2018 年第 5 期。

两种文化紧密相接、一早一晚甚至有可能重叠，那么"过渡期"在时间段上又处于什么位置？与此相关的现象即是，在成都地区被确认为三星堆文化的遗址很有限，很多遗址只有宝墩文化和十二桥文化的遗存，或是只存在"过渡性质"的"十二桥文化早期遗存"。第三章只是试图说明十二桥文化早期的遗存或可归为三星堆文化，但这并不能解决根本问题。因为仅据陶器器类的变化并不总能确定一种新文化，况且如在十二桥遗址，第 11、10 层的陶器与第 13、12 层的陶器又有共性；在金沙遗址，也很难将青铜器、玉器等遗物分别划入两种文化。这些情况只能表明，无论怎样划分，十二桥文化都与三星堆文化紧密关联，两者有着难以截然分开的延续性。

　　学术界也一直存在另一类观点，即三星堆文化和十二桥文化为同一种文化。当然在此共同点下，不同学者看待问题的出发点和具体认识并不相同，在有些方面甚至有很大差别。如宋治民将三星堆和十二桥遗址都归为早期蜀文化，视二者为不同发展阶段 [1]。这种认识的出发点是将成都平原先秦以前的遗存都归为蜀人遗存，故而三星堆文化和十二桥文化为蜀文化的两个发展阶段。即使不联系族属，也有学者认为两者是同一种考古学文化。如罗二虎认为三星堆文化从新石器末期经过二里头文化时期至西周晚春秋早期，遗址有三星堆和十二桥 [2]。李伯谦将十二桥作为三星堆文化的一个阶段，十二桥遗址的地层被分别归为三星堆文化四个期中的第二和第三期，年代大约相当于殷墟一期至西周早期，十二桥遗址最早的第 13 层还与三星堆 1 号坑年代相当 [3]。徐学书将两种文化合二为一称之为"三星堆—金沙文化"，起止为新石器时代至战国中晚期，前后约两千年，其中三星堆遗址代表该文化的早期遗存、金沙遗址代表晚期遗存 [4]。

　　成都平原从新石器时代到战国晚期不能是同一种文化，但我认为三星堆遗址青铜时代的遗存、金沙遗址西周末期以前的遗存，分别代表了同一文化的两

[1]　宋治民：《早期蜀文化分期的再探讨》，《考古》1990 年第 5 期；《蜀文化研究的几个问题》，《南方民族考古》第 7 辑，北京：科学出版社，2011 年。

[2]　罗二虎：《论三星堆文化居民的族属》，《巴蜀历史·民族·考古·文化》，成都：巴蜀书社，1991 年。

[3]　李伯谦：《对三星堆文化若干问题的认识》，《考古学研究》（三），北京：科学出版社，1997 年。

[4]　徐学书：《论"三星堆—金沙文化"及其与先秦蜀国的关系》，《考古学民族学的探索与实践》，成都：四川大学出版社，2005 年。

个阶段，并赞同将这种青铜时代的文化称为"三星堆—金沙文化"。如果我们衡量考古学文化的异同不只着眼于陶器的变化，而更注重由各类考古材料反映出的知识体系与价值体系，那么将三星堆文化和十二桥文化理解为一种文化的两个阶段更合适。

二、两个文化的知识与价值体系

为了更好地说明两种文化的关系，以下从知识体系和价值体系两个方面对考古材料进行对比和分析。简而言之，这里所说的知识体系就是对实践经验的归纳和总结，价值体系则是对观念的确立和选择。相互交流和影响，会使不同的文化拥有相同的知识体系，比如可以制造或使用相同的物，但这些文化可能因价值观不同而不是一种文化。但如果所比较的文化拥有相同的知识体系和价值体系，那么它们很可能就是同一文化。这样的对比分析不限于比较陶器或某类遗物，也不只是由考古材料表面的异同做出判断。

以下仍按三星堆和十二桥两个文化先分述各自的重要内容。因对陶器已有大量研究且认识基本一致，此处不再专门分析。

（一）三星堆文化

1. 城址

三星堆文化只有三星堆一座城址。最初的城垣建于三星堆遗址第二期，第三期扩建，形成了月亮湾、真武宫、仓包包等7道城墙，形成大城内划分小城的格局。各类遗存的分布相对集中，可能有功能分区，布局比宝墩文化的城复杂。

2. 祭祀遗存

1986年在三星堆遗址出土的1、2号祭祀器物坑是目前所知三星堆文化最具代表性的遗存。坑中出土大量具象征性的和祭祀用的青铜器、金器、玉器、石器、象牙、骨牙器、陶器、海贝。在三星堆遗址和鸭子河北岸还发现过其他器物坑，出土玉石质的璧、瑗、斧、凿和铜牌饰等。

3. 房址

被归入三星堆文化的房址有三类，但发现都不多。

第一类是三星堆城址西北青关山的大型建筑，在现存面积约 8000 平方米的第二级台地上有大型基址，其中 F1、F2 为同一形制和方向的红烧土基址，基址内外分布密集的柱洞。青关山土台被推测为三星堆王国的"宫殿区"。

第二类是带基槽的木骨泥墙房址，见于三星堆遗址的月亮湾[1]、月亮湾城墙西地[2]、三星堆地点[3]、金沙郎家村[4]。所知的房址均为长方形，西北—东南向，或东北—西南向，成组分布。

第三类是干栏式房址，如金沙郎家村的 F63，平面为方形，东北—西南向，有卵石柱础。三星堆青关山 F1 柱网密集，也可能是干栏—楼阁式建筑。

4. 墓葬

三星堆文化的墓葬很少，只发现于月亮湾、三星堆地点，以及新都朱王村[5]、郫县广福村[6]，金沙遗址有个别墓葬在三星堆文化的年代范围内[7]。所知的墓葬大多为东北向，均无葬具，仅个别墓有极少量的随葬品。

---

[1] 马继贤：《广汉月亮湾遗址发掘追记》，《南方民族考古》第 5 辑，成都：四川科学技术出版社，1993 年。

[2] 王林：《川西平原先秦时期建筑初论》，《成都文物》2010 年第 3 期。

[3] 四川省文物管理委员会、四川省博物馆、广汉县文化馆：《广汉三星堆遗址》，《考古学报》1987 年第 2 期。

[4] 成都文物考古研究所：《成都市金沙遗址郎家村"精品房"地点发掘简报》，《成都考古发现（2004）》，北京：科学出版社，2006 年。

[5] 成都文物考古研究所、新都区文物管理所：《成都市新都区朱王村遗址发掘报告》，《成都考古发现（2011）》，北京：科学出版社，2013 年。

[6] 成都文物考古研究所：《四川郫县广福村李家院子古遗址发掘简报》，《成都考古发现（2009）》，北京：科学出版社，2011 年。

[7] 成都文物考古研究院、成都金沙遗址博物馆：《金沙遗址——阳光地带二期地点发掘报告》，北京：文物出版社，2017 年，第 422 页。报告推断该地点有的墓葬时代为距今 3400—3100 年。

（二）十二桥文化

1. 城址

在成都平原没有发现十二桥文化的城址。作为中心的金沙有大型建筑区、一般居址区、祭祀区和墓地等，但未发现城垣。

2. 祭祀遗存

十二桥文化最主要的祭祀遗存出自金沙"梅苑"地点的祭祀区。祭祀区同样出土大量青铜器、金器、玉器、石器、象牙、骨牙器、陶器、木器、漆器、卜甲，从早到晚各类器物成组使用。

3. 房址

房址主要为带基槽的木骨泥墙式。大型房址发现于黄忠村的"三合花园"和相邻的"金沙朗寓工地"、金沙"金牛城乡一体化 5 号 A"地点。规模较小的房址在金沙"芙蓉苑南""兰苑"等地点发现甚多。金沙之外的成都岷江小区 [1]、高新西区 [2]、青白江区 [3]、温江 [4]、郫县 [5] 等地都有发现。最重要的干栏式建筑是十二桥遗址的 T 字形木构建筑，西部是干栏式的"主体建筑"，东部是地梁结构的"廊道"。在成都岷江小区也有小型的干栏式房址。

[1] 成都市文物考古研究所：《岷江小区遗址 1999 年第一期发掘》，《成都考古发现（1999）》，北京：科学出版社，2001 年。

[2] 成都市文物考古研究所：《成都市高新西区"万安药业包装厂"商周遗址试掘简报》，《成都考古发现（2003）》，北京：科学出版社，2005 年。

[3] 成都文物考古研究所、青白江区文物保护管理所：《成都市青白江区宏峰村古遗址发掘简报》，《成都考古发现（2005）》，北京：科学出版社，2007 年。

[4] 成都文物考古研究所、温江区文物保护管理所：《成都市温江区"西藏地质花园"商周遗址发掘简报》，《成都考古发现（2014）》，北京：科学出版社，2016 年。

[5] 成都文物考古研究所、郫县望丛祠博物馆：《成都郫县波罗村商周遗址发掘报告》，《考古学报》2016 年第 1 期。

4. 墓葬

墓葬在金沙遗址发现最多。报道的重要墓葬如"兰苑"地点 100 余座，"蜀风花园城二期"地点 15 座，"国际花园"地点 48 座，"万博"地点 60 座，"春雨花间"地点 17 座，"阳光地带二期"地点约 290 座，"星河路"地点 24 座，黄忠村 14 座。这些墓特点相同，均为西北—东南向，或东北—西南向；多为仰身直肢葬，有少量二次葬；多无葬具，但也出现船棺；仅少数墓随葬陶器和极少量的小件铜器和玉石器。在金沙以外，岷江小区、金牛区禾家村[1]，以及郫县、彭州、新都、温江、新繁等也有发现，它们与金沙遗址墓葬相同。

（三）两个文化的比较

1. 知识体系

三星堆文化和十二桥文化最重要的遗物在第三章已有详细的对比，两个文化的青铜器、金器、玉器、石器等，器类、形制、纹饰都相似，很大一部分甚至基本相同。这说明制作这些器物的知识和技术也完全相同。特别是青铜器，除铸造外两种文化都有锤打的工艺，这在同时代的其他青铜文化中并不多见。同样，两地也都有锤打的金制品。在锤打的金属制品上还以錾刻、彩绘的方式表现图案。

两个文化的三种房屋类型基本相同，运用的是相同的建筑技术。特别是同时期的干栏式建筑不见于成都平原的相邻地区，但为两个文化共有。十二桥文化中未见夯筑的城垣或青关山那样的大型夯土台，但成都羊子山有夯筑的土台。在金沙祭祀区发现 9 个直径超过 50 厘米的柱洞，分三排三列分布于约 20 平方米的范围内，可能也是一个高台建筑。

三星堆和十二桥文化的大型建筑、小型房址和几乎所有的墓葬，以及三星堆的 1、2 号坑和成都羊子山的土台，方向都是西北—东南向，或者东北—西南向。这一共性十分明显，且与同时期商周文化的城址、宫殿等的方向不同。

---

[1] 成都文物考古研究所：《成都中海国际社区 2 号地点商周遗址发掘报告》，《成都考古发现（2010）》，北京：科学出版社，2012 年。

王仁湘由此认为古蜀存在一个特别的方位系统，其特点是建筑的四角指向四方，这个可称为"四维"的方位系统不同于中原文化的四面与四方平行的"四正"系统，它的确立可能与成都平原的地理环境有关，即西北的龙门山、东南的龙泉山相平行并都为东北—西南走向，平原内的河流又正好都由西北流向东南[1]。

两个文化有相同的生业。据目前的考古发现，在成都平原年代最早的什邡桂圆桥遗址已出现水稻，此后，从宝墩文化直到十二桥文化，成都平原的生业均以稻作为主[2]。即使有不同观点，如蔡靖泉认为三星堆文化和十二桥文化为代表的早期蜀文化是渔猎文化，之后的晚期蜀文化是农业文化[3]，同样认为两个文化的经济形态相同。

2. 价值体系

三星堆文化和十二桥文化拥有相同的价值体系，最能说明这一点的重要材料就是三星堆和金沙的祭祀遗存。

三星堆1、2号坑内的各类遗物全都用于宗教信仰。表达权力的金杖、青铜龙柱形器，代表部族首领和巫师的青铜人像，象征太阳的太阳形器、眼形器、神树，表现祭祀场景的"神坛"，以及作为祭祀用器的铜容器、小型铜器、玉石器、象牙、海贝等，它们反映了王权和崇拜太阳神的信仰。掌握王权和神权的统治阶层控制了制作青铜器的技术及产品，金属器、玉石器、象牙等贵重物品被社会上层集体占有，一些大型器物可能以令人震撼的方式陈列于宗庙、神庙内，用以强化社会统治、增强社会凝聚力。

金沙祭祀区出土遗物的埋藏背景和器物类别与三星堆的遗物相同，即使有部分遗物形制有差别，但都具有相同的功能并表达了共同的信仰。青铜立人像上的太阳形冠、太阳神鸟金饰、青铜眼形器等依然突出了太阳崇拜，有着与三

---

[1]　王仁湘：《四正与四维：考古所见中国早期两大方位系统——由古蜀时代的方位系统说起》，《四川文物》2011年第5期。

[2]　江章华：《成都平原先秦聚落变迁分析》，《考古》2015年第4期。

[3]　蔡靖泉：《考古发现反映出的成都平原先秦社会经济文化发展》，《江汉考古》2006年第3期。

星堆金杖相同图案的金冠仍然代表着王权。只是因为铜料不足，青铜器形体变小，并代之以更多的石像、木像等。祭祀区分散的遗物不再用于陈列，而是用于现场祭祀。

总之，从两个文化的祭祀遗存看，即使一些具体的宗教用器和祭祀行为因时代差异而有所不同，但信仰和观念并未改变。

说明共同价值观的另一类关键材料来自墓葬。三星堆文化的墓葬都是竖穴土坑墓，墓向清楚者多为东北向，大多无随葬品，这与祭祀器物坑中种类丰富、数量众多的贵重物品形成鲜明对比。十二桥文化出现了大规模的墓地，墓葬除东北—西南向外，还有很多为西北—东南向，部分墓有木质葬具，少数墓随葬极少量的陶器、陶纺轮、玉石条、磨石和卵石。十二桥文化墓葬即虽已发现数千座墓，却仍然没有大型墓，绝大多数墓葬没有随葬品，包括青铜器在内的贵重物品不用作随葬品。三星堆文化与十二桥文化墓葬的这些突出共性，表明当时虽然出现了社会分层，甚至形成了早期国家，但神权居主导地位，社会财富属于整个统治集团而非个人，贵重物品集中用于宗教活动而不是个人的丧葬。没有厚葬习俗，不以贵重物品来体现个人的身份和地位，从墓葬中看不到社会的分化，这些情况完全不同于同时期的商周文化，差异的根源正在于不同的观念。

三、三星堆—金沙文化的确立

由于拥有几乎完全相同的知识体系和价值体系，三星堆文化和十二桥文化实为一个考古学文化。两者呈现出的某些差异，在于发展阶段不同，这就包括陶器的变化和遗址间的具体差别。在一个文化数百年的发展进程中，作为日常生活用器的陶器自然会变化，中心城邑的形态内涵也会有不同，但这些变化并不总是标志着文化的更替。在成都平原，青铜时代的中心先在三星堆，后来迁移到金沙，人们的主要活动区也可能由沱江上游迁移到了岷江流域。迁移的原因尚不清楚，但从新石器时代开始，人们的活动区域就一直在由北向南移动。到了青铜时代，至少从考古材料中看不出当时有外敌入侵，或是有大规模的内乱。两个文化留下的包括墓葬在内的考古材料中均不见实用兵器，也没有反映战争或其他暴力行为的迹象。据新的考古材料，三星堆不再是中心后并未即刻废弃，金沙一带数量剧增的聚落、大规模的墓地等，反而说明当时人口增长、社会和平稳定。在这样的背景下，文化并未因为中心迁移而中断或发生实质性变化。

这是一个文化，这个文化最重要的遗址和最具代表性的考古发现都出自三星堆和金沙，前后两个阶段也分别以两地为文化、政治和宗教的中心，因此称之为"三星堆—金沙文化"在命名上最具概括性。

"三星堆—金沙文化"既然是一个文化，那就还需要与其他文化相比较以说明它能够自成一体。长期以来的大量研究已充分揭示出这个文化与周邻文化和中原商周文化的差异。在此要说明的是，从知识体系和价值体系两方面衡量，这个文化与同一区域内的更早和更晚阶段的文化也完全不同。

在此之前成都平原的文化是宝墩文化，两者之间或许还有过渡性文化，如距今 4000—3700 年的鱼凫村文化。"三星堆—金沙文化"与它们的区别是两个时代的区别。此前没有青铜器制作技术，生产力水平较低，社会没有出现多层分化，早期国家尚未形成，从考古材料中看不到王权和太阳崇拜的迹象。

在"三星堆—金沙文化"之后的东周时期，成都平原的文化和社会都发生了巨大的变化。简而言之，从三星堆到金沙都大量存在的具宗教性或祭祀用的青铜器、金器、玉石器、象牙等全部消失，重要的中心聚落、墓地大多废弃。经过一段"过渡期"之后，文化以全新的面貌出现。

东周时期出现了多种更为进步的技术，比如能制作形体巨大的船棺；大量涌现的精美漆器表明制漆工艺的新发展；铜器生产转向实用器或明器，出现镶嵌、线刻、失蜡法等新技术和新工艺，尽管这其中运用了新技术的个别铜器也可能是外来品。

变化更大的是价值观。在宗教祭祀器物完全消失后，新出现的大量青铜制品是容器、兵器、工具和印章，铜器上还出现了"巴蜀符号"。变化显著的还有墓葬，从春秋晚期开始出现规模巨大或随葬品丰富的大型墓葬，如成都商业街合葬墓[1]，墓坑中现存 17 具独木葬具，棺木形体巨大。战国时期的大墓，如战国早期的成都百花潭 10 号墓[2]，出土 40 多件铜器，其中兵器 20 余件。绵竹清道的独木棺墓[3]，出土铜器 150 余件，兵器多达七八十件。战国中期的新都马家大墓[4]有椁室、棺室和八个边箱，腰坑内出铜器 188 件。战国晚期的成都羊子山 172 号墓[5]，同样随葬品丰富。这些大墓的形制、墓向、葬俗等各不相同。又出现新的大规模墓地，年代从春秋战国延续到西汉，如什邡城关墓地[6]、德阳罗江周家坝墓地[7]、成都清江东路张家墩墓地[8]、青白江双元村墓地[9]。

东周时期，墓葬的规模和随葬品的多寡严重分化，墓主的地位和身份差异显著，还出现了分属不同族群或政治势力的大型墓地。墓葬普遍随葬大量兵器，社会显然动荡不安。考古材料显示，太阳崇拜等信仰已不复存在，青铜器由祭祀、宗教用器变为实用器和丧葬用品。社会财富的占有方式和统治权力的表现形式发生显著变化，统治社会的不再是神权而是世俗的政治和军事势力。所有这些变化反映出一个更为根本的差异，那就是价值体系的不同。这个新的价值体系不是完全从成都平原早期的文化和社会中产生，而是与东周时期当地文化的衰落和楚文化、中原文化的西进相关。这个时期的新技术、新观念应来源于长江中游。

由此可见，"三星堆—金沙"时期的文化和社会样态都完全不同于新石器时代和东周时期。

---

[1]　成都文物考古研究所：《成都商业街船棺葬》，北京：文物出版社，2009 年。

[2]　四川省博物馆：《成都百花潭中学十号墓发掘记》，《文物》1976 年第 3 期。

[3]　四川省博物馆　王有鹏：《四川绵竹县船棺墓》，《文物》1987 年第 10 期。

[4]　四川省博物馆、新都县文物管理所：《四川新都战国木椁墓》，《文物》1981 年第 6 期。

[5]　四川省文物管理委员会：《成都羊子山第 172 号墓发掘报告》，《考古学报》1956 年第 4 期。

[6]　四川省文物考古研究院、德阳市文物考古研究所、什邡市博物馆：《什邡城关战国秦汉墓地》，北京：文物出版社，2006 年。

[7]　刘章泽、张生刚、徐伟：《四川德阳罗江周家坝战国船棺墓地》，《中国重要考古发现（2012）》，北京：文物出版社，2013 年。

[8]　易立、杨波：《四川成都张家墩战国秦汉墓地》，《中国重要考古发现（2016）》，北京：文物出版社，2017 年。

[9]　成都文物考古研究院、青白江区文物保护中心：《四川成都双元村东周墓地一五四号墓发掘》，《考古学报》2020 年第 3 期。

"三星堆—金沙文化"的年代上限，就是原三星堆文化的开始点，即相当于二里冈上层文化或殷墟早期，下限可确定为金沙祭祀区废弃之时。该文化年代下限的另一条判定途径是可以参考含东周青铜容器的墓葬的出现时间，"三星堆—金沙文化"结束与东周时期新文化的兴起，两者间不应有太长的间隔。目前青白江双元村墓地等发现，似乎表明大批船棺墓和楚式青铜器在春秋中晚期已出现。"三星堆—金沙文化"的下限大致为原定的十二桥文化的下限，或相当于西周末期。

至此，前文的三星堆文化和十二桥文化，可理解为"三星堆—金沙文化"的两个阶段。下文在强调这个考古学文化的阶段时，称"三星堆阶段"和"金沙阶段"；若指以两地各为中心的历史时期，可分别称为"三星堆时期"和"金沙时期"。

与长江流域的其他区域相比，"三星堆—金沙文化"的开始年代与赣江流域的吴城文化、湘江流域的青铜文化大致相当，但延续时间更长。如果不只限于建构年代序列，而是从知识体系、价值体系，或从文化、社会等方面深入考察，并与其他相关或相邻文化进行比较，那么"三星堆—金沙文化"的独特内涵将会更清楚。

第二节　三星堆—金沙文化的来源与对外交流

一、三星堆—金沙文化的来源

三星堆—金沙文化是一种非常独特的区域性文化，它不同于中原的商周文化和长江中下游的其他区域性文化，即使在整个世界古代文明的图景中，它也具有鲜明的自身特色。对这样一种文化，任何人都会关心它的来源和形成。因此，明确三星堆—金沙文化的内涵和年代后，接下来就涉及两个重要问题，一是这个文化最初的来源，二是它在以后的发展过程中与其他区域和文化的交往。

（一）新石器时代的基础

　　三星堆—金沙文化作为一种区域性文化，首先有着本土的基础，这就是成都平原的新石器时代文化。本书的第一章讲述的就是这个基础，它包括了很多具体的方面，如城与房屋的建造、水稻种植、埋葬习俗、玉石器的选择与制作等。这些方面又都包含了知识和观念的内容。自新石器时代开始的与域外的交流和沟通，更为青铜时代文化的形成、发展提供了重要条件和契机。

　　三星堆—金沙文化由宝墩文化发展而来，但作为青铜时代的文化，其核心内容并不来自宝墩文化，这就包括青铜器的制作技术和太阳崇拜的信仰。在宝墩文化中，即使是最后阶段的鱼凫村文化，也没发现当地生产的铜器，或者与青铜冶炼、铸造有关的炼渣、坩埚残片、陶范等遗存。据现有资料，在三星堆—金沙文化之前成都平原不生产青铜器。在新石器时代的文化中，反映宗教信仰的考古资料也很少，其中没有迹象说明当时已存在太阳崇拜。这只能说明青铜时代文化的核心内容另有来源。对于可能的最早的来源，可继续从知识体系和价值体系两方面探寻。

（二）青铜器及其生产技术

　　三星堆—金沙文化的鲜明特征就是有种类丰富、风格独特的青铜器，它们标志着成都平原进入了青铜时代，也使三星堆—金沙文化与其他文化相区别。

　　目前已发掘的三星堆—金沙文化早期的青铜器集中出自三星堆的1、2号坑，它们数量众多、形体庞大、特色鲜明，不可能从域外带入而应是产于当地。但青铜器生产不仅在更早的时期无迹可寻，而且进入青铜时代后的铸铜作坊至今仍未发现，只在月亮湾有零星的冶铸遗迹。这不同于中原在青铜器大规模生产之前已出现小件青铜器或红铜器。目前所见的三星堆青铜器明显有高度集中的特点，即在三星堆地点之外，在三星堆或成都平原其他同时期遗址，都没有更多的发现；青铜器年代大都集中在殷墟早期；社会上层控制了生产和产品，青铜器被集中用于宗教或祭祀活动，而非生产、生活等其他方面。出土、年代、功能集中，显示出这批青铜器是在较短的时间内为满足特定的需要而集中制造的。崔剑锋、吴小红分析三星堆青铜器的金相、元素和铅同位素比值，得出的结论之一也是 1、2 号坑的青铜器是在很短时间内同时铸造而成 [1]。这说明成都平原的青铜器生产技术也是突然出现，并非在当地逐渐发展起来。如此，青铜器制造技术的渊源便是一个关键问题。

　　第一章已讨论了三星堆遗址和高骈出土的 4 件年代更早的青铜牌饰，同类嵌绿松石铜牌饰见于二里头遗址和甘肃天水，未嵌绿松石者还见于新疆哈密。陈小三提出三星堆的铜牌饰从河西走廊经岷江、白龙江传入的可能性 [2]。在川西高原也有年代较早的青铜器，如 2008 年在炉霍宴尔龙发掘的一批从殷商到西周中期的石棺墓 [3]，出土 1 件直援无胡戈和 3 件更显原始的刀形戈，直援无胡戈与郑州商城和内蒙古朱开沟遗址的同类戈很相近，它有可能是经从我国东北到西南的半月形地带由北方流传到了川西高原 [4]。

　　如果早期的青铜制品从北方传入四川，那么铜器生产技术也可能由北方进入成都平原。这一假设首先与公元前第二、三千纪东西方文化交流的大背景相符。在我国西北地区有越来越多的考古发现揭示了这种东西之间的交流。近年的发现之一如甘肃张掖的西城驿遗址，那里可能是河西走廊的一个冶金中心，表明至迟在距今 4100 年前后河西走廊地区已有比较发达的冶金业 [5]。如此，三星堆的青铜器生产完全可能受西北地区影响。在三星堆还存在锻造技术，这与中原商文化的主流技术不同，但却可能和西北地区有关。以上交流的区域和路线，也包括从我国东北到西南的半月形地带。

　　其次，这一推断也与成都平原新石器时代文化产生、发展的背景相符。第

[1]　崔剑锋、吴小红：《三星堆遗址祭祀坑中出土部分青铜器的金属学和铅同位素比值再分析——对三星堆青铜文化的一些新认识》，《南方民族考古》第 9 辑，北京：科学出版社，2013 年。

[2]　陈小三：《试论镶嵌绿松石牌饰的起源》，《考古与文物》2013 年第 5 期。

[3]　四川省文物考古研究院、日本九州大学、甘孜藏族自治州文化旅游局、炉霍县文化旅游局：《四川炉霍县宴尔龙石棺葬墓地发掘简报》，《四川文物》2012 年第 3 期。

[4]　施劲松：《川西石棺墓中的铁器》，《南方民族考古》第 10 辑，北京：科学出版社，2014 年。

[5]　甘肃省文物考古研究所、北京科技大学冶金与材料史研究所、中国社会科学院考古研究所、西北大学文化遗产学院：《甘肃张掖市西城驿遗址》，《考古》2014 年第 7 期；《甘肃张掖市西城驿遗址 2010 年发掘简报》，《考古》2015 年第 10 期。

一章介绍了岷江上游的新石器时代遗址，包括茂县营盘山和汶川姜维城，都与甘青地区的史前文化相关，那里甚至被视为甘青史前文化的分布区。成都平原的桂圆桥文化和宝墩文化又与岷江上游的遗址有关，并最终和甘青地区的新石器时代文化发生联系。如江章华就认为宝墩文化可能与岷江上游的马家窑文化有关 [1]；由岷江上游来的人群最初进入成都平原北部，后向平原的腹心地区移动，社会向复杂化方向演进 [2]。万娇、雷雨也认为成都平原目前所见最早的文化来自西北的仰韶文化晚期类型 [3]。如果新石器时代的人群和文化由岷江上游进入成都平原，那么此后的青铜制品和制造技术也可以沿此路线从西北传入。

相比于北方的流传路线，传播青铜器制造技术的南方路线不甚清晰。虽然在三星堆遗址出土大量象牙和海贝，云南地区的青铜文化与三星堆时期的文化也的确具有某种相似性，然而在云南并未发现同时期的青铜制品，青铜文化的年代较晚。而且，南线不具备前述使北线更显合理的交流背景。

除以上线索外，我们不能忽视三星堆的青铜器制造技术受东方影响的可能性。成都平原与东方的交往同样很早，桂圆桥文化和宝墩文化就深受大溪文化、屈家岭—石家河文化的影响，前者可能接受了后者筑城和种植水稻的技术和理念，这样的影响至关重要。恰好石家河文化可能已开始生产铜器。在石家河遗址的多个地点发现了小件铜器和与生产有关的遗物，如罗家柏岭曾出土 5 件铜器残片和铜渣 [4]，肖家屋脊出土铜矿石 [5]，邓家湾出土 1 件刀形铜片和孔雀石碎块 [6]。东方的石家河文化早于成都平原生产和使用铜器。

三星堆青铜器与东方有直接联系的明确证据是青铜尊和罍。三星堆和安徽阜南都出土相同的龙虎尊。与三星堆兽面纹尊风格一样的大口尊出土于安徽六

---

[1] 江章华：《岷江上游新石器时代遗存新发现的几点思考》，《四川文物》2004 年第 3 期。

[2] 江章华、何锟宇：《成都平原史前聚落分析》，《四川文物》2016 年第 6 期。

[3] 万娇、雷雨：《桂圆桥遗址与成都平原新石器文化发展脉络》，《文物》2013 年第 9 期。

[4] 湖北省文物考古研究所、中国社会科学院考古研究所：《湖北石家河罗家柏岭新石器时代遗址》，《考古学报》1994 年第 2 期。

[5] 湖北省荆州博物馆、湖北省文物考古研究所、北京大学考古学系 石家河考古队：《肖家屋脊》，北京：文物出版社，1999 年，第 236 页。

[6] 湖北省文物考古研究所、北京大学考古学系、湖北荆州博物馆 石家河考古队：《邓家湾》，北京：文物出版社，2003 年，第 243 页。

安，湖北枣阳、江陵、岑河，湖南岳阳、华容，重庆大昌；相同的罍出自湖北沙市、湖南岳阳和平江[1]。各地的尊和罍风格既独特又一致，显然存在紧密联系。长江流域的这类尊与罍源于中原青铜器，因此李学勤早指出，商文化的影响由中原至长江中游，再溯江到达成都平原[2]。既然三星堆与长江中下游地区的青铜器和中原存在明显联系，那就不能排除制造技术也由中原经长江中游影响到了成都平原。不过，三星堆与长江中下游相似的铜器多相当于殷墟时期，年代比石家河文化晚得多。

最后需要说明，假如今后在三星堆遗址或成都平原发现年代更早的产于当地的铜器，同样需要将青铜器制作技术放在冶金术起源、传播的大背景下来认识。

（三）信仰与观念

三星堆—金沙文化之所以被认为是一种独特的青铜文化，不只在于各类物质遗存呈现出来的面貌，更在于它们蕴含的观念。

学界对三星堆祭祀器物坑和金沙祭祀区出土遗物的性质尽管有着不同的解释，但多认同它们与宗教、祭祀有关。我认为这些祭祀遗存、遗物表现的是王权和太阳崇拜，这正是三星堆—金沙文化的独特之处。也只有理解这个时期的信仰和观念，才能深入认识这一区域性文化和当时的社会。

从目前的考古材料中难以知道成都平原新石器时代人们的观念，但在宝墩文化中没有发现三星堆—金沙文化这类信仰存在的迹象。这套信仰和观念的形成似乎与青铜器的大规模生产和使用大体同时。青铜人像、神树等都具有相同的功能，它们或象征政治权力，或表达某种信仰，或用于某类宗教活动，最终都是服务于社会统治。之所以如此，即是因为制作这类青铜器不仅需要贵重资源，也需要当时最先进的知识和技术。既然青铜制品被集中用于宗教祭祀活动，技术和观念统一于这类青铜器中，那么两者很可能同源。

---

[1]　施劲松：《长江流域青铜器研究》，北京：文物出版社，2003 年，第 294～298 页。

[2]　李学勤：《商文化怎样传入四川》，《中国文物报》1989 年 7 月 21 日。

　　黄金制品表达的观念也非常重要。在世界其他古文明中，黄金通常是权力和财富的象征。受欧亚草原文化的影响，我国古代也有用黄金作为装饰的习俗，西北地区就率先以黄金饰品随葬，如甘肃玉门火烧沟青铜时代早期遗址就出土金制品。在青铜时代，黄金制品在我国的分布除成都平原外，主要就是西北地区和中原，金器也由饰品发展成为身份的象征。三星堆和金沙出土的金器种类和数量众多，甚至超过了殷墟。这些金器不是普通装饰品，金杖、金冠、金面具都象征权力，这样的观念显然也受成都平原以外其他文化的影响。三星堆的这类金杖过去没有发现过，但我国北方地区有不少陶质、石质或青铜的权杖头。李水城认为在我国发现的权杖头集中在西北地区，年代从距今 5000 年前的仰韶文化晚期到距今 3000 年的西周早期，在已知材料中以甘肃天水一带出土的年代最早，向东还流传至赤峰及周边地区；权杖这类最早出现在近东地区的文化因素，沿近东、中亚、我国西北、长城沿线传播，但并未被华夏文明接受[1]。在西城驿遗址还发现了铸造权杖头的石范，据信这也是文化交流的产物。

　　三星堆—金沙文化的宗教信仰主要是太阳崇拜。太阳崇拜在许多地区的古代文明中普遍存在，在一些文化中太阳神还居突出地位。牟永抗曾就我国东方地区史前时期的太阳崇拜进行考古学研究，考察的区域和文化包括长江下游的河姆渡文化、良渚文化，长江中游的大溪文化，黄河下游的大汶口文化和中游的仰韶文化，涉及材料主要有陶器、玉器、骨雕和象牙雕；这当中也有成都平原以北地区的材料，如陕西泉护村仰韶文化彩陶上的鸟和太阳[2]。这些材料中，除了太阳图案外，还有很多是借助鸟和一些几何图形来表达太阳崇拜的主题。武仙竹、马江波梳理三峡地区的考古材料，认为在距今约 8500—7800 年的城背溪文化中就有了象征太阳神的石刻和表现太阳的陶器，太阳神崇拜由此向长江流域和黄河流域传播；在三峡地区商时期的遗存中，除太阳图案外还出现形

[1]　李水城：《权杖头：古丝绸之路早期文化交流的重要见证》，《中国社会科学院古代文明研究中心通讯》第 3 期，2002 年；《赤峰及周边地区考古所见权杖头及潜在意义》，《庆祝宿白先生九十华诞》，北京：科学出版社，2012 年。

[2]　牟永抗：《东方史前时期太阳崇拜的考古学观察》，《故宫学术季刊》第 12 卷第 4 期，1995 年。

象而夸张的鸟眼纹，表达的就是"金乌负日"[1]。与此相一致的是，三星堆—金沙文化也以鸟和眼睛表现太阳，这与东方的观念尤其相近。但三星堆和金沙的神树和眼形器，大规模的表现太阳崇拜的器物群和神庙，并不见于上述的东方地区。

除表现太阳崇拜的丰富资料外，在石家河文化中有大量玉雕人头像，这是目前国内发现的与三星堆青铜人头像风格较为接近者，尽管这两批年代、质地、大小均不同的人头像是否有相同的含义还不得而知。

观念受东方影响的明确证据再一次来自青铜容器。在三星堆尊和罍作为祭祀用器大量存在。三星堆器物群中还有顶尊跪坐的人像和四人顶"尊"的"神坛"。相较于商文化，尊和罍在长江中下游地区的青铜文化中很突出，两者在铜器组合中占重要地位。若仅从青铜容器的器类看，成都平原一样重尊和罍。在商文化中，包括尊和罍在内的青铜容器是政治、宗教权力的工具，是礼器。三星堆—金沙文化对尊、罍这类青铜容器加以吸纳并用于宗教、祭祀活动，虽不当作礼器使用，但毕竟也是将一类青铜容器作为一种特殊工具，这样的观念来自长江中游、并最终源于商文化。

由此可见，三星堆—金沙文化的信仰和观念也有多个来源。

（四）其他方面的交流

以上两部分重点从铜器生产技术、信仰与观念两方面探讨三星堆—金沙文化核心内容的来源，这并不是文化交流的全部。

青铜器中，还有一些器类显示出或许与二里头文化有关。比如三星堆和金沙遗址都出土合瓦形的青铜铃，这类铜铃就见于二里头遗址[2]。金沙的铜螺形器还与二里头遗址的白陶器相近。至于可能从容器上脱落的牛首、兽首、立鸟等，常见于中原商周时期的青铜容器上。三星堆的这类大口尊在陕西城固出土

---

[1]　武仙竹、马江波：《三峡地区太阳崇拜文化的源流与传播》，《四川文物》2019 年第 2 期。

[2]　中国社会科学院考古研究所：《中国考古学·夏商卷》，北京：中国社会科学出版社，2003 年，第 10 页表 2-2。

多件，形制、纹饰均相同，都具有区别于商式尊的那类共同的地方特征。我曾倾向于认为城固大口尊受到了三星堆青铜器的影响[1]，但长江中游、特别是湖北也有这类铜器，也可能是两地共同受长江中游的影响。

玉石器反映出更加复杂的文化交流。在新石器时代末期的仁胜墓地已出现较多玉石器，来源不清。三星堆—金沙文化的玉器更多，璋、琮、戈等重要器类都出现于此时。在三星堆月亮湾台地和鸭子河南岸多加工玉石器的遗存，那里应有生产玉石器的作坊。在金沙遗址也出土玉石器的半成品，所以玉石器大多在当地制作。玉石器显示的交流和影响更多指技术、风格和器物蕴含的观念，但也可能有个别玉器直接来自成都平原之外。

玉石器反映出的文化交流大体而言同样以北方和东方两个方向最明显。以出土数量众多的玉璋、琮、璧等为例，学界研究的重点就是各器类的源流及各地玉器的关系。举最近的研究，邓聪探讨了二里头、三星堆、金沙、越南北部各地牙璋的流传[2]。朱乃诚认为三星堆和金沙玉器中有的来自二里头和殷墟，有的为仿制，有的为改制[3]。王方考察三星堆和金沙的玉璋、戈、钺（戚）、圭、多孔刀、蜗旋状器、绿松石镶嵌饰品，以及一些装饰纹样和技法，认为它们都与二里头文化玉器相关，说明了二里头文化的辐射与影响[4]；玉琮、璧形器、多孔刀、玉工具等也受到以齐家文化为代表的西北地区文化的影响[5]。反之，对二里头文化玉器的认识，也需要联系包括三星堆和金沙玉器在内的材料[6]。许宏从中原的视角看中国及东南亚的玉璋，认为对于二里头文化前后东亚玉璋

---

[1]　施劲松：《论我国南方出土的商代青铜大口尊》，《文物》1998 年第 10 期。

[2]　邓聪：《东亚视野下金沙玉璋源流》，《金沙玉工 I：金沙遗址出土玉石璋研究》，成都：四川人民出版社，2017 年。

[3]　朱乃诚：《三星堆玉器与金沙玉器的文化传统——兼论三星堆文化牙璋的渊源与流向》，《夏商时期玉文化国际学术研讨会论文集》，北京：科学出版社，2018 年。

[4]　王方：《夏风西渐——试析二里头文化对古蜀玉器的冲击与影响》，《夏商玉器及玉文化学术研讨会论文集》，广州：岭南美术出版社，2018 年。

[5]　王方：《玉汇金沙——试析古蜀玉器中的多元文化因素》，《夏商时期玉文化国际学术研讨会论文集》，北京：科学出版社，2018 年。

[6]　中国社会科学院考古研究所：《二里头考古六十年》，北京：中国社会科学出版社，2019 年，第 168～181 页。

的分布，如果把相距甚远的出土地点联系起来看，可知位于分布中心的二里头遗址应是扩散的起点或者中介点[1]。无论以成都平原的玉器为出发点，还是由中原的视角，都不难发现三星堆和金沙玉器与二里头文化的关系。

包括玉璋在内的玉器还可能与陕西的神木石峁遗址[2]有关。石峁同样是玉璋的集中出土地，金沙出土的那类带齿牙璧就见于石峁和延安芦山峁。三星堆青关山大型建筑的台基中埋有玉璧等，在石峁城址的墙基中也埋插玉器。最近石峁遗址的重大发现是一批石雕人像和动物像，有的石雕人像与金沙的玉人像就非常相近。三星堆—金沙文化与石峁是否存在联系，特别值得关注。

石峁、二里头遗址和齐家文化年代都较早。三星堆和金沙的玉器也有近似殷墟者，如有领玉璧、形体较矮的琮、箍形器等。金沙玉斧形钺上的兽面纹还与中原铜器上的兽面纹相似。

玉器来源的另一个方向仍是长江下游，最明显的证据就是玉琮。琮虽然在中原商周时期的遗址也有发现，但它是良渚文化的代表性器物。尤其是金沙那件最高的带节琮，被视为是较为典型的良渚式琮。同样，玉箍形器也见于良渚文化，有领玉璧在长江中下游的商时期墓葬中也有发现。对于玉器中的良渚文化因素有专门的讨论，如王方的论述[3]。

成都平原的玉器体现的外来影响有多个来源，至少璋和琮可能就代表了两个方向。这种影响在时间上也持续了很久，与良渚文化、二里头文化、齐家文化的相关性，说明早期的影响是存在的，金沙斧形钺上的兽面纹则是商代晚期的纹饰。令人难解的是，这些早期的玉器何以流传到了千百年之后的三星堆和金沙。

成都平原的玉器并不只是吸收和接纳外来的因素，它自身也有很多创新，这与青铜器的情况相同。三星堆和金沙都不乏独一无二的器形和纹饰，一些特

---

[1] 许宏：《何以中国——公元前 2000 年的中原图景》，北京：生活·读书·新知三联书店，2014 年，第 146 页。

[2] 陕西省考古研究院、榆林市文物考古勘探工作队、神木县文体广电局、神木县石峁遗址管理处：《发现石峁古城》，北京：文物出版社，2016 年。

[3] 王方：《试析古蜀玉器中的良渚文化因素》，《玉魂国魄——中国古代玉器与传统文化学术讨论会文集》（四），杭州：浙江古籍出版社，2010 年。

有玉器还传播至其他区域。如成都平原的玉凹刃凿形器在滇东南、桂西和越南也有发现，至于越南出土的玉璋，学界多认为它的传播经过了成都平原。

除了金属器、玉器这些贵重器物外，成都平原的陶器也受域外文化影响，最突出的就是第三章中讨论的峡江地区的尖底器，它在三星堆阶段的晚期进入成都平原，为当地文化接纳和吸收，成为金沙阶段的代表性陶器。

二、成都平原的商周文化遗存

四川盆地以外的文化从各个方向、以不同的方式进入成都平原，大多被吸纳、融合后最终成为当地文化的一部分。但也有的外来文化因素独立存在，这类遗存的代表就是成都平原出土的商周青铜器。

第一批商周青铜器于1959年发现于成都东北约40千米的彭县濛阳镇西南的竹瓦街，称为1号窖藏的一个陶缸内出土21件青铜器，有5件罍、1件尊、2件觯、8件戈、2件钺、1件戟、1件矛和1件锛[1]。5件罍中，2件罍的盖上有蟠龙，肩饰蜗形夔纹，腹饰兽面纹；3件肩上饰涡纹，一大二小（图4-1：1、2、6、8）。尊为觚形，腹饰兽面纹；觯上各有“覃父癸”“牧正父己”铭文（图4-1：9、10）。

第二批发现于1980年，即距1号窖藏约25米处发现的2号窖藏，同样是在一个大陶缸内装有19件青铜器，包括4件罍、10件戈、3件钺和2件戟[2]。4件罍中，最大的1件盖和肩主要饰跪牛纹；有2件盖和身都有突出的扉棱，主要饰蜗形夔纹；最小的1件盖和身主要饰兽面纹（图4-1：3、4、5、7）。

冯汉骥提及抗日战争时期川西还出土过1套1大4小的罍，可惜当时即已失散而下落不明，上海博物馆有1件“兽纹壶”可能即是小罍之一[3]。

竹瓦街两批铜器的埋藏现象和铜器数量、器类、器形和纹饰都相近，一般

[1] 王家祐：《记四川彭县竹瓦街出土的铜器》，《文物》1961年第11期。

[2] 四川省博物馆、彭县文化馆：《四川彭县西周窖藏铜器》，《考古》1981年第6期。

[3] 冯汉骥：《四川彭县出土的铜器》，《文物》1980年第12期。

图 4-1　成都平原出土的商周青铜器

1～8. 罍　9、11. 尊　10. 觯（1、2、6、8、9、10 于 1960 年出自彭县竹瓦街 1 号窖藏，3、4、5、7
于 1980 年出自彭县竹瓦街 2 号窖藏，11 于 1985 年出自广汉西门外）

认为两批铜器的性质和埋藏年代相同。徐中舒较早提出 1 号窖藏的尊和觯为商末之器，其余为蜀地仿制，最晚年代应在西周较早期，埋藏年代距周初开国不远 [1]。冯汉骥认为 1 号窖藏的尊和觯可能为晚商殷人之器，其余四川本地所铸的铜罍和铜兵器若仅从花纹看当不晚于西周初期，但在蜀地，特别是从当地冶铸发展历史看可以晚到西周末期或春秋初 [2]。早期的研究认为两批铜器中的罍和兵器是四川当地铸造，年代可能较晚。

此后学者们研究铜器的年代、风格、技术特征、来源和产地，并与辽宁喀左、陕西岐山贺家村和宝鸡强国墓地的青铜器相对比。李伯谦认为竹瓦街尊、觯、罍的铭文、花纹具有商末周初风格，罍和某些装饰为西周早期的典型形制与纹饰，长援直内戈可早到商代，三角援戈属西周早期，有的或晚到西周中期 [3]。李学勤认为青铜器年代应属周初，2 件觯虽然不制造于蜀地，但年代和其他器物仍然吻合 [4]。李明斌也认为有铭铜觯来自北方、其余铜器铸造于蜀地，铜器年代为西周早期，窖藏年代为西周后期至春秋初期；又认为这批铜器是作为三星堆祭祀器物坑所出重器的对立物和替代物而出现在古蜀，它们与强国墓地的密切关系还表明十二桥文化时期的四川盆地与北方的交流是多方面的 [5]。孙华提出无论是带铭文的中国中心地区铸造的铜器、还是没有铭文的被认为是四川本地铸造的铜器，都一致呈现出典型的西周前期的特征而没有更晚的风格；对比北方地区相关青铜器，那些被认为是具有地方色彩的罍并没有什么四川的地方特点，它们都应是周王朝铜器作坊或在周王朝铜器工艺传统指导下制作的，两个窖藏可能是蒲卑王朝取代鱼凫王朝时由前朝的高级贵族埋下的遗存 [6]。

竹瓦街青铜器具有商末或西周早期的特点，年代不晚于西周早期。对于铜器的特点和产地，我赞成它们并不具备四川当地的特色的认识。带铭文的觯

---

[1]　徐中舒：《四川彭县濛阳镇出土的殷代二觯》，《文物》1962 年第 6 期。

[2]　冯汉骥：《四川彭县出土的铜器》，《文物》1980 年第 12 期。

[3]　李伯谦：《城固铜器群与早期蜀文化》，《考古与文物》1983 年第 2 期。

[4]　李学勤：《彭县竹瓦街青铜器的再考察》，《四川考古论文集》，北京：文物出版社，1996 年。

[5]　李明斌：《彭县竹瓦街青铜器窖藏考辨》，《南方文物》2002 年第 1 期。

[6]　孙华：《彭县竹瓦街铜器再分析——埋藏性质、年代、原因及其文化背景》，《长江流域青铜文化研究》，北京：科学出版社，2002 年。

和尊固然是来自北方的产品，罍也如此。与竹瓦街非常相近的铜罍，过去在辽宁喀左发现过多件，最相似的是北洞村 1973 年发现的两批 [1]，一批罍也是 5 件，另一批罍盖上也有蟠龙。喀左山湾子 1974 年出土的罍一样饰涡纹和跪牛纹 [2]。近年发掘的湖北随州叶家山墓地出土多件罍，M111 出土 1 件高 48 厘米的罍，盖上也有蟠龙，饰蜗形夔纹和兽面纹 [3]；M27 出土 2 件高 52.8 厘米的圆罍，盖上有鹗，盖和器身上突出兽面纹和扉棱 [4]；M28 出土的高 42.5 厘米的带盖罍，饰蜗形夔纹和兽面纹 [5]。叶家山罍明显与竹瓦街罍相近甚至相同。如此广阔的空间内出土的铜器在数量、形体、形制、装饰各个方面都相同或相近，自然谈不上各自的地方性，其中有的完全可能出自相同的产地。

竹瓦街青铜器群既不产于成都平原，自然就与三星堆和金沙的铜器完全不同，相互间也没有关联。具体而言，竹瓦街铜器与三星堆铜器年代不同，尊、罍、戈差别明显。它们与金沙遗址年代相当并都被归为十二桥文化，但其实不然。在金沙祭祀区出土的包括残片在内的铜容器不是竹瓦街的这类尊或罍，仅见的 1 件长援有阑戈和竹瓦街的戈也有区别，金沙也不出实用兵器。当然从竹瓦街铜器群也看不出铜料匮乏，那些青铜罍大多形体高大、纹饰繁缛、制作精良。1 号窖藏的大罍高 68 厘米，2 号窖藏的大罍高 79 厘米，后者被认为是迄今所见最大的铜罍 [6]。

竹瓦街青铜器不属于三星堆—金沙文化。徐中舒认为觯的器形和"覃父癸"

[1]　a. 辽宁省博物馆、朝阳地区博物馆：《辽宁喀左县北洞村发现殷代青铜器》，《考古》1973 年第 4 期。

　　　b. 喀左县文化馆、朝阳地区博物馆、辽宁省博物馆　北洞文物发掘小组：《辽宁喀左县北洞村出土的殷周青铜器》，《考古》1974 年第 6 期。

[2]　喀左县文化馆、朝阳地区博物馆、辽宁省博物馆：《辽宁省喀左县山湾子出土殷周青铜器》，《文物》1977 年第 12 期。

[3]　湖北省博物馆、湖北省文物考古研究所、随州市博物馆：《随州叶家山西周早期曾国墓地》，北京：文物出版社，2013 年，第 132 ～ 135 页。

[4]　湖北省文物考古研究所、随州市博物馆：《湖北随州叶家山西周墓地发掘简报》，《文物》2011 年第 11 期。

[5]　湖北省文物考古研究所、随州市博物馆：《湖北随州叶家山 M28 发掘报告》，《江汉考古》2013 年第 4 期。

[6]　孙华：《彭县竹瓦街铜器再分析——埋藏性质、年代、原因及其文化背景》，《长江流域青铜文化研究》，北京：科学出版社，2002 年。

"牧正父己"的铭文与中原商器相同，应是蜀人参加武王伐纣的战利品或周王颁赐的俘获品。宋治民指出宝鸡竹园沟 M7 出土 1 件"覃父癸"商代晚期铜爵，陕西陇县韦家庄 M1 出土 1 件"牧正"商代晚期铜尊，商的"覃"氏和"牧正"氏家族铜器分别出自不同的地方，证明了徐中舒的推断[1]。比较竹瓦街青铜器与其他地区的铜器，可以认为除觯以外的其他铜器也都是一起从外地传入的。

成都平原还有类似的外来铜器。确定者如 1985 年在广汉西门外出土的带"晋"（或释为"潜"）字铭文的尊[2]（图 4-1：11），器形、纹饰、铭文都同中原铜器。

2008 年在金沙祭祀区西北约 1500 米的"青羊兴城建"地点，于地层中出土 1 件铜簋，为盆式，敞口，弧腹，高圈足，腹饰斜方格乳钉纹[3]。斜方格乳钉纹簋在中原和宝鸡一带出土很多，年代多为商末周初。其中，宝鸡石鼓山出土的这类簋制作比较粗糙，也因此而被认为是当地的制品[4]。金沙仅见的这件簋与成都地区的其他铜器完全不同，形制、纹饰与宝鸡出土的簋尤其相近，除尖底杯、尖底盏等陶器外无其他铜器共出，因而更可能是外来品。

以上青铜器应是在域外制作后因特殊原因传入成都平原的。这和三星堆、金沙那些在当地生产、改造、形成自身特点的青铜容器不同。三星堆—金沙文化的铜器都用于宗教、祭祀，这些铜器不是。它们既没有进入三星堆和金沙的核心区，也未被当地的文化系统吸纳、利用。但是这些铜器均没有作为随葬品进入墓葬，这一点似乎又与当地价值观相符。总之，这类青铜器的存在说明了青铜时代的成都平原与域外的另外一类联系，显示出交流的多样性与历史图景的复杂性。

---

[1] 宋治民：《从三星堆的新发现看早期蜀文化》，《巴蜀历史·民族·考古·文化》，成都：巴蜀书社，1991 年。

[2] a. 中国青铜器全集编辑委员会：《中国青铜器全集·巴蜀》，北京：文物出版社，1994 年，图版 91。b. 敖天照：《三星堆文化遗址出土的几件商代青铜器》，《文物》2008 年第 7 期。

[3] 刘祥宇、周志清、王占魁：《成都金沙遗址出土铜簋》，《文物》2018 年第 9 期。

[4] "中央研究院"历史语言研究所、陕西省考古研究院：《宝鸡戴家湾与石鼓山出土商周青铜器》，2015 年。

第三节　三星堆—金沙文化时期的社会与早期国家

学者们多会认同在三星堆时期成都平原已出现了复杂社会，甚至形成了早期国家，但这样的社会和国家有何特点，与其他地区相比有何异同？有学者通过相对有限的资料就此进行了尽可能系统、深入的阐述，如段渝论述了三星堆文明时期酋邦到国家的演化，以及三星堆神权国家的运行机制等[1]。我认为相对于大量的对文化谱系和年代框架的建构，以及对三星堆祭祀器物坑的解释，对三星堆—金沙文化时期的社会与早期国家还需要有更多研究。在此类研究中还有两个问题需要注意，一是应当避免与文献中的蜀王世系的简单对应，这类记述多为传说，关于当时社会的信息有限，它们可能会将研究引向并不可靠的世系考证；二是应当避免概念化，套用过多的概念也会影响我们对材料做出具体深入的分析，并产生认识上的隔膜。考察这个时期的社会与国家，应当立足于考古材料和考古学的方法。

一、社会特点

通过考古材料，我们可以对成都平原三星堆—金沙文化时期的社会形成初步认识。

（一）城与聚落

成都平原在宝墩文化时期已出现了城，文化已有积淀。到了三星堆时期，三星堆城变得更为复杂，有大城和多座小城。在青关山有规模宏大的夯筑土台，

---

[1]　段渝：《酋邦与国家起源：长江流域文明起源比较研究》，北京：中华书局，2007 年。

上有成组的大型建筑基址。基址形制规整、结构复杂，台基上埋有玉器和象牙，显然不是普通建筑，而是宫殿或者神庙、宗庙一类的宗教性建筑。在三星堆城的北部，分布有密集的普通居址、手工业作坊和各种埋藏坑。在城南的三星堆台地则集中了祭祀器物坑，祭祀器物坑、埋藏坑又大多位于城内的东北—西南向的中轴线上。这些都反映了三星堆城规划、建筑和使用的理念。

金沙没有城墙，可能无须防护。内部有祭祀区、大型建筑区、普通居住区、墓地等。每个功能区规模都很大，沿用的时间也较长。黄忠村一带的大型建筑和青关山基址一样层层叠压，那里可能作为权力的中心稳定了较长时间。

无论是在三星堆还是在金沙时期，两个中心都不是孤立存在的。三星堆时期的其他聚落分布在沱江上游的石亭江、绵远河、鸭子河、马牧河流域，不过要了解它们的具体情况及其与三星堆城的关系，还需要做更多的工作。金沙时期的其他聚落大多位于现今的成都市区，沿故郫江由西北向东南分布。

（二）祭祀遗存

三星堆和金沙有丰富而独特的祭祀遗存，由此也可以认识这个时期的社会。

三星堆和金沙的考古材料表明，当时存在大规模的青铜器铸造业、玉石器加工业、制陶业等，有大批的手工业者。大量的宗教、祭祀遗存又表明社会上存在数量庞大的神职人员。这些专门的人员或阶层的出现，表明了社会的分层和早期国家的形成。祭祀遗存中还存在外来物品，比如三星堆数以千计的海贝，既不产于当地，也不是一般的流传物，只能说明三星堆时期的确存在远程的物品流通。在金沙没有见到海贝，却有玉贝，这也许说明金沙时期远程流通已中止，因而出现了海贝的替代品。

前文已多次论及，作为三星堆最重要的祭祀遗存，1、2号坑的遗物主体是表现崇拜对象和祭祀场景，最终体现的是神权与王权。金沙时期的祭祀方式有所变化，但延续了前期的信仰，也保持了原有的社会样态。两地包括青铜器在内的贵重物品虽然数量极多，但异常集中，都只见于统治中心内的特定区域。贵重物品高度集中且具有特定功能，表明社会上层有效地控制了资源、技术和产品，用于维护宗教信仰与王权。

（三）墓葬

三星堆时期的墓葬发现有限，更没有高规格墓葬，难以深入讨论。但可以推断，假如今后发现这个时期的大墓，其埋藏物应不会与祭祀器物坑中的物品相同。因为那些宗教、祭祀器物既非实用器，也不代表财富和个人等级，因而不太可能出现在墓葬中。从现有材料看，这个社会的贵重物是用来表现权力和宗教信仰，而不反映等级观念和丧葬习俗；占有者是统治集团集体而非个人。由此或许可以进一步假设，在这个时期不一定有如同其他文化或社会的规模宏大的墓葬。

如果三星堆时期的墓葬发现太少，有些认识还属假设的话，那么金沙时期的墓葬已发现数千，却同样没有大型墓葬。各个墓地之间、同一墓地的墓葬之间，葬具、随葬品等都会有差异，但这并不构成等级上的差别。贵重物品仍是祭祀器物而不作为随葬品埋葬。个别墓葬出土的小型铜器也普遍有小型化、轻薄化的特点，或同样是与铜料匮乏有关，或是保持了不以贵重物品随葬的传统。即使是竹瓦街的外来铜器，不知是何原因，也仍是以窖藏的方式埋藏。

总之，从三星堆时期开始社会发生了巨大变化，出现了统治集团，形成了早期国家。但如此巨变并未体现在墓葬中。在三星堆遗址，墓葬与祭祀器物坑所出遗物的差异并不在于数量上的强烈反差，而在于坑中的遗物不用于丧葬。据此可推断在这个社会中神权高于王权，社会财富主要用于宗教祭祀，突出个人财富、地位的丧葬活动并不重要。金沙时期的社会无实质性变化，当时社会发展平稳，人口大幅增长，聚落数量增加，金沙一带在成为新的政治中心的同时，也发展为人口最密集的地区。但相比于前一时期，金沙的神权可能开始逐渐削弱，祭祀遗存规模变小而且分散，少量与祭祀器物相同的物品出现在个别墓葬中。

墓葬材料未能显示三星堆—金沙文化时期多层级的社会，但祭祀遗存、城址、大型建筑等考古材料表明当时存在一个具有凝聚力和控制力并充满宗教色彩的统治集团。虽然缺失其他文明中常见的大型墓葬，但这并不妨碍我们认识到成都平原已出现了早期国家。这是成都平原青铜时代社会的独特情形，不同于与之相联系的其他区域。

（四）太阳崇拜与知识专控

三星堆—金沙时期最主要的信仰是太阳崇拜。人们为什么崇拜太阳，这又为何成为最为重要的信仰？简而言之，古人很容易对太阳这样带来光和热的自然物体产生崇拜，但又没有停留于简单的膜拜，而是从天文观察中创制了天文学和数学的知识，利用这些知识便可以制定历法。在一个农业社会中，有了历法才能掌握农时，知道何时播种、何时收获。农时的重要性即使是在神话传说中也有表现。《华阳国志·蜀志》中的蜀王杜宇"教民务农，一号杜主"。后有开明决玉垒山以除水害，杜宇"遂禅位于开明，帝升西山隐焉。时适二月，子鹃鸟鸣，故蜀人悲子鹃鸟鸣也。巴亦化其教而力务农，迄今巴、蜀民农时先祀杜主君。"

在农业社会中，只有少数社会上层人物才掌握、拥有这类天文和数学的知识，他们也因此而握有祭祀日神、制定历法的特权，进而拥有了统治社会的权力。这才是太阳崇拜的实质。社会上层控制青铜器生产的资源、技术，目的在于将青铜器用于宗教活动以维护信仰。维护信仰在某种意义上又是为了掌控沟通天地神灵的途径，获得和独占更重要、更核心、更可利用的知识。

今天我们可以从过去的遗物中探究古代的人们创制的天文知识。如果说飞鸟负日只是古人对太阳运行于天空的朴素理解，那么像三星堆铜树上的鸟与太阳或许与原始的历法与数学有关。冯时就认为，中国古代传说中有 10 个太阳，或与十进位有密切关系，十进制在天文学上的运用，可能导致了十干的产生，10 个太阳轮流出没，旬的概念又应运而生；太阳周围的两鸟或四鸟，则是以四方表示太阳在春分、秋分、冬至、夏至时的运行方位[1]。对于金沙遗址的太阳神鸟金饰，冯时还认为，中央太阳的 12 道芒饰象征十二月；太阳外周四方列四鸟与十二月相配，象征一年中主理分至四气的四神，这体现的正是《淮南子·天文训》"天有四时，以制十二月"的思想。不仅如此，中国古代神话中

---

[1] 冯时：《中国天文考古学》，北京：社会科学文献出版社，2001 年，第 144 ~ 149、154 ~ 160 页。

图 4-2　丹麦西兰岛特伦霍尔姆出土青铜"太阳马车"

的天帝四子也是由这四鸟、四神演化而来[1]。

　　在世界上其他很多文化中也有太阳崇拜。比如在冬季漫长、寒冷而又黑暗的北欧，太阳崇拜贯穿了整个青铜时代，从公元前 1800 年开始，直至公元前 500 年才逐渐消亡。有关太阳崇拜的观念在很多遗物上都有突出的表现，最著名的是 1902 年在丹麦西兰岛特伦霍尔姆（Trundholm）一个干涸的沼泽里发现的青铜"太阳马车"。"太阳马车"全长 59.6 厘米，由两部分组成：一匹马立于有四个轮子的支架上，马后有一个位于两轮车之上的、直径 24.4 厘米的圆盘（图 4-2）。圆盘由两件略为凸出的青铜盘经一个约 3 毫米厚的青铜环压合而成，圆盘的一面饰有一层金箔，两面都装饰有由数周圆圈纹组成的复杂图案，其年代为公元前 1400 年。考古学家认为"太阳马车"的马不在车前而是立于车轮之上，马拉车只是一个象征，它也不是一件普通的器物，而是标识着古人太阳崇拜的圣器；车上的圆盘代表太阳，饰有金箔的一面代表白天，青铜

---

[1]　冯时：《中国古代的天文与人文》，北京：中国社会科学出版社，2006 年，第 100 ～ 108 页。

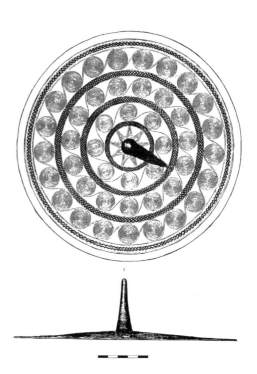

图 4-3

瑞典斯科纳出土青铜"腰盘"

的一面代表黑夜，整件器物描绘的就是一辆六轮马车负载着太阳日夜兼程行驰于天空的形象[1]。在后来的"荷马时代"、即公元前 11—前 9 世纪广泛流传的希腊神话体系中，太阳神赫利俄斯（Helios，公元前 5 世纪后逐渐被阿波罗取代）在每天星星和月亮消失在天边的时刻，都要命令时序女神套马，然后戴着光芒万丈的太阳冠，驾着由四匹双翼骏马套拉的金车行驰过天空，为世界送去光明[2]。北欧青铜时代的墓葬还出土大量妇女佩戴在腹部的青铜"腰盘"（Belt-plate）。盘呈扁圆形，中心有一个帽状突起物，外周同样有数周复杂的圆圈纹。在瑞典南部省份斯科纳（Skåne）一件精美的"腰盘"上，中心有一个九角的图案，如同太阳的光芒[3]（图 4-3）。这些"腰盘"并不是实用品，可能也是

---

[1] National Museum of Denmark, *Gods and Heroes of the Bronze Age: Europe at the Time of Ulysses*, 25th Council of Europe Art Exhibition, London: Thames and Hudson Ltd., 1999.

[2] ［德］古斯塔夫·施瓦布：《希腊古典神话》，曹乃云译，南京：凤凰传媒出版集团、译林出版社，1995 年。

[3] Klavs Randsborg, Opening the Oak-coffins : New Dates-New Perspectives, in *Acta Archaeologica*, vol. 77, p.76, Copenhagen: Blackwell Munksgaard, 2006.

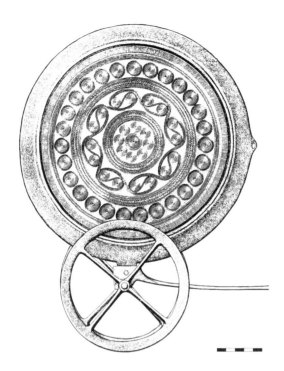

图 4-4　"太阳马车"金箔面

反映太阳崇拜的遗物，年代与"太阳马车"相同。复杂的圆圈纹同时也是北欧青铜时代最为流行的青铜器纹饰。

丹麦考古学家克劳斯·韩斯堡发现，"太阳马车"和"腰盘"这类遗物上隐藏着很多与历法有关的数学知识[1]。比如"太阳马车"，在饰有金箔、代表白天的一面，共有大小不同的同心圆纹饰 52 个（图 4-4），而代表黑夜的一面则有同心圆 54 个（图 4-5）。52 是太阳历中所有周数之和，而 54 则是阴历的总周数，这两个数字恰好与天文历法吻合。以同心圆作为纹饰似乎也非偶然，因为它们本身就可以被看成是一个个小太阳。再如"腰盘"，现存最大、出自腓特烈堡的朗斯楚普（Langstrup）的 1 件"腰盘"上共有四组像太阳一样的

[1]　Klavs Randsborg, Opening the Oak-coffins : New Dates-New Perspectives, in *Acta Archaeologica*, vol. 77,
　　　p. 68–69, p.75, Copenhagen: Blackwell Munksgaard, 2006.

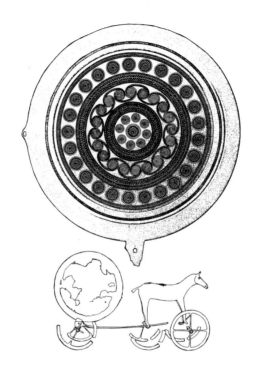

图4-5　"太阳马车"青铜面

同心圆纹饰（图4-6），总数为"15+22+26+32=95"个，但韩斯堡将纹饰分为四组相乘，便出了一个新的算式："15×1+22×2+26×3+32×4=265"，这恰好相当于阴历中的9个月（265又1/2天），并且也是妇女怀孕的天数。倘若进一步把中间的"高帽子"也当成独立的一组装饰，那么这个算式就可以写为"0×1+15×2+22×3+26×4+32×5=360"，这个数字接近太阳历一年的天数，而与近东历法中一年的天数等同。韩斯堡测算了很多"腰盘"，发现那些精美"腰盘"上的纹饰显然也都蕴含着高深的历法和数学知识。精美、复杂的"腰盘"主要集中在丹麦的西兰岛，菲茵岛和日德兰半岛西北部也有少量发现，而只有一两圈纹饰、较为普通的"腰盘"则有广泛分布。这一分布情况也说明，天文和数学知识并非为所有人掌握。

　　无论是"神树""神鸟""马车"还是"腰盘"，它们都是一种符号、一种象征，象征是人类早期思维的方式。但这些象征物中蕴含着知识，知识则只为社会上的少数精英拥有。韩斯堡分析北欧青铜时代的墓葬，认为从对奢侈

图 4-6
腓特烈堡朗斯楚普
出土青铜"腰盘"

品的占有和消耗情况来看，男性是握有实权的主导者；但佩戴着记载有秘传式历法和数学知识的"腰盘"的妇女，被赋予了某种与日月星辰等自然运作相关的更高的权力[1]。三星堆和金沙的那些象征物也如此，所有者是掌握了知识、从而也掌握了神权和王权的少数人。

二、四个区域的比较

三星堆—金沙时期形成了早期国家。这样的国家具有什么特点，与其他早期国家的形成路径有何异同，这需要比较才能获知，所谓"特点"只有通过比较才能显现出来。对于成都平原的早期国家，可以与中原和同处长江流域的其他区域相比较。比较对象首先选择中原，因为中原自二里头文化时期至商时期

---

[1] Klavs Randsborg, Opening the Oak-coffins : New Dates-New Perspectives, *in Acta Archaeologica*, vol. 77, p. 91, Copenhagen: Blackwell Munksgaard, 2006.

发展出了发达的青铜文明，形成了无可争议的早期国家。同时选择赣江流域与湘江流域，因为这两个区域同成都平原一样有着独特的青铜文化。

比较将以青铜器作为切入点，导论部分已论及，青铜器的生产、使用对社会的发展和早期国家的形成有重要影响。青铜器的大规模生产的前提是手工业的专门化，并涵盖了采矿、冶炼、运输、制造、纳贡、分配等社会组织、管理和控制方式；青铜器因具有特定的功能，对它的使用还体现出人们的价值观。尽管如此重要，在不同的地区青铜器对国家形成所发挥的作用又不尽相同。此处并不对青铜时代各地区的铜器生产、使用与社会发展这个宏大问题进行全方位考察，只是对比成都平原与中原和长江流域部分区域的青铜器的生产和功用，借以说明青铜器与早期国家的关系，加深对成都平原早期国家的认识。

因对比的对象不同，比较的内容也就各有侧重。中原有大量的铜器生产作坊，据此可以了解青铜器的生产和分配体系。赣江流域和湘江流域却没有这方面的发现，但这两个区域的青铜器数量众多、特色鲜明，在区域外也没有发现制造这些铜器的线索，因而我们推定那些具有地方特征的青铜器也是在各自区域内生产的。对于这两个区域，重点在于比较青铜器的使用状况，这可以说明不同的社会样态。在中原、赣江流域、湘江流域和成都平原，青铜器的年代、类别、文化面貌都有差异，但这些青铜器都出现在早期复杂社会或早期国家形成之际，在各区域的社会发展史上都处于相同的时间节点，因此对各地青铜器进行比较是可行的。最终比较、考察的也不是青铜器本身，而是社会的发展样态和早期国家的形成模式。

（一）中原

在中原，二里头文化时期出现了大型专业青铜铸造作坊与青铜器工业中心，铸铜技术较此前提高并出现了青铜礼器[1]。

二里头遗址出土了目前所知的最早的青铜礼器，其他器类还有铜兵器、

---

[1]　中国社会科学院考古研究所：《中国考古学·夏商卷》，北京：中国社会科学出版社，2003 年，第 113～115 页。

工具和饰品。冶炼遗物有坩埚、铜渣、蓝铜矿石和孔雀石。铸铜作坊位于宫殿区以南，有一个夯土围垣形成的封闭空间，面积约 1 万平方米，作坊区南部有壕沟。目前在二里头遗址发现的铜渣都是熔炼渣，说明只进行熔炼和冶铸，矿料冶炼在二里头以外进行[1]。据 2006 年的统计和研究，二里头遗址出土的青铜器有百余件，容器大多出自墓葬，器类有铜爵、斝、盉、鼎、铃、牌饰、戈、刀、镞等，墓葬以外出土的铜器以刀为主，也有少量爵；在二里头文化的其他遗址也发现青铜器，如夏县东下冯、登封王城岗遗址等，除在河南荥阳、新郑等发现少量斝、爵外，其他多是刀、凿等小件铜器[2]。现在所知二里头遗址出土铜制品总数超过 250 件，其中已发表的近 170 件[3]。

　　二里头文化之后的二里冈文化时期和殷墟时期，青铜器在生产规模、技术、数量、艺术成就等方面达到了前所未有的高度。

　　偃师商城发现的铸铜遗迹较为有限。1996 年在大城东北隅城墙内侧发现 3 个灰坑，内有木炭、陶范、铜矿渣和铜渣等，附近还有红烧土面和红烧土坑，城墙下部夯土和附属堆积中也出土坩埚、陶范块等，推测该地原有青铜冶铸作坊。其他地点还出土过零散的坩埚片和石范[4]。

　　郑州商城发现的两处铸铜遗址内涵丰富得多。一处位于内城南墙中部与外城墙之间的南关外，作坊面积约 2.5 万平方米；另一处位于内城北墙中部外的紫荆山北，面积最初认为有 1000 多平方米，但后来发现范围更大。两处作坊，除先有南关外、后有紫荆山北的年代差异外，似乎还有不同分工。据出土陶范，南关外可能以铸造容器和工具为主，紫荆山北可能以铸造铜刀等工具和兵器为主[5]。

[1]　中国社会科学院考古研究所：《二里头（1999～2006）》，北京：文物出版社，2014 年，第一册第 122～124 页，第三册第 1662～1663、1671 页。

[2]　陈国梁：《二里头文化铜器制作技术概述》，《三代考古》（二），北京：科学出版社，2006 年。

[3]　中国社会科学院考古研究所：《二里头考古六十年》，北京：中国社会科学出版社，2019 年，第 140 页。

[4]　中国社会科学院考古研究所：《偃师商城》第一卷，北京：科学出版社，2013 年，第 722～723 页。

[5]　河南省文物考古研究所：《郑州商城——1953～1985 年考古发掘报告》，北京：文物出版社，2001 年，第 307～384 页。

这一时期的青铜器除见于偃师商城和郑州商城外，在河南、山西、湖北等地的墓葬中也有出土，器类多为爵、斝、觚、盉、鼎、鬲、甗、簋、盘、罍等。在湖北黄陂盘龙城发现大批二里冈文化时期的墓葬[1]，不同规格的墓葬中，青铜器的数量和种类均有差异，等级分明。

殷墟时期青铜铸造业是手工业中最重要的门类，过去在殷墟发现的较大规模的铸铜遗址有孝民屯、苗圃北地和小屯东北地。几处作坊都出土包括制范、铸造、祭祀的遗迹和遗物。在殷墟也未发现铜矿石和更多炼渣，据此同样推断冶铜应在采矿点而非殷墟[2]。另外在薛家庄也有铸铜遗址，在小屯西北地、小屯南地发现陶范[3]。据近年的报道，大司空东南地[4]、洹北商城也有铸铜遗址[5]。特别是在传统的殷墟范围之外有重要发现，在殷墟宫殿区以南2.5千米的任家庄南地[6]、宫殿区东北10千米的安阳县辛店村[7]都发现大规模的作坊遗址。殷墟风格的青铜器出土范围广，在殷墟文化分布范围及影响所及的区域都有发现。在殷墟文化区内，青铜器主要出自墓葬，不同等级的墓葬有不同组合的青铜器。

在从二里头到殷墟的都城以外，东下冯、盘龙城、小双桥和南阳十里庙等曾出土殷墟时期以前的铸铜遗迹和遗物[8]。有些中原中心区以外的发现较为重要，如1989年在安徽枞阳汤家墩商代晚期遗址出土7块铸造铜容器的陶范，有的带弦纹和云雷纹，伴出锸、凿、锥、镞等小型铜器和铜矿石[9]。张爱冰还

[1] 湖北省文物考古研究所：《盘龙城——1963～1994年考古发掘报告》，北京：文物出版社，2001年，第499～501页。

[2] 岳占伟、刘煜：《殷墟铸铜遗址综述》，《三代考古》（二），北京：科学出版社，2006年。

[3] 中国社会科学院考古研究所：《殷墟的发现与研究》，北京：科学出版社，1994年，第83～93页。

[4] 何毓灵：《殷墟近十年发掘的收获与思考》，《中原文物》2018年第5期。

[5] 何毓灵：《河南安阳洹北商城发现铸铜制骨手工业作坊遗址》，《中国文报》2016年12月16日。

[6] 安阳市文物考古研究所：《河南安阳市任家庄南地商代晚期铸铜遗址2016～2017年发掘简报》，《中原文物》2018年第5期。

[7] 孔德铭、申明清、李贵昌、孔维鹏：《河南省安阳市辛店商代铸铜遗址发掘及学术意义》，《三代考古》（七），北京：科学出版社，2017年。

[8] 中国社会科学院考古研究所：《中国考古学·夏商卷》，北京：中国社会科学出版社，2003年，第375页。

[9] 安徽省文物考古研究所：《安徽枞阳县汤家墩遗址发掘简报》，《中原文物》2004年第4期。

提及在安徽含山大城墩发现商代熔铜坩埚、在潜山彰法山发现陶范 [1]。2010 年在安徽铜陵师姑墩遗址发现二里头文化时期的炉壁，可能与青铜冶铸有关；另外还有很多西周早中期的炉壁、炉渣和陶范等 [2]。王开等学者认为师姑墩的遗存规模小，合金类型繁杂，冶炼与铸造活动并存，不同于官营作坊 [3]。2012 年在湖北郧县李营发现可能相当于二里头文化时期的熔铜坩埚和熔炉的残片 [4]。2012 年以来在盘龙城的小嘴发现陶范、铜块、炼渣等冶铸遗物，以及房基、灰坑等遗迹，那里很可能存在重要的生产作坊 [5]。2014 年以来在安徽阜南台家寺发现洹北商城时期的铸铜作坊和大量制造容器的陶范，这是在中原都城之外发现的确凿的铜容器铸造作坊遗址 [6]。

就目前的考古发现而言，可确认的二里头文化至二里冈文化时期的青铜器铸造作坊大多位于王朝的都城内，晚商时期的青铜器生产作坊也主要分布于殷墟、洹北商城及其周围。各地所见的二里头文化、二里冈文化和殷墟文化的青铜器，也都与都城内生产的青铜器特征一致。

基于二里头、郑州商城等地的考古材料，刘莉、陈星灿重点考察二里头和二里冈时期的聚落形态和政治经济模式，提出中国早期国家对青铜礼器的生产和技术实行专控，使得二里头和二里冈国家高度集中的政治经济系统具有"贡赋生产方式"的特征，即社会上层通过政治和军事的手段，使最低级的聚落通过边缘地区的中心向核心地区提供原料和贵族用的贵重物品，以支持都城的发展和手工业生产，进而促进了社会等级结构的形成；都城则将青铜礼器这样具有神圣性质的手工业产品分配到最低一级的地区性中心。青铜器等贵重物品的生产和流通模式构成了早期国家的经济主干，满足了人们的经济需求，支持了

[1] 张爱冰、陆勤毅：《皖南出土商代青铜容器的年代与性质》，《考古》2010 年第 6 期。

[2] 安徽省文物考古研究所：《安徽铜陵县师姑墩遗址发掘简报》，《考古》2013 年第 6 期。

[3] 王开、陈建立、朔知：《安徽铜陵县师姑墩遗址出土青铜冶铸遗物的相关问题》，《考古》2013 年第 7 期。

[4] 张昌平、陈晖：《湖北郧县李营发现的铸铜遗存》，《考古》2016 年第 6 期。

[5] 武汉大学历史学院、湖北省文物考古研究所、武汉市文物考古研究所、盘龙城遗址博物馆：《2012 ～ 2017 盘龙城考古：思路与收获》，《江汉考古》2018 年第 5 期。

[6] 武汉大学历史学院考古系、安徽省文物考古研究所：《安徽阜南县台家寺遗址发掘简报》，《考古》2018 年第 6 期。

等级制度的运行，并使宗教信仰制度化。这个高度集中的政治经济系统在二里冈文化末期随着边缘地区的中心的衰落而瓦解[1]。

　　安徽阜南台家寺这样的铸造作坊或许就表明这个系统走向衰落和瓦解，当然也可能是接近铜矿区的作坊虽然在都城外，但生产仍由王朝控制。殷墟时期地方型青铜器的涌现和区域性青铜文化的兴起，陶范等铸造遗存在各地的出土，表明殷商王朝对青铜器铸造技术已失去专控。这意味着此前的进贡和分配体系确已发生变化。但殷商王室依然控制着重要的青铜器铸造中心，这一时期大量的青铜器仍然是在王朝的都城及其周边生产的。更重要的是，在殷商社会中，青铜器作为等级标识的意义更加突出，青铜礼器的使用进一步规范化和制度化。

（二）赣江流域

　　赣江流域未发现商时期或更早的铸铜作坊，但有冶铸遗存。2013 年发掘的九江荞麦岭遗址，北区主要为作坊区，中部为祭祀区，南部为生活区。作坊区分布大量水井、灰坑等与冶炼相关的遗存，出土炼炉残块、坩埚、铜矿石、铜锭等冶炼遗物。遗址主体年代为二里冈下层第二期略晚至二里冈上层第一期，在遗址下层还有含二里头文化因素的器物。据认为遗址的文化内涵以中原商文化为主，融合了本土文化，是夏商文化经略南方地区的重要证据[2]。在樟树吴城遗址发现 7 个灰坑，或底部有红烧土，或坑壁上有铜渣和木炭屑，出土石范、"陶铸件"、铜渣、铜块、木炭，并有大量陶器和石器。57 件石范中以镞范居多，个别范上有蝉纹，另有兵器和工具范。也有 2 件陶范，其中之一为凿范。另有23 件 "干" 字形和圆管形的 "陶铸件"[3]，个别圆管形陶器近似于鼓风管，其他用途不明。新干大墓也出土 1 件蝉纹镞的陶范。在铜鼓县平顶垴遗址发现吴

[1]　Li Liu and Xingcan Chen, *State Formation in Early China*, London, Gerald Duckworth & Co.Ltd., 2003.

[2]　饶华松：《江西九江荞麦岭遗址》，《中国重要考古发现（2014）》，北京：文物出版社，2015 年。

[3]　江西省文物考古研究所、樟树市博物馆：《吴城——1973 ～ 2002 年考古发掘报告》，北京：科学出版社，2005 年，第 83 ～ 86 页、143 ～ 153 页、357 ～ 361 页。

城文化第三期的多块陶范，器形不明[1]。另外，在一些商周时期的遗址上采集有石范。各地所见石范和陶范都无容器范。

在赣江流域发现的生产铜器的材料有限，只能从青铜器本身来考察社会。

赣江流域的青铜器主要出自新干大墓，计有礼器、乐器、兵器、工具、杂器等 475 件[2]。有的青铜器与二里冈文化或殷墟文化的青铜器近似，有的则有地方特点，推测大多应产自当地。

新干大墓的铜器有以下突出特点。首先是种类和数量非常多。礼器有 10 种 48 件，乐器 2 种 4 件，兵器 11 种 232 件，农具 11 种 51 件，工具 7 种 92 件，杂器 48 件。如此多的种类和数量在商时期的墓葬中不多见。其次，同一类器物有多件，如 30 件鼎中有圆鼎 21 件、方鼎 6 件，圆鼎中仅扁足鼎就有 14 件。其他如圆肩鬲、三足斝、壶、圆卣、铙等，同形制者均不只一件，兵器、工具和农具也如此。第三，有大量青铜工具和农具，这在商时期的墓葬中罕见。第四，一些铜器经过改铸。比较明显者如瓿形鼎，原为圈足瓿，后铸接三足和双耳，器身和足上的纹饰风格不同。一件三足卣的底部也可见原来的圈足痕。第五，青铜器的文化面貌不一，有的与中原铜器相同或相近，有的具明显的地方特点。最后，铜器的年代跨度大，早者相当于二里冈上层文化时期，晚者相当于殷墟第二期。

如上特点表明不同年代、不同文化、不同来源的青铜器，甚至包括一些可能残损后又被改制的器物，都被集中到了一座墓中。大量的青铜工具和农具也同容器一样成为随葬品。铙和镈两类器物在南方地区发现较多，但都是零散埋藏，在新干也被埋入墓葬。这样一群种类庞杂、数量众多的铜器，反而没有商文化中体现墓葬等级的明确组合。

墓中的其他遗物也非常丰富。玉器 754 件，有琮、璧、瑗、玦、戈、矛，以及串珠、项链、动物形饰件等，还有精美的神人兽面形饰和羽人饰。另有

---

[1]　江西省文物考古研究所、铜鼓县秋收起义纪念馆：《江西铜鼓平顶垴遗址发掘简报》，《文物》2012 年第 6 期。

[2]　江西省文物考古研究所、江西省博物馆、新干县博物馆：《新干商代大墓》，北京：文物出版社，1997 年。

139 件陶器、硬陶器和原始瓷器。它们与青铜器一样表明了财富的高度集中。

在赣江流域，1976 年在新干中棱水库发现的一座墓也出土较多铜器，有 3 件形体高大的鼎、2 件残损的鼎、3 件小鼎、2 件瓺、1 件爵、1 件鐏，还有陶器和釉陶器[1]。李朝远认为铜器年代并非原来认为的西周，其中既有与中原铜器相同的因素，也有与新干大墓铜器相近之处，有青铜器，也有红铜器[2]。由这些特点看，这也是将不同来源的铜器一起埋藏，以鼎为主，但也没有明确的组合。该墓的铜器和其他随葬品不如新干大墓丰富，但仍体现出铜器和财富的集中。

除新干大墓和中棱水库墓外，赣江流域这一时期的墓葬很少出土铜器，所见铜器多工具、兵器而少礼器。

吴城遗址被认为是吴城文化的中心，历年在吴城发掘墓葬 23 座，仅城外的正塘山 M3 出土 2 件铜斝、1 件铜锛和 1 件铜凿，正塘山其他墓葬及吴城城内的墓葬不出铜器[3]。在吴城还出土或采集到一些青铜器，计有尊、鼎、器盖各 1 件，以及斤、锛、凿、锸、刀、矛、剑、戈[4]。采集铜器数量不多，以工具和兵器为主，同类器物的形制和纹饰差异较大。比如 2 件长骹短叶矛形制简单，锈蚀严重，制作粗糙；另 1 件长骹长叶矛则制作精细，骹部有精细的螺旋纹和云雷纹。在个别剑和戈上也有纤细的纹饰。吴城出土不少石范，但这类纹饰精细的铜器或由陶范制成。

赣江流域还零散出土一些铜器。比如 1957 年东乡出土 1 件鼎[5]，1975 年

[1] 彭适凡、李玉林：《江西新干县的西周墓葬》，《文物》1983 年第 6 期。

[2] 李朝远：《江西新干中棱青铜器的再认识》，《长江流域青铜文化研究》，北京：科学出版社，2002 年。

[3] 江西省文物考古研究所、樟树市博物馆：《吴城——1973 ～ 2002 年考古发掘报告》，北京：科学出版社，2005 年，第 86 ～ 90 页。

[4] 江西省文物考古研究所、樟树市博物馆：《吴城——1973 ～ 2002 年考古发掘报告》，北京：科学出版社，2005 年，第 362 ～ 374 页。

[5] 薛尧：《江西出土的几件青铜器》，《考古》1963 年第 8 期。

清江横塘出土 2 件扁足鼎 [1]，新干出土 1 件圆鼎 [2]，都与新干大墓的鼎接近。有一些铜器可能晚于新干大墓，约相当于殷墟晚期或西周早期。如 1974 年在都昌出土 1 件瓿，内装铜斧和锛 [3]。有的铜器上有铭文，如 1958 年在余干黄金埠出土的甗 [4]，1985 年在遂川洪门出土的卣 [5]，1987 年在广丰征集到的卣 [6]。这些零散的带铭文的铜器应从中原传入。还有一些地点出土青铜兵器、工具和铜铙。

以上商时期的青铜器主要分布于从赣江流域到鄱阳湖沿岸的平原，新干一带最集中，其他出土地点都非常分散。新干地区的铜器又集中于新干大墓和中棱水库墓，与新干大墓同时代的其他铜器很零散，新干大墓之后的商时期的铜器很少。

从青铜器之外的考古发现看，赣江流域目前发现的商周时期的遗址和墓葬并不多。最重要的城址是吴城，它作为吴城文化的中心虽然内涵丰富，却没有发现确切的高等级建筑和墓葬，除陶窑数量较多、分布较为集中外，其他居址、作坊、墓葬都相对有限，与中原的都城相比显然还有差别 [7]。赣江东岸的牛城相距新干大墓和中棱水库墓更近，有内外二城，城垣大体建于商代晚期，但对牛城的具体情况还所知不多。2011—2012 年在樟树筑卫城内东北部发掘出一座长方形建筑基址 [8]，方向 183 度，南北长 20、东西宽 11.5 米，基址上整齐地排列柱穴、柱洞 42 个。周广明等认为这可能是商周时期的干栏式仓储类建筑 [9]。

[1]　江西省博物馆、清江县博物馆：《近年江西出土的商代青铜器》，《文物》1977 年第 9 期。

[2]　彭适凡、华觉明、李仲达：《江西地区早期铜器冶铸技术的几个问题》图版肆 -2，《中国考古学会第四次年会论文集》，北京：文物出版社，1985 年。

[3]　唐昌朴：《江西都昌出土商代铜器》，《考古》1976 年第 4 期。

[4]　朱心持：《江西余干黄金埠出土铜甗》，《考古》1960 年第 2 期。

[5]　梁德光：《江西遂川出土一件商代铜卣》，《文物》1986 年第 5 期。

[6]　广丰县博物馆　罗小安：《广丰发现西周青铜提梁卣》，《江西文物》1989 年第 1 期。

[7]　施劲松：《吴城遗址与商代江南》，《探古求原——考古杂志社成立十周年纪念学术文集》，北京：科学出版社，2007 年。

[8]　江西省文物考古研究院、江西樟树市博物馆：《江西樟树筑卫城遗址大型建筑基址发掘简报》，《南方文物》2018 年第 1 期。

[9]　周广明、施连喜、李昆：《江西樟树筑卫城建筑基址试析》，《南方文物》2018 年第 1 期。

由以上考古材料还不足以建构出赣江流域商时期的清晰的社会图景。但可以肯定的是，赣江流域出现了比较发达的青铜文化，这是受商文化甚至更早的中原文化影响和刺激的结果，可能还与中原王朝南下开发和控制长江沿岸的铜矿有关。当地从中原获得了铜器生产技术，并接受了包括使用青铜器在内的中原文化的部分观念。南下的中原文化可能途经盘龙城、九江一带，九江荞麦岭遗址就有二里头文化和二里冈文化的因素。此后，赣江流域开始自行生产铜器，同时大规模生产陶瓷器。但此时赣江流域的社会可能不同于中原的早期国家。从上述对青铜器的分析看，社会上层控制了青铜器的生产和产品，包括其他来源的青铜器，这一特点虽然与中原相近，但对生产、产品和外来青铜器的控制程度似乎更高，看不出将青铜器逐级分配的更多迹象。若是如此，这表明当地的社会财富集中到极少数人手中，社会的政治集权程度更高，但缺乏一个多层级的或稳定的金字塔形的结构。这也许可以说明在赣江流域为何没有形成像中原那样的成熟国家，也可以解释为何在新干大墓之后，赣江流域的青铜文化也随即衰落。

（三）湘江流域

湘江流域在商时期也存在较为发达的青铜文化，不过与青铜器生产相关的线索更少。目前只在望城高砂脊遗址出土 1 件武器或工具的残陶范 [1]，在岳阳温家山发现有制作锛和铃的石范 [2]。在湘江流域之外也发现石范，如桃江麦子园遗址 [3] 和石门皂市遗址 [4]。但湘江流域及邻近地区出土大批具有地方风格的青铜器，表明当地应有青铜制造业。

---

[1] 湖南省文物考古研究所、长沙市博物馆、长沙市考古研究所、望城县文物管理所：《湖南望城县高砂脊商周遗址的发掘》，《考古》2001 年第 4 期。

[2] 湖南省岳阳市文物管理处：《湖南岳阳温家山商时期坑状遗迹发掘简报》，《江汉考古》2005 年第 1 期。

[3] 湖南省文物考古研究所：《湖南桃江麦子园遗址发掘报告》，《湖南考古辑刊》第 10 集，长沙：岳麓书社，2014 年。

[4] 湖南省文物考古研究所：《湖南石门皂市商代遗存》，《考古学报》1992 年第 2 期。

　　湘江流域出土的商时期青铜器，以宁乡一带最集中[1]。这些青铜器有以下重要特点。

　　首先，绝大多数青铜器为零散出土。宁乡的重要发现有，1938 年月山铺出土四羊方尊、1959 年黄材出土人面方鼎和瓿、1962 年黄材栗山水塘湾出土分裆鼎、1963 年炭河里出土卣、1970 年王家坟山出土卣、1976 年葛藤木梆子山出土瓿、1978 年迴龙铺出土卣、1996 年横市滩山村出土卣、2001 年黄材沩水河中出土瓿等。在洞庭湖沿岸和湘江流域，华容出土尊，岳阳出土尊、罍、鼎、瓿，平江出土罍，湘阴出土罍，望城出土甗，长沙出土鸮卣，湘潭出土豕尊，株洲出土爵，衡阳出土觥、卣，常宁出土方尊，浏阳出土卣，醴陵出土象尊，湘乡出土爵，双峰出土鸮卣，涟源出土卣。以上出土地点分散，每一地出土铜器大多为单件，少有成组者。海外博物馆所藏的虎食人卣、双羊尊、象尊等著名青铜器，也都出自宁乡一带或湘江流域。

　　湘江流域以外的相邻地区出土铜器也如此。如益阳出土角，桃江出土鼎和盉，新邵出土瓿，邵阳出土爵，新宁出土瓠形器，石门出土卣等。此外，在宁乡、岳阳、望城、株洲、衡阳、浏阳、醴陵、湘乡、安仁、益阳等地出土铜铙，除宁乡曾有多件铙共出外，其他铙大多也是单件出土。

　　上述零散铜器多没有出土背景和共存遗物，甚至附近没有可以关联的遗址。不少铜器出自河畔、山腰，高至喜认为这是一种祭祀性埋藏[2]。

　　其次，在湘江流域只有很少的青铜器出自墓葬。1996 年和 1999 年在望城高砂脊发掘 19 座墓[3]。其中 AM1 出土 1 件大鼎、7 件小鼎、1 件尊，另有矛、刀、刮刀、斧和不知名铜器等。这是目前湘江流域出土铜器最多的商时期墓葬。AM5 出土 1 件大鼎，另有一些构件和残片。2001—2005 年在宁乡炭河里发现

[1] 湘江流域及湖南出土的零散青铜器数量众多，若无另注，相关资料可参见以下论著。a. 施劲松：《长江流域青铜器研究》，北京：文物出版社，2003 年，第 102 ～ 107 页。b. 向桃初：《湘江流域商周青铜文化研究》，北京：线装书局，2008 年，第 234 ～ 248 页。c. 熊建华：《湖南商周青铜器研究》，长沙：岳麓书社，2013 年，第 49 ～ 298 页。

[2] 高至喜：《"商文化不过长江"辨——从考古发现看湖南的商代文化》，《求索》1981 年第 2 期。

[3] 湖南省文物考古研究所、长沙市博物馆、长沙市考古研究所、望城县文物管理所：《湖南望城县高砂脊商周遗址的发掘》，《考古》2001 年第 4 期。

7座墓，出土鼎、卣、尊、爵、锸、铲、刮刀、矛等铜器近百件[1]，铜器的年代应相当于商末周初。1990年还在常德津市涔澹农场出土觚和爵各1件，可能是出自墓葬[2]。还有部分铜器两件共出，如1990年新宁飞仙桥出土瓠形器和鼎、株洲南阳桥出土爵和觚、1997年岳阳铜鼓山出土鼎和觚。熊建华认为这些铜器也出自墓葬[3]。这几处出土地点或被破坏，或仅经调查，难以确定是否为墓葬。但都有爵、觚等中原型酒器，出自墓葬的可能性较大。

总之，湘江流域出自墓葬的铜器较少，每座墓出土青铜器的数量和类别都不多，铜器墓之间的差别不明显。

第三，湘江流域出土的青铜器器类多。其中鼎、尊、卣数量最多，并各有多种形制。其他有鬲、甗、簋、罍、瓿、觚、爵、角、觯、盉、瓠形器等，有的一类器物仅1件。另外多铙、镈等中原不见的乐器，再晚还有西周时期的钟。器类零散而又多样，青铜器没有固定组合，铜器的使用不体现严格的等级制。

第四，铜器的面貌不一，就其总体风格可分为两大类。第一类的器形和纹饰都与中原青铜器相同或相近，个别器物带铭文，以各类圆鼎、兽面纹鼓腹卣、觚、爵等为主，墓葬出土的铜器基本属于这类铜器。第二类与中原青铜器差异明显或完全不见于中原，以动物造型的尊、卣，以及铙、镈等最具代表性，大多为零散出土。熊传新将大口尊、直腹罍等归为中原型和地方型之间的混合型[4]，彭适凡、马健则称之为融合型[5]，这部分铜器也并不同于中原铜器。

最后，铜器的时代不一，时代早者如津市涔澹农场的觚、爵大约相当于殷墟早期，时代晚者如炭河里墓葬出土铜器可能相当于商末周初。

以上特点显示出湘江流域及相邻地区的青铜器分布分散，出土零散，器类

[1] 湖南省文物考古研究所、长沙市考古研究所、宁乡县文物管理所：《湖南宁乡炭河里西周城址与墓葬发掘简报》，《文物》2006年第6期。

[2] 谭远辉：《湖南涔澹农场发现商代铜器墓》，《华夏考古》1993年第2期。

[3] 熊建华：《湖南商周青铜器研究》，长沙：岳麓书社，2013年，第10～12页。

[4] 熊传新：《湖南商周青铜器的发现与研究》，《湖南省博物馆开馆三十周年暨马王堆汉墓发掘十五周年纪念文集》，长沙，1986年；又见《湖南出土殷商西周青铜器》，长沙：岳麓书社，2007年。

[5] 彭适凡、马健：《对湖南商周青铜器之谜的一些认识》，《湖南省博物馆馆刊》第5辑，长沙：岳麓书社，2009年。

纷繁，面貌多样，时代不一，体现不出一个对青铜器生产的资源、技术和产品进行统一管理和控制的集权社会。

在湘江流域仅于炭河里发现一处城址，揭示出一段城墙和两座黄土台基，发掘简报推断城始建于商末周初，使用年代为西周中期[1]。但许多商时期的青铜器即出自城址内及其附近，且两座台基下还叠压有另外四座台基，因此很可能在商时期炭河里已是一个区域性中心。即使如此，炭河里城址的发现还较为有限。在湘江流域也没有发现其他高规格的遗址，或像新干大墓那样的高等级墓葬，高砂脊墓葬即为目前所见埋藏最丰富者。

湘江流域的铜器内常有玉器或小件铜器。如炭河里卣中有 1100 多颗玉珠和玉管，王家坟山卣中有 320 多件玉珠、玉管和玦，寨子山瓿内有 224 件铜斧，衡阳杏花村卣内有 170 多件玉管、玦等，双峰鸮卣内有玉玦、璜，宁乡三亩地铜铙附近有 70 余件玉管、珠、环、玦、鱼等。炭河里墓葬也出土 200 余件玉管、珠、玦和鱼形器等。这些玉器以玉珠和玉管最多，主要见于铜卣内。无论这些玉器是财富性还是祭祀性埋藏，它们器形简单，不同于新干大墓中大型、精美的玉器。

从青铜器和其他考古发现看，商时期湘江流域似乎并未形成中原那样的社会。在殷墟时期或稍早，中原的青铜器及制造技术传入湘江流域，当地开始制作具有地方特色的铜器。这些当地生产的铜器可能用于各类祭祀活动，有部分人可能掌握利用青铜器祭祀的特权，但青铜器并不直接用于标识所有者的身份和等级。商末周初，部分殷遗民进入湘江流域，也带来了中原的青铜器。这些殷遗民保持着商人的丧葬习俗，继续将青铜器作为随葬品，以表明身份。高砂脊墓葬出土的商式青铜器即可说明此点[2]。可能的情况是，从殷墟早期至商末周初，湘江流域的土著和殷遗民混处，中原传入的和当地生产的青铜器，从风格、器类到功能都不尽相同。湘江流域似乎没有形成一个统一的、等级分明的集权社会。

---

[1] 湖南省文物考古研究所、长沙市考古研究所、宁乡县文物管理所：《湖南宁乡炭河里西周城址与墓葬发掘简报》，《文物》2006 年第 6 期。

[2] 施劲松：《对湖南望城高砂脊出土青铜器的再认识》，《考古》2002 年第 12 期。

（四）四个区域的比较

从二里头文化时期到商时期，成都平原和其他三个相比较的区域都出现了复杂社会，或是形成了早期国家。但由各地的青铜器制造业和青铜器的使用看，各区域的社会发展进程和样态都不一致。

在中原形成了一套以青铜器的生产为核心的"贡赋生产方式"，发展出了多层级的社会结构和严格的等级制度，产生了早期国家。在赣江流域，青铜制品和社会财富被少数统治者个人占有。财富的高度集中说明社会产生分化，出现了集权者，但社会似乎没有形成多层级的、稳定的金字塔形的结构，从而缺乏国家产生与运行的架构。因此，商时期赣江流域的社会应不同于中原。湘江流域的青铜器出土分散，来源多样，功能不一，体现出社会的分散，当地并没有形成一个统一的强有力的政权。

相比于赣江和湘江流域，成都平原在商时期最有可能形成了早期国家，但青铜器不作为个人身份、等级的标识，既不用以体现等级而被逐级分配，也不作为个人的随葬品而被埋葬。青铜器属于整个统治集团甚至全社会，用于宗教信仰以维系社会稳定、增强社会凝聚力，并以此获得、加强统治权。这是一种完全有别于其他文化的对青铜制品的控制和使用方式，由此体现出的社会结构和社会运行方式显然与二里头、二里冈和殷墟的国家不同，与赣江流域和湘江流域的社会也有差别。

各地社会面貌、发展进程，以及早期国家的样态都不一样。这首先是因为各地的文化和社会发展水平不同，但除此而外，在不同的社会中，青铜器的生产和使用对社会产生了不同的影响。

无论是在中原还是在长江流域，人们都选择将青铜器作为政治和宗教活动的重要工具。当青铜器的制造技术发展到能够铸造复杂、大型的器物时，青铜器就因集合了贵重资源与复杂技术而不再是日常生活用品，而成为拥有者身份和地位的标志。张光直认为，拥有这种青铜艺术品的人就掌握了沟通天地的手段，青铜器成为获取和维持政治权力的主要工具[1]。统治阶层还可以将对资源和青铜铸造技术的专控进一步发展为控制整个社会的手段。

在共同将青铜器作为政治权力工具的前提下，不同区域、不同文化的青铜器的具体内涵和功能又有差异，使用的具体方式也不相同。中原的青铜器更多用于礼仪活动，并作为随葬品出现在不同等级的墓葬中，铜器形成固定组合，使用日益制度化。赣江流域的青铜器功用与中原青铜器最为接近，但作为随葬品使用的青铜器似乎只体现出财富的集中，而非明确的组合和使用规制。新干大墓没有中原铜器组合中最重要的觚、爵、斝等饮酒器，这类酒器甚至在整个赣江流域也罕见，这也表明当地社会对青铜器保留了自己的选择。湘江流域的青铜器有一部分是墓葬随葬品，墓葬主人可能来自中原。但还有很多青铜器可能用于祭祀自然神灵。能用青铜器祭祀的只能是少数人，但祭祀后埋藏的青铜器毕竟与具体的人不再关联，因而青铜器并不像随葬品那样可以标识所有者的身份。在成都平原，青铜器主要用来表现祭祀对象和祭祀场景，或制作成专门的祭祀用器。将青铜器完全用于宗教信仰，以加强社会统治、增强社会凝聚力，这与其他地区青铜器的功用完全不同。

在各个地区，青铜器的不同功用对社会发展和早期国家的形成起到了不同作用。青铜器的功能不同，主要还在于观念的差异。可见，对于社会的发展，除了技术之外，观念也发挥着重要作用。成都平原在三星堆—金沙时期的独特信仰和观念，使其早期国家形成和社会发展具有与其他区域不同的样态。

---

[1] 张光直：《从商周青铜器谈文明与国家的起源》，《中国青铜时代》，北京：生活·读书·新知三联书店，1999 年。

第五章 —— 东周秦汉时期的变革与融合

　　大约相当于西周末期时，三星堆—金沙文化的传统显然中断了，在物质遗存上表现为区域中心的废弃，神权与王权的青铜象征物，以及流行多年的金器、玉器、象牙、海贝等贵重物品彻底消失，崇拜太阳的信仰不再存在。大约从春秋中晚期开始，文化出现了新面貌，社会形成了新的等级制。推测三星堆—金沙文化至西周末期结束，此后成都平原的青铜时代进入了一个新时期。

　　东周时期缺乏像三星堆、金沙那样内涵丰富的中心。孙华曾将成都平原东周时期的文化称为青羊宫文化[1]，江章华等将成都平原战国时期的遗存称为上汪家拐遗存[2]。无论是青羊宫还是上汪家拐遗址，遗存都很少，完全不足以反映成都平原东周时期的文化面貌。因缺乏具代表性的遗址，本书只能用"东周时期"之类的时间概念来指称这个时期。

第一节　东周时期的变革

一、"过渡期"与变革的开端

　　成都平原发现的春秋时期遗存主要集中在成都市区，遗址很少，资料零散。2002 年在十二桥附近发现的新一村遗址，有西周晚期至春秋晚期的遗存，虽

---

[1]　孙华：《四川盆地青铜文化初论》《成都平原的先秦文化》，《四川盆地的青铜时代》，北京：科学出版社，2000 年。

[2]　江章华、王毅、张擎：《成都平原先秦文化初论》，《考古学报》2002 年第 1 期。

年代偏晚，但被认为属于十二桥文化[1]。1982—1987 年在方池街出土春秋战国时期的陶器、石器和骨器等[2]，2007 年在金河路发掘出春秋战国时期的地层、灰坑[3]，2012 年在青羊小区小南街出土春秋晚期至战国中晚期的陶器等[4]。在成都市区以外，2010 年在新都区斑竹园镇大江村发现春秋战国时期的遗存[5]。

战国时期的遗址也很少。1954、1958 年在成都青羊宫发掘，发现战国时期的堆积和陶器[6]。1986 年发掘的十二桥遗址，在大型木构建筑的地层之上出土战国秦汉时期的 2 座房址、5 口水井、3 个灰坑和一批陶器。1991 年在上汪家拐发掘出战国地层及 3 个灰坑[7]，2009 年在下东大街清理 3 座战国时期灰坑[8]，2001—2003 年在彭州龙泉村清理 27 座战国晚期灰坑，出土一批陶器和铜器等[9]。

相对于遗址的缺乏，东周时期的墓葬发现数量多、内容丰富，与前一个时期遗址内涵丰富而墓葬形态单一的情况正好相反。东周直至秦汉时期的文化和社会的变革、新的样态和最终的统一融合，全都通过墓葬得以呈现。变化也是从墓葬开始的，但在明显的变化前，成都平原一些春秋时期的墓葬还具有前一个时期的特征，呈现出文化和社会变革前的"过渡期"的面貌。

---

[1] 成都市文物考古研究所：《成都十二桥遗址新一村发掘简报》，《成都考古发现（2002）》，北京：科学出版社，2004 年。

[2] 成都市博物馆考古队、成都市文物考古研究所：《成都方池街古遗址发掘报告》，《考古学报》2003 年第 2 期。

[3] 成都文物考古研究院：《成都金河路古遗址发掘报告》，《成都考古发现（2015）》，北京：科学出版社，2017 年。

[4] 成都文物考古研究所：《成都市青羊区小南街古遗址发掘简报》，《成都考古发现（2013）》，北京：文物出版社，2015 年。

[5] 成都文物考古研究所、新都区文物管理所、北京联合大学：《成都市新都区大江村遗址勘探试掘简报》，《成都考古发现（2011）》，北京：科学出版社，2013 年。

[6] a. 四川省文物管理委员会：《成都青羊宫古遗址清理简报》，《考古通讯》1956 年第 2 期。b. 四川省博物馆：《成都青羊宫遗址试掘简报》，《考古》1959 年第 8 期。

[7] 成都市文物考古队、四川大学历史系：《成都市上汪家拐街遗址发掘报告》，《南方民族考古》第 5 辑，成都：四川科学技术出版社，1993 年。

[8] 成都文物考古研究所：《成都市下东大街遗址战国时期文化遗存清理简报》，《成都考古发现（2009）》，北京：科学出版社，2011 年。

[9] 成都文物考古研究所、彭州市博物馆：《四川彭州市龙泉村遗址战国遗存》，《考古》2007 年第 4 期。

（一）金沙遗址的春秋墓

成都平原春秋时期的墓葬主要集中在金沙。金沙祭祀区的年代下限为西周末期，遗址上虽然还有春秋时期的墓葬，但它们应不再属于三星堆—金沙文化。这些墓葬大多仍然位于金沙遗址祭祀区以西，有的墓地还是对早期墓地的沿用。2002年在南部的"黄河"地点发掘170座墓，其中墓地东北部的16座墓有7座为船棺墓、9座葬具不明[1]。墓葬大多为东北—西南向，仰身直肢。均有随葬品，少者1件，多者20余件，有陶器，铜兵器、工具、饰件、玉坠、卵石、石条等（图5-1）。这批新旧因素共存的墓葬的年代被定为春秋中期偏晚至战国早期。

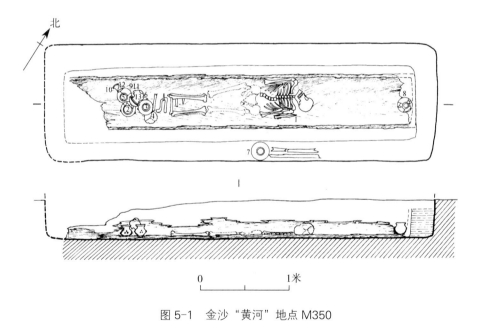

图 5-1　金沙"黄河"地点 M350

---

[1]　成都文物考古研究所：《成都市金沙遗址"黄河"地点墓葬发掘简报》，《成都考古发现（2012）》，北京：科学出版社，2014 年。

　　2002 年在"人防"地点发掘 14 座墓[1]。除 1 墓为东西向外，其余均为东北—西南向，有 3 座合葬墓。有 1 墓底部内凹并有朱红色漆痕，或为船棺，出 1 件绿松石和 1 块兽骨，其余墓无葬具。有 6 座墓出青铜柳叶形剑、矛、明器兵器、陶罐和兽骨（图 5-2）。

　　2004 年在"国际花园"地点发掘的墓葬中，有 14 座墓叠压于遗址第 4 层下而属于这个时期[2]。墓葬多填青膏泥，葬具均为船棺，以一次葬为主，有少量二次葬，除 1 墓为俯身葬外均为仰身直肢葬，有 7 墓为双棺合葬，均为西北—东南向。有 13 座墓出随葬品，包括陶器、石器、铜戈、剑、兵器形饰件等。绝大多数墓都出磨石（图 5-3）。

　　2008 年在"星河路"地点发掘的墓葬中，有 24 座墓叠压于第 4 层下，简报认为这是春秋末期至战国早期的一处家族墓地[3]。船棺墓和土坑墓共存，排列有序，17 座墓为东北—西南向，7 座为西北—东南向，仰身直肢葬。船棺墓 4 座，有 2 座为同穴合葬，均随葬陶器、铜兵器、磨石和鹿骨。其中 M2725 男女两人全身施朱砂，仅男性就随葬剑、戈、矛共 46 件，剑、戈的数量均为 5 的倍数（图 5-4）。M2722 也随葬剑、戈、矛各 5 件。土坑墓中有二次葬，有 11 墓出土陶器、铜兵器、工具、牌饰、璧形饰，其中 6 墓仅有 1 件陶器或 1 件磨石或美石。

　　可能属于这个时期的还有 1981 年在成都西门外枣子巷发现的 1 座墓[4]，该墓残存人骨和朱砂，出土 35 件实用兵器和小型兵器。2008 年在天府广场西侧发掘 2 座墓葬[5]，推断为春秋早中期。2011 年在新都同盟村发掘的 M6 出土

----

[1] 成都市文物考古研究所：《金沙村遗址人防地点发掘简报》，《成都考古发现（2003）》，北京：科学出版社，2005 年。

[2] 成都文物考古研究所：《金沙遗址"国际花园"地点发掘简报》，《成都考古发现（2004）》，北京：科学出版社，2006 年。

[3] 成都文物考古研究所：《金沙遗址星河路西延线地点发掘简报》，《成都考古发现（2008）》，北京：科学出版社，2010 年。

[4] 四川省文物管理委员会：《成都市出土的一批战国青铜兵器》，《文物》1982 年第 8 期。

[5] 成都文物考古研究所：《成都市博物馆新址发掘简报》，《成都考古发现（2009）》，北京：科学出版社，2011 年。

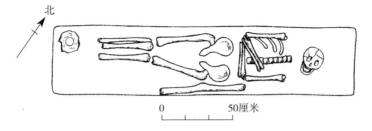

图 5-2　金沙"人防"地点 M269

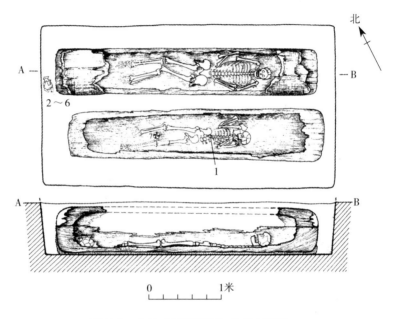

图 5-3　金沙"国际花园"地点 M945

19 件小型铜饰件[1]，具有这个时期墓葬的特点。新繁水观音的 3 座晚期墓[2]，出陶罐、瓮和椭圆形石器，铜器既有戈、矛、钺、斧、削，又有戈形、长条形、三棱形等小型饰件。

　　这个时期的墓葬明显延续了金沙时期的传统。墓葬仍多集中分布，"国际

---

[1]　成都文物考古研究所、新都区文物管理所：《成都市新都区同盟村遗址商周时期遗存发掘简报》，《四川文物》2015 年第 5 期。

[2]　四川省博物馆：《四川新繁县水观音遗址试掘简报》，《考古》1959 年第 8 期。

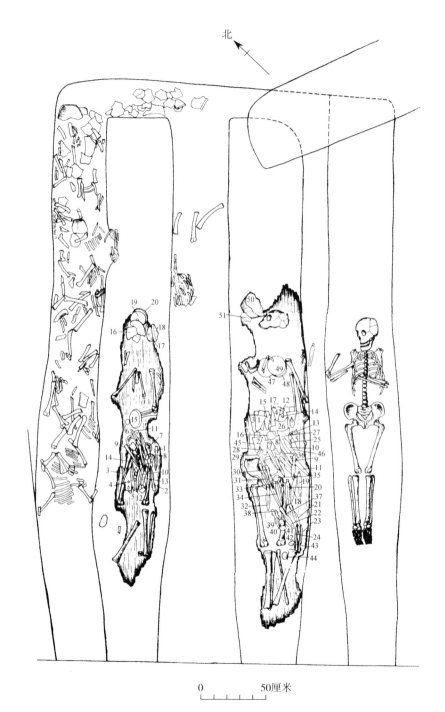

图 5-4 金沙"星河路"地点 M2725

花园"地点和"星河路"地点也是上一个时期的墓地。墓向多为东北—西南向，或者西北—东南向。船棺墓增多，墓葬填青白膏泥，"国际花园"地点即为船棺墓地。墓葬等级仍不分明，船棺墓和土坑墓随葬品的多寡和器类并无明显差别，即使是仅随葬磨石的独特现象，在不同的墓地也分别见于两类墓中。陶器以罐、尖底盏、瓮、釜、缸、盆、器盖和纺轮为主，石器仍然多磨石、卵石、石条，并有绿松石。小型铜器增多，包括比实用兵器约小一半的兵器、仅具兵器形状的小件铜器，以及圆形、枝形、条形等的饰件。这类小型铜器是这一时期最具特色的随葬品，代丽娟认为它们或是祭祀礼仪用器，或是随葬明器，反映了在宗教祭祀和丧葬活动中使用替代品的行为习惯和信仰观念[1]。这一时期墓葬的另一个重要特点是还未出现铜容器。

新的因素也很明显。墓葬大多已有随葬品，"国际花园"和"黄河"地点几乎每墓都有随葬品，有的墓随葬品数量还比较多。出现了新型陶器，如"黄河"地点的陶三足盏，应是仿自春秋中晚期中原和楚文化区的铜盏。出现了成套的实用铜兵器和工具，它们替代了此前的玉石器，并具备了战国时期流行的兵器、工具的主要器类和特征。以"黄河"地点的铜器为例，出现了剑、矛、戈、钺、斤、凿、刻刀等，剑有单剑和带鞘双剑，矛有长骹弓形耳和短骹半环形耳两类，戈有三角援戈和带胡戈；剑上多见镀痕，鞘上始见精美的卷云纹和云雷纹；兵器上兽面纹与"巴蜀符号"并存（图5-5）。在"星河路"，一座墓中的铜兵器数量大增，黎海超等对其中的M2725、M2722等墓葬的铜器进行科技检测，结果是铜器的质量高低不一，低质量的铜兵器不具实用功能，可能是为了随葬而集中生产的[2]。

尽管墓葬出现了新特点，但总体看，春秋早中期的文化和社会与金沙时期相比尚未发生根本性变化。

[1] 代丽娟：《成都平原小型青铜兵器研究》，《考古学报》2017年第4期。

[2] 黎海超、崔剑锋、周志清、王毅、王占奎：《成都金沙遗址星河路地点东周墓葬铜兵器的生产问题》，《考古》2018年第7期。

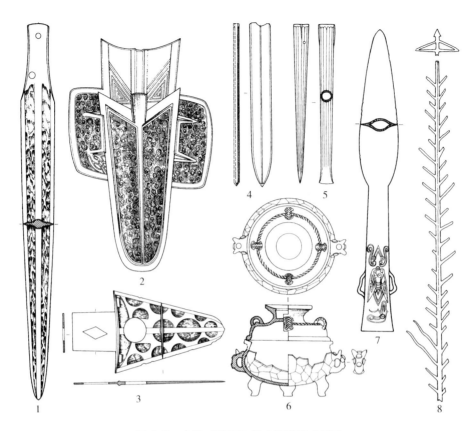

图 5-5　金沙"黄河"地点墓葬出土遗物

1. 铜剑（M535：13）　2. 铜剑鞘（M587：3）　3. 铜戈（M535：2）　4. 铜刻刀（M535：14）
5. 铜凿（M535：8）　6. 陶盉（M600：1）　7. 铜矛（M535：1）　8. 铜杖状饰（M600：7）

（二）成都商业街合葬墓

2000 年在成都市商业街发现一座东周时期的合葬墓[1]。这是一座竖穴土坑墓，墓坑方向 240 度，坑周围残存木质基槽和基础，说明在墓葬之上有地面建筑。墓坑面积约 620 平方米，其中埋葬 17 具棺，墓葬曾被一个汉代坑严重破坏，推测原有葬具超过 32 具（图 5-6）。如此规模的墓葬为四川地区仅见。

---

[1]　成都文物考古研究所：《成都商业街船棺葬》，北京：文物出版社，2009 年。

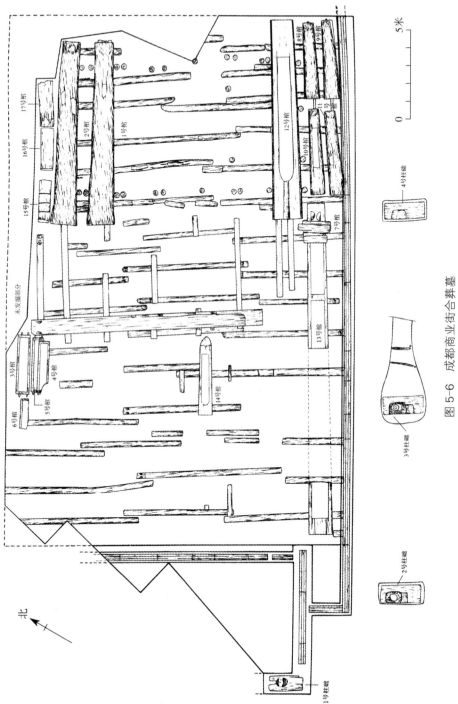

图 5-6　成都商业街合葬墓

　　17具棺均由独木制成，形制和大小有别，大致可分两类。1号、2号、8～14号共9具为形体较大的船形独木棺，棺前端由底部向上斜削，上翘如船头，两侧各凿有一个半圆形的孔并斜穿至棺面，棺盖的制法和形制同棺身。棺中最大者长近19米，最小者长4米多。大型棺后部有图案模糊的彩绘，较小者棺头多有刻符。另8具为形体较小的齐头独木棺，其中，3～7号共5具棺为长方形棺，棺底平，棺盖背略弧，用子母榫相扣合，身和盖的四角都有把手，棺长3米多。15～17号3具整体呈匣形，棺身用整木制成，两端有挡板用子母口与棺身相接，棺盖为一块大小同棺口的木板，棺长2米多。

　　墓坑中部有一块长13米多的大型长方形整木，将墓坑分为东、西两个区域。整木的一端也呈上翘状并穿孔。

　　所有棺木都呈东西向排列。船形和齐头的两类棺的分布有一定规律，船形棺中的1、2号位于墓坑东北角，8～13号位于东南角及南壁，仅14号位于墓坑西部的正中。齐头棺中的长方形棺除一例被扰乱外，其余都排列在墓坑西部的北壁下，3具匣形棺位于墓坑东部的北壁下。

　　形体较小的棺木下填有青膏泥，以使所有棺木高度一致。棺下均有枕木，棺前或棺侧有立柱。这些排列和放置方式表明所有葬具均为一次性埋葬。

　　9具船形棺中，南壁下的9号和11号棺只有遗物没有人骨，推测用于放置随葬品，12号和13号棺因破坏严重而未发现人骨。其余5具棺均一棺葬一人，都是二次葬。船形棺中的随葬品数量较多，有陶器、铜器、竹器和大量漆木器。陶器以双耳瓮和器盖最多，有的盖和瓮当为一套，另外有陶平底罐、尖底盏、圜底釜和豆。铜器较少，有矛、戈、钺、斤、削刀、印章、纺轮、饰件，兵器多非实用器。漆器为木胎，黑底朱绘，大多为生活用器，有耳杯、盒、盘、篱、案、几、床、器座、筐子等（图5-7），乐器有鼓和鼓槌，另有杂器及残片。大型漆器如床、案、几等拼装而成，下葬时拆散，有的部件被分别放在不同的棺内，这也表明这些棺为同时下葬。随葬品还有木器和竹器，如木梳、葫芦笙、竹筐、竹席、竹篮等。有些陶瓷和竹器内有粮食、果核和动物骨骼，个别船形棺出少数角器和玉珠。

　　船形独木棺内的遗物明显以陶、漆木器和小件铜器为主，器类较为简单，不见大型铜器或礼乐器。有2具棺未被盗，情况亦如此。如葬人的8号棺，出

图 5-7　成都商业街合葬墓出土漆器

1. 豆（2号棺：30）　2. 盒（2号棺：28、51）　3. 簋（2号棺：23、39）　4. 床（2号棺：9、13、16）

土 24 件遗物，包括陶双耳瓮和器盖各 2 件，以及漆木器构件和木梳、葫芦笙等。专门放置随葬器的 9 号棺，出 22 件遗物，包括陶双耳瓮和器盖各 1 件，以及漆木器、竹席、蓑衣、竹筐等。

　　8 具齐头棺中，6 号、7 号、17 号 3 具棺被破坏而未发现人骨，其他 5 具棺均是一棺葬一人，一次葬，仰身直肢。齐头棺中的随葬品仅有少量陶器和铜器，没有漆木器。其中长方形棺出土陶器盖、瓮、尖底盏、圜底釜、豆，铜带钩、削刀；匣形棺只见陶尖底盏。

　　发掘报告将墓葬年代定为战国早期。宋治民分析墓葬的埋葬特点、葬具和出土遗物，认为墓葬应为春秋后期 [1]。孙华认为墓葬年代为战国早期，墓主为开明氏王族甚至某代蜀王，船形棺为墓主棺椁和运送随葬品的工具，其余独木棺是百越和其他族群陪葬者的棺木 [2]。江章华、颜劲松认为墓中很多漆器模仿了春秋至战国早期楚国和三晋、燕国、中山等地青铜器的纹饰 [3]。商业街合葬墓的随葬品等方面特点与成都平原春秋墓相近，与战国墓差别明显。因此，可将它推断为春秋晚期墓。

　　商业街合葬墓的规模表明墓主人应为当时的统治者及其家族。张君等曾采集分析了 20 个个体的人骨，其中 6 个个体明确出自船形棺，年龄为 13～25 岁，可确定性别者以男性居多。3 个体出自匣形棺，年龄 13～22 岁，均为男性。其余 11 个个体出自棺外，有男有女，只有 2 个超过 30 岁。这表明船形棺和匣形棺内的死者都是年轻人。同时，所观察的个体还有比较一致的颅面部形态特征，同位素食性分析显示船形棺墓主的食物营养成分高于齐头棺墓主 [4]。据棺木的形制、位置、葬式、随葬品和人骨分析结果，有理由推测齐头独木棺为陪葬棺。

　　这座合葬墓具有前述"过渡期"墓葬的特点，如合葬，船棺，铜兵器多为

[1] 宋治民：《成都市商业街墓葬的问题》，《四川文物》2003 年第 6 期。

[2] 孙华：《四川成都商业街大墓的初步分析——成都商业街大墓发掘简报读后》，《南方民族考古》第 6 辑，北京：科学出版社，2010 年。

[3] 江章华、颜劲松：《成都商业街船棺出土漆器及相关问题探讨》，《四川文物》2003 年第 6 期。

[4] 张君、王毅、颜劲松：《成都商业街船棺葬出土人骨研究》，《成都商业街船棺葬》，北京：文物出版社，2009 年。

明器。尽管墓地曾遭破坏，但推测墓中不一定随葬青铜容器，因为至少有 6 具棺保存相对完好，葬人的 8 号棺和放置随葬品的 9 号棺未被盗扰，也未见铜容器。新因素也很鲜明，一是合葬规模和船棺的形体远大于此前的船棺墓；二是随葬品丰富，有大量漆器，还有 30 多件大型陶瓮中有粮食、果核和动物骨骸；三是外来文化因素明显，主要是突然出现大量漆器，漆器模仿了其他地区春秋青铜器的纹饰。

从商业街合葬墓开始，成都平原始有大型墓葬。虽然与其他区域的墓葬相比，成都平原此时的大墓仍然不见大型的青铜器，但却有大批漆器甚至大量食物。不仅在棺木中有很多陶瓮和竹筐，比如放置随葬品的 9 号棺出土 1 件陶瓮和 7 件竹筐，11 号棺出土 11 件陶瓮和 1 件陶釜，甚至棺木之间的填土中也有陶瓮。陶、竹容器内多有植物和动物遗存，应专用于盛放食物，这也可以解释为何这种形制的陶瓮不见于他处。经鉴定，出土的动物骨骸以水鹿、鸡和家猪最多，另外有羊和狗等 [1]，植物遗存有果核、瓜类种子、谷类、菜类和无法鉴定出种类的植物碎片 [2]。以大量食物作为随葬品，这是商业街合葬墓的一个重要特点。何锟宇等对动物骨骼的研究揭示出船棺墓中有较多鹿肉，从最小个体数看至少有 18 个个体；鹿肉在成都平原的墓葬中不常见，随葬鹿肉表明墓葬的等级很高 [3]。商业街合葬墓说明此时墓葬出现了巨大的等级差异，等级的标识可能是包括漆器和食物在内的随葬品、巨大的葬具，以及新出现的陪葬棺。墓上建筑表明，早期维护神权和王权的祭祀活动已不见，或不再是全社会的重要行为，祭祀已针对死者从而变成丧葬活动的一部分。这些都表明成都平原的文化和社会在春秋晚期开始发生巨大变化。从墓葬中的外来因素看，三星堆—金沙文化的结束、外来文化的传入共同导致了剧变。

2006 年在江西靖安李洲坳也发现一座春秋中晚期的合葬墓，出土 47 座独

---

[1]　何锟宇：《成都商业街船棺葬出土动物骨骼鉴定报告》，《成都商业街船棺葬》，北京：文物出版社，2009 年。

[2]　成都文物考古研究所：《成都商业街船棺葬》，北京：文物出版社，2009 年，第 168～169 页。

[3]　何锟宇、颜劲松、陈云洪：《成都市商业街船棺墓葬出土动物骨骼研究》，《四川文物》2006 年第 6 期。

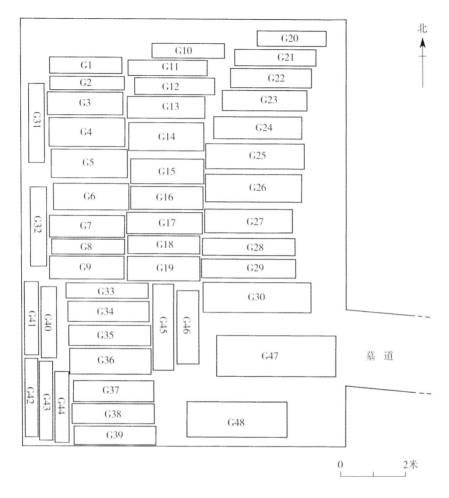

图 5-8　江西靖安李洲坳合葬墓

木棺[1]（图 5-8）。商业街和李洲坳两座墓年代相同，并且具有很多共性。两者都是多棺合葬的竖穴土坑墓，均在墓坑内划分区域，棺木分区整齐放置，用青膏泥铺垫墓底和填埋，一次性埋葬。合葬的棺木数量众多，都有主棺和陪葬棺之分，葬具的大小和形制虽有差异，但都是用整木挖成棺身和棺盖的独木葬

[1]　a. 江西省文物考古研究所：《江西靖安李洲坳东周墓葬》，《考古》2008 年第 7 期。b. 江西省文物
　　考古研究所、靖安县博物馆：《江西靖安李洲坳东周墓发掘简报》，《文物》2009 年第 2 期。

具。只是商业街合葬墓主棺是二次葬、陪葬棺为一次葬，李洲坳合葬墓死者均为一次葬。两墓都是单人葬，不知出于何种原因，死者都主要是 25 岁以下的年轻人。随葬品中漆器、竹木器占较大比重，青铜器以小型器物为主，并都发现了许多植物遗存。

这种共性也有助于我们更好地认识商业街合葬墓。一坑合葬多具独木棺的墓葬尽管特别，但也不是个别的、特殊的埋葬现象。成都平原的金沙和其他东周时期的墓地中都有合葬的船棺墓，不过没这样大的规模。商业街和李洲坳两墓虽然规模巨大，墓主绝非普通人，但随葬品主要是大量的日常生活用品，缺少青铜器礼器、玉器等贵重物品。用以显示墓主身份和地位的主要是众多的陪葬者和巨大的独木葬具。比较李洲坳合葬墓的随葬品，也就更容易理解商业街合葬墓缺少青铜器、尤其是青铜容器的现象。

除了商业街合葬墓外，近年来在成都青白江双元村等地发现大批墓葬，有的墓年代可能为春秋早中期，规格较高的墓含有外来因素。因此，成都平原墓葬变化的时间节点与特点有待新材料来说明，三星堆—金沙文化之后的"过渡期"可能会缩短或是不再鲜明。

二、战国时期的墓葬

进入战国时期，在成都平原发现的墓葬数量大增，分布广范，情况复杂，它们与此前的墓葬截然不同，反映出文化和社会的深刻变革。战国墓出现的变化和具有的新特点主要体现在以下四个方面。

首先是出现了单独的大墓。所谓大墓或是规模大，或是葬具复杂，或是随葬品丰富，墓中出现铜容器和大量具域外风格的青铜器。这类突出于其他墓葬的大墓，在商业街合葬墓之前尚不见于成都平原。1965 年发掘的战国早期的成都百花潭 10 号墓[1]，墓坑仅长 3 米，墓向 10°，独木棺，但 48 件随葬品

[1]　四川省博物馆：《成都百花潭中学十号墓发掘记》，《文物》1976 年第 3 期。

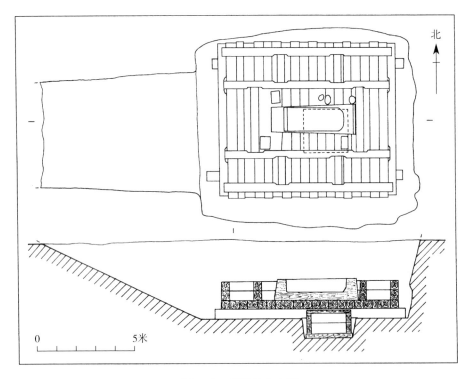

图 5-9　新都马家大墓

除 1 件陶尖底盏外均为铜器，有鼎、壶、甑、鍪、尖底盒、勺，以及兵器和工具。铜壶镶嵌采桑、宴饮和水陆攻战等图像，以戈、矛为主的兵器多达 20 余件，上有多种"巴蜀符号"。1976 年在绵竹清道发现的独木棺墓[1]，南北向，出土铜容器、兵器、工具 150 余件。壶、罍等形体高大，盖豆、方壶镶嵌写实的动物纹，鼎、敦、圆壶有蟠虺纹、窃曲纹，尖底盒有线刻纹，兵器多达七八十件。1980 年发现的新都马家战国中期大墓[2]，墓坑长 10.45、宽 9.2 米，有斜坡墓道，墓向正西，木枋叠砌的巨大椁室分隔为三部分，再分为棺室和八个边箱，正中棺室内有独木棺，椁外填青膏泥（图 5-9）。墓葬虽被破坏，头箱和边箱仍出铜兵器、工具、印章，以及陶器、漆器、兽骨等。椁室中部腰坑出铜容器、乐

---

[1]　四川省博物馆　王有鹏：《四川绵竹县船棺墓》，《文物》1987 年第 10 期。

[2]　四川省博物馆、新都县文物管理所：《四川新都战国木椁墓》，《文物》1981 年第 6 期。

器、兵器 188 件，丰富程度前所未见，每类器物为 2 件、5 件或 5 的倍数，也极有特色。1955 年发掘的成都羊子山 172 号墓[1]，时代早不过战国晚期，有木棺和椁，墓向 256°，出土很多铜容器、兵器、车马器、杂器和铁器。这几座大墓的葬俗、葬具、随葬品等都各不相同，墓向也不一致，不再遵循三星堆—金沙文化的"四维"的方位系统。

其次，出现多个大规模的墓地。1988—2002 年发掘的什邡城关墓地[2]，有船棺墓、土坑墓、木板墓和木椁墓，船棺墓中又有合葬墓，墓向不一，船棺墓大多为东西向或东北—西南向，时代从春秋末期到西汉（图 5-10）。2011—2012 年在德阳罗江周家坝发掘战国中晚期到西汉早期墓葬 83 座[3]，其中船棺墓 70 座，多为两棺、三棺或多棺并列，棺木或形体巨大而形似木船，或较小而仅有船棺形制，出土遗物以陶器、青铜器为主。2015—2016 年在成都青羊区清江东路张家墩发掘战国秦汉墓 195 座[4]，葬具有船棺、木棺、木椁，出土遗物多为陶器，也有青铜容器、兵器和饰件。2016—2018 年在青白江双元村发现的墓地分为东西两区，发掘墓葬 270 座[5]，包括船棺墓、木椁墓和无葬具墓，墓葬依形制、大小和随葬品多寡可分为四个等级，墓葬年代上限或可到西周末期至春秋早期，下限至战国中期，一些墓规格较高并有外来铜器。

第三，墓葬类型多样，有船棺或独木棺墓、木椁墓、木板墓、无葬具的土坑墓，各类墓在一个墓地中共存。如在什邡城关墓地，船棺墓和狭长形、长方形土坑墓在整个战国时期都存在，随葬品无明显差别。同一墓地中不同的墓葬类型似乎不反映时代和贫富差别，这一点与金沙时期的墓葬相同。但在船棺墓中，形体巨大的船棺比制作简单、轻薄的船棺出土更多数量和种类的青铜器。

---

[1] 四川省文物管理委员会：《成都羊子山第 172 号墓发掘报告》，《考古学报》1956 年第 4 期。

[2] 四川省文物考古研究院、德阳市文物考古研究所、什邡市博物馆：《什邡城关战国秦汉墓地》，北京：文物出版社，2006 年。

[3] 刘章泽、张生刚、徐伟：《四川德阳罗江周家坝战国船棺墓地》，《中国重要考古发现（2012）》，北京：文物出版社，2013 年。

[4] 易立、杨波：《四川成都张家墩战国秦汉墓地》，《中国重要考古发现（2016）》，北京：文物出版社，2017 年。

[5] 成都文物考古研究院、青白江区文物保护中心：《四川成都双元村东周墓地一五四号墓发掘》，《考古学报》2020 年第 3 期。

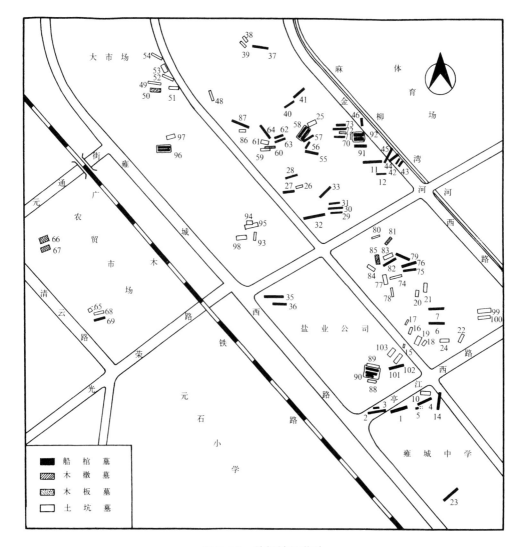

图 5-10　什邡城关墓地

　　第四，墓葬的等级差别主要体现于随葬青铜器。这个时期不同的墓葬类型似不代表等级，而可能表明墓主的族属不同。以船棺墓为例，成都平原的高规格墓葬都是船棺或独木棺，如商业街合葬墓、双元村154号墓、百花潭10号墓、绵竹清道墓和新都大墓。但也有很多船棺墓出土遗物甚少，如20世纪80年代在大邑五龙发现的 1 坑 3 棺的船棺墓[1]。2014 年在三星堆青关山发现 3 座战国中期的船棺墓[2]，除 3 件铜兵器和工具外只有少量陶器。船棺墓之间差别明显，船棺本身显然不代表等级。船棺葬可能是成都平原当地族群的葬俗，金沙"阳光地带"地点出土了最早的船棺墓，其中并无外来文化因素，商业街合葬墓和新都大墓也被认为是当地统治者的墓葬。如此，船棺葬与其他墓葬类型的墓主可能并非同一部族。再比如，战国晚期木椁墓的墓主可能是受外来文化影响的其他人群，不同的族群应在成都平原长期共存。

不同的葬具、葬俗对应的可能是族属而非社会等级，墓葬等级由随葬品来体现。成都平原战国墓中的陶器多为釜、罐、豆，差别不大，青铜器则明显分为两类。

第一类为四川当地的器物，有釜、甑、鍪等容器，戈、矛、钺、剑等兵器，斧、刀、凿等工具，印章等杂器。容器形制简单，大多没有纹饰，兵器和印章上多有"巴蜀符号"（图 5-11）。这类铜器很普遍，出青铜器的墓葬中基本上都有。

第二类为具域外风格的铜器，有鼎、瓿、敦、豆、壶、簠、缶、罍、鉴、匜、钟等（图 5-12）。铜器形制复杂，纹饰多样，有的甚为精美。这类铜器的器形、纹饰，所运用的镶嵌、线刻工艺和失蜡铸造法，甚至部分铜器本身，显然来源于中原及长江中游地区。

这类域外风格的铜器最早出现在春秋时期的墓葬中，如双元村船棺墓。2003 年发掘的成都文庙西街 M1[3]，也集中出土了年代较早的此类铜器。墓中有壶、簠、敦、盘、勺、匕等 17 件铜器，除釜和尖底盒外都具春秋战国时期楚式铜器的风格，蟠螭纹壶和簠、勾云纹器座不见于成都平原的其他墓葬。与 M1 相距 12 米的 M2 出土圜底釜、平底罐、尖底盏、圈足豆、器盖等 48 件陶器，10 件铜器有釜、鍪、瓿、兵器和工具，两墓完全不同。M1 的墓主人或是外来

---

[1] 四川省文管会、大邑县文化馆：《四川大邑五龙战国巴蜀墓葬》，《文物》1985 年第 5 期。

[2] 四川省文物考古研究院：《四川广汉市三星堆遗址青关山战国墓发掘简报》，《四川文物》2015 年第 4 期。

[3] 成都市文物考古研究所：《成都市文庙西街战国墓葬发掘简报》，《成都考古发现（2003）》，北京：科学出版社，2005 年。

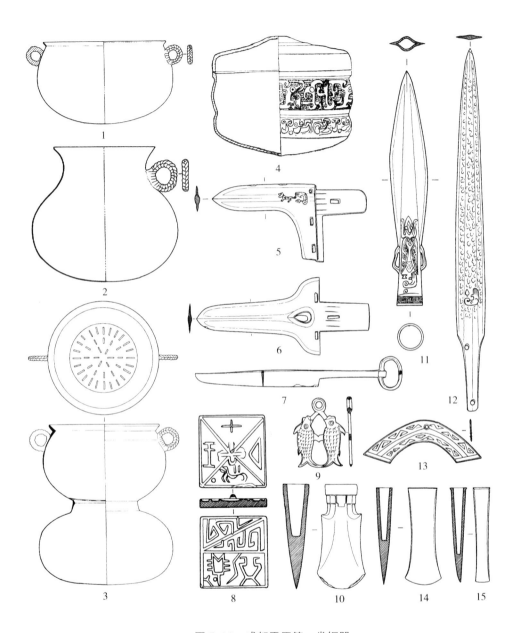

图 5-11　成都平原第一类铜器

1. 釜（文庙西街 M2：10）　2. 鍪（文庙西街 M2：1）　3. 甑（文庙西街 M2：12）
4. 尖底盒（成都西郊战国墓）　5. 戈（什邡 M90-1：10）　6. 戈（什邡 M1：6）
7. 刀（什邡 M54：19）　8. 印章（什邡 M33：4、5）　9. 双鱼饰（什邡 M33：3）
10. 钺（什邡 M90-1：13）　11. 矛（什邡 M90-1：30）　12. 剑（什邡 M1：2）
13. 璜（什邡 M54：20-f）　14. 斤（什邡 M90-1：21）　15. 凿（什邡 M90-1：17）

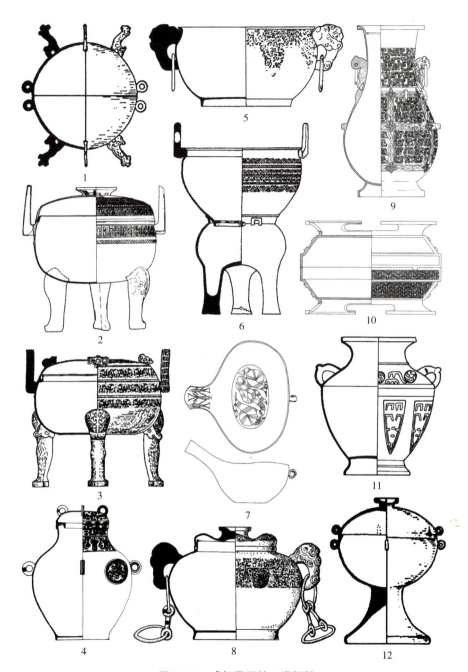

图 5-12　成都平原第二类铜器

1. 敦（新都大墓）　2. 鼎（成都三洞桥战国墓）　3. 鼎（新都大墓）　4. 壶（绵竹 M：5）
5. 鉴（新都大墓）　6. 甗（新都大墓）　7. 匜（成都双元村 M154 腰：3）　8. 缶（新都大墓）
9. 壶（文庙西街 M1：1）　10. 簠（文庙西街 M1：2）　11. 罍（新都大墓）　12. 豆（新都大墓）

移民，M1 集中出土高规格的域外风格铜器而无船棺，也说明船棺葬是本土葬俗。

　　域外风格的铜器多出自高等级墓葬，如双元村 154 号墓、百花潭 10 号墓、绵竹船棺墓、新都大墓。还有很多墓葬同时出土两类铜器，其等级高于仅出当地铜器的墓葬。如在成都市区，三洞桥青羊小区[1]和金沙巷[2]墓葬出土多件鼎、罍、敦、豆等，铜器饰涡纹、云雷纹、蟠螭纹、窃曲纹、蝉纹、夔凤纹。白果林小区船棺墓[3]出土 1 件铜壶，壶上有内容丰富的狩猎纹、凤鸟纹。凉水井街[4]、西郊石人小区[5]与水利设计院[6]、中医学院[7]、青羊宫[8]等地的墓葬一般仅有 1 件域外风格的铜器，且多为素面。成都南郊[9]和无线电机械工业学校[10]出土的第二类铜器也应出自墓葬。以上墓葬出土的铜器以鼎、敦、壶较多，也有罍、盆、盘、豆、勺、匕、磬。个别墓有葬具痕，并保留了用朱砂的传统。在成都市区以外，2006 年在郫县飞龙村发掘 3 座船棺墓、1 座土坑墓和 1 座木板墓[11]，呈东北—西南向排列，随葬两类铜器、钱币和铁器，推断其时代为战国末期至秦。孟露夏将成都平原战国时期的高等级墓葬的总体特征同样概括为随葬品数量巨大、外来物品或仿制品的比例较高[12]。

　　另一部分墓葬只出少量的当地铜器。除前文提及的文庙西街 M2、大邑五

---

[1]　成都市文物管理处：《成都三洞桥青羊小区战国墓》，《文物》1989 年第 5 期。

[2]　成都市文物考古工作队：《成都市金沙巷战国墓清理简报》，《文物》1997 年第 3 期。

[3]　罗开玉、周尔太：《成都白果林小区四号船棺》，《成都文物》1990 年第 3 期。

[4]　成都文物考古研究所：《凉水井街战国墓出土的青铜器》，《成都考古发现（2004）》，北京：科学出版社，2006 年。

[5]　成都市文物考古研究所、成都市文物考古工作队：《成都西郊石人小区战国土坑墓发掘简报》，《文物》2002 年第 4 期。

[6]　成都市文物考古工作队：《成都西郊省水利设计院土坑墓清理简报》，《考古与文物》2000 年第 4 期。

[7]　成都市博物馆考古队：《成都中医学院战国土坑墓》，《文物》1992 年第 1 期。

[8]　四川省博物馆：《成都西郊战国墓》，《考古》1983 年第 7 期。

[9]　赖有德：《成都南郊出土的铜器》，《考古》1959 年第 8 期。

[10]　成都市博物馆：《成都出土一批战国铜器》，《文物》1990 年第 11 期。

[11]　成都文物考古研究所、蒲江县文物管理所：《蒲江县飞龙村盐井沟古墓葬》，《成都考古发现（2011）》，北京：科学出版社，2013 年。

[12]　〔英〕孟露夏：《公元前 5 — 前 2 世纪成都平原的社会认同与墓葬实践》，《南方民族考古》第 6 辑，北京：科学出版社，2010 年。

龙和三星堆青关山的船棺墓外，这类墓还见于成都金鱼村[1]、罗家碾[2]、无线电机械工业学校[3]、成都西南郊[4]、京川饭店[5]、蒲江[6]、彭县[7]等，墓葬年代以战国中期和晚期为多。一些墓也有船棺和白膏泥，有双棺或三棺合葬，还有的墓残存木板。陶器多罐、豆，铜容器很少或不见，更多的是铜兵器和工具。战国晚期的这类墓葬，如成都金牛区[8]、光荣小区[9]、天迴山[10]、青龙乡[11]、龙泉驿[12]、郫县[13]、蒲江[14]等地墓葬，开始出现木棺椁、陶釜形鼎、铜钱和铁器，部分墓的年代应在秦灭蜀之后。

随葬陶器也出现了等级差别。1995年在十二桥遗址新一村发掘1座墓[15]，墓坑长7.4、宽1.2～1.3米，人骨和墓底的木板上涂朱，可能为二次葬。随葬品除两类铜器17件外，出土陶器73件，其中高、矮圈足的两种豆64件。文

[1] 成都市文物考古工作队：《成都西郊金鱼村发现的战国土坑墓》，《文物》1997年第3期。

[2] 罗开玉、周尔泰：《成都罗家碾发现二座蜀文化墓葬》，《考古》1993年第2期。

[3] 四川省文物管理委员会：《成都战国土坑墓发掘简报》，《文物》1982年第1期。

[4] 谢涛：《成都运动创伤研究所发现土坑墓》，《成都文物》1993年第3期。

[5] 成都市博物馆考古队：《成都京川饭店战国墓》，《文物》1989年第2期。

[6] a. 龙腾：《四川蒲江县巴族武士船棺》，《考古》1983年第12期。b. 四川省文物管理委员会、蒲江县文物管理所：《蒲江县战国土坑墓》，《文物》1985年第5期。c. 龙腾、李平：《蒲江朝阳乡发现古代巴蜀船棺》，《四川文物》1991年第3期。

[7] 四川省文管会 赵殿增、胡昌钰：《四川彭县发现船棺葬》，《文物》1985年第5期。

[8] 成都市文物管理处：《成都市金牛区发现两座战国墓葬》，《文物》1985年第5期。

[9] 成都市文物考古工作队、成都市文物考古研究所：《成都市光荣小区土坑墓发掘简报》，《文物》1998年第11期。

[10] 德：《成都天迴山发现三座土坑墓》，《考古》1959年第8期。

[11] 成都市文物考古研究所：《成都市青龙乡海滨村墓葬发掘简报》，《成都考古发现（2003）》，北京：科学出版社，2005年。

[12] 成都市文物考古研究所、龙泉驿区文物管理所：《成都龙泉驿区北干道木椁墓群发掘简报》，《文物》2000年第8期。

[13] a. 郫县文化馆：《四川郫县发现战国船棺葬》，《考古》1980年第6期。b. 成都市文物考古研究所、郫县博物馆：《郫县风情园及花园别墅战国至西汉墓群发掘报告》，《成都考古发现（2002）》，北京：科学出版社，2004年。

[14] 成都市文物考古工作队、蒲江县文物管理所：《成都市蒲江县船棺墓发掘简报》，《文物》2002年第4期。

[15] 成都市文物考古研究所：《成都十二桥遗址新一村发掘简报》，《成都考古发现（2002）》，北京：科学出版社，2004年。

庙西街 M2 的陶尖底盏、圈足豆等均有 10 余件，形制基本无差别。随葬多件套形制相同的陶器，应具等级意义。

以上四方面，说明成都平原的墓葬在战国时期出现了巨大变化。战国时期各时段都存在高规格的墓葬，等级差异明显。出现多个大型墓地，每个墓地规模大且内涵丰富。墓葬类型多样，墓内有包括青铜容器的丰富的随葬品。青铜器按文化面貌分为两大类，不同的类别和数量体现出不同的墓葬等级。战国时期出现的这种迥异于从宝墩文化以来的新的墓葬制度和等级制度，已与中原文化趋同。墓葬中青铜兵器大量涌现，表明战争和社会冲突加剧，社会环境已不再像过去那样和平安定。江章华指出此时军权代替了早期的神权[1]。

三、战国时期的青铜器

成都平原战国时期的铜器出土众多。上文所分的釜、甑、鍪、兵器、工具和印章为代表的第一类铜器不仅在成都平原很普遍，在整个四川地区也很常见，但在四川之外却不见或少见。它们应是四川当地的器物，只是最早出现于何时、如何流传至全川，目前并不太清楚。第二类具域外风格的铜器更为复杂、精美，只出自高等级墓葬。这在成都平原之外也如此，如在川东的宣汉罗家坝和重庆涪陵小田溪墓地，同样只有规格最高的墓葬方有出土。又如川西高原的茂县牟托石棺墓随葬品丰富，甚至有专置随葬品的器物坑，也有多件这类铜器。在缺乏高等级墓葬的墓地中，无论是成都平原的什邡城关，还是重庆的巴县冬笋坝等墓地，虽然墓葬数量众多且不乏青铜器，却因没有大型墓葬而几乎不见此类铜器。

由以上两类铜器，可知成都平原的青铜器在战国时期发生的变化。

首先，青铜器的分布遍及成都平原，而不再是集中于中心城址。甚至也不限于成都平原，而是在四川盆地及其周边的更为广阔的范围内大量出土。

---

[1]　江章华：《战国时期古蜀社会的变迁——从墓葬分析入手》，《四川文物》2008 年第 2 期。

其次，青铜器不再出自遗址，更不是出自宗教、祭祀区，而是作为随葬品出土于墓葬。不同等级的墓葬所出青铜器的类别和数量差异明显，不同类别的青铜器对墓葬等级有很强的标识性。

第三，青铜器从器类、风格到含义都完全不同于三星堆—金沙文化的铜器。此前的人物和动物形象、所有具象征意义的铜器全部消失，代之以全新的容器、兵器和工具。种类和数量众多的青铜兵器以实用器为主，不同于三星堆和金沙祭祀用的戈形器，这也显示出此时的社会动荡不安。

第四，青铜器不再用于宗教目的和祭祀活动，而是用作随葬品；也不再为社会上层集体占有而为个人所有，用以体现墓葬主人的等级与地位。可以认为从春秋晚期或战国早期开始，青铜容器成为个人拥有、标识个人身份地位的物品并用于丧葬，成都平原青铜器的功能至此彻底改变。

以上方面的变化不是青铜器器类的增减、风格的演变，而是全面的、根本性的变化，这反映出的是文化、社会和观念的深刻变革，即成都平原此前的神权与王权并存的社会结构不复存在，代之以新样态的等级社会。成都平原青铜器的意义和它所代表的文化，至此始与中原近同。

四、巴蜀符号

研究成都平原或四川地区的东周时期的青铜器，不能不涉及巴蜀符号。这是铸刻在东周时期青铜器、或称为"巴蜀青铜器"上的一类符号，流行地域主要为四川盆地，即史称的巴蜀地区，时段主要是战国时期，下限可至秦汉。

学界早在20世纪40年代即已关注巴蜀符号并进行整理，此后相关的发现和整理、研究持续不断。近年来，严志斌、洪梅梳理巴蜀符号的研究简史和发现概况，就其种类、时代、组合、族群性等提出了新认识[1]。两位学者新编著的《巴蜀符号集成》[2]，作为迄今最重要的巴蜀符号整理和研究的成果，收集

---

[1]　严志斌、洪梅：《巴蜀符号述论》，《考古》2017年第10期。

[2]　严志斌、洪梅：《巴蜀符号集成》，北京：科学出版社，2019年。

了四川、重庆、湖北、贵州、云南、陕西等地出土、年代从战国初期至西汉早期的带巴蜀符号或类似符号的青铜器 883 件，整理、收录符号 272 种、符号组合 1125 组。该书对巴蜀符号的系统整理和整体性研究，以及配备的符号索引和出土地点索引，也极大地方便了新的研究。

过去对巴蜀符号的研究大多针对符号本身，如符号的性质、形态、方向、组合等。近几年严志斌、洪梅对各类符号进行系列研究，如钟形符号、罍形符号、栅栏形符号、笋形符号、水草纹符号[1]，同时考察符号的考古背景，讨论符号反映的族属、等级、相关墓葬和区域联系等。郭明、高大伦对巴蜀符号重要载体巴蜀印章的新研究，也是从考古视角去分析而不只限于符号本身[2]。

由考古背景——大到巴蜀符号产生、流行的历史背景，小到带巴蜀符号器物的出土背景——去考察这类符号，应有助于认识符号的性质，以及各地使用这些符号的人群的关系，进一步而言，可能对探索符号的含义、建构四川盆地东周秦汉时期的文化、社会也都有重要意义。

（一）产生背景和性质

1. 时代、社会背景

一般认为巴蜀符号主要流行于战国初至西汉早期。春秋晚期至战国，成都平原乃至整个四川盆地的文化和社会都发生了深刻的变化。三星堆—金沙文化时期在神权和王权的共同统治下，社会统一、稳定。但到了春秋时期，这样的政权已不复存在，墓葬、青铜器等考古材料都说明出现了一个新样态的等级社会，实用兵器的大量出现还意味着这个时期充满了战乱与动荡。

从墓葬材料看，大墓从葬俗到随葬品各不相同，即使是在同一区域、同一

[1] 严志斌、洪梅：《巴蜀印章钟形符号考察》，《四川文物》2015 年第 5 期；《战国时期巴蜀文化罍形符号研究》，《中国国家博物馆馆刊》2015 年第 11 期；《巴蜀文化栅栏形符号考察》，《四川文物》2016 年第 4 期；《试析巴蜀文化中的笋形符号》，《四川文物》2017 年第 1 期；《战国时期巴蜀文化水草纹符号试析》，《中国国家博物馆馆刊》2017 年第 7 期。

[2] 郭明、高大伦：《考古学视角下的巴蜀印章研究》，《四川文物》2018 年第 1 期。

时段也如此。比如商业街合葬墓和新都马家大墓的墓主可能都是统治者，但墓葬在各个方面都存在很大差别。大型墓地中的墓葬也同样类型多样。成都平原以外，四川盆地其他地区的大型墓地也如此，如川东和重庆的宣汉罗家坝墓地、涪陵小田溪墓地、巴县冬笋坝墓地、昭化宝轮院墓地。有的墓地从春秋末期延续至西汉，墓地中的不同的墓葬类型并不一定是年代或等级不同，而有可能是墓主族属不同。

四川盆地从春秋晚期、战国初期开始的变化，与外来人群的进入和外来文化的影响有关。这一时期的考古材料中有大量鲜明的中原文化和楚文化因素。盆地内原来就有许多族群，大量外来人群的迁入，必定造成盆地内同时存在众多部族和各种政治力量，相互间可能纷争不断。蒙文通考证古代巴蜀区域内有百多个小诸侯存在，巴、蜀发展到强大的时候也不过是两个联盟的盟主[1]。直到秦汉时期，可能才重新实现社会的稳定，但众多的民族仍然存在。

2. 使用背景

巴蜀符号绝大多数出现在四川盆地出土的青铜器上，并且主要出现在第一类、即四川当地的铜器上，第二类铜器只极个别有符号。

《巴蜀符号集成》正编收带巴蜀符号的器物 835 件。其中，兵器最多有 495 件，又以剑（196 件）、矛（192 件）和戈（68 件）为主，另有戟、钺、铍、镞、镦、刀。其次为印章 214 件。再次为削、斤、斧、凿、刻刀等工具 58 件，乐器有钟、钲和錞于共 26 件。只有 19 件铜容器带巴蜀符号，既有第一类铜器中的鍪、釜、甑、盆、盘，也有第二类铜器中的罍、缶、豆。查阅原考古报告和简报，容器中有 14 件的符号为后刻，阴刻的符号位于器物的盖顶、口沿、颈、腹或底部，无论是在素面的釜、鍪，还是在有纹饰的罍、缶上，符号都不明显。有 5 件容器的符号未具体说明，但有 4 件应当也是后刻的。只成都金沙巷出土的 1 件铜盖豆，盖上有四组符号与其他纹饰相间分布，似经事先设计，但符号也因此显得纹饰化了。铜容器上的刻符说明，巴蜀符号本来是铸于青铜兵器、

---

[1]　蒙文通：《巴蜀古史论述》，成都：四川人民出版社，1981 年，第 27 ～ 35 页。

工具和印章上的。带符号的容器为墓主所有，个别可能是墓主从其他途径获得，在其上加刻符号当是为了突出符号所具有的含义。

3. 巴蜀符号的性质

巴蜀符号尚不能释读。逻辑上符号的含义决定符号的性质，但由于释读含义更困难，因而只能据符号的特点和使用情况初步推断其性质。学界历来对巴蜀符号的性质有巴蜀文字、巴蜀图语、巴蜀符号等不同认识。从以上分析的时代和社会背景看，东周时期的成都平原和四川盆地没有形成统一、和平的社会，区域内不同的部族和政治、军事势力林立，纷争和战乱不断，这样的动荡环境并不利于文字的发明。春秋晚期以后成都平原与中原、长江中游和关中等地有广泛而且深入的交往，对汉字早有接触，秦汉时期更是如此。新都大墓的铜鼎上即有铭文"邵之食鼎"，荥经同心村、蒲江、青川出土带"成都"铭文的铜矛和戈，涪陵小田溪 M3 既出带巴蜀符号的矛、同时出"廿六年蜀守武造"等内容的戈。荥经、青川等地战国墓出土的漆器上还有"成""成亭"等汉字。孙华即认为巴人和蜀人不大可能在这个时期摒弃汉字不用而另创一种极为原始的文字体系[1]。值得注意的是，在一些带巴蜀符号的铜器上，如万县新田乡、蒲江飞龙沟盐井村、渠县城坝、郫县红光公社出土的铜戈上[2]，又有成行的既非巴蜀符号也非汉字的另一类铭文。童恩正认为万县和郫县戈上的铭文与符号并列而可明证其为文字，春秋战国之际的巴蜀地区可能并行中原地区的汉字和这类与汉字属于同一系统的巴蜀文字，小田溪 M3 戈上的"蜀守武造"铭文则说明在秦始皇之世秦篆代替了巴蜀文字[3]。戈上的这类铭文数量不多，是否是汉字系统的文字也难确定，但这类铭文的存在也可证明延续至西汉早期的巴蜀符号并非文字。

巴蜀符号出自墓葬中的铜器上，更可能是指示墓主的身份。一般而言，墓

---

[1] 孙华：《巴蜀符号初论》，《四川文物》1984 年第 1 期。

[2] 严志斌、洪梅：《巴蜀符号集成》，第 414 号、431 号、432 号、437 号，北京：科学出版社，2019 年。

[3] 童恩正、龚廷万：《从四川两件铜戈上的铭文看秦灭巴蜀后统一文字的进步措施》，《文物》1976 年第 7 期。

主或铜器的所有者同时具有自然身份与社会身份。巴蜀墓葬的等级取决于墓葬和葬具的规模，以及青铜器、特别是第二类青铜器的组合，巴蜀符号在各级墓葬中都出现，可见符号本身并不能反映墓主的社会地位。战国时期四川地区众多部族和联盟可能存在频繁的纷争，明确自然身份或联盟关系至关重要。孙华认为巴蜀符号多出自兵器和乐器，乐器在先秦时也多用于战争，因此巴蜀符号绝大多数与战争有关[1]。我认为主要见于兵器和印章上的符号更可能是族徽，各种组合可以表示不同的联盟，当然也会有其他某些固定含义。为了表明族属、强化身份认同，有时也在个别铜容器和木器、陶器上补刻符号。

（二）墓葬中的符号

巴蜀符号主要出现在墓葬中，如此就有必要重点考察几处在规模和时间节点上都比较重要的墓葬和墓地，以进一步探究巴蜀符号的性质。巴蜀符号出现在整个四川盆地，因此考察的范围也由成都平原扩大到川西、川东和重庆。

1. 川西墓葬

金沙遗址"黄河"地点 2002 年出土的 170 座墓处于过渡期。报道的 16 座墓既随葬卵石、石条而具有早期墓葬的特点，又出现了大批实用的铜兵器、工具和仿铜陶盏。兵器有镀痕，剑带人字格，兵器上既有巴蜀符号也有兽面纹，这些又有别于常见的巴蜀兵器。这其中，M535 出土 1 件铜矛，上有符号。据图片没有清晰的五指，与后来的同类符号有差别，这种尚未突出五指的或许是目前所见的最早的巴蜀符号之一。另有 1 件剑上有两个符号，2 件带鞘双剑上有或一类的图案。"黄河"地点的这 16 座墓出青铜兵器和工具 28 件，但带巴蜀符号的仅 1 件矛，其他 3 件剑上的符号和图案是否是巴蜀符号还存疑。这或许可以反映巴蜀符号最早出现的情况。

处于文化和社会变革开端的商业街合葬墓，出土巴蜀符号 20 例。1 件铜

---

[1]　孙华：《巴蜀符号初论》，《四川文物》1984 年第 1 期。

削上有"〰〰◇"组合，3 枚铜印章上有三角形符号，11 件陶瓷和器盖、1
件木梳、4 具木棺上也有符号。墓中的符号有两个特点：一是带符号的铜器不
多，这虽然与墓内缺少铜器有关，但陶器、木器甚至木棺上多符号的情况很少
见；二是有很多符号不见于其他地方。印章上的三角形符号并不常见，陶器和
木棺上的符号有罒ⅡⅩ✺✸✷〰⊕，在已发现的符号中都仅此一例。陶
器盖上的φ和木棺上的✳虽不只一例，但都只出自该墓。只有铜削上的符号
和木梳上的◇较为常见，陶器上的✦ ꓭ也见于荥经同心村等地。这些特点表
明商业街合葬墓和墓中的巴蜀符号都较为特别。金沙"黄河"地点的⬭和商
业街的〰〰◇✦ ꓭ可能都是早期的巴蜀符号，那些仅见于"黄河"地点铜剑、
商业街合葬墓陶器和木棺上的符号并未流传下来。由此也可以推断，这两处墓
葬的年代较早。

　　成都百花潭出土一批战国墓，其中的 10 号墓是战国早期的重要墓葬。10
号墓出土的 47 件铜器中有不少带巴蜀符号，但发掘简报未详细报道。《巴蜀
符号集成》收录 10 件百花潭的带巴蜀符号的铜器，可能都出自 10 号墓。这其
中的 6 件兵器中 5 件有"✋ ⬭"组合，比例很高，1 件还同时有⬬⬬。
⬬⬬只在什邡城关墓地另有 1 例。百花潭的 1 件鍪上刻划符号较多，有"✦
◇〰"组合、"ꓮꓵ✚"组合、"ꓬ✸"组合。这其中，ꓮꓵ✚✸三种
符号都只见于百花潭，✦在宣汉罗家坝墓地有 1 例，ꓬ在成都、彭县、蒲江、
荥经和重庆冬笋坝都有发现。

　　绵竹清道独木棺墓是一座战国中期偏早的墓葬，出土铜器 150 余件，其中
11 件带符号。在清晰可辨的 10 件器物中，1 件矛上有✵，不见于他处。6 件
铜器同时有✋⬡，比例偏高。另有 4 件有⬬⬬。四川盆地带⬡的铜器不多，
有出土地点的另外 4 件分别出自绵阳涪江沿岸、什邡城关墓地、成都羊子山
172 号墓、成都白马寺，都在川西。

　　川西最重要的战国中期的新都大墓，椁室残存和腰坑出土铜器共 200 多件，
其中 77 件有符号。极为特别的是，71 件器物上只有▦◪一大一小两种符号，
1 件印章和 1 件罍上只有▦。▦只见于新都大墓，◪有明确出土地点者只在
成都的一座战国墓中另有 1 例。符号种类单一、同一符号出现频率高、主要符
号只出自一墓而不见于他处，这三个特点为四川盆地所仅见。▦大多出在戈、

钺、各种工具和 1 件铜罍上，在不同功用的器物上使用同一符号，应是用来表明墓主身份，而且该身份在当时的四川盆地是唯一的。墓中还有 1 件铜镦上有"▨ ≈ ▩"组合，1 件漆耳杯上有"◖ ≈"组合。这几种符号也见于商业街合葬墓、什邡城关墓地、荥经同心村墓地。另有 2 件印章，1 件为双半月形，1 件方形印章有"⬚ ▦ ⬚ ▦ ▽"组合，与其他铜器上仅有▦▱不同。在这组内容丰富的印章符号中，▦只见于此墓，▦见于宣汉罗家坝、云阳李家坝、荥经同心村。⬚以荥经发现最多，也见于什邡城关墓地、蒲江、罗家坝。▽有 36 例有明确的出土地，其中荥经和什邡共出 14 例，川东和重庆的罗家坝、李家坝、余家坝、冬笋坝，以及开县、湖北等地共出 10 例。严志斌、洪梅认为出⬚的墓葬级别较高，⬚和▽的组合仅见于印章，拥有这种印章的人当是蜀人社会中的高地位者。在新都大墓中，除独有的▦和很少见的▱外，其他符号多见于川西的荥经和什邡，以及川东和重庆一带。学界一般认为新都大墓中有很多文化因素来自楚地，从墓中的巴蜀符号看，该墓与盆地东部的关系的确密切。

成都羊子山 172 号墓可作为川西战国晚期墓的代表。该墓只有 6 件铜器带符号。4 件为印章，符号清楚的 3 件都是"▨ ≈ ▩ ⟆ ⟋"组合，与新都大墓铜镦上的组合相近。罍上有"◉ 王 ◉ ⤳"组合，盆上有"∪ ▬ ✦"组合。这些符号中的∪仅见此例，⤳的另 1 例见于渠县城坝，▬见于荥经和万县，✦见于荥经、芦山、罗家坝和小田溪，符号王很多。羊子山 172 号墓的符号不多，大多常见。

2. 川东、重庆墓葬

在川东宣汉罗家坝发掘东周时期的墓葬 65 座[1]，出土带符号的铜兵器 34 件，其中矛 17 件、剑 15 件、戈和钺各 1 件。符号种类比较集中，⬡出现 29 例，⬚ 28 例，▰▰ 19 例，大多数铜器上的符号都是这三者或前两者的组合。另外值得注意的是 6 例 ▰▰ 与 ⬚ 相组合。▰▰的发现很多，但⬚《巴蜀符

[1]　四川省文物考古研究院、达州市文物管理所、宣汉县文物管理所：《宣汉罗家坝》，北京：文物出版社，2015 年。

号集成》统计只有 25 例。查考 □ 可知，其中 23 例与 □ 相组合，另 2 例无 □ 却有虎头纹。由此可见 □ 与 □ 的密切关系。罗家坝有个别符号不见于其他墓地，如铜矛上的 □，剑上的 □ 和 □，钺上的 □。还有些符号在罗家坝发现较为集中，如 □ 在罗家坝发现 6 例，其他出土地点明确者只什邡有 3 例。□ 在罗家坝和云阳李家坝各见 1 例。□ 在罗家坝有 2 例，在什邡城关和云阳李家坝各有 1 例。□ 在罗家坝有 2 例，万州大坪和云阳李家坝各 1 例，川西只什邡有 2 例。□ 在罗家坝有 2 例，云阳李家坝 2 例，重庆冬笋坝 3 例，川西只彭县和郫县各出 1 例。以上几种符号更多发现于川东、重庆，而且显示出罗家坝与东部的李家坝、西部的什邡两处墓地都有较多联系。此外，罗家坝的铜印和陶器上还有个别只见于当地的符号。

涪陵小田溪墓地经过多次发掘[1]，是盆地东部战国晚期的重要墓地。墓地出土带巴蜀符号的青铜器 39 件，符号种类丰富，组合多样。兵器和工具上出现频率较高的单个符号，除常见的 □ □ □ 外，还有 □ □ □ □ □ □。有的组合重复出现，如"□ □ □ □ □ □"组合。小田溪墓地出土少见于其他地点的錞于，上有 □ □ □，较为特别。另外，小田溪的铜器也有个别只见一例的符号，如鍪上的 □，钲上的 □，兽头饰上的 □。

（三）巴蜀符号的意义

巴蜀符号的已知数量和分布地点会随着墓葬和青铜器的新发现而改变，现有的统计和基于统计的分析都具有阶段性。但已经发掘的特定墓葬出土的巴蜀符号是确定的，因此通过考察川西、川东、重庆的特定墓葬，可以得出以下认识。

---

[1] a. 四川省博物馆、重庆市博物馆、涪陵县文化馆：《四川涪陵地区小田溪战国土坑墓清理简报》，《文物》1974 年第 5 期。b. 四川省文物管理委员会、涪陵地区文化局：《四川涪陵小田溪四座战国墓》，《考古》1985 年第 1 期。c. 四川省文物考古研究所、涪陵地区博物馆、涪陵市文物管理所：《涪陵市小田溪 9 号墓发掘简报》，《四川考古报告集》，北京：文物出版社，1998 年。d. 重庆市文物考古研究所、重庆市文物局：《涪陵小田溪墓群发掘简报》，《重庆库区考古报告集（2002 卷）》（中），北京：科学出版社，2010 年。e. 重庆市文化遗产研究院、重庆市涪陵区博物馆、重庆市文物局：《重庆涪陵小田溪墓群 M12 发掘简报》，《文物》2016 年第 9 期。

　　就以上墓葬中发现的巴蜀符号而言，符号种类的早晚变化并不明显，即早期的符号晚期也存在。大多数类别的符号，无论是常见者还是罕见者，在川西和川东、重庆都有发现，通常不具有地域性。当然也难以从中区分巴与蜀。

　　上述墓葬或墓地又都存在独有的符号，如金沙"黄河"地点剑上的 ⚐ 川，商业街合葬墓陶器和木棺上的符号，百花潭墓的 ⚐ ✝ ✾，绵竹清道墓的 ⚑，新都大墓的 ⚏ ⚏⚏，羊子山 172 号墓的 ⌣，罗家坝的 ⋀ ∪ ⚉ ↑，小田溪的 ⋃ ↝ ⚘。一种符号的出现具有偶然性，会因考古材料的出土而发现新的例证。不过商业街合葬墓中仅见的符号不是一两种而是一批，新都大墓中独见的同一符号数量众多，这就不是偶然。同样，有些墓葬偏重某些符号或某类组合的现象也很明显，如百花潭墓多 ⚇ ⚈，绵竹清道墓多 ⚇ ⚘，新都大墓多 ⚏⚏，罗家坝和小田溪墓地都以 ⚇ ⚈ ⚘ 最多。巴蜀符号在各级墓葬中都存在，但是否某些符号或组合只见于某些大墓从而显示出墓主不一样的身份，值得进一步研究。

　　在一些大墓、墓地、区域、盆地的东部与西部，也确有一些符号相对集中。符号相对集中及前文提及的某一类符号只见于某一地，王仁湘称为"禁约现象"，"反映着不同部族固有的历史传统与文化心理，表现出它们独特的信仰"[1]。这一特点也符合巴蜀符号的族徽性质。

　　最后是巴蜀符号大致可以显示出墓葬之间、区域之间的联系。

　　据目前的资料，最早的巴蜀符号见于成都平原的金沙"黄河"墓地和商业街合葬墓。巴蜀符号主要存在于第一类铜器上，自然也随这类铜器一起产生、流传，但这类铜器的起源和流传情况还不太清楚。春秋至战国早期四川盆地的文化和社会所发生的变化，应与中原和楚地文化由东向西的传入有关。成都平原东周墓中年代较早的"黄河"墓地和商业街合葬墓，都有明显的来自中原和长江中游的文化因素。不知作为一种新因素并以青铜器为载体的巴蜀符号，其产生和流传是否与这样的人群迁徙和文化传播有关。

　　由时代背景、社会背景和使用背景分析，巴蜀符号很可能具有族徽性质。

---

[1]　王仁湘：《巴蜀徽识研究》，《中国考古学会第七次年会论文集》，北京：文物出版社，1992 年。

从上文列举的重要墓地出土的符号看，有的符号只见于或集中于某地，文字不应如此。很多铜器上只有单个符号，或符号组合近同，作为文字过于简单。但要最终确定这些符号的性质并明白其含义，除了不断深入研究外可能更需要某种契机。孙华推测这些符号还带有巫术神秘的意味，只有它们构成一组特定符号时才具有意义，而这种意义只有当事人才能解释[1]。果真如此，那么它们永远都不可能被破解了。

即使巴蜀符号的含义暂不可知，考古背景中的巴蜀符号也不失其重要的学术价值。在不同的考古遗存中，巴蜀符号就是一类独特的值得深入分析、可以相互比较的文化因素。比如由上文我们可以大致了解各区域、各时段的重要墓葬中出土的巴蜀符号的特点，认识到川西的新都大墓、什邡城关墓地，与川东的罗家坝墓地可能存在的联系，至少巴蜀符号提供了建立、确定这种联系的线索。如果将各地的巴蜀符号进行全面、系统的分析和比较，一定会有许多有意义的发现，从而有助于建构成都平原和四川盆地东周秦汉时期的文化与社会图景。

第二节　东周时期的文化与社会

一、文化与社会的新样态

进入东周后，在成都平原再没有像三星堆、金沙那样的中心。鉴于在成都地区已开展的系统的考古工作，这样的中心不是没有发现而可能是并不存在。原有中心的消失表明至高无上的神权和统一的王权已经瓦解。那些具象征性的、用于宗教祭祀的遗物没有流传下来，也说明了这个问题。此时只在商业街合葬墓那样的大墓中还可能有祭祀遗存，但祭祀只可能针对死者而不再是自然神灵。

---

[1]　孙华：《巴蜀符号初论》，《四川文物》1984 年第 1 期。

　　成都平原新出现的是从规模和随葬品两方面衡量都明显区别于其他墓葬的大墓。高等级的墓葬通常使用形体巨大的葬具、随葬更多具有域外风格的青铜器、甚至还有陪葬者。这说明社会产生了新的统治者，墓葬的等级差别体现出新的社会分层和等级制。

　　大墓之间的形制、墓向、葬具、随葬品、葬俗都不相同。在大规模的墓地中通常不见大墓，已发现的大墓又都单独分布而不属于某个特定墓地。这些说明墓葬虽有等级差别，但又未形成严格、规范的等级制，和中原墓葬并不完全相同。大量不同类型的墓葬于此时同时存在，表明族群结构更为复杂。随葬品的差异、不同地域或墓葬出土的巴蜀符号的不同特点，也都表明墓主的族属、文化背景、社会阶层的复杂性。大墓和大型墓地可能属于不同的族群或政治势力，即使同一墓地中的墓主也可能来自不同的人群。

　　青铜器的功能完全改变，不再具有宗教性而成为随葬品，不属于某个特定的阶层而为个人拥有。但不论是本地青铜器还是具有域外风格的青铜器，又都只有常用的器类而无明确、固定的组合，所以青铜器的使用同样没有形成规范的制度。

　　青铜器中实用兵器盛行，大墓、小墓都出土，种类和数量都非常多，兵器上大多有巴蜀符号，许多墓葬出土的兵器数量远远超过一个人使用的实际需要，这些都说明当时的战乱和纷争，社会并不安定。

　　由以上可见东周时期成都平原的文化和社会的深刻变革。导致这一变革的原因可能来自两个方面。一方面是到了西周末期，原来的统治力量逐渐削弱。自三星堆时期以来的神权和王权的衰落，导致成都平原出现了一个短暂的政治、文化势力的"真空"阶段，这也就是前文谈到的"过渡期"。另一方面，此时正值楚文化向外扩张，楚文化和中原文化由长江中游由东向西进入了成都平原。可以说域外文化的进入成为变革的根源。

二、变革的根源

　　第四章讨论过成都平原曾存在三星堆—金沙文化之外的商周文化的遗存，

其代表就是彭县竹瓦街的青铜器。竹瓦街铜器群中最重要的是罍，1 号窖藏有 1 套 5 件，据推断 2 号窖藏的罍也应为 5 件，只因某种原因而在埋藏时少了最小的 1 件[1]。不过如在辽宁出土的罍也为 5 件，竹瓦街罍为 5 件应是传入成都平原以前的组合数。新都大墓中也有 5 件罍，其他铜器也多为 5 件一套或为 5 的倍数，这样的数目特点还见于前述金沙"星河路"地点的 M2725、M2722。竹瓦街罍和新都大墓的罍都为 5 件或许只是巧合，前者的件数不一定与成都平原的文化相关。除新都大墓外，成都平原的其他东周墓也出罍，不过比罍更多、更突出的是鼎、敦、壶。从器形上看，东周的罍与竹瓦街的罍也不相同。竹瓦街还出土多件戈，其中一类三角援戈也见于东周墓，不知它们之间是否存在直接的联系。总体上看，成都平原东周时期的中原型铜器与竹瓦街铜器没有继承关系。

　　成都平原东周时期常见的鼎、敦、豆、壶，显然不是从当地发展出来的器物。春秋晚期和战国早期，成都平原受北方秦地的影响还不明显，那外来文化就只可能从东边传入。来自东方的影响在考古材料中十分清楚和明确。

（一）东方文化的西进

　　成都平原与楚地的联系，学界早有研究，1980 年新都大墓的发现就引发了很多这方面的讨论。徐中舒、唐嘉弘考察墓中遗物，结合荥经墓、小田溪墓、羊子山 172 号墓、青川墓群等探讨蜀楚关系[2]。沈仲常认为大墓的葬制和遗物有较多楚文化因素，可说明蜀楚文化关系、蜀文化源流及开明传说[3]。李学勤指出墓中的列鼎、瓶、缶、钟等接近随县擂鼓墩 1 号墓铜器，敦、盖豆、两式壶、盘、匜、勺等近江陵望山 1 号墓铜器，釜、甑、鍪则是当地器物[4]。新都

[1]　孙华：《彭县竹瓦街铜器再分析——埋藏性质、年代、原因及其文化背景》，《长江流域青铜文化研究》，北京：科学出版社，2002 年。

[2]　徐中舒、唐嘉弘：《古代楚蜀的关系》，《文物》1981 年第 6 期。

[3]　沈仲常：《新都战国木椁墓与楚文化》，《文物》1981 年第 6 期。

[4]　李学勤：《论新都出土的蜀国青铜器》，《文物》1982 年第 1 期。

大墓填青膏泥，有复杂的棺椁结构，出土两类铜器，可以说是融合两地文化因素的重要墓例。

另外还有对蜀楚关系的专门讨论。如郭德维认为真正对蜀地有影响或影响最大的是楚，秦灭巴蜀前蜀与楚的关系最为密切[1]；蜀和楚在春秋时期形成交流，战国以后达到鼎盛[2]。宋治民分析外来文化因素在古代四川的延续和发展，讨论巴蜀墓葬中白膏泥、铜器和陶器所体现的外来因素[3]，都涉及楚。黄尚明认为楚文化对晚期蜀文化的影响以青铜器为主，漆器次之，陶器影响微弱，部分葬俗为蜀人借鉴[4]。

据目前的考古材料，早在新都大墓之前的春秋时期，成都平原的墓葬就已有东方的文化因素。金沙"黄河"地点的墓葬出土陶三足盉，这就是一种过去不见于成都平原的全新的器类，仿自春秋中晚期中原和楚文化区的铜盉。商业街合葬墓出土大量漆器，江章华、颜劲松认为模仿了春秋至战国早期楚国、三晋、燕国、中山等地的青铜器纹饰。但模仿的不应只是纹饰，如此众多的漆器突然出现，种类又均为生活用器和乐器，它们在成都平原找不到源头。金沙虽有漆器，但应是宗教和祭祀用器。因此，商业街合葬墓的漆器是受楚地影响才出现的。

战国时期，有更多的东方因素出现在墓葬和青铜器中。前述成都文庙西街M1出土的铜壶、簠、敦、器座等与楚文化的铜器相同，这显然是一座以楚文化因素为主的墓葬。形成对比的是距M1仅12米的M2，出土陶器和当地铜器，明显是属于当地文化。简报判定M1的年代为战国早期早段，M2为战国中期早段。两座墓即使年代有差距，也仍然可以表明当地确实存在两类文化。

除墓葬外，最能体现成都平原与中原和长江中游长距离交流的确凿证据是一些特殊铜器。最重要者可举镶嵌纹铜器，特别是其中的镶嵌写实图像的器

[1]　郭德维：《蜀楚关系新探——从考古发现看楚文化与巴蜀文化》，《考古与文物》1991年第1期。

[2]　郭德维：《蜀楚文化发展阶段试探》，《三星堆与巴蜀文化》，成都：巴蜀书社，1993年。

[3]　宋治民：《四川先秦时期考古研究的问题》，《四川考古论集》，北京：文物出版社，1996年；《巴蜀墓葬某些因素之分析》，《远望集——陕西省考古研究所华诞四十周年纪念文集》，西安：陕西人民美术出版社，1998年。

[4]　黄尚明：《试论楚文化对晚期蜀文化的影响》，《江汉考古》2006年第2期。

物。百花潭 10 号墓出土 1 件镶嵌纹铜壶，壶上镶嵌有习射、采桑、乐舞、射
猎、宴饮和水陆攻战等内容的写实图像（图 5-13）。相关的铜器还有 3 件，
绵竹船棺墓出土的方壶和盖豆也有镶嵌纹，不过不是人物图像而是动物纹（图
5-14）；白果林小区船棺墓出土的铜壶纹饰未采用镶嵌的手法，但有内容丰富
的狩猎纹（图 5-15）。这些镶嵌的工艺和写实的纹饰主题都不是成都平原本
地的。

镶嵌写实图像的青铜器在春秋时期已出现，多见于北方地区和长江流域，
国内外的博物馆中也有收藏。比如，与百花潭壶（图 5-16：1）接近的故宫收
藏的 1 件战国前期的铜壶，自上而下也有采桑、习射、宴享、乐舞、射猎、水
陆攻战图像[1]（图 5-16：2）。类似者又比如 1977 年陕西凤翔高王寺出土的战
国早期的镶嵌射宴纹壶[2]（图 5-16：3）。相关的铜器还有河南汲县山彪镇战
国墓的 2 件铜鉴，同样镶嵌有攻城图和水战图[3]。近年山西闻喜上郭—邱家庄
墓地东周墓被盗掘，追回的一批铜器中有 2 件镶嵌纹铜鉴，也有狩猎和攻战
图像[4]。除表现射宴、攻战等场景的铜器外，还有镶嵌写实狩猎纹和动物纹的
壶和豆，如河北唐山贾各庄战国墓的狩猎纹壶[5]（图 5-16：4），山西浑源县
李峪村东周墓的狩猎纹盖豆[6]（图 5-17：1），河南固始侯古堆出土的春秋末
年的兽纹方盖豆和壶等[7]。随县曾侯乙墓出土镶嵌纹铜器 65 件，占铜器总数
的 55.6%，多嵌绿松石，有龙凤纹、蟠龙纹、鸟首龙纹和几何纹，其中也有壶

---

[1] 唐复年：《战国宴乐射猎攻战纹壶》，《故宫博物院院刊》1983 年第 3 期。

[2] 韩伟、曹明檀：《陕西凤翔高王寺战国铜器窖藏》，《文物》1981 年第 1 期。

[3] 郭宝钧：《山彪镇与琉璃阁》，北京：科学出版社，1959 年，第 18～23 页，图版 19、20。

[4] 山西省公安厅、山西省文物局：《国宝回家——2018 山西公安机关打击文物犯罪成果精粹》，北京：
文物出版社，2018 年，第 11～13、40～41 页。

[5] 安志敏：《河北省唐山市贾各庄发掘报告》，《考古学报》第 6 册，1953 年。

[6] 山西省考古研究所：《山西浑源县李峪村东周墓》，《考古》1983 年第 8 期。

[7] 河南省文物考古研究所：《固始侯古堆一号墓》，郑州：大象出版社，2014 年，第 38、42 页。

图 5-13　成都百花潭 10 号墓铜壶纹饰

图 5-14　绵竹墓出土铜器

1.壶（M1∶4）　2.豆（M1∶2）

图 5-15 成都白果林铜壶纹饰

图 5-16　镶嵌写实图像铜壶

1. 成都百花潭 10 号墓壶　2. 故宫收藏壶　3. 陕西凤翔高王寺壶　4. 河北唐山贾各庄壶

图 5-17　写实图像铜豆

1. 山西浑源豆　2. 河北平山豆

和盖豆[1]。除发掘品外，《商周彝器通考》[2]《两周金文辞大系图录考释》[3]《美帝国主义劫掠的我国殷周铜器集录》[4]等文献也收录多件镶嵌水陆攻战图、乐舞图、狩猎图的壶、豆和鉴。此外，成都白果林小区铜壶那类写实图像系铸造而成的铜器也不少，如河北平山出土的战国早期盖豆上就有宴乐狩猎纹[5]（图 5-17：2）。

　　镶嵌纹铜器多见于中原、北方地区和长江中游。其中，镶嵌写实图像的铜器特征鲜明，器类以壶、豆和鉴居多，年代主要为春秋晚期至战国早期。这类

[1] 湖北省博物馆：《曾侯乙墓》（上），北京：文物出版社，1989 年，第 178 页。

[2] 容庚：《商周彝器通考》，哈佛燕京学社，1941 年，上册第 144（图二三三）、470、471 页，下册图八七六。

[3] 郭沫若：《两周金文辞大系图录考释》，北京：科学出版社，1958 年，第一册图 193，第八册第 277、278 页。

[4] 中国科学院考古研究所：《美帝国主义劫掠的我国殷周铜器集录》，北京：科学出版社，1962 年，第 565～570 页，A271、272。

[5] 中国青铜器全集编辑委员会：《中国青铜器全集·东周 3》，北京：文物出版社，1997 年，图版 153。

铜器又以三晋地区的发现较为集中，年代偏早。山西侯马的春秋中期偏晚至战国早期的铸铜遗址曾发现与此类写实图像相关的陶范[1]，表明那里应是一个生产这类铜器的中心。成都平原的此类壶和豆，无疑都源自三晋或中原。

另一类特殊铜器如成都青白江双元村船棺墓中的铜盏，盖钮、盖缘、器耳和器足的结构复杂，像是用失蜡法制成。双元村还出土线刻纹的铜匜，匜的形制、刻纹图案和线刻工艺，都与楚地的同类铜器相同。

以上所举铜器，形制、图像内容、制作技术都非常特别，与北方或长江中游的铜器高度相似，很可能是直接从域外传入的制品，而不是在成都平原仿制。

来自东方的影响并不止于成都平原，甚至传播到了川西高原。

1992 年在四川茂县南新镇牟托村发现的石棺墓[2]，带头箱，墓中出土铜鼎、罍、盏、敦、钟、戈、剑、牌饰，以及玉器、石器和陶器等 170 余件随葬品，附近有 3 个埋藏铜器和玉石器的器物坑，墓葬与器物坑共出遗物 250 件。我认为墓中有一部分青铜器的年代为春秋末至战国初，墓葬中有石棺葬文化、中原文化和巴蜀文化的因素，其中的铜鼎、敦、罍、盏、钟也应来自中原和长江中游，经成都平原流传到了川西高原。

（二）川东的例证

来自中原和楚地的文化由东向西进入成都平原，于传播途中留下了丰富的遗存，成为揭示联系与交流的例证。

最好的例证是川东宣汉的罗家坝墓地，它对于深入理解成都平原东周的变革、探究成都平原与长江中游及中原的联系具有重要意义。

1999 年以来在宣汉罗家坝墓地进行多次发掘，发掘东周时期的墓葬 65 座。墓葬沿河分布，排列较为整齐。从地层关系和随葬品看，墓葬年代虽有差异，但都属同一个大时期，发掘报告定墓地年代为春秋晚期至西汉中期。

---

[1] 山西省考古研究所：《侯马铸铜遗址》，北京：文物出版社，1993 年。

[2] 茂县羌族博物馆、成都文物考古研究所、阿坝藏族羌族自治州文物管理所：《茂县牟托一号石棺墓》，北京：文物出版社，2012 年。

随葬陶器主要有釜、豆和圜底罐。釜的腹或扁或深。豆一种为高柄，盘较浅；另一种为矮柄，盘近钵状。圜底罐之间的差异主要在于口沿和颈部。以这三种器类为基础，各墓的陶器有增有减，或仅出其中一两种，或另有瓮、盂、釜甑、尖底盏、高领罐、盘口罐、喇叭口罐等。这些陶器基本为当地墓葬中的常见器形。

铜器种类和数量都比较丰富，其特点在于有数量较多的青铜容器、兵器和工具，每类器物又有多种类型，大体包括了四川地区东周墓葬中的常见器形。如青铜容器有 18 类，工具和兵器各有 7 类，兵器中的戈又包括了从三角援戈到长胡戈在内的各种形制。由此可见，罗家坝是川东地区的一个中心遗址，墓地也比较稳定地沿用了相当长的时间。

罗家坝墓地的铜器与面貌较为单纯的陶器不同，它们和成都平原的青铜器一样分两类。第一类有铜釜、甑、鍪、尖底盒，柳叶形剑、钺、三角援戈和凿等兵器和工具，以及印章、小型饰件等杂器（图 5-18）。第二类有鼎、敦、壶、豆、缶、簠、甗、鉴等（图 5-19）。这些青铜器见于包括成都平原在内的整

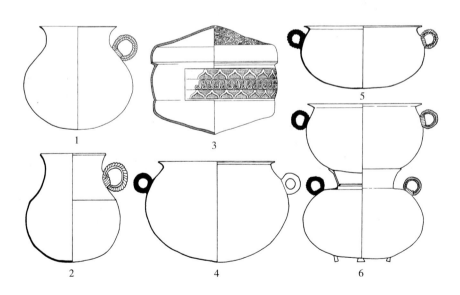

图 5-18　宣汉罗家坝墓地出土第一类铜器

1、2. 鍪（M61-1：14、M56：6）　3. 尖底盒（M33：203）　4、5. 釜（M33：21、M50：19）
6. 釜甑（M24：18）

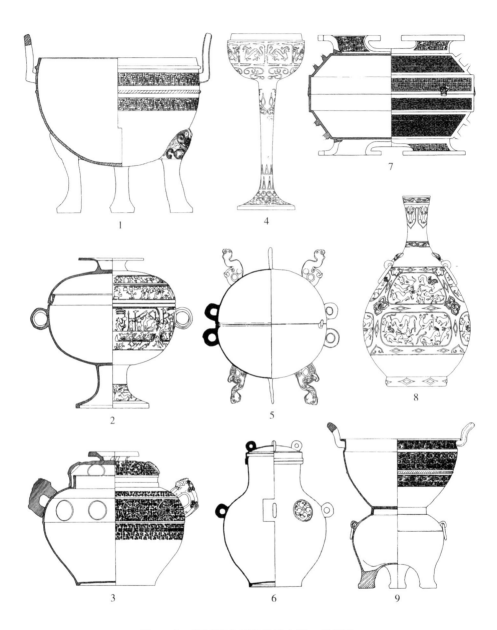

图 5-19　宣汉罗家坝墓地出土第二类铜器

1. 鼎（M33：197）　2. 矮柄豆（M33：18）　3. 罍（M33：201）　4. 高柄豆（M33：26）

5. 敦（M2：1）　6. 缶（M33：200）　7. 簠（M33：19）　8. 壶（M2：2）　9. 甗（M33：199）

个四川盆地，第二类更是与楚地和中原的青铜器较为一致，因此学者们指出了罗家坝、成都平原、长江中游出土青铜器的相似性，以及罗家坝墓葬所揭示出的文化交流[1]。

罗家坝墓葬及出土青铜器固然体现了成都平原、川东和长江中游各地间的族群迁移和文化交流，但如果从罗家坝看成都平原、再从成都平原看罗家坝，通过这种"互看"，罗家坝墓葬将是认识和理解成都平原东周时期变革的关键，这也正是罗家坝墓地更为重要的意义。

罗家坝墓地的年代跨度较长，但墓地中的第二类铜器，即楚式和中原式青铜器的年代主要相当于春秋晚期至战国早期，这为探讨成都平原的外来铜器提供了重要线索。最能体现两地铜器相关性的就是镶嵌纹铜器。罗家坝 M33 出土 1 件盖豆，盖上镶嵌乐宴、武舞和弋射图，腹部为水陆攻战图，圈足上有采桑和狩猎图（图 5-20）。这些内容与百花潭铜壶相同。M2 出土 1 件壶，腹部上、下各镶嵌四组狩猎纹，各组之间用花卉纹和菱形纹相隔，纹饰布局和内容均同唐山贾各庄镶嵌纹铜壶，与白果林小区船棺墓的铜壶也相似。成都文庙西街 M1 铜壶的腹部也用带花卉纹的条带纹分隔出八个单元，只不过八个单元内为铸造的蟠螭纹。

图 5-20　罗家坝铜豆纹饰（M33∶18）

---

[1]　a. 徐光冀等：《罗家坝遗址笔谈》，《四川文物》2003 年第 6 期。b. 四川省文物考古研究院、达州市文物管理所、宣汉县文物管理所：《宣汉罗家坝》，北京：文物出版社，2015 年，第 338 ～ 342 页。

除镶嵌纹铜器外，还有一些器形或纹饰在四川盆地仅见于罗家坝和成都平原，联系很强。如罗家坝 M33 出土的高柄豆，腹上的兽纹与绵竹墓铜方壶和盖豆上的兽纹相近。M33 遍饰蟠螭纹的簠和镂空器座，分别与成都文庙西街 M1 所出簠和器座相同、相近，这两类铜器目前在四川盆地仅发现这几例。

罗家坝墓葬的其他楚式或中原式铜器，包括鼎、敦、缶、鉴、甗等，在成都平原同时期或稍晚的墓葬中都有发现，而且基本都见于新都大墓、绵竹船棺墓和文庙西街 M1，两地的这些铜器大都可以相对比。

在川东和重庆，还有其他东周时期的墓地，它们大多被认为是巴人墓。出土青铜容器较多的重要墓地发现于云阳李家坝[1]、万州大坪[2]、涪陵小田溪、巴县冬笋坝[3]。李家坝墓地的墓葬数量较多，据发掘简报，有的墓年代或可早到春秋晚期。从葬具和随葬品看墓葬有不同等级，也出铜鼎、壶、敦、盒，但这类铜器数量少，形制简单、素面，与成都平原最早出现的楚式或中原式铜器有所不同。大坪墓地出土的青铜容器不多，既有鍪和釜甑，也有鼎、盒、壶，但同样数量少、形制简单、素面，且出土这类铜器的几座墓年代都被定为战国中期。小田溪墓地共报道过五批资料，墓葬中的铜容器也明显可以分为两类，一类为釜、甑、鍪，一类为制作精致的错银铜壶、嵌绿松石鸟形尊和错金银铜钟。一般认为小田溪墓葬的年代为战国晚期，或者是秦灭巴蜀以后的巴人贵族墓。巴县冬笋坝船棺墓的青铜容器主要是釜、甑、鍪，楚文化和中原文化因素并不明显。相比之下，成都平原的青铜器还是与罗家坝联系最紧密。

在罗家坝和川东、重庆的其他墓地，中原或楚式铜器同样只见于规格较高的墓葬，它们通常与釜、甑、鍪这套铜容器共出，而规模较小的墓只有铜釜、甑、鍪、兵器与工具。这和成都平原的墓葬相同。源于中原或楚地的青铜器在墓葬中具有指示等级的意义，如果这不只是一个现象而是一种观念，那么这种观念

---

[1] 四川大学历史文化学院考古系、云阳县文物管理所：《云阳李家坝东周墓地发掘报告》，《重庆库区考古报告集（1997 卷）》，北京：科学出版社，2001 年；《云阳李家坝巴人墓地发掘报告》，《重庆库区考古报告集（1998 卷）》，北京：科学出版社，2003 年。

[2] 重庆市文物局、重庆市移民局：《万州大坪墓地》，北京：科学出版社，2006 年。

[3] 四川省博物馆：《四川船棺葬发掘报告》，北京：文物出版社，1960 年。

显然存在于整个四川盆地而不只是成都平原，观念应与这类青铜器来源一致。

罗家坝墓地显然可以被视为是联系中原、长江中游和成都平原的时间和空间的节点，有助于更深入地认识成都平原东周时期的变革。但罗家坝墓地的发现又同时提出了新问题。罗家坝的第一类铜器非常丰富，有铜釜、甑、鍪、尖底盒、柳叶形剑、三角援戈、弧刃钺、矛、斧、削刀、凿、印章、饰件等学界所称的"巴蜀青铜器"，以及铜兵器、印章等上的"巴蜀符号"。这类铜器和符号过去在成都平原的发现较多、时代也较早，罗家坝的材料说明它们在春秋晚期至战国早期也已出现于川东，那么这些"巴蜀青铜器"和"巴蜀符号"是如何产生和流传的？另外，罗家坝北部为大巴山，东面和南面距峡江地区还有一定距离，西与成都平原之间相隔四川盆地的腹心地区，罗家坝如何联系成都平原与长江中游和中原？这些问题的提出实际上也显示出罗家坝墓地还有更多的意义。

（三）其他的区域交流

东周时期成都平原与东方的交流最重要，但并不是唯一的。成都平原及其相邻地区的活跃、复杂的移民和文化交流，至少还体现在以下方面。

1. 北方的影响

战国时期成都平原受到了北方秦文化的影响，在公元前 314 年秦灭巴蜀后更是如此。在战国晚期的大墓中，羊子山 M127 出土铜鼎、钫、盉和陶茧形壶等，可视为是蜀秦交流的结果。在一些战国晚期至秦的墓葬中，还出土秦半两钱。秦文化所及不止于成都平原，同样到达了川东、重庆一带。在小田溪墓地有明显的秦文化因素，小田溪的错银铜壶、弩机等都可以同秦的遗物相比较。小田溪 M3 的戈上有"廿六年蜀守武造"的铭文，此即为秦始皇廿六年，亦即秦统一全国的公元前 221 年 [1]。目前学界将小田溪部分墓葬的年代定为秦，由

---

[1] 童恩正、龚廷万：《从四川两件铜戈上的铭文看秦灭巴蜀后统一文字的进步措施》，《文物》1976 年第 7 期。

此可知那个区域接受影响的程度。

2. 移民墓

从东周到秦灭蜀后成都平原都有外来移民，除东方来的人群外，还有北方来的秦人，成都平原及其周边地区的一些墓葬即被认为是移民墓。移民墓与含外来文化因素的墓葬的区别在于，可判定墓主的身份为外来者。宋治民提出四川地区的船棺墓为巴人和蜀人墓，青川和荥经发现的墓葬则为秦人墓[1]；后又将四川战国墓分为土著居民墓和外来移民墓，前者有巴蜀文化系统墓、石棺墓和大石墓，后者有秦人的青川墓、荥经古城坪墓、曾家沟墓[2]。对于青川墓也有不同认识，日本学者间濑收芳据墓葬特征和随葬品提出墓主为混杂的各地移民，但大多为迁徙而来的楚的统治阶层，墓葬年代晚至战国末期到秦代[3]。江章华也辨别了四川地区的移民墓，如认为羊子山 M172 为楚人墓，荥经等地墓葬为秦人墓[4]。

3. 蜀人南迁

蜀人南迁一般指秦灭蜀后，部分蜀人向南迁移，导致了由成都平原向外的另一类人群迁徙和文化传播。这方面也有不少专门的研究，如王有鹏由犍为金井的蜀人墓讨论秦灭蜀后的蜀人南迁，认为该地区的蜀人直至西汉初还较强大[5]；唐长寿由峨眉山符溪、犍为金井等 10 处川南的蜀人墓，结合文献讨论蜀国南疆[6]；丁长芬则由地云南昭通水富的土坑墓来探讨巴人南迁[7]。

---

[1] 宋治民：《略论四川的秦人墓》，《考古与文物》1984 年第 2 期。

[2] 宋治民：《四川战国墓葬试析》，《四川文物》1990 年第 5 期。

[3] 〔日〕间濑收芳：《四川省青川战国墓的研究》，《南方民族考古》第 3 辑，成都：四川科学技术出版社，1991 年。

[4] 江章华：《巴蜀地区的移民墓研究》，《四川文物》1996 年第 1 期。

[5] 王有鹏：《犍为巴蜀墓的发掘与蜀人的南迁》，《考古》1984 年第 12 期。

[6] 唐长寿：《川南蜀人墓葬和蜀国南疆》，《四川文物》1995 年第 4 期。

[7] 丁长芬：《从昭通巴蜀土坑墓看巴人南迁》，《四川文物》1996 年第 3 期。

4. 邻近地区的对外交流

在成都平原的邻近地区，同样存在活跃的族群迁徙与文化交流。这些地区与成都平原存在联系，同时还与其他更多区域相沟通，这可以为理解成都平原的对外交往提供更多的背景和启示。

川西高原是与成都平原密切相关的区域，成都平原最早的新石器时代文化就来自于此。从石器时代到青铜时代、铁器时代，川西高原的对外交流从未中断。童恩正于 20 世纪 80 年代提出著名的从我国东北到西南的边地半月形文化传播带的观点，指出在这条绵延万里的半月形区域内，从新石器时代后期到青铜时代，为数众多的民族留下了若干共同的文化因素[1]。在这个包括了川西高原的区域内传播的不只是具体的器物，还包括技术、观念和习俗。第四章提及的宴尔龙石棺墓的青铜戈，就揭示了早期金属器在这个区域的流传。东周时期，川西高原最能反映文化交流的考古材料就出自牟托石棺墓。该墓除了前述可能经成都平原而来的中原型或楚式铜器外（图 5-21），还有半月形地带常见的铜杯、曲柄铜剑、动物牌饰、铜泡、连珠钮等。另有 2 件三叉格铜柄铁剑，与宁夏、甘肃出土的同类剑非常接近，年代可能相当于春秋晚期到战国早期，这可能是四川地区目前所见的最早的铁制品[2]（图 5-22）。川西高原的石棺墓还出土带柄铜镜。霍巍认为我国镜内的带柄铜镜最早当源于中亚—蒙古草原的游牧民族，并与古羌人南迁有关，甚至不排除斯基泰文化的直接渗入[3]。郭富考察四川地区的带柄铜镜，也认为其中的一些类型在我国西北、北方和境外都有广泛分布[4]。在川西高原的石棺墓中，还有中国北方的管銎戈。

川西高原出土的早期金属器，连同半月形地带上的其他物质遗存，建构出一幅包括四川地区在内的民族迁徙和文化交流的生动的历史图景。相较于

---

[1] 童恩正：《试论我国从东北至西南的边地半月形文化传播带》，《文物与考古论集》，北京：文物出版社，1986 年。

[2] 施劲松：《川西石棺墓中的铁器》，《南方民族考古》第 10 辑，北京：科学出版社，2014 年。

[3] 霍巍：《从新出考古材料论我国西南的带柄铜镜问题》，《四川文物》2000 年第 2 期。

[4] 郭富：《四川地区早期带柄铜镜的初步研究》，《四川文物》2013 年第 6 期。

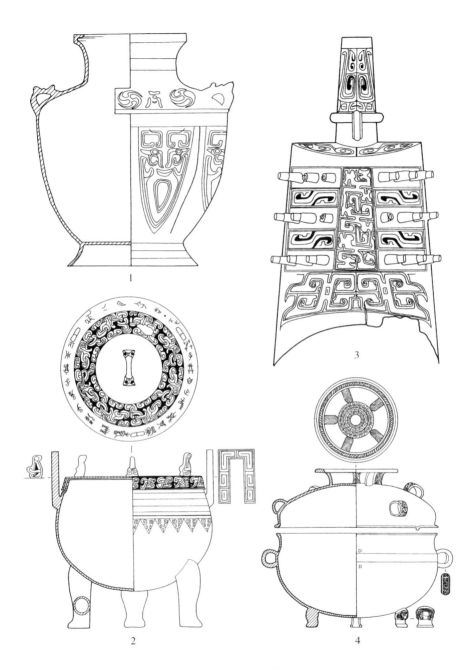

图 5-21　牟托 1 号墓出土铜器

1. 罍（K3：6）　2. 鼎（K3：1）　3. 钟（M1：173）　4. 盏（M1：71）

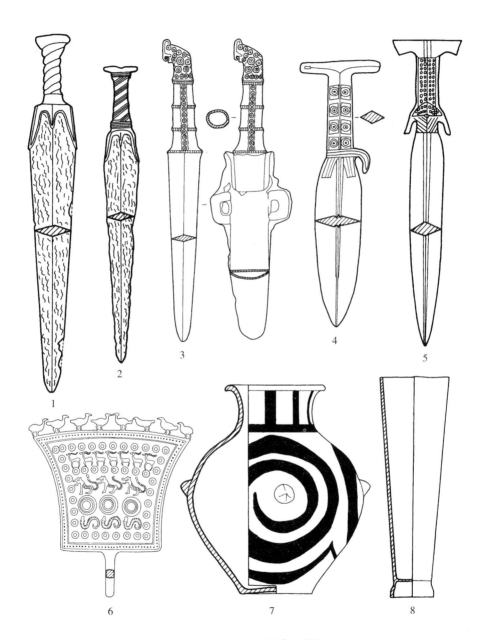

图 5-22 牟托 1 号墓出土遗物

1、2. 铜柄铁剑（M1：148、M1：147） 3～5. 铜剑（M1：152、M1：160、K1：10）

6. 铜牌饰（M1：65） 7. 彩陶罐（M1：48） 8. 铜杯（M：68）

20 世纪 80 年代童恩正重点揭示的由我国东北到西南的文化交流，今天这个由各类考古材料不断充实的半月形文化传播带，对进一步认识和理解从新石器时代晚期到青铜时代的文化交流及其对东亚大陆文明的影响应有更为深远的意义。

另一个相邻区域可举川西南的盐源盆地。那是一个集中出土战国秦汉时期青铜器的狭小区域，在该区域出土的青铜器中有数量较多的铜杖首和铜树[1]（图 5-23）。相同或相似的铜杖首也见于我国西北和滇西北。青铜树的树枝上有马，林向认为马就是龙形象，以马为龙是畜牧民族的一种宗教文化[2]。霍巍、赵德云认为马表现的是具有游牧民族色彩的双马神母题，它可能通过欧亚草原经西北地区、再沿横断山脉南下进入西南腹地[3]。此处仅举铜杖首和铜树两类青铜器，说明即使是狭小的盐源盆地，它一样会与遥远的区域相沟通。

第三节　融合与延续

历史发展至秦汉时期，成都平原已走出了青铜时代。

战国晚期秦灭蜀。秦汉王朝的建立，又将成都平原完全纳入王朝的范围。在这个过程中成都平原的社会再次发生巨大变化。从考古材料看，文化的变化相对于社会的剧变更为缓和，成都平原的区域性文化至西汉时最终融入到一个更为宏大的统一文化之中。

成都平原秦汉时期的考古材料仍以墓葬为主。开始于东周时期的大型墓地，如什邡城关墓地、德阳罗江周家坝墓地、成都清江东路张家墩墓地、成都龙泉驿墓地等，大都延续到了西汉，其中也存在秦汉时期的墓葬。除此而外，在成

---

[1]　凉山彝族自治州博物馆、成都文物考古研究所：《老龙头墓地与盐源青铜器》，北京：文物出版社，2009 年。

[2]　林向：《四川西南山地盐源盆地出土的战国秦汉青铜树》，《华夏考古》2001 年第 3 期。

[3]　霍巍、赵德云：《战国秦汉时期中国西南的对外文化交流》，成都：四川出版集团巴蜀书社，2007 年，第 223 页。

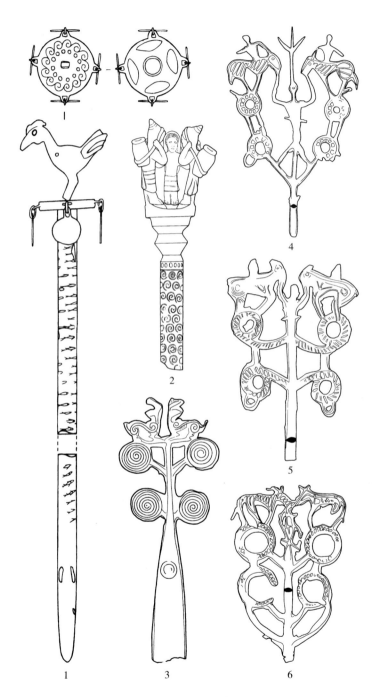

图 5-23 盐源盆地出土铜器

1. 杖（C：9） 2、3. 杖首（C：643、C：328） 4～6. 树形器（C：646、C：648、C：658）

都平原发现有大量汉墓[1]。秦汉时期的墓葬大都由东周时期的狭长墓坑变为长方坑或方坑，葬具为棺椁或为木板，木椁还有单层、双层之分。如绵阳双包山和成都凤凰山的大型墓，椁室内都有复杂的结构。东汉时还出现了带画像砖的砖室墓。两汉时期的大型墓随葬品非常丰富，除青铜器、陶器外，还有大量的铁器、漆器、玉器、瓷器等，甚至还有玉衣。在西汉早期，墓葬随葬品可以分为两类，一类属本地文化，基本沿袭战国晚期和秦代当地文化的风格，另外一类则有秦文化、楚文化、中原文化等多种因素。到西汉中晚期，墓葬中的本土文化因素消失殆尽，随葬品都呈现出汉文化特征，如出现各类礼乐器、俑和模型器。墓葬材料清楚地显示了成都平原的区域文化融入汉文化的过程。

据研究，包括成都平原在内的川渝地区的汉墓至西汉中晚期已融入汉文化的埋葬制度，但从新莽时期开始，川渝地区在汉文化范畴内又出现新的区域性特点，并逐渐加强，到东汉晚期时尤为显著。这在墓域、墓葬形式、墓葬结构、葬具、随葬品和某些特殊葬俗上都有体现[2]。比如，从西汉晚期开始，成都平原周边又出现一种新的墓葬类型即崖墓，东汉时盛行。这类墓葬的石刻、画像有浓厚的中原文化色彩，但有些题材又具有强烈的地方文化因素。目前认为崖墓仍属于汉系墓葬，只是可能因地制宜，利用当地特殊的地理环境与营墓条件将中原系统的汉墓形制加以变通和改造，但从墓中一些不见于中原的文化特点看，崖墓也可能一定程度地保留了原来巴蜀文化的某些因素[3]。

秦汉时期的青铜器主要出自墓葬，随着青铜时代步入尾声并最终结束，铜器在随葬品中所占的比重下降，其重要性无论在政治宗教领域还是日常生活中都已明显减弱。尽管如此，这些铜器同样反映了社会和文化的变化，显示出这一时期文明的新风貌，传达出成都平原对外交往的重要信息。

由青铜器看，成都平原战国时期的文化传统在秦汉统一后仍有延续，比如

---

[1] 中国社会科学院考古研究所：《中国考古学·秦汉卷》（川渝地区汉墓的类型、分期及其演变），北京：中国社会科学出版社，2010 年，第 496 ~ 505 页。

[2] 中国社会科学院考古研究所：《中国考古学·秦汉卷》（川渝地区汉墓的区域特征），北京：中国社会科学出版社，2010 年，第 506 ~ 508 页。

[3] 中国社会科学院考古研究所：《中国考古学·秦汉卷》，北京：中国社会科学出版社，2010 年，第 888 页。

青铜鍪、釜、壶等器类在西汉时还存在。但随着与秦汉文化的融合，青铜壶等容器呈现出新风格，先后出现了蒜头壶、扁壶、鐎壶、洗、奁、熏炉、樽、镜、车马模型等新器物（图 5-24）。作为秦汉文明的产物，这些新器形的出现表明成都平原已融入汉文化。但即使如此，成都平原的青铜器如同墓葬一样仍然具有一定的区域特点，比如以四川为中心出现的青铜钱树，即是这个区域特有的器类（图 5-25）。

秦汉时期的青铜器的功能再次发生明显变化。不同于三星堆—金沙文化时期的宗教、祭祀用器，也不同于东周时期的显示墓主等级的"礼器"，秦汉铜

图 5-24　绵阳何家山 2 号墓出土铜马与人俑

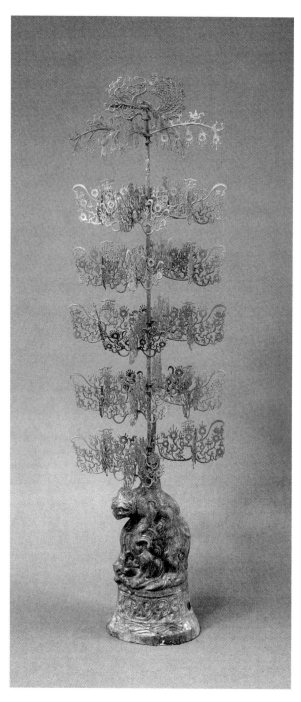

图 5-25 广汉万福镇出土钱树

图 5-26　绵阳何家山 1 号墓出土铜镜

器主要为日常生活用器，或是如同铜车马那样的表现日常生活的模型器，这两类铜器都与随葬陶器的构成相同。这样的变化说明当地文化不只是简单接受汉文化的器物，而是在观念上也完全融入了汉文化。

作为日常生活用具的铜器已不像过去的青铜器那样对社会发展具有重要作用，但其内涵依然丰富，并同样揭示出多种文明的交融。除当地文化与秦汉文化的融合外，青铜器就突出体现了多种宗教信仰的产生与共存。比如绵阳何家山出土的三段式神仙镜（图 5-26），在四川和陕西都有发现，霍巍认为镜上内容有西王母、东王公这一神仙体系，还可能表现了尧、舜和建木，从而具有浓厚的南方或巴蜀文化的色彩 [1]。更让人关注的是钱树上的佛像。钱树是汉魏

[1]　霍巍：《四川何家山崖墓出土神兽镜及相关问题研究》，《考古》2000 年第 5 期。

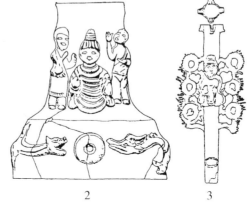

图 5-27　四川盆地出土钱树佛像

1. 绵阳何家山 1 号崖墓出土　2. 彭山崖墓出土　3. 忠县涂井崖墓出土

时期主要流行于四川的一种特别的随葬品，青铜树身，下有陶质或石质的树座。目前已发现 30 余件钱树的树座、树干或顶部有佛像，其中大多出自四川，包括成都平原及其周边地区（图 5-27）。关于佛教在四川地区最早的流传，早在 20 世纪上半叶学界就有讨论，40 年代初还在四川彭山崖墓首次发现了钱树佛像。随着这类发现的增多，21 世纪以来学界对钱树佛像的特征、含义、信仰体系、传入路线，以及它们在西南的传播及与其他地区佛像的异同等，进行了多层面的探讨[1]。霍巍认为在这些钱树上，应同时糅合了昆仑山神话、早期道教、早期佛教等不同的信仰体系，并发生了钱树主尊由西王母到佛像的置换[2]。至于佛教传入我国西南地区的可能的路线，罗二虎推测有经我国西北地区而来的西北线、由印度经缅甸和云南进入四川的西南线、由越南北部或珠江

[1] 涉及四川地区青铜钱树和早期佛教遗物的研究较多，仅举以下几例。a. 童恩正：《古代中国南方与印度交通的考古学研究》，《考古》1999 年第 4 期。b. 罗二虎：《论中国西南地区早期佛像》，《考古》2005 年第 6 期。c. 霍巍：《中国西南地区钱树佛像的考古发现与考察》，《考古》2007 年第 3 期。d. 段玉明：《从出土文物看巴蜀早期佛教》，《四川文物》2008 年第 3 期。e. 王煜：《四川汉墓出土"西王母与杂技"摇钱树枝叶试探——兼论摇钱树的整体意义》，《考古》2013 年第 11 期。

[2] 霍巍：《中国西南地区钱树佛像的考古发现与考察》，《考古》2007 年第 3 期。

三角洲到云贵的东南线[1]。佛像在四川地区并不只出现在钱树上，还见于同时期的崖墓石刻中。所推测的这几条早期佛像的传播路线，大致也就是"西北丝绸之路""南方丝绸之路"和"海上丝绸之路"。

青铜器再次表明了成都平原和四川盆地是多种文明的交汇区，汉魏时期多种宗教信仰流传至此并延续发展。

[1]　罗二虎：《论中国西南地区早期佛像》，《考古》2005 年第 6 期。

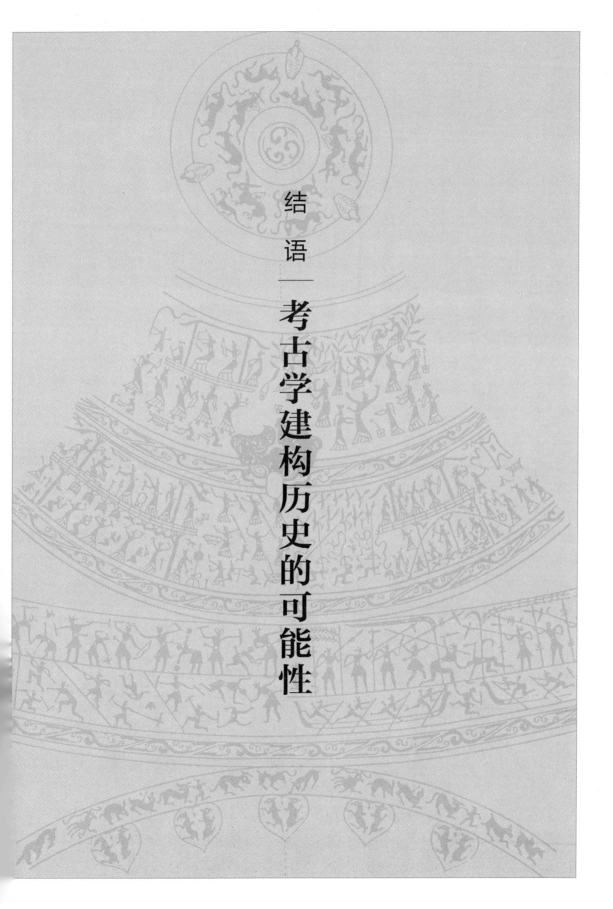

结 语 —— 考古学建构历史的可能性

利用考古学的材料和方法可以建构历史、文化和社会。通过对成都平原青铜时代的历史发展线索和文明图景进行概要性的勾勒与描绘，我们还可以进一步获得多方面的启示。启示的意义不只是帮助我们认识成都平原这个特定区域的历史，还可以加深我们对考古学的理解。

一、历史的线索与图景

（一）历史图景

在考古学产生之前，人们通过各类文献对成都平原的历史已有所认识。殷墟甲骨文中有 10 多种关于蜀的信息，卜辞中的蜀是殷商遥远而又有联系的方国，还是重要的农业区，在武丁后与商关系密切。卜辞中的蜀位于何处曾有不同意见，其中就有在四川境内或在成都平原的观点 [1]。古代文献里还记有与蜀相关的传说。比如《帝系》《史记·五帝本纪》《帝王世纪》《水经·若水注》等中都有昌意娶蜀山氏女生颛顼的传说 [2]。对蜀记载较多的文献是《华阳国志》，其中的《蜀志》开篇也是昌意娶蜀山氏之女的内容。该书对蜀的世系有更多记载，如在周失纲纪后有纵目的蜀侯蚕丛首先称王，其后的蜀王或称帝的有柏灌、鱼凫、杜宇、开明。开明时期蜀与秦多有交往，直至公元前 316 年

---

[1]　林向：《三星堆遗址与殷商的西土——兼释殷墟卜辞中的"蜀"的地理位置》，《四川文物》1989 年"三星堆遗址研究专辑"。

[2]　李学勤：《〈帝系〉传说与蜀文化》，《四川文物》1992 年"三星堆古蜀文化研究专辑"。

蜀为秦所灭。作为较为完整的关于四川等西南地区的地方志，《华阳国志》对战国汉晋时期的蜀地的历史、地理、人物等有比较详细的记载，但对于更早的历史仍限于突出帝王世系的传说。直至 20 世纪上半叶，现代史学仍主要在各类文献材料中探索古蜀的历史。20 世纪下半叶中国考古学发展迅速，但在获得成都平原的重要考古发现之前，人们依旧秉持传统的历史观，认为成都平原没有发达的文明，或者无论是在地理上还是在文化上都属于中原或中原文明的"边缘"。

对于成都平原的考古发现，在已有的研究中不乏将考古材料与后世的文献材料相结合的努力。如许多青铜时代的遗存都被指认为是文献中的"蜀"的遗存，有很多研究还尝试将具体的考古遗存与文献中的蜀王世系相联系。尽管如此，考古材料始终独立存在而并不附属于文献。那些结合大多只是将考古发现习惯性地与文献记载简单对应，而非在文献背景指引之下的研究，既缺乏对文献本身的分析，也不是对考古资料的进一步解释。

在缺乏文字的情况下，考古学完全可以依据实物材料独立建构出一幅新的历史图景。这幅图景展现出，在成都平原这个特殊的地理单元内，自距今 5000 年开始出现了最早的新石器时代文化。目前所知年代最早的桂圆桥文化可能来自于川西高原的岷江上游，并最终源于我国甘青地区。这类文化进入成都平原后，原有的粟作农业逐渐发展为稻作农业，新形成的桂圆桥文化成为成都平原青铜时代文化最早的源头之一。桂圆桥文化之后的宝墩文化从距今 4500 年开始，大约延续了 1000 年。宝墩文化以稻作为生业，因防洪的需要开始在平原内筑城以保护居民点。城的修筑因地制宜，不同区域、不同形制、不同规模的城并不体现等级差异。这些城大多使用时间不长，在宝墩文化后便被废弃。有的城内有大型的公共建筑，出现了较大规模的墓地。由居址和墓葬看，社会还没有发生明显的分化。在宝墩文化的后期即新石器时代末期，成都平原的文化面貌有所变化，这个时段的文化也被称为鱼凫村文化。在三星堆遗址的仁胜墓地出现了这一时段的较为特别的墓葬，当时似乎出现了身份特殊的人群。新石器时代在物质和文化上的 1 千多年的积累，为青铜时代的文明奠定了基础。

成都平原至迟于公元前 13 世纪进入到青铜时代。从那时开始到西周末期，成都平原形成和发展出一种独特的青铜时代文化，可称为三星堆—金沙文化。在这个文化的第一个阶段，即相当于殷墟晚期以前，成都平原政治、宗教、文化的中心在三星堆，这个在宝墩文化时期即已形成的聚落此时发展成格局复杂的城，城内有宫殿或宗庙、神庙一类的大型建筑群、手工业作坊和众多的祭祀遗存。同时期的聚落主要分布在三星堆城所处的沱江上游。

大约相当于殷墟晚期时，人们的主要活动区域由沱江流域转移到了岷江流域的成都地区，成都金沙成为新的中心，三星堆—金沙文化进入第二个阶段。在金沙有大型的建筑群、成组的普通居址、密集的墓地、长期使用的祭祀区。成都地区同时期的聚落在金沙的西北和东南呈线状分布，在金沙东南的十二桥还有具特殊用途的大型木构建筑，在东北有宗教类建筑羊子山土台。这个时期人口增长，社会和平稳定。

三星堆—金沙时期是一个神权与王权共存的社会，太阳崇拜成为最重要的信仰。反映宗教信仰比表现王权的遗物更为突出，祭祀遗存的规模也远远超过墓葬，由此可以推测神权高于王权。此时的成都平原出现了复杂社会并形成了早期国家，与其他区域不同的是，在这个早期国家中，重要的青铜器多具有象征意义和神性，社会财富似乎被统治阶层集体占有而不是归个人所有，包括青铜器在内的贵重物品被用于宗教和祭祀活动，并不用作随葬器以体现个人的身份等级。宗教信仰、祭祀活动、对知识和技术的专控，都成为统治者统治社会、维护稳定和保持凝聚力的重要手段。

三星堆—金沙文化衰落之后，成都平原似乎出现一个短暂的权力"真空期"，在新旧文化和社会样态间成为一个"过渡期"。大约从春秋中晚期开始，成都平原发生新变革。随着三星堆、金沙那样的中心不复存在，具有神性的贵重物消失，太阳崇拜的信仰和统治社会的神权也都一并瓦解。不同规模和类型的墓葬、用以标识个人身份和地位的青铜器、众多的兵器，都说明东周时期有大量人群迁入，成都平原内部族群林立，各种世俗的政治、军事势力并存，原有社会秩序完全改变。墓葬、青铜器组合有明显的等级差异但又都未形成规范或严格的等级制度，似乎暗示当时并没有形成强大、统一的政权，社会样态与其他东周列国存在差异。

随着秦汉王朝的建立，成都平原纳入到统一王朝中，文化融入汉文化。在统一的汉文化的范畴内，成都平原的文化又保持了新的地域性特点。

自新石器时代以来，特别是在青铜时代，成都平原的区域性文明在这个自成单元的地理空间内不断发展、演进，形成和具有独特的面貌、丰富的内涵、与众不同的早期国家和社会样态。这个区域性文明从产生到最终的融合，还以一个区域为例证，深刻阐释了中华文明多元一体的内涵和形成过程。

（二）沟通的意义

从新石器时代到青铜时代，成都平原的社会和文化不断发展演进，同时屡经变革。每次根本性的变革不都是社会、文化自然发展的结果，而多在短时期内发生。产生变革、推动发展的重要因素之一，就是成都平原与域外的沟通、人群的迁徙、文化的传播与交流。

成都平原对外沟通的历史与文化的历史一样长久。最早的新石器时代的桂圆桥文化就可能来源于川西高原的岷江上游，并最终与我国西北地区的仰韶文化和马家窑文化相关联。桂圆桥文化还同时受到长江中游的影响。自此以后直到整个青铜时代，成都平原与外部世界的沟通和交流主要都保持在西北方向与东方。

宝墩文化时期，成都平原与西北地区保持着早期形成的关系。这时更关键的影响来自于长江中游的屈家岭—石家河文化，所接受的影响包括至关重要的稻作农业和筑城技术，以及这两者内含的关于生存的理念。

三星堆—金沙文化明显受西北和东方的影响，相比之下，来自西北的文化因素可能更重要。以青铜器为代表的新因素同时包含了新的技术和观念，它们是青铜时代文化最为核心的内容。新的知识、包括了宗教信仰的新观念导致神权和王权的产生，最终促成了早期国家的形成。三星堆—金沙文化中同时沉淀有东方远古文化的因素，中原的商文化在商代晚期也由长江中游影响到了成都平原。三星堆大量出土的海贝还表明成都平原与更远的区域存在联系与交往。这个时期成都平原的对外交往并不仅限于此而是更为复杂，比如考古材料还显示出它们与更早的中原二里头文化、长江下游良渚文化的联系。在接纳的同时，成都平原的一些文化因素又流传到其他区域，甚至远播东南亚。

东周时期成都平原与楚地关系最密切，受东方楚文化和中原文化的影响，成都平原原有的文化和社会样貌彻底改变。在这些影响下，青铜制品有了全新的含义和功能，大型墓葬出现，个人的身份和等级地位得以强化，形成了占有社会财富的新方式，最终促成了新的等级制度。

战国晚期，秦文化和秦的势力从北方进入成都平原。在青铜时代结束之际，秦汉文化融合了成都平原的区域性文化，但成都平原保持着与其他地区的交往，并开启了与南亚、东南亚的新的交流。

沟通需由人来完成。在如此长的时段内，必然有很多外来人群通过不同的途径迁徙到成都平原，或者是平原内外的人保持着多种方式的接触，如此形成了持续、广泛、多向的交流。传播的并不限于如青铜器这样的具体的物，还包括知识、技术、生产方式，以及诸如王权、国家、宗教信仰等观念层面上的交流。新的影响持续进入成都平原，不断改变平原内原有的文化和社会样态，又推动新的文明向前发展。

由此我们可以更好地理解，在成都平原这样封闭的地理环境中，如果没有外来的影响，文化、社会的自然演进将是平稳、和缓的，所以每一次根本性的变革都与外来文化的强烈影响有关。但也正是不同文化的影响、刺激和相互激荡，才出现了产生早期国家的契机，推动区域性的文明发展更新并走向融合。

二、“中原”“周边”和“区域文明”

对成都平原青铜时代历史的建构，还使我们对“中原”“周边”“区域”和“区域文明”的概念和内涵形成新的认识和理解。

成都平原属于传统史学版图上的“周边”（peripheral）地区，一个较“中原”（central）文化相对落后的地区。商代晚期“中原”已经出现了文字，如果以此作为标尺，那么“中原”已经迈进了历史阶段，而“周边”地区还处于史前或者原史阶段。“中原中心论”历史观的形成从根本上说即源于文字的出现。

“中原”很早就形成了官修“正史”的传统。“正史”从一开始就与王朝的权威紧密相连，它为“中原”提供了以文字形式留存的供后人研读的背景和参照系，保证了“中原”作为正统王朝的中心地位。即使官修史书并非就是为王朝政权服务，它也毕竟是王朝政权下的产物，因此它提供的是一幅围绕王朝政权这一"中心点"而展开的历史画卷。只有从王朝政权的视角出发，"中原"与"周边"这样的政治地理概念才会产生。"中原"即中心，不仅是国家政权的中心，甚至在古代中国人的心目中就是世界、天下的中心；而"周边"在地理上指示着"中原"之外的外围地区，在政治和文化的层面上则意味着居于中心和主流之外，"周边"成了"边缘"（marginal）的同义词，它们意味着次要、不重要、甚至微不足道。正因为如此，"中原"文化体系中才出现了"蛮""夷"之类的称谓，"中原"与"周边"的划分其实也就成了业已掌握文字和书写奥秘的"中原"对于那些尚未掌握文字的地区的一种优势和权力。但如果历史不仅仅是文字书写的历史，实物本身也能"书写—建构"一部鲜活的历史，那么那种优势和权力便会随着诸如成都平原的这类考古发现而逐渐被动摇和"解构"，"中原"和其他地区应作为不同的地理"区域"（region）共存，曾经在这些"区域"活跃的文明共同塑造了历史悠久的中华文明，共同成为文明的生命源泉。

有了上述的认识，我们还可以从一个新的高度来反观有关文明的区域性问题。

过去在缺乏考古材料时，人们曾经认为成都平原和四川盆地在接受中原文化影响以前文明发展程度不高，相对于"中原"而言是偏远地区或"周边"地区；在有了大量的考古发现后，学界充分意识到这里的文明所具有的独特性，故而在很大程度上摒弃了中原中心论，而视其为一种不同于中原文明的区域性文明。今天我们可以将这一认识推进一步。

首先，作为区域性的文明，其独特性并不是绝对的。无论是"周边"还是"中原"，沟通与交往将它们作为不同的"区域"联结在一起。沟通带来的知识和观念的传播会激发文明的产生，赋予文明新的生命力，使文明的发展绵延不绝，这即使对于成都平原和四川盆地这种地理环境呈现出封闭状态的地区也不例外。这个认识意味着我们不应单纯强调区域性，这并不是回归"中原中心论"的历史观，而是主张将一个区域纳入到一个更为广阔的时空背景和更为宏观的文明图景中去考察和认识。

其次，作为一种统一的文明，包括经过与多种区域文明的交往、融合而发展出的秦汉文明，在总体面貌和核心内容一致的情况下，区域性仍会或多或少地存在。统一的文明也仍然保持了对外的交往。

总之，古代文明的"区域性"或"多元性"无损于文明的"一体性"，而意识到沟通与交流的意义同样不妨碍文明的"独立性"。

当今时代是一个真正"全球化"的时代，联系与交往的广度和深度是过去横跨一个大陆或者几个大洲的交往所不能相比的。诸如微信这样的科技手段甚至以一种前所未有的方式将分散的个人联系在一起。即便如此，今天成都平原的地方文化依然具有鲜明的地域特色。古代文明的某些"基因"或许会一直留存下来，但更多的新因素又推动着文明发展。这样的发展需要基础、交流和创新，只有在继承和吸收中文明才能延续。

三、"实物"的历史及其建构的开放性

成都平原青铜时代的很多遗存之所以显得陌生、遥远、神秘，三星堆—金沙时期的文明之所以被视为是一种"失落的文明"，这都是因为相关的考古材料缺乏"背景"，这个文化中的很多内容也未能转换为我们今天所能理解的文字而从现有的知识体系中缺失了。但从"实物"历史的角度来看，成都平原的考古发现正是在用丰富的"物质遗存""书写"着一部尚无人知的历史，一部曾被主流文化遗忘或者排斥在外的"周边"地区的历史，一部在主流话语建构的完整而统一的历史观之外的"断裂"的、"片断"的"历史"。如果没有这些考古发现，"周边"地区在人们心目中只不过是一个传统历史学版图上相对落后的区域，而中华文明的形成模式也会被视为是一幅以"中原"地区为圆心的、其影响力不断向四周辐射的图景。但是考古发现揭示出的"实物"的历史一再突破"中原中心论"的传统历史观，实证中华文明经历了多元一体的发展过程。历史发展的面貌变得复杂难解但却更加生动有趣，因为真实的历史面貌远比书写的历史复杂。

由此我们也可以更清楚地认识到"实物"和考古学的意义。相对于历史学，考古学应是一门更"基础"、更"本原"的学科。历史文献关注和记载的只能

是过去发生的重大事件，history 就是 hi-story，即"高度浓缩"的"故事—旧事"。但考古学与历史学的一个重要区别即在于，它从一开始就不局限于那些对后世产生重大影响的"重大事件"和"重要人物"，而是向所有曾经存在过的生活样态和个体敞开。任何人，无论高低贵贱，都会在其生命的历程中为后人留下"痕迹"和各种各样的"物质遗存—实物"，而它们都会引起我们的关注，并使我们对过去的生活样态进行探究。正是在这个意义上，我们才说考古学更贴近"过去"生活的原貌，也更具有本原性。

再进一步而言，文献都是用文字"书写"而成，文字的出现虽然是标志着人类摆脱了"自然人"的状态而开始向"文化人""文明人"转化的重大"历史事件"，但文字从创立伊始就与权力密不可分。张光直指出文字就是古人"攫取权力的手段"，"文字记录曾保守过统治人类世界的秘密；文字载体之所以能与它包含的信息融为一体，原因是一旦人发明了书写，文字本身便成为沟通天地之工具的一个组成部分"[1]。在西方文化的背景下，这种"文字→知识→权力"之间的关系显得更加明确。文艺复兴后弗朗西斯·培根提出了一个响彻世界的口号"知识本身就是力量"（Knowledge itself is Power），直接将"知识"等同为"力量"。于是谁拥有"知识—真理"，谁就能够征服自然，也就可以在"知识—真理"的名义之下对其他社会集团的人"合法"地进行征服和操纵。"力量—Power"成了"权力—Power"，"知识"就是"权力—话语权"；掌握了话语权就可以制定"标准"和"规约"，就能决定谁将载入史册，谁将被打入另册。如此的结果之一，就是所有"书写"都围绕着某个中心、原则或某种普遍精神而完成，历史文献所书写的就是一种呈现出线性发展的、具有连续性和统一性的历史。

与历史话语建构的线性发展的宏观历史图景不同，考古学面对的是人类"过去"的生活"痕迹"，以及"过去"直接遗留下来的物质遗存。在很多情况下，这些物质遗存只是宏观历史图景中的碎片、片断，并可能呈现出芜杂、无序、无规则的面貌，但它们却是人类"过去"生活的一个鲜活的"横断面"。考古

[1]　张光直：《美术、神话与祭祀》，郭净译，沈阳：辽宁教育出版社，2002年，第61页。

学研究就是让这些实物"说话"，用"实物"这种更为直接、更为本原的方式"重构—书写"出一幅幅关于"过去"生活的图景。与文字书写的历史不同，"实物"建构的不是单一的"线性历史"（linear history），而是多元化、多层面、分叉的"复线历史"（bifurcated history）。这样的历史不一定都被归在某种中心、原则和普遍精神之下，而往往不同于或超出于文字书写的历史之外。它们不像文字书写的历史那样"干净整齐""条分缕析"，而可能呈现出零散、片断、杂乱无章的面貌。但是站在一个更高、更远的历史出发点上，这些实物以其"生动活泼"的存在"增补"和"修正"着为某种"观念"所贯穿的文字历史，成为我们完成一幅关于人类"过去"生活的"立体拼图"的不可或缺的"碎片"。从这个意义上说，寻找历史发展的规律是历史学研究的任务和目标，那么考古学研究则是要通过那些"实物"去"增补"现有的规律。考古发现总是在告诉我们，真实的历史图景并不总是像"书写"的历史所表现出的那么"必然"，总有一些东西被遗忘甚至被排斥在"必然性"的线索之外，考古学就是要发现那些在"书写"的历史之外的、有可能游离于"必然性"的东西，而这其实才是我们常说的考古学以"复原历史"为目标的含义之所在。也正是在这个意义上，考古学才是一门更为基础、本原的科学，考古发现本身就是在"书写"一部由"实物"构成的历史。

以 1929 年发现三星堆遗址为开端，对成都平原青铜时代遗址进行的发掘和研究已经过了 90 年的历程。2019 年学术界为纪念三星堆遗址发现 90 周年，于岁末在四川广汉隆重召开了"纪念三星堆发现 90 周年大会暨学术研讨会"。正值大会期间，新华社 2019 年 12 月 20 日以一则《三星堆第三号祭祀坑崭露头角》的简要消息，披露出在三星堆遗址发现了 3 号坑。在此之后，又连续发现 4 号至 8 号坑，新的发掘工作将全面启动。90 年历程属于"过去"，新的重要发现属于"将来"，这两个时间维度足以让我们在这个时间点上因一个遗址的发现进一步反思考古学的价值和意义。

"过去"的 90 年在成都平原发现了大量的青铜时代遗存，今天我们可以从很多方面来衡量这些发现的意义和价值。比如在三星堆从 1934 年持续至今的考古工作，使这个遗址具有差不多和安阳殷墟同样长的发掘历史，成都平原的考古发现还加深了我们对"中心""边缘""区域"等一系列观念的理解。

但最重要的是，90 年的发现和研究改变了人们传统的历史观。就以三星堆遗址为例，在 1929 年玉石器发现以前，人们甚至不知道在三星堆存在一个古代遗址；在 20 世纪 60 年代的考古发掘以前，人们还没有意识到这个遗址的重要性；而在 1986 年 1、2 号祭祀器物坑出土以前，人们还完全不能设想在成都平原存在过一种前所未知的奇特文明和一个形态特别的早期国家。利用成都平原出土的实物材料，考古学可以建构成都平原的历史，从宝墩文化时期的社会、三星堆—金沙时期的早期国家，到东周秦汉时期文化、社会的变革和融合。这样的建构工作揭示出成都平原形成和发展出的区域文明，阐释了它如何作为中国古代文明的重要部分，使古代文明更加丰富多彩。90 年来的考古发现和研究不是用考古材料去印证、增补一段已有记录的"观念史"，而是由考古学去"创造"一段未知的历史。如此"创造"的成都平原青铜时代的历史，丰富了过去所知的中国古代文明的图景，也改变了我们的历史观。

考古学对历史的"创造"又是没有终结的，考古学的"建构"永远需要留待"将来"去增补和修正。三星堆遗址的最新发现更凸显了这一点。

自三星堆遗址发现、特别是 1986 年 1、2 号祭祀器物坑出土后，成都平原的青铜文化成为学术热点，围绕三星堆和金沙的考古发现甚至形成了一个具有持久吸引力的研究领域。学术界对这些发现进行了多层面、多维度的研究和阐释，不仅针对具体遗存的年代、特点、性质、成因，还由此扩展到更加广泛的文化面貌、社会样态、宗教信仰、区域交流等诸多方面，形成了丰富的理论和解释体系。解释的多样性皆因缺乏认识和理解考古发现的背景。对于不同的解释，我们只能追求最大程度的合理性和解释体系的自洽性，即使看上去最合理、解释性最强的理论也并不意味着达到了历史的真实。要不断接近历史的真实，就必须让考古学的建构保持开放。这种开放既要不断面向过去已有的考古发现，更要面向"未来"。我们今天获得的考古材料不过是历史遗存的极少部分，所有由考古学建构的理论体系和历史，都要面对"未来"新发现的检验和挑战。

三星堆新发现的 6 个器物坑都位于 1 号、2 号坑周围，已经知晓的埋藏物有青铜器、金器、玉石器、象牙等。鉴于三星堆 1、2 号祭祀器物坑在学界和公众中的影响力，新的祭祀器物坑的发现毫无疑问将再次引起巨大震动。

目前对新发现的坑尚未发掘，坑中埋藏的内容还有待揭示，它们将对过去的认识带来怎样的冲击现在也还难以估计。但仅仅是出现了新的坑，挑战便已经来临。

首当其冲的是对祭祀器物坑数目有着明确解释的理论，比如建立在1、2号坑的遗物分别表现王权和神权、代表世俗与神圣，或反映部族联盟、王权交替、王朝更迭、宗教周期等解释基础上的学说，在出现更多的器物坑后显然都会受到冲击，其他的所有解释同样都会受到不同程度的检验。在新的器物坑的埋藏物出土后，新材料或可纳入并补充、丰富原有的理论体系，或者将过去的认识全部推翻，新的解释体系又将形成。

事情不会止于此，这些器物坑只是三星堆遗址上激动人心的新发现的开始，也许在不远的将来还会不断有新的重大发现。在成都平原、四川盆地，甚至更为广阔的区域内，也都还会出土与成都平原青铜时代相关的考古资料，它们将不断修正和完善我们的认识。所有考古研究的结论的"正确性"都是相对的，认识到这一点，我们才能坚持科学获取和解释材料、形成理论认识，再接受新材料的检验和修正。反之，因担心认识被修正、推翻而有意模糊甚至放弃明确的观点并不足取，这实则是放弃了科学的研究，丧失了探索的勇气。保罗·巴恩说，考古学的理论会轮番出现与消失，考古学是一种终生的探索而没有真正的终点，一切都是尝试性的而没有什么是最终的定论[1]。正是在这种循环往复的认识过程中，我们才有可能不断接近历史的真实，我们的探索和求知欲望也因此可以得到最大限度的满足。这也是考古学的魅力所在。

考古学面对和建构的是"历史"，但其建构永远向"未来"开放。

---

[1]　〔英〕保罗·巴恩：《考古学的过去与未来》，覃方明译，南京：译林出版社，2013年，第7页。

参考文献

以汉语拼音排序

一、考古报告、图录与古籍

C

成都文物考古研究所：《金沙——21 世纪中国考古新发现》，北京：五洲传媒出版社，2005 年。

成都文物考古研究所：《金沙——再现辉煌的古蜀王都》，成都：四川出版集团、四川人民出版社，2005 年。

成都文物考古研究所：《金沙玉器》，北京：科学出版社，2006 年。

成都文物考古研究所：《成都商业街船棺葬》，北京：文物出版社，2009 年。

成都市文物考古研究所、北京大学考古文博学院：《金沙淘珍》，北京：文物出版社，2002 年。

成都文物考古研究院、阿坝藏族羌族自治州文物管理所、茂县羌族博物馆：《茂县营盘山新石器时代遗址》，北京：文物出版社，2018 年。

成都文物考古研究院、成都金沙遗址博物馆：《金沙遗址——阳光地带二期地点发掘报告》，北京：文物出版社，2017 年。

成都文物考古研究院、成都金沙遗址博物馆：《金沙遗址祭祀区出土文物精粹》，北京：文物出版社，2018 年。

重庆市文物局、重庆市移民局：《万州大坪墓地》，北京：科学出版社，2006 年。

G

郭宝钧：《山彪镇与琉璃阁》，北京：科学出版社，1959 年。

H

河南省文物考古研究所：《郑州商城——1953 ～ 1985 年考古发掘报告》，北京：文物出版社，2001 年。

河南省文物考古研究所：《固始侯古堆一号墓》，郑州：大象出版社，2014 年。

湖北省博物馆：《曾侯乙墓》，北京：文物出版社，1989 年。

湖北省博物馆、湖北省文物考古研究所、随州市博物馆：《随州叶家山西周早期曾国墓地》，北京：文物出版社，2013 年。

湖北省荆州博物馆、湖北省文物考古研究所、北京大学考古学系　石家河考古队：《肖家屋脊》，北京：文物出版社，1999 年。

湖北省文物考古研究所：《盘龙城——1963 ～ 1994 年考古发掘报告》，北京：文物出版社，2001 年。

湖北省文物考古研究所、北京大学考古学系、湖北荆州博物馆　石家河考古队：《邓家湾》，北京：文物出版社，2003 年。

J

江西省文物考古研究所、江西省博物馆、新干县博物馆：《新干商代大墓》，北京：文物出版社，1997 年。

江西省文物考古研究所、樟树市博物馆：《吴城——1973 ～ 2002 年考古发掘报告》，北京：科学出版社，2005 年。

L

凉山彝族自治州博物馆、成都文物考古研究所：《老龙头墓地与盐源青铜器》，北京：文物出版社，2009 年。

M

茂县羌族博物馆、成都文物考古研究所、阿坝藏族羌族自治州文物管理所：《茂县牟托一号石棺墓》，北京：文物出版社，2012 年。

R

容庚：《商周彝器通考》，哈佛燕京学社，1941 年。

S

山西省公安厅、山西省文物局：《国宝回家——2018 山西公安机关打击文物犯罪成果精粹》，北京：文物出版社，2018 年。

山西省考古研究所：《侯马铸铜遗址》，北京：文物出版社，1993 年。

陕西省考古研究院、榆林市文物考古勘探工作队、神木县文体广电局、神木县石峁遗址管理处：《发现石峁古城》，北京：文物出版社，2016 年。

四川省博物馆：《四川船棺葬发掘报告》，北京：文物出版社，1960 年。

四川省文化厅、四川省文物管理局：《天府藏珍——四川馆藏文物精华》，成都：四川出版集团、四川科学技术出版社，2009 年。

四川省文物考古研究所：《三星堆祭祀坑》，北京：文物出版社，1999 年。

四川省文物考古研究院、成都文物考古研究所：《成都十二桥》，北京：文物出版社，2009 年。

四川省文物考古研究院、达州市文物管理所、宣汉县文物管理所：《宣汉罗家坝》，北京：文物出版社，2015 年。

四川省文物考古研究院、德阳市文物考古研究所、什邡市博物馆：《什邡城关战国秦汉墓地》，北京：文物出版社，2006 年。

四川省文物考古研究院、三星堆博物馆、三星堆研究院：《三星堆出土文物全记录》，成都：四川出版集团、天地出版社，2009 年。

Z

中国科学院考古研究所：《美帝国主义劫掠的我国殷周铜器集录》，北京：科学出版社，1962 年。

中国青铜器全集编辑委员会：《中国青铜器全集·巴蜀》，北京：文物出版社，1994 年。

中国青铜器全集编辑委员会：《中国青铜器全集·东周 3》，北京：文物出版社，1997 年。

中国社会科学院考古研究所：《偃师商城》，北京：科学出版社，2013 年。

中国社会科学院考古研究所：《二里头（1999～2006）》，北京：文物出版社，2014 年。

"中央研究院"历史语言研究所、陕西省考古研究院：《宝鸡戴家湾与石鼓山出土商周青铜器》，2015 年。

H

《华阳国志校注》，常璩撰，刘琳校注，成都：巴蜀书社，1984 年。

S

《山海经》，方韬译注，北京：中华书局，2011 年。

《诗经》，刘毓庆、李蹊译注，北京：中华书局，2011 年。

《史记》，北京：中华书局，1982 年。

T

《太平御览》，北京：中华书局，1960 年。

二、研究专著、文集

B

〔英〕保罗·巴恩：《考古学的过去与未来》，覃方明译，南京：译林出版社，2013 年。

C

陈德安、魏学峰、李伟纲：《三星堆——长江上游文明中心探索》，成都：四川人民出版社，1998 年。

D

邓少琴：《巴蜀史迹探索》，成都：四川人民出版社，1983 年。

董其祥：《巴史新考》，重庆出版社，1983 年。

段渝：《政治结构与文化模式——巴蜀古代文明研究》，上海：学林出版社，1999 年。

段渝：《酋邦与国家起源：长江流域文明起源比较研究》，北京：中华书局，2007 年。

F

冯时：《中国天文考古学》，北京：社会科学文献出版社，2001 年。

冯时：《中国古代的天文与人文》，北京：中国社会科学出版社，2006 年。

G

高文、高成刚：《巴蜀铜印》，上海书店出版社，1998 年。

〔德〕古斯塔夫·施瓦布：《希腊古典神话》，曹乃云译，南京：凤凰传媒集团、译林出版社，1995 年。

管维良：《巴蜀符号》，重庆出版社，2011 年。

郭沫若：《两周金文辞大系图录考释》，北京：科学出版社，1958 年。

H

黄剑华：《古蜀的辉煌——三星堆文化与古蜀文明的遐想》，成都：巴蜀出版社，2002 年。

黄尚明：《蜀文化研究》，武汉：华中师范大学出版社，2007 年。

霍巍、王挺之主编《长江上游早期文明的探索》，成都：巴蜀书社，2002 年。

霍巍、赵德云：《战国秦汉时期中国西南的对外文化交流》，成都：四川出版集团巴蜀书社，2007 年。

J

江章华、李明斌：《古国寻踪——三星堆文化的兴起及其影响》，成都：巴蜀出版社，2002 年。

K

〔英〕卡尔·波普尔：《猜想与反驳——科学知识的增长》，傅季重、纪树立、周昌忠、蒋弋为译，上海译文出版社，1986 年。

L

罗二虎：《文化与生态、社会、族群：川滇青藏民族走廊石棺葬研究》，北京：科学出版社，2012 年。

〔美〕罗泰主编《奇异的凸目——西方学者看三星堆》，成都：巴蜀出版社，2003 年。

M

蒙默、刘琳、唐光沛、胡昭曦、柯建中：《四川古代史稿》，成都：四川人民出版社，1988 年。

蒙文通：《巴蜀古史论述》，成都：四川人民出版社，1981 年。

R

任乃强：《四川上古史新探》，成都：四川人民出版社，1986 年。

S

施劲松：《长江流域青铜器研究》，北京：文物出版社，2003 年。

宋治民：《蜀文化与巴文化》，成都：四川大学出版社，1998 年。

宋治民：《蜀文化》，北京：文物出版社，2008 年。

孙华：《四川盆地的青铜时代》，北京：科学出版社，2000 年。

孙华、苏荣誉：《神秘的王国——对三星堆文明的初步理解和解释》，成
都：巴蜀出版社，2002 年。

T

童恩正：《古代的巴蜀》，成都：四川人民出版社，1979 年。

W

吴致华：《四川古代史》，学生导报社，1948 年。

X

〔日〕西江清高主编《扶桑与若木——日本学者对三星堆文明的新认识》，
成都：巴蜀出版社，2002 年。

向桃初：《湘江流域商周青铜文化研究》，北京：线装书局，2008 年。

熊建华：《湖南商周青铜器研究》，长沙：岳麓书社，2013 年。

徐中舒：《论巴蜀文化》，成都：四川人民出版社，1982 年。

许宏：《何以中国——公元前 2000 年的中原图景》，北京：生活·读书·新
知三联书店，2014 年。

许宏：《先秦城邑考古》，北京：金城出版社、西苑出版社，2017 年。

Y

严志斌、洪梅：《巴蜀符号集成》，北京：科学出版社，2019 年。

Z

张光直：《中国青铜时代》，北京：生活·读书·新知三联书店，1999 年。

张光直：《美术、神话与祭祀》，郭净译，沈阳：辽宁教育出版社，2002 年。

张擎：《古蜀文明》，成都传媒集团、成都时代出版社，2009 年。

赵殿增：《三星堆文化与巴蜀文明》，南京：江苏教育出版社，2005 年。

赵殿增、李明斌：《长江上游的巴蜀文化》，武汉：湖北教育出版社，2004 年。

郑德坤：《四川古代文化史》，华西大学，1946 年；成都：巴蜀书社，2004 年。

中国社会科学院考古研究所：《殷墟的发现与研究》，北京：科学出版社，1994 年。

中国社会科学院考古研究所：《中国考古学·夏商卷》，北京：中国社会科学出版社，2003 年。

中国社会科学院考古研究所：《中国考古学·秦汉卷》，北京：中国社会科学出版社，2010 年。

中国社会科学院考古研究所：《二里头考古六十年》，北京：中国社会科学出版社，2019 年。

《中国大百科全书·考古学》，北京：中国大百科全书出版社，1986 年。

《中国大百科全书·生物学》（Ⅲ），北京：中国大百科全书出版社，1992 年。

三、考古简报

A

安徽省文物考古研究所：《安徽枞阳县汤家墩遗址发掘简报》，《中原文物》2004 年第 4 期。

安徽省文物考古研究所：《安徽铜陵县师姑墩遗址发掘简报》，《考古》2013 年第 6 期。

安阳市文物考古研究所：《河南安阳市任家庄南地商代晚期铸铜遗址 2016 ～ 2017 年发掘简报》，《中原文物》2018 年第 5 期。

安志敏：《河北省唐山市贾各庄发掘报告》，《考古学报》第 6 册，1953 年。

敖天照：《三星堆文化遗址出土的几件商代青铜器》，《文物》2008 年第 7 期。

敖天照、王有鹏：《四川广汉出土商代玉器》，《文物》1980 年第 9 期。

C

陈剑：《大邑县盐店和高山新石器时代古城遗址》，《中国考古学年鉴（2004）》，北京：文物出版社，2005 年。

陈黎清：《四川峨眉县出土一批战国青铜器》，《考古》1986 年第 11 期。

成都市博物馆：《成都出土一批战国铜器》，《文物》1990 年第 11 期。

成都市博物馆考古队：《成都京川饭店战国墓》，《文物》1989 年第 2 期。

成都市博物馆考古队：《成都中医学院战国土坑墓》，《文物》1992 年第 1 期。

成都市博物馆考古队、成都市文物考古研究所：《成都方池街古遗址发掘报告》，《考古学报》2003 年第 2 期。

成都市文物管理处：《成都市金牛区发现两座战国墓葬》，《文物》1985 年第 5 期。

成都市文物管理处：《成都三洞桥青羊小区战国墓》，《文物》1989 年第 5 期。

成都市文物考古队、四川大学历史系：《成都市上汪家拐街遗址发掘报告》，《南方民族考古》第 5 辑，成都：四川科学技术出版社，1993 年。

成都市文物考古工作队：《成都西郊金鱼村发现的战国土坑墓》，《文物》1997 年第 3 期。

成都市文物考古工作队：《成都市金沙巷战国墓清理简报》，《文物》1997 年第 3 期。

成都市文物考古工作队：《成都西郊省水利设计院土坑墓清理简报》，《考古与文物》2000 年第 4 期。

成都市文物考古工作队：《四川崇州市双河史前城址试掘简报》，《考古》2002 年第 11 期。

成都市文物考古工作队：《成都市核桃村商代遗址发掘简报》，《文物》2003 年第 4 期。

成都市文物考古工作队、成都市文物考古研究所：《成都市光荣小区土坑墓发掘简报》，《文物》1998 年第 11 期。

成都市文物考古工作队、成都市文物考古研究所：《成都市西郊金沙村龙山时代遗址试掘》，《华夏考古》2002年第3期。

成都市文物考古工作队、都江堰市文物局：《四川都江堰市芒城遗址调查与试掘》，《考古》1999年第7期。

成都市文物考古工作队、郫县博物馆：《四川省郫县古城遗址调查与试掘》，《文物》1999年第1期。

成都市文物考古工作队、蒲江县文物管理所：《成都市蒲江县船棺墓发掘简报》，《文物》2002年第4期。

成都市文物考古工作队、四川联合大学考古教研室、新津县文管所：《四川新津县宝墩遗址调查与试掘》，《考古》1997年第1期。

成都市文物考古工作队、四川联合大学历史系考古教研室、温江县文管所：《四川省温江县鱼凫村遗址调查与试掘》，《文物》1998年第12期。

成都市文物考古工作队、新都县文物管理所：《四川新都县桂林乡商代遗址发掘简报》，《文物》1997年第3期。

成都市文物考古研究所：《成都市南郊十街坊遗址年度发掘纪要》，《成都考古发现（1999）》，北京：科学出版社，2001年。

成都市文物考古研究所：《温江县鱼凫村遗址1999年度发掘》，《成都考古发现（1999）》，北京：科学出版社，2001年。

成都市文物考古研究所：《成都市西郊化成村遗址1999年度发掘报告》，《成都考古发现（1999）》，北京：科学出版社，2001年。

成都市文物考古研究所：《成都市黄忠村遗址1999年度发掘的主要收获》，《成都考古发现（1999）》，北京：科学出版社，2001年。

成都市文物考古研究所：《岷江小区遗址1999年第一期发掘》，《成都考古发现（1999）》，北京：科学出版社，2001年。

成都市文物考古研究所：《成都市金沙遗址"兰苑"地点发掘简报》，《成都考古发现（2001）》，北京：科学出版社，2003年。

成都市文物考古研究所：《金沙遗址蜀风花园城二期地点试掘简报》，《成都考古发现（2001）》，北京：科学出版社，2003年。

成都市文物考古研究所：《成都金沙遗址Ⅰ区"梅苑"地点发掘一期简报》，

《文物》2004 年第 4 期。

　　成都市文物考古研究所：《成都金沙遗址"置信金沙园一期"地点发掘简报》，《成都考古发现（2002）》，北京：科学出版社，2004 年。

　　成都市文物考古研究所：《成都十二桥遗址新一村发掘简报》，《成都考古发现（2002）》，北京：科学出版社，2004 年。

　　成都市文物考古研究所：《成都金沙遗址万博地点考古勘探与发掘收获》，《成都考古发现（2002）》，北京：科学出版社，2004 年。

　　成都市文物考古研究所：《成都金沙遗址 2001 年黄忠村干道规划道路 B 线地点试掘简报》，《成都考古发现（2002）》，北京：科学出版社，2004 年。

　　成都市文物考古研究所：《2001 年金沙遗址干道黄忠 A 线地点发掘简报》，《成都考古发现（2003）》，北京：科学出版社，2005 年。

　　成都市文物考古研究所：《金沙村遗址人防地点发掘简报》，《成都考古发现（2003）》，北京：科学出版社，2005 年。

　　成都市文物考古研究所：《成都市高新西区"格威药业一期"新石器遗址发掘简报》，《成都考古发现（2003）》，北京：科学出版社，2005 年。

　　成都市文物考古研究所：《成都市高新西区"万安药业包装厂"商周遗址试掘简报》，《成都考古发现（2003）》，北京：科学出版社，2005 年。

　　成都市文物考古研究所：《金沙村遗址芙蓉苑南地点发掘简报》，《成都考古发现（2003）》，北京：科学出版社，2005 年。

　　成都市文物考古研究所：《成都市文庙西街战国墓葬发掘简报》，《成都考古发现（2003）》，北京：科学出版社，2005 年。

　　成都市文物考古研究所：《成都市青龙乡海滨村墓葬发掘简报》，《成都考古发现（2003）》，北京：科学出版社，2005 年。

　　成都市文物考古研究所、成都市文物考古工作队：《成都西郊石人小区战国土坑墓发掘简报》，《文物》2002 年第 4 期。

　　成都市文物考古研究所、龙泉驿区文物管理所：《成都龙泉驿区北干道木椁墓群发掘简报》，《文物》2000 年第 8 期。

　　成都市文物考古研究所、郫县博物馆：《四川省郫县古城遗址 1997 年发掘简报》，《文物》2001 年第 3 期。

成都市文物考古研究所、郫县博物馆：《四川省郫县古城遗址 1998～1999 年度发掘收获》，《成都考古发现（1999）》，北京：科学出版社，2001 年。

成都市文物考古研究所、郫县博物馆：《四川省郫县清江村遗址调查发掘收获》，《成都考古发现（1999）》，北京：科学出版社，2001 年。

成都市文物考古研究所、郫县博物馆：《四川郫县清江村遗址发掘简报》，《文物》2003 年第 1 期。

成都市文物考古研究所、郫县博物馆：《郫县风情园及花园别墅战国至西汉墓群发掘报告》，《成都考古发现（2002）》，北京：科学出版社，2004 年。

成都市文物考古研究所、郫县文物管理所：《成都市高新西区航空港古遗址发掘简报》，《成都考古发现（2003）》，北京：科学出版社，2005 年。

成都市文物考古研究所、新都区文物管理所：《成都市新都区正因村商周时期遗址发掘收获》，《成都考古发现（2001）》，北京：科学出版社，2003 年。

成都市文物考古研究所、新都区文物管理所：《成都市新都区正因小区工地考古勘探发掘收获》，《成都考古发现（2003）》，北京：科学出版社，2005 年。

成都文物考古研究所：《金沙遗址"国际花园"地点发掘简报》，《成都考古发现（2004）》，北京：科学出版社，2006 年。

成都文物考古研究所：《成都市金沙遗址郎家村"精品房"地点发掘简报》，《成都考古发现（2004）》，北京：科学出版社，2006 年。

成都文物考古研究所：《成都市金沙遗址"春雨花间"地点发掘简报》，《成都考古发现（2004）》，北京：科学出版社，2006 年。

成都文物考古研究所：《凉水井街战国墓出土的青铜器》，《成都考古发现（2004）》，北京：科学出版社，2006 年。

成都文物考古研究所：《成都市中海国际社区古遗址发掘简报》，《成都考古发现（2005）》，北京：科学出版社，2007 年。

成都文物考古研究所：《金堂县金海岸二期 A 区商代遗址发掘报告》，《成都考古发现（2007）》，北京：科学出版社，2009 年。

成都文物考古研究所：《成都市郫县三道堰镇宋家河坝遗址发掘报告》，

《成都考古发现（2007）》，北京：科学出版社，2009 年。

　　成都文物考古研究所：《成都高新西区顺江小区三期新石器时代遗址发掘简报》，《成都考古发现（2008）》，北京：科学出版社，2010 年。

　　成都文物考古研究所：《金沙遗址星河路西延线地点发掘简报》，《成都考古发现（2008）》，北京：科学出版社，2010 年。

　　成都文物考古研究所：《四川如阳实业发展有限公司商住楼地点古遗址发掘简报》，《成都考古发现（2008）》，北京：科学出版社，2010 年。

　　成都文物考古研究所：《成都高新西区汇利包装厂古遗址发掘简报》，《成都考古发现（2009）》，北京：科学出版社，2011 年。

　　成都文物考古研究所：《成都市博物馆新址发掘简报》，《成都考古发现（2009）》，北京：科学出版社，2011 年。

　　成都文物考古研究所：《成都市下东大街遗址战国时期文化遗存清理简报》，《成都考古发现（2009）》，北京：科学出版社，2011 年。

　　成都文物考古研究所：《四川郫县广福村李家院子古遗址发掘简报》，《成都考古发现（2009）》，北京：科学出版社，2011 年。

　　成都文物考古研究所：《新津宝墩遗址 2009 年度考古试掘浮选结果分析简报》，《成都考古发现（2009）》，北京：科学出版社，2011 年。

　　成都文物考古研究所：《成都市郫县三观村遗址发掘简报》，《考古》2012 年第 5 期。

　　成都文物考古研究所：《成都中海国际社区 2 号地点商周遗址发掘报告》，《成都考古发现（2010）》，北京：科学出版社，2012 年。

　　成都文物考古研究所：《成都郫县陈家院子遗址先秦时期文化遗存试掘简报》，《成都考古发现（2011）》，北京：科学出版社，2013 年。

　　成都文物考古研究所：《成都郫县青杠村遗址先秦时期文化遗存试掘简报》，《成都考古发现（2011）》，北京：科学出版社，2013 年。

　　成都文物考古研究所：《成都市金沙遗址"黄河"地点墓葬发掘简报》，《成都考古发现（2012）》，北京：科学出版社，2014 年。

　　成都文物考古研究所：《成都市青羊区小南街古遗址发掘简报》，《成都考古发现（2013）》，北京：文物出版社，2015 年。

成都文物考古研究所：《成都市大邑县高山古城 2014 年发掘简报》，《考古》2017 年第 4 期。

成都文物考古研究所、阿坝藏族羌族自治州文物保护管理所、茂县羌族博物馆：《四川茂县沙乌都遗址调查简报》，《成都考古发现（2004）》，北京：科学出版社，2006 年。

成都文物考古研究所、阿坝藏族羌族自治州文物保护管理所、茂县羌族博物馆：《四川茂县波西遗址 2002 年的试掘》，《成都考古发现（2004）》，北京：科学出版社，2006 年。

成都文物考古研究所、阿坝藏族羌族自治州文物管理所、理县文物管理所：《四川理县箭山寨遗址 2000 年的调查》，《成都考古发现（2005）》，北京：科学出版社，2007 年。

成都文物考古研究所、崇州市文物管理所：《崇州市紫竹古城调查、试掘简报》，《成都考古发现（2014）》，北京：科学出版社，2016 年。

成都文物考古研究所、大邑县文物保护管理所：《大邑县盐店古城遗址2013 年发掘简报》，《成都考古发现（2013）》，北京：科学出版社，2015 年。

成都文物考古研究所、大邑县文物管理所：《2012 ～ 2013 年度大邑县高山古城遗址调查试掘简报》，《成都考古发现（2013）》，北京：科学出版社，2015 年。

成都文物考古研究所、大邑县文物管理所：《大邑县盐店古城遗址2002 ～ 2003 年发掘简报》，《成都考古发现（2014）》，北京：科学出版社，2016 年。

成都文物考古研究所、彭州市博物馆：《四川彭州市龙泉村遗址战国遗存》，《考古》2007 年第 4 期。

成都文物考古研究所、彭州市文物保护管理所：《四川彭州天彭周家院子遗址发掘简报》，《文物》2016 年第 3 期。

成都文物考古研究所、郫县望丛祠博物馆：《郫县曹家祠遗址先秦文化遗存试掘简报》，《成都考古发现（2010）》，北京：科学出版社，2012 年。

成都文物考古研究所、郫县望丛祠博物馆：《郫县天台村遗址先秦文化遗存试掘简报》，《成都考古发现（2010）》，北京：科学出版社，2012 年。

成都文物考古研究所、郫县望丛祠博物馆：《成都郫县波罗村商周遗址发掘报告》，《考古学报》2016 年第 1 期。

成都文物考古研究所、蒲江县文物管理所：《蒲江县飞龙村盐井沟古墓葬》，《成都考古发现（2011）》，北京：科学出版社，2013 年。

成都文物考古研究所、青白江区文物保护管理所：《成都市青白江区三星村遗址试掘简报》，《成都考古发现（2004）》，北京：科学出版社，2006 年。

成都文物考古研究所、青白江区文物保护管理所：《成都市青白江区宏峰村古遗址发掘简报》，《成都考古发现（2005）》，北京：科学出版社，2007 年。

成都文物考古研究所、温江区文物保护管理所：《温江永福村三组遗址先秦时期文化遗存试掘简报》，《成都考古发现（2010）》，北京：科学出版社，2012 年。

成都文物考古研究所、温江区文物保护管理所：《成都市温江区"西藏地质花园"商周遗址发掘简报》，《成都考古发现（2014）》，北京：科学出版社，2016 年。

成都文物考古研究所、新都区文物保护管理所：《成都市新都区赵家河坝与上陈家碾遗址试掘简报》，《成都考古发现（2011）》，北京：科学出版社，2013 年。

成都文物考古研究所、新都区文物管理所：《成都市新都区商周遗址发掘简报》，《文物》2008 年第 5 期。

成都文物考古研究所、新都区文物管理所：《成都市新都区斑竹园镇忠义遗址发掘收获》，《成都考古发现（2007）》，北京：科学出版社，2009 年。

成都文物考古研究所、新都区文物管理所：《成都市新都区褚家村遗址发掘报告》，《成都考古发现（2008）》，北京：科学出版社，2010 年。

成都文物考古研究所、新都区文物管理所：《成都市新都区新繁镇太平村遗址发掘简报》，《成都考古发现（2010）》，北京：科学出版社，2012 年。

成都文物考古研究所、新都区文物管理所：《成都市新都区朱王村遗址发掘报告》，《成都考古发现（2011）》，北京：科学出版社，2013 年。

成都文物考古研究所、新都区文物管理所：《成都市新都区同盟村遗址商周时期遗存发掘简报》，《四川文物》2015 年第 5 期。

成都文物考古研究所、新都区文物管理所、北京联合大学：《成都市新都区大江村遗址勘探试掘简报》，《成都考古发现（2011）》，北京：科学出版社，2013 年。

成都文物考古研究所、新津县文管所：《新津宝墩遗址调查与试掘简报（2009～2010 年）》，《成都考古发现（2009）》，北京：科学出版社，2011 年。

成都文物考古研究所、新津县文物管理所：《新津县宝墩遗址鼓墩子2010 年发掘报告》，《成都考古发现（2012）》，北京：科学出版社，2014 年。

成都文物考古研究所、新津县文物管理所：《2010 年新津县宝墩遗址外城罗林盘地点发掘简报》，《成都考古发现（2012）》，北京：科学出版社，2014 年。

成都文物考古研究所、新津县文物管理所：《新津县宝墩遗址2012～2013 年度考古发掘简报》，《成都考古发现（2014）》，北京：科学出版社，2016 年。

成都文物考古研究所、新津县文物管理所：《成都市新津县宝墩遗址治龙桥地点的发掘》，《考古》2018 年第 1 期。

成都文物考古研究院：《成都金河路古遗址发掘报告》，《成都考古发现（2015）》，北京：科学出版社，2017 年。

成都文物考古研究院、青白江区文物保护中心：《四川成都双元村东周墓地一五四号墓发掘》，《考古学报》2020 年第 3 期。

重庆市文化遗产研究院、重庆市涪陵区博物馆、重庆市文物局：《重庆涪陵小田溪墓群 M12 发掘简报》，《文物》2016 年第 9 期。

重庆市文物考古研究所、重庆市文物局：《涪陵小田溪墓群发掘简报》，《重庆库区考古报告集（2002 卷）》（中），北京：科学出版社，2010 年。

D

德：《成都天迴山发现三座土坑墓》，《考古》1959 年第 8 期。

F

冯汉骥：《成都平原之大石文化遗迹》，《冯汉骥考古学论文集》，北京：文物出版社，1985 年；又见 *Journal of the West China Border Research Society*, Vol. 16, 1945.

冯汉骥：《四川彭县出土的铜器》，《文物》1980 年第 12 期。

冯汉骥、童恩正：《记广汉出土的玉石器》，《文物》1979 年第 2 期。

G

甘肃省文物考古研究所、北京科技大学冶金与材料史研究所、中国社会科学院考古研究所、西北大学文化遗产学院：《甘肃张掖市西城驿遗址》，《考古》2014 年第 7 期。

甘肃省文物考古研究所、北京科技大学冶金与材料史研究所、中国社会科学院考古研究所、西北大学文化遗产学院：《甘肃张掖市西城驿遗址 2010 年发掘简报》，《考古》2015 年第 10 期。

广丰县博物馆　罗小安：《广丰发现西周青铜提梁卣》，《江西文物》1989 年第 1 期。

H

韩伟、曹明檀：《陕西凤翔高王寺战国铜器窖藏》，《文物》1981 年第 1 期。

何毓灵：《河南安阳洹北商城发现铸铜制骨手工业作坊遗址》，《中国文物报》2016 年 12 月 16 日。

何毓灵：《殷墟近十年发掘的收获与思考》，《中原文物》2018 年第 5 期。

河姆渡遗址考古队：《浙江河姆渡遗址第二期发掘的主要收获》，《文物》1980 年第 5 期。

河南省博物馆：《济源泗涧沟三座汉墓的发掘》，《文物》1973 年第 2 期。

湖北省文物考古研究所、随州市博物馆：《湖北随州叶家山西周墓地发掘简报》，《文物》2011 年第 11 期。

湖北省文物考古研究所、随州市博物馆：《湖北随州叶家山 M28 发掘报告》，《江汉考古》2013 年第 4 期。

湖北省文物考古研究所、中国社会科学院考古研究所：《湖北石家河罗家柏岭新石器时代遗址》，《考古学报》1994 年第 2 期。

湖南省文物考古研究所：《湖南石门皂市商代遗存》，《考古学报》1992 年第 2 期。

湖南省文物考古研究所：《湖南桃江麦子园遗址发掘报告》，《湖南考古辑刊》第 10 集，长沙：岳麓书社，2014 年。

湖南省文物考古研究所、长沙市博物馆、长沙市考古研究所、望城县文物管理所：《湖南望城县高砂脊商周遗址的发掘》，《考古》2001年第4期。

湖南省文物考古研究所、长沙市考古研究所、宁乡县文物管理所：《湖南宁乡炭河里西周城址与墓葬发掘简报》，《文物》2006年第6期。

湖南省岳阳市文物管理处：《湖南岳阳温家山商时期坑状遗迹发掘简报》，《江汉考古》2005年第1期。

J

江西省博物馆、清江县博物馆：《近年江西出土的商代青铜器》，《文物》1977年第9期。

江西省文物考古研究所：《江西靖安李洲坳东周墓葬》，《考古》2008年第7期。

江西省文物考古研究所、靖安县博物馆：《江西靖安李洲坳东周墓发掘简报》，《文物》2009年第2期。

江西省文物考古研究所、铜鼓县秋收起义纪念馆：《江西铜鼓平顶垴遗址发掘简报》，《文物》2012年第6期。

江西省文物考古研究院、江西樟树市博物馆：《江西樟树筑卫城遗址大型建筑基址发掘简报》，《南方文物》2018年第1期。

江章华、何锟宇、左志强等：《宝墩遗址聚落考古取得重要进展》，《中国文物报》2012年8月17日。

K

喀左县文化馆、朝阳地区博物馆、辽宁省博物馆：《辽宁省喀左县山湾子出土殷周青铜器》，《文物》1977年第12期。

喀左县文化馆、朝阳地区博物馆、辽宁省博物馆　北洞文物发掘小组：《辽宁喀左县北洞村出土的殷周青铜器》，《考古》1974年第6期。

孔德铭、申明清、李贵昌、孔维鹏：《河南省安阳市辛店商代铸铜遗址发掘及学术意义》，《三代考古》（七），北京：科学出版社，2017年。

L

赖有德：《成都南郊出土的铜器》，《考古》1959年第8期。

雷雨：《四川广汉三星堆遗址2012～2013年考古新收获》，《中国重要考古发现（2013）》，北京：文物出版社，2014 年。

梁德光：《江西遂川出土一件商代铜卣》，《文物》1986 年第 5 期。

辽宁省博物馆、朝阳地区博物馆：《辽宁喀左县北洞村发现殷代青铜器》，《考古》1973 年第 4 期。

林名均：《广汉古代遗物之发现及其发掘》，《说文月刊》第 3 卷第 7 期，1942 年。

刘祥宇、周志清、王占魁：《成都金沙遗址出土铜簋》，《文物》2018 年第 9 期。

刘章泽、张生刚、徐伟：《四川德阳罗江周家坝战国船棺墓地》，《中国重要考古发现（2012）》，北京：文物出版社，2013 年。

龙腾：《四川蒲江县巴族武士船棺》，《考古》1983 年第 12 期。

龙腾、李平：《蒲江朝阳乡发现古代巴蜀船棺》，《四川文物》1991 年第 3 期。

罗开玉、周尔太：《成都白果林小区四号船棺》，《成都文物》1990 年第 3 期。

罗开玉、周尔泰：《成都罗家碾发现二座蜀文化墓葬》，《考古》1993 年第 2 期。

M

马继贤：《广汉月亮湾遗址发掘追记》，《南方民族考古》第 5 辑，成都：四川科学技术出版社，1993 年。

P

彭适凡、李玉林：《江西新干县的西周墓葬》，《文物》1983 年第 6 期。

郫县文化馆：《四川郫县发现战国船棺葬》，《考古》1980 年第 6 期。

R

饶华松：《江西九江荞麦岭遗址》，《中国重要考古发现（2014）》，北京：文物出版社，2015 年。

S

山西省考古研究所：《山西浑源县李峪村东周墓》，《考古》1983 年第 8 期。

四川大学博物馆、成都市博物馆：《成都指挥街周代遗址发掘报告》，《南方民族考古》第 1 辑，成都：四川大学出版社，1987 年。

四川大学历史文化学院考古系、云阳县文物管理所：《云阳李家坝东周墓地发掘报告》，《重庆库区考古报告集（1997 卷）》，北京：科学出版社，2001 年。

四川大学历史文化学院考古系、云阳县文物管理所：《云阳李家坝巴人墓地发掘报告》，《重庆库区考古报告集（1998 卷）》，北京：科学出版社，2003 年。

四川大学历史文化学院考古学系、成都文物考古研究院、新津县文物管理所：《成都市新津县宝墩遗址田角林地点 2013 年的发掘》，《考古》2018 年第 3 期。

四川大学历史系考古学教研组：《广汉中兴公社古遗址调查简报》，《文物》1961 年第 11 期。

四川省博物馆：《四川新繁县水观音遗址试掘简报》，《考古》1959 年第 8 期。

四川省博物馆：《成都青羊宫遗址试掘简报》，《考古》1959 年第 8 期。

四川省博物馆：《成都百花潭中学十号墓发掘记》，《文物》1976 年第 3 期。

四川省博物馆：《成都西郊战国墓》，《考古》1983 年第 7 期。

四川省博物馆、重庆市博物馆、涪陵县文化馆：《四川涪陵地区小田溪战国土坑墓清理简报》，《文物》1974 年第 5 期。

四川省博物馆、彭县文化馆：《四川彭县西周窖藏铜器》，《考古》1981 年第 6 期。

四川省博物馆 王有鹏：《四川绵竹县船棺墓》，《文物》1987 年第 10 期。

四川省博物馆、新都县文物管理所：《四川新都战国木椁墓》，《文物》1981 年第 6 期。

四川省文管会、大邑县文化馆：《四川大邑五龙战国巴蜀墓葬》，《文物》1985 年第 5 期。

四川省文管会 赵殿增、胡昌钰：《四川彭县发现船棺葬》，《文物》1985 年第 5 期。

四川省文物管理委员会：《成都青羊宫古遗址清理简报》，《考古通讯》

1956 年第 2 期。

四川省文物管理委员会：《成都羊子山第 172 号墓发掘报告》，《考古学报》1956 年第 4 期。

四川省文物管理委员会：《成都羊子山土台遗址清理报告》，《考古学报》1957 年第 4 期。

四川省文物管理委员会：《成都战国土坑墓发掘简报》，《文物》1982 年第 1 期。

四川省文物管理委员会：《成都市出土的一批战国青铜兵器》，《文物》1982 年第 8 期。

四川省文物管理委员会、涪陵地区文化局：《四川涪陵小田溪四座战国墓》，《考古》1985 年第 1 期。

四川省文物管理委员会、蒲江县文物管理所：《蒲江县战国土坑墓》，《文物》1985 年第 5 期。

四川省文物管理委员会、四川省博物馆、广汉县文化馆：《广汉三星堆遗址》，《考古学报》1987 年第 2 期。

四川省文物管理委员会，四川省文物考古研究所，广汉市文化局、文管所：《广汉三星堆遗址二号祭祀坑发掘简报》，《文物》1989 年第 5 期。

四川省文物管理委员会、四川省文物考古研究所、四川省广汉县文化局：《广汉三星堆遗址一号祭祀坑发掘简报》，《文物》1987 年第 10 期。

四川省文物考古研究所、阿坝州文物管理所、汶川县文化体育局：《四川汶川县姜维城新石器时代遗址发掘简报》，《考古》2006 年第 11 期。

四川省文物考古研究所、阿坝州文物管理所、汶川县文物管理所：《四川汶川县姜维城新石器时代遗址发掘报告》，《四川文物》2004 年增刊。

四川省文物考古研究所、涪陵地区博物馆、涪陵市文物管理所：《涪陵市小田溪 9 号墓发掘简报》，《四川考古报告集》，北京：文物出版社，1998 年。

四川省文物考古研究所三星堆工作站、广汉市文物管理所：《三星堆遗址真武仓包包祭祀坑调查简报》，《四川考古报告集》，北京：文物出版社，1998 年。

四川省文物考古研究所三星堆工作站、四川省广汉市文管所、什邡县文管所：《四川广汉、什邡商周遗址调查报告》，《南方民族考古》第 5 辑，成都：四川科学技术出版社，1993 年。

四川省文物考古研究所三星堆遗址工作站：《四川广汉市三星堆遗址仁胜村土坑墓》，《考古》2004 年第 10 期。

四川省文物考古研究院：《四川鸭子河流域商周时期遗址 2011 ～ 2013 年调查简报》，《四川文物》2014 年第 5 期。

四川省文物考古研究院：《四川广汉市三星堆遗址青关山战国墓发掘简报》，《四川文物》2015 年第 4 期。

四川省文物考古研究院：《四川广汉市三星堆遗址马屁股城墙发掘简报》，《四川文物》2017 年第 5 期。

四川省文物考古研究院：《四川广汉市三星堆遗址青关山一号建筑基址的发掘》，《四川文物》2020 年第 5 期。

四川省文物考古研究院、德阳市博物馆、什邡市博物馆：《四川什邡桂圆桥新石器时代遗址发掘简报》，《文物》2013 年第 9 期。

四川省文物考古研究院、日本九州大学、甘孜藏族自治州文化旅游局、炉霍县文化旅游局：《四川炉霍县宴尔龙石棺葬墓地发掘简报》，《四川文物》2012 年第 3 期。

T

谭远辉：《湖南涔澹农场发现商代铜器墓》，《华夏考古》1993 年第 2 期。

唐昌朴：《江西都昌出土商代铜器》，《考古》1976 年第 4 期。

W

王家祐：《记四川彭县竹瓦街出土的铜器》，《文物》1961 年第 11 期。

王家祐、江甸潮：《四川新繁、广汉古遗址调查记》，《考古通讯》1958 年第 8 期。

王毅、徐鹏章：《方池街古文化遗址的出土文物》，《成都文物》1999 年第 2 期。

武汉大学历史学院、湖北省文物考古研究所、武汉市文物考古研究所、盘龙城遗址博物馆：《2012 ～ 2017 年盘龙城考古：思路与收获》，《江汉考古》2018 年第 5 期。

武汉大学历史学院考古系、安徽省文物考古研究所：《安徽阜南县台家寺遗址发掘简报》，《考古》2018 年第 6 期。

X

谢涛：《成都运动创伤研究所发现土坑墓》，《成都文物》1993 年第 3 期。

徐鹏章：《我市方池街发现古文化遗址》，《成都文物》1984 年第 2 期。

薛尧：《江西出土的几件青铜器》，《考古》1963 年第 8 期。

Y

叶茂林、李明斌：《崇州市紫竹古城》，《中国考古学年鉴（2001）》，北京：文物出版社，2002 年。

易立、杨波：《四川成都张家墩战国秦汉墓地》，《中国重要考古发现（2016）》，北京：文物出版社，2017 年。

Z

张昌平、陈晖：《湖北郧县李营发现的铸铜遗存》，《考古》2016 年第 6 期。

张继：《四川古迹之调查》，《说文月刊》第 3 卷第 7 期，1942 年。

浙江省文物管理委员会、浙江省博物馆：《河姆渡遗址第一期发掘报告》，《考古学报》1978 年第 1 期。

中国社会科学院考古研究所四川工作队：《四川绵阳市边堆山新石器时代遗址调查简报》，《考古》1990 年第 4 期。

中日联合考古调查队：《四川新津县宝墩遗址 1996 年发掘简报》，《考古》1998 年第 1 期。

中日联合考古调查队：《都江堰市芒城遗址 1998 年度发掘工作简报》，《成都考古发现（1999）》，北京：科学出版社，2001 年。

中日联合考古调查队：《都江堰市芒城遗址 1999 年度发掘工作简报》，《成都考古发现（1999）》，北京：科学出版社，2001 年。

周志清、陈剑、刘祥宇、闫雪：《四川大邑高山古城遗址 2015 ～ 2016 年发掘收获》，《中国重要考古发现（2016）》，北京：文物出版社，2017 年。

朱心持：《江西余干黄金埠出土铜甗》，《考古》1960 年第 2 期。

四、研究论文

A

敖天照：《三星堆海贝来源初探》，《四川文物》1993 年第 5 期。

敖天照：《三星堆玉石器再研究》，《四川文物》2003 年第 2 期。

B

巴家云：《三星堆遗址所反映的蜀人一些宗教问题的研究》，《四川文物》1989 年"广汉三星堆遗址研究专辑"。

巴家云：《三星堆遗址青铜"纵目"人面像研究——兼和范小平同志商榷》，《四川文物》1991 年第 2 期。

巴家云：《试论成都平原早蜀文化的社会经济》，《四川文物》1992 年"三星堆古蜀文化研究专辑"。

白九江、李大地：《试论石地坝文化》，《三峡考古与多学科研究》，重庆出版社，2007 年。

〔美〕贝格立：《商时期青铜铸造业的起源和发展》，《南方文物》2009 年第 1 期。

C

蔡革：《从广汉三星堆祭祀坑出土文物看当时蜀人的服饰特征》，《四川文物》1995 年第 2 期。

蔡靖泉：《考古发现反映出的成都平原先秦社会经济文化发展》，《江汉考古》2006 年第 3 期。

陈淳、韩佳瑶：《从青铜器看三星堆的"巫"与殷商的"礼"》，《中国文物报》2004 年 2 月 13 日。

陈淳、殷敏：《三星堆青铜树象征性研究》，《四川文物》2005 年第 6 期。

陈德安：《三星堆遗址》，《四川文物》1991 年第 1 期。

陈德安：《浅释三星堆二号祭祀坑出土的"边璋"图案》，《南方民族考古》第 3 辑，成都：四川科学技术出版社，1991 年。

陈德安：《三星堆祭祀坑出土青铜面具研究》，《四川文物》1992 年"三星堆古蜀文化研究专辑"。

　　陈德安：《三星堆遗址考古大事纪要》，《四川文物》2006 年第 3 期。

　　陈德安：《古蜀文明与周边各文明的关系》，《中华文化论坛》2007 年第 4 期。

　　陈德安、杨剑：《三星堆遗址商代城址的调查与认识》，《夏商周方国文明国际学术研讨会论文集（2014 中国广汉）》，北京：科学出版社，2015 年。

　　陈国梁：《二里头文化铜器制作技术概述》，《三代考古》（二），北京：科学出版社，2006 年。

　　陈剑：《川西彩陶的发现与初步研究》，《古代文明》第 5 卷，北京：文物出版社，2006 年。

　　陈剑：《波西、营盘山及沙乌都——浅析岷江上游新石器文化演变的阶段性》，《考古与文物》2007 年第 5 期。

　　陈剑：《川西史前玉器简论》，《成都考古研究》（二），北京：科学出版社，2013 年。

　　陈江风、周铁项：《也谈广汉三星堆玉璧的文化功能》，《四川文物》1995 年第 2 期。

　　陈明芳：《论船棺葬》，《东南文化》1991 年第 1 期。

　　陈卫东、王天佑：《浅议岷江上游新石器时代文化》，《四川文物》2004 年第 3 期。

　　陈文领博：《铜鍪研究》，《考古与文物》1994 年第 1 期。

　　陈显丹：《论广汉三星堆遗址的性质》，《四川文物》1988 年第 4 期。

　　陈显丹：《广汉三星堆一、二号坑两个问题的探讨》，《文物》1989 年第 5 期。

　　陈显丹：《三星堆一、二号坑几个问题的研究》，《四川文物》1989 年"广汉三星堆遗址研究专辑"。

　　陈显丹：《广汉三星堆青铜器研究》，《四川文物》1990 年第 6 期。

　　陈显丹：《广汉三星堆遗址发掘概况、初步分期——兼论"早蜀文化"的特征及其发展》，《南方民族考古》第 2 辑，成都：四川科学技术出版社，1990 年。

陈显丹：《三星堆文化玉石器研究》，《四川文物》1992 年"三星堆古蜀文化研究专辑"。

陈显丹：《广汉三星堆遗址一、二号坑的时代、性质的再讨论》，《四川文物》1997 年第 4 期。

陈显丹：《浅析三星堆古城布局》，《夏商周方国文明国际学术研讨会论文集（2014 中国广汉）》，北京：科学出版社，2015 年。

陈显丹：《三星堆文明与三星堆古城》，《"城市与文明"学术研讨会论文集》，上海古籍出版社，2016 年。

陈显丹：《古蜀玉器与越南古代玉器之关系》，《夏商时期玉文化国际学术研讨会论文集》，北京：科学出版社，2018 年。

陈显丹、陈德安：《试析三星堆遗址商代一号坑的性质及有关问题》，《四川文物》1987 年第 4 期。

陈显丹、刘家胜：《论三星堆文化与宝墩文化之关系》，《四川文物》2002 年第 4 期。

陈小三：《试论镶嵌绿松石牌饰的起源》，《考古与文物》2013 年第 5 期。

陈云洪：《成都金沙遗址船棺葬的分析》，《南方民族考古》第 10 辑，北京：科学出版社，2014 年。

陈云洪：《四川地区船棺葬的考古学观察》，《边疆考古研究》第 17 辑，北京：科学出版社，2015 年。

成都文物考古研究所：《成都金沙遗址人骨研究——黄忠小区工地出土人骨研究报告》，《成都考古发现（2006）》，北京：科学出版社，2008 年。

〔日〕成家彻郎：《巴蜀印章试探》，《四川文物》2004 年第 2 期。

崔剑锋、吴小红：《三星堆遗址祭祀坑中出土部分青铜器的金属学和铅同位素比值再分析——对三星堆青铜文化的一些新认识》，《南方民族考古》第 9 辑，北京：科学出版社，2013 年。

D

代丽娟：《成都平原小型青铜兵器研究》，《考古学报》2017 年第 4 期。

邓聪：《东亚视野下金沙玉璋源流》，《金沙玉工Ⅰ：金沙遗址出土玉石璋研究》，成都：四川人民出版社，2017 年。

邓惠、袁靖、宋国定、王昌燧、江田真毅：《中国古代家鸡的再探讨》，《考古》2013 年第 6 期。

邓少琴：《巴蜀史稿》，《邓少琴西南民族史地论集》（上），成都：巴蜀书社，2001 年。

丁长芬：《从昭通巴蜀土坑墓看巴人南迁》，《四川文物》1996 年第 3 期。

董其祥：《巴蜀文字的探讨》，《西南师范大学学报（人文社会科学版）》1989 年第 3 期。

董作宾：《殷代的羌与蜀》，《说文月刊》第 3 卷第 7 期，1942 年。

杜金鹏：《封顶盉研究》，《考古学报》1992 年第 1 期。

杜金鹏：《三星堆文化与二里头文化的关系及相关问题》，《四川文物》1995 年第 1 期。

杜金鹏：《广汉三星堆出土商代铜牌饰浅说》，《中国文物报》1995 年 4 月 9 日。

杜金鹏：《三星堆遗址青关山一号建筑基址初探》，《四川文物》2020 年第 5 期。

杜迺松：《论巴蜀青铜器》，《江汉考古》1985 年第 3 期。

段渝：《论巴蜀地理对文明起源的影响》，《四川大学学报（哲学社会科学版）》1988 年第 2 期。

段渝：《论新都蜀墓及所出"邵之食鼎"》，《考古与文物》1991 年第 3 期。

段渝：《巴蜀古文字的两系及其起源》，《成都文物》1991 年第 3 期。

段渝：《论商代长江上游川西平原青铜文化与华北和世界文明的关系》，《东南文化》1993 年第 2 期。

段渝：《巴蜀早期城市的起源》，《三星堆与巴蜀文化》，成都：巴蜀书社，1993 年。

段渝：《蜀文化考古与夏商时代的蜀王国》，《四川文物》1994 年第 1 期。

段渝：《巴蜀青铜文化的演进》，《文物》1996 年第 3 期。

段渝：《先秦巴蜀文化的尚五观念》，《四川文物》1999 年第 5 期。

段渝：《古蜀象牙祭祀考》，《中华文化论坛》2007 年第 1 期。

段渝：《三星堆古蜀文明与南方丝绸之路》，《三星堆研究》第 2 辑《三星堆与南方丝绸之路青铜文化研讨会论文集》，北京：文物出版社，2007 年。

段渝：《古蜀文明与早期中印交流》，《南方丝绸之路研究论集》，成都：四川出版集团巴蜀书社，2008 年。

段渝：《中国西南早期对外交通——先秦两汉的南方丝绸之路》，《历史研究》2009 年第 2 期。

段渝：《先秦成都平原的历史与文明》，《成都文物》2010 年第 3、4 期。

段渝：《先秦蜀国的都城和疆域》，《中国史研究》2012 年第 1 期。

段渝：《酋邦与国家形成的两种机制——古代中国西南巴蜀地区的研究实例》，《社会科学战线》2014 年第 9 期。

段渝、陈剑：《成都平原史前古城性质初探》，《天府新论》2001 年第 6 期。

段玉明：《从出土文物看巴蜀早期佛教》，《四川文物》2008 年第 3 期。

F

樊一、陈煦：《封禅考——兼论三星堆两坑性质》，《四川文物》1998 年第 1 期。

樊一、吴维羲：《三星堆神坛考》，《四川文物》2003 年第 2 期。

范佳：《三星堆象形青铜器略论》，《中华文化论坛》2016 年第 12 期。

范小平：《广汉商代纵目青铜面像研究》，《四川文物》1989 年"广汉三星堆遗址研究专辑"。

范小平：《三星堆青铜人像群的社会内容和艺术形式初探——兼与中东地区上古雕塑艺术之比较》，《三星堆与巴蜀文化》，成都：巴蜀书社，1993 年。

范小平：《三星堆青铜雕像与西亚上古雕塑艺术比较》，《四川文物》1997 年第 5 期。

范小平：《论三星堆纵目的青铜面像》，《四川文物》1998 年第 1 期。

范小平：《三星堆与商周青铜人像造型艺术研究》，《四川文物》2001 年第 2 期。

范勇：《我国西南地区的青铜斧钺》，《考古学报》1989 年第 2 期。

范勇：《试论早蜀文化的渊源及族属》，《三星堆与巴蜀文化》，成都：巴蜀书社，1993 年。

冯恩学：《谈三星堆出土神树的性质》，《中华文化论坛》1998 年第 1 期。

冯广宏：《三星堆遗址鱼凫说质疑》，《四川文物》2002 年第 5 期。

冯广宏、王家祐：《邵之食鼎疑辨》，《四川文物》1997 年第 1 期。

冯汉骥：《关于"楚公豪"戈的真伪并略论四川"巴蜀"时期的兵器》，《文物》1961 年第 11 期。

冯时：《巴蜀印章文字考释——巴蜀文字释读方法探索》，《四川文物》2015 年第 3 期。

冯一下：《试析巴蜀器物上的龙凤虎纹饰》，《四川文物》1987 年第 1 期。

傅顺、王成善、江章华等：《成都金沙遗址区古环境初步研究》，《江汉考古》2006 年第 1 期。

傅正初：《巴蜀与西南夷的文化联系》，《巴蜀历史·民族·考古·文化》，成都：巴蜀书社，1991 年。

傅正初：《三星堆墓葬与古蜀人的丧葬习俗》，《天府新论》1994 年第 3 期。

G

高大伦：《三星堆器物坑饰"鱼凫纹"金杖与强国墓地"鸭首形"铜旌》，《中国文物报》1997 年 10 月 12 日。

高大伦：《古蜀国鱼凫世钩沉》，《四川文物》1998 年第 3 期。

高大伦：《成都金沙商周遗址出土"玉眼形器"的初步研究》，《四川文物》2002 年第 2 期。

高大伦：《早蜀文化遗物中的眼形及眼形器初探》，《考古与文物》2003 年第 4 期。

高大伦：《从考古发现看西南丝路沿线的文化传播》，《中华文化论坛》2008 年增刊。

高大伦：《四川新石器遗址成批发现的重要启示》，《中华文化论坛》2009 年增刊。

高大伦：《四川茂县牟托石棺葬小议》，《四川文物》2011 年第 6 期。

高大伦、郭明：《三星堆遗址古文明的长度宽度和高度》，《四川文物》2016 年第 4 期。

高大伦、李映福：《广汉三星堆遗址出土玉石器的初步考察》，《考古与文物》1994 年第 2 期。

高文：《巴蜀铜印浅析》，《四川文物》1999 年第 2 期。

高至喜：《"商文化不过长江"辨——从考古发现看湖南的商代文化》，《求索》1981 年第 2 期。

〔美〕葛岩、凯瑟琳·M. 林道夫：《三星堆：中国西南新发现的青铜时代遗址》，《四川文物》1991 年第 6 期。

顾颉刚：《古代巴蜀与中原的关系说及其批判》，《三大学研究所中国文化研究汇刊》第 1 期，1941 年；《论巴蜀与中原的关系》，成都：四川人民出版社，1981 年。

顾颉刚：《〈蜀王本纪〉与〈华阳国志〉所记蜀国事》，《中国史学》第 1 期，1946 年；《论巴蜀与中原的关系》，成都：四川人民出版社，1981 年。

顾问：《三星堆、金沙一类"奇异"玉器构图来源、内涵、定名及相关问题研究》，《古代文明》第 4 卷，北京：文物出版社，2005 年。

管小平：《宝墩文化的聚落级差及城市萌芽》，《四川文物》2019 年第 5 期。

郭德维：《蜀楚关系新探——从考古发现看楚文化与巴蜀文化》，《考古与文物》1991 年第 1 期。

郭德维：《蜀楚文化发展阶段试探》，《三星堆与巴蜀文化》，成都：巴蜀书社，1993 年。

郭发明：《谈三星堆古城的兴废和水的关系》，《四川水利》1994 年第 6 期。

郭富：《四川地区早期带柄铜镜的初步研究》，《四川文物》2013 年第 6 期。

郭继艳：《试论巴蜀文化的陶质炊器》，《四川文物》2001 年第 1 期。

郭明、高大伦：《考古学视角下的巴蜀印章研究》，《四川文物》2018 年第 1 期。

郭沫若：《桃都·女娲·加陵》，《文物》1973 年第 1 期。

H

韩佳瑶、陈淳：《三星堆青铜器巫觋因素解析》，《文物世界》2004 年第 3 期。

韩起：《中国家鸡的起源从公元前 141 年开始吗？》，《中国文物报》2009 年 11 月 27 日。

何锟宇：《成都商业街船棺葬出土动物骨骼鉴定报告》，《成都商业街船棺葬》，北京：文物出版社，2009 年。

何锟宇：《试论十二桥文化的生业方式——以动物考古学研究为中心》，《考古》2011 年第 2 期。

何锟宇：《试论宝墩文化的源头》，《南方民族考古》第 12 辑，北京：科学出版社，2016 年。

何锟宇、颜劲松、陈云洪：《成都市商业街船棺墓葬出土动物骨骼研究》，《四川文物》2006 年第 6 期。

何志国：《绵阳边堆山文化初探》，《四川文物》1993 年第 6 期。

何志国：《三星堆文化与巴蜀文化的关系》，《四川文物》1997 年第 4 期。

洪梅：《试析战国时期巴蜀文化的墓葬形制》，《华夏考古》2009 年第 1 期。

洪梅：《"巴蜀符号两系说"质疑——以 6 件特殊铭文的虎纹戈为例》，《四川文物》2019 年第 2 期。

胡昌钰、蔡革：《鱼凫考——也谈三星堆遗址》，《四川文物》1992 年"三星堆古蜀文化研究专辑"。

胡昌钰、耿宗惠：《广汉三星堆遗址出土"铜'次'形器"研究》，《四川文物》2003 年第 2 期。

胡昌钰、孙亚樵：《对三星堆祭祀坑出土的铜"兽首冠人像"等器物的研究》，《史前研究》（2006），西安：陕西师范大学出版社，2007 年。

黄昊德、李蜀蕾：《温江鱼凫村遗址的分期研究与土墙功能考察》，《四川文物》2005 年第 4 期。

黄昊德、赵宾福：《宝墩文化的发现及其来源考察》，《中华文化论坛》2004 年第 2 期。

黄家祥：《〈广汉三星堆遗址〉的初步分析》，《考古》1990 年第 11 期。

黄家祥：《三星堆遗址出土文物三题》，《四川文物》1992 年第 2 期。

黄家祥：《三星堆遗址二号坑出土青铜立人像试释》，《华夏考古》1994 年第 2 期。

黄剑华：《三星堆青铜神树探讨》，《四川文物》1999 年第 2 期。

黄剑华：《三星堆青铜造像与古蜀祭祀活动探讨》，《中华文化论坛》2000 年第 3 期。

黄剑华：《三星堆玉璋图案探讨》，《四川文物》2000 年第 5 期。

黄剑华：《三星堆服饰文化探讨》，《四川文物》2001 年第 2 期。

黄剑华：《三星堆太阳崇拜探讨》，《中华文化论坛》2001 年第 2 期。

黄剑华：《三星堆文明与中原文明的关系》，《中原文物》2001 年第 4 期。

黄剑华：《古代蜀人的通天神树》，《四川大学学报（哲学社会科学版）》2001 年第 4 期。

黄剑华：《三星堆出土黄金制品探讨》，《西南交通大学学报（社会科学版）》2002 年第 1 期。

黄剑华：《古蜀王都与早期古城遗址探讨》，《四川文物》2002 年第 5 期。

黄剑华：《金沙遗址出土金蛙之寓意探析》，《东南文化》2004 年第 1 期。

黄剑华：《金沙遗址金冠带图案探析》，《文博》2004 年第 1 期。

黄剑华：《金沙遗址出土石雕人像探析》，《中华文化论坛》2004 年第 1 期。

黄剑华：《太阳神鸟的绝唱——金沙遗址出土太阳神鸟金箔饰探析》，《社会科学研究》2004 年第 1 期。

黄剑华：《从金沙遗址考古发现看古蜀文化交流》，《成都文物》2006 年第 4 期。

黄尚明：《关于川渝地区船棺葬的族属问题》，《四川文物》2005 年第 3 期。

黄尚明：《试论楚文化对晚期蜀文化的影响》，《江汉考古》2006 年第 2 期。

黄士斌：《巴、蜀王国的桥形铜币质疑》，《考古与文物》1992 年第 1 期。

黄希成：《新津出土蜀王虎钟考略》，《说文月刊》第 3 卷第 12 期，1944 年。

黄晓枫：《试论四川地区战国墓中的青铜工具》，《华夏考古》2002 年第 4 期。

霍巍：《广汉三星堆青铜文化与古代西亚文明》，《四川文物》1989 年"广汉三星堆遗址研究专辑"。

霍巍：《西藏考古新收获与远古川藏间的文化联系》，《三星堆与巴蜀文化》，成都：巴蜀书社，1993 年。

霍巍：《关于岷江上游牟托石棺墓几个问题的探讨》，《四川文物》1997年第 5 期。

霍巍：《从新出考古材料论我国西南的带柄铜镜问题》，《四川文物》2000 年第 2 期。

霍巍：《四川何家山崖墓出土神兽镜及相关问题研究》，《考古》2000年第 5 期。

霍巍：《中国西南地区钱树佛像的考古发现与考察》，《考古》2007 年第 3 期。

霍巍：《成都平原史前农业考古新发现及其启示》，《中华文化论坛》2009 年增刊。

霍巍：《蜀与滇之间的考古学》，《西南考古与中华文明》，成都：巴蜀书社，2011 年。

霍巍、黄伟：《试论无胡蜀式戈的几个问题》，《考古》1989 年第 3 期。

霍巍、黄伟：《蜀人的墓葬分期》，《巴蜀历史·民族·考古·文化》，成都：巴蜀书社，1991 年。

J

季智慧：《神树、金杖、笄与蜀文化》，《四川文物》1989 年"广汉三星堆遗址研究专辑"。

〔日〕间濑收芳：《四川省青川战国墓的研究》，《南方民族考古》第 3 辑，成都：四川科学技术出版社，1991 年。

江玉祥：《广汉三星堆遗址出土的象牙》，《三星堆与巴蜀文化》，成都：巴蜀书社，1993 年。

江章华：《巴蜀柳叶形剑渊源试探》，《四川文物》1992 年"三星堆古蜀文化研究专辑"。

江章华：《巴蜀地区的移民墓研究》，《四川文物》1996 年第 1 期。

江章华：《巴蜀柳叶形剑研究》，《考古》1996 年第 9 期。

江章华：《试论三星堆文化、十二桥文化与周邻文化的关系》，《成都文物》1998 年第 1 期。

江章华：《成都十二桥遗址的文化性质及分期研究》，《四川大学考古专业创建三十五周年纪念文集》，成都：四川大学出版社，1998 年。

江章华：《岷江上游新石器时代遗存新发现的几点思考》，《四川文物》2004 年第 3 期。

江章华：《试论鄂西地区商周时期考古学文化的变迁——兼谈早期巴文化》，《考古》2004 年第 11 期。

江章华：《从考古材料看四川盆地在中华文明形成与发展过程中的地位》，《中华文化论坛》2005 年第 4 期。

江章华：《三星堆系青铜容器产地问题》，《四川文物》2006 年第 6 期。

江章华：《战国时期古蜀社会的变迁——从墓葬分析入手》，《四川文物》2008 年第 2 期。

江章华：《成都平原先秦时期农业的转型与聚落变迁》，《中华文化论坛》2009 年增刊。

江章华：《金沙遗址的初步分析》，《文物》2010 年第 2 期。

江章华：《成都平原先秦聚落变迁分析》，《考古》2015 年第 4 期。

江章华、何锟宇：《成都平原史前聚落分析》，《四川文物》2016 年第 6 期。

江章华、王毅、张擎：《成都平原早期城址及其考古学文化初论》，《苏秉琦与当代中国考古学》，北京：科学出版社，2001 年。

江章华、王毅、张擎：《成都平原先秦文化初论》，《考古学报》2002 年第 1 期。

江章华、颜劲松：《成都商业街船棺出土漆器及相关问题探讨》，《四川文物》2003 年第 6 期。

江章华、颜劲松、李明斌：《成都平原的早期古城址群——宝墩文化初论》，《中华文化论坛》1997 年第 4 期。

江章华、尹建华、谢辉：《巴蜀文化区的形成及其进一步趋同发展的历史过程》，《中华文化论坛》2001 年第 4 期。

江章华、张擎：《巴蜀墓葬的分区与分期初论》，《四川文物》1999 年第 3 期。

蒋成、李明斌：《四川温江县鱼凫村遗址分析》，《东南文化》1998 年第 4 期。

〔韩〕金秉骏：《三星堆出土青铜大型面具口部造型探析》，《四川文物》2005 年第 1 期。

金正耀、马渊久夫、Tom Chase、陈德安、三轮嘉六、平尾良光、赵殿增：《广汉三星堆遗物坑青铜器的铅同位素比值研究》，《文物》1995 年第 2 期。

金正耀、马渊久夫、Tom Chase、陈德安、三轮嘉六、平尾良光、赵殿增：《广汉三星堆祭祀坑青铜器的化学组成和铅同位素比值研究》，《三星堆祭祀坑》，北京：文物出版社，1999 年。

金正耀、朱炳泉、常向阳、许之咏、张擎、唐飞：《成都金沙遗址铜器研究》，《文物》2004 年第 7 期。

K

〔丹〕克劳斯·韩斯堡：《考古学在丹麦》，《考古》2006 年第 6 期。

匡邦郁：《原鸡生活习性点滴》，《生物学通报》1964 年第 3 期。

L

雷雨：《试论什邡城关墓地的分期与年代》，《四川文物》2006 年第 3 期。

雷雨：《从考古发现看四川与越南古代文化交流》，《四川文物》2006 年第 6 期。

雷雨：《一年成聚　二年成邑——对于三星堆遗址一期文化遗存的两点认识》，《夏商都邑与文化》（二），北京：中国社会科学出版社，2014 年。

黎海超、崔剑锋、周志清、王毅、王占魁：《成都金沙遗址星河路地点东周墓葬铜兵器的生产问题》，《考古》2018 年第 7 期。

李安民：《论广汉三星堆一、二号祭祀坑非同一民族所为及相关问题》，《三星堆与巴蜀文化》，成都：巴蜀书社，1993 年。

李安民：《广汉三星堆一号、二号祭祀坑所反映的祭祀内容、祭祀习俗研究》，《四川文物》1994 年第 4 期。

李安民：《巴蜀文化结构初论——巴蜀文化的文化学研究》，《四川文物》2007 年第 5 期。

李伯谦：《城固铜器群与早期蜀文化》，《考古与文物》1983 年第 2 期。

李伯谦：《从对三星堆青铜器年代的不同认识谈到如何正确理解和运用"文化滞后"理论》，《四川考古论文集》，北京：文物出版社，1996 年。

李伯谦：《对三星堆文化若干问题的认识》，《考古学研究》（三），北京：科学出版社，1997 年。

李朝远：《江西新干中稜青铜器的再认识》，《长江流域青铜文化研究》，北京：科学出版社，2002 年。

李诚：《古蜀文明与古华夏文明——由成都平原考古所引发的对古代文献的新思考》，《天府新论》1998 年第 5 期。

李复华、王家祐：《关于"巴蜀图语"的几点看法》，《贵州民族研究》1984 年第 4 期。

李复华、王家祐：《巴蜀文化的分期和内涵试说》，《巴蜀历史·民族·考古·文化》，成都：巴蜀书社，1991 年。

李复华、王家祐：《三星堆宗教内涵试探》，《四川文物》2002 年第 1 期。

李健民：《论四川出土的青铜矛》，《考古》1996 年第 2 期。

李明斌：《巴蜀铜兵器上虎纹与巴族》，《四川文物》1992 年第 2 期。

李明斌：《广汉月亮湾遗存试析》，《华夏考古》1999 年第 1 期。

李明斌：《成都地区战国考古学遗存初步研究》，《四川文物》1999 年第 3 期。

李明斌：《试论鱼凫村遗址第三期遗存》，《考古与文物》2001 年第 1 期。

李明斌：《先蜀文化的初步探讨》，《四川文物》2001 年第 3 期。

李明斌：《彭县竹瓦街青铜器窖藏考辨》，《南方文物》2002 年第 1 期。

李明斌：《从三星堆到金沙村——成都平原青铜文化研究札记》，《四川文物》2002 年第 2 期。

李明斌：《羊子山土台再考》，《古代文明》第 2 卷，北京：文物出版社，2003 年。

李明斌：《再论温江鱼凫村遗址第三期文化遗存的性质》，《华夏考古》2011 年第 1 期。

李水城：《权杖头：古丝绸之路早期文化交流的重要见证》，《中国社会科学院古代文明研究中心通讯》第 3 期，2002 年。

李水城：《赤峰及周边地区考古所见权杖头及潜在意义》，《庆祝宿白先生九十华诞》，北京：科学出版社，2012 年。

李松：《广汉青铜人物群雕的美术史价值》，《三星堆与巴蜀文化》，成都：巴蜀书社，1993 年。

李维明：《试析三星堆遗址》，《四川文物》2003 年第 5 期。

李先登、杨英：《四川茂县牟托石棺墓的初步研究》，《中国历史博物馆馆刊》1998 年第 1 期。

李学勤：《论新都出土的蜀国青铜器》，《文物》1982 年第 1 期。

李学勤：《商文化怎样传入四川》，《中国文物报》1989 年 7 月 21 日。

李学勤：《从广汉玉器看蜀与商文化的关系》，《巴蜀历史·民族·考古·文化》，成都：巴蜀书社，1991 年。

李学勤：《〈帝系〉传说与蜀文化》，《四川文物》1992 年"三星堆古蜀文化研究专辑"。

李学勤：《三星堆与蜀国古史传说》，《华夏文明》第 3 集，北京大学出版社，1992 年。

李学勤：《三星堆饕餮纹的分析》，《三星堆与巴蜀文化》，成都：巴蜀书社，1993 年。

李学勤：《越南北部出土牙璋》，《文物天地》1994 年第 3 期。

李学勤：《符号最多的巴蜀矛》，《文物》1995 年第 8 期。

李学勤：《彭县竹瓦街青铜器的再考察》，《四川考古论文集》，北京：文物出版社，1996 年。

李学勤：《三星堆与大洋洲》，《比较考古学随笔》，桂林：广西师范大学出版社，1997 年。

李学勤：《论金沙长琮的符号》，《四川文物》2002 年第 5 期。

李昭和：《"巴蜀"与"楚"漆器初探》，《中国考古学会第二次年会论文集》，北京：文物出版社，1982 年。

李昭和：《战国秦汉时期的巴蜀髹漆工艺》，《四川文物》2004 年第 4 期。

〔日〕林巳奈夫：《中国古代的日晕与神话图像》，《三星堆与巴蜀文化》，成都：巴蜀书社，1993 年。

林向：《周原卜辞中的"蜀"——兼论"早期蜀文化"与岷江上游石棺葬的族属之二》，《考古与文物》1985 年第 6 期。

林向：《蜀酒探源——巴蜀的"萨满式文化"研究之一》，《南方民族考古》第 1 辑，成都：四川大学出版社，1987 年。

林向：《成都平原早期蜀文化遗存试析》，《成都文物》1988 年第 3 期。

林向：《羊子山建筑遗址新考》，《四川文物》1988 年第 5 期。

林向：《三星堆遗址与殷商的西土——兼释殷墟卜辞中的"蜀"的地理位置》，《四川文物》1989 年"三星堆遗址研究专辑"。

林向：《羊子山一七二号墓新考》，《成都文物》1990 年第 2 期。

林向：《近五十年来巴蜀文化与历史的发现与研究》，《巴蜀历史·民族·考古·文化》，成都：巴蜀书社，1991 年。

林向：《蜀盾考》，《四川文物》1992 年"三星堆古蜀文化研究专辑"。

林向：《论古蜀文化区——长江上游的古代文明中心》，《三星堆与巴蜀文化》，成都：巴蜀书社，1993 年。

林向：《古蜀文明与中华牙璋》，《中华文化论坛》1994 年第 1 期。

林向：《蜀与夏——从考古新发现看蜀与夏的关系》，《中华文化论坛》1998 年第 4 期。

林向：《中国西南出土青铜树——从三星堆青铜树说起》，《青铜文化研究》第 1 辑，合肥：黄山书社，1999 年。

林向：《三星堆青铜艺术的人物造型研究》，《中华文化论坛》2000 年第 3 期。

林向：《四川西南山地盐源盆地出土的战国秦汉青铜树》，《华夏考古》2001 年第 3 期。

林向：《寻找三星堆文化的来龙去脉——成都平原的考古最新发现》，《中华文化论坛》2001 年第 4 期。

林向：《"巴蜀文化"辩证》，《巴蜀文化研究》第 3 辑，成都：巴蜀书社，2006 年。

林向：《广都之野与古蜀农耕文明》，《中华文化论坛》2009 年增刊。

林向：《说"鱼凫"——文献记载与考古发现的相互印证》，《长江文明》第 7 辑，郑州：河南人民出版社，2011 年。

林小安：《三星堆商代器物坑探幽》，《文物天地》1995 年第 3 期。

刘光暑：《试论三星堆海贝的来源及其影响》，《四川文物》1993 年第 5 期。

刘弘：《巴蜀图像符号中所见螳螂为"獿"之图腾考》，《四川文物》1987 年第 4 期。

刘弘：《巴蜀铜鍪与巴蜀之师》，《四川文物》1994 年第 6 期。

刘弘：《若木·神树·鸡杖》，《四川文物》1998 年第 5 期。

刘弘：《巴蜀戎事考》，《四川文物》2006 年第 1 期。

刘弘：《三星堆铜蛇与〈山海经〉》，《巴蜀文化暨三峡考古学术研讨会文集》，重庆：西南师范大学出版社，2006 年。

刘弘、刘珂、李媛：《三星堆象头冠与中印象头神之比较》，《中华文化论坛》2015 年第 1 期。

刘士莪、黄尚明：《商周面具初探》，《考古与文物》1993 年第 6 期。

刘士莪、赵丛苍：《论陕南城、洋地区青铜器及其与早期蜀文化的关系》，《三星堆与巴蜀文化》，成都：巴蜀书社，1993 年。

刘世旭：《川西南大石墓与巴蜀文化之比较》，《四川文物》1990 年第 2 期。

刘新生：《三星堆出土陶器研究》，《四川文物》1994 年第 2 期。

刘兴诗：《成都平原古城群兴废与古气候问题》，《四川文物》1998 年第 4 期。

刘瑛：《巴蜀铜器纹饰图录》，《文物资料丛刊》（7），北京：文物出版社，1983 年。

刘瑛：《巴蜀兵器及其纹饰符号》，《文物资料丛刊》（7），北京：文物出版社，1983 年。

刘豫川：《巴蜀符号印章的初步研究》，《文物》1987 年第 10 期。

刘章泽：《眼形器、纵目面具与太阳神崇拜》，《殷商文明暨纪念三星堆遗址发现七十周年国际学术研讨会论文集》，北京：社会科学文献出版社，2003 年。

龙腾：《蒲江新出土巴蜀图语印章探索》，《四川文物》1999 年第 6 期。

卢丁：《三星堆—金沙遗址出土的"金手杖""金四鸟绕日饰"以及相关造型图案研究——兼谈商周文化与古蜀文化的交流》，《川大史学·考古学卷》，成都：四川大学出版社，2006 年。

〔美〕罗伯特·W．贝格勒：《四川商城》，《三星堆与巴蜀文化》，成都：巴蜀书社，1993 年。

〔美〕罗伯特·贝格勒：《四川的商代蜀城》，《四川文物》1995 年第 6 期。

〔美〕罗伯特·琼斯：《四川出土青铜晚期印章》，《四川文物》1992 年第 2 期。

罗二虎：《论三星堆文化居民的族属》，《巴蜀历史·民族·考古·文化》，成都：巴蜀书社，1991 年。

罗二虎：《论中国西南地区早期佛像》，《考古》2005 年第 6 期。

罗二虎：《长江流域早期城市初论》，《文物》2013 年第 2 期。

罗开玉：《三星堆遗址与古代西南文化关系初论》，《四川文物》1989 年"广汉三星堆遗址研究专辑"。

罗开玉：《论古代巴、蜀王国的桥形铜币》，《考古与文物》1990 年第 3 期。

骆宾基：《三星堆出土的古蜀"龙护柱"族标考》，《四川文物》1992 年"三星堆古蜀文化研究专辑"。

M

马江波、金正耀、田建花、陈德安：《三星堆铜器的合金成分和金相研究》，《四川文物》2012 年第 2 期。

马兰：《金沙遗址郎家村"精品房"地点文化遗存初步研究》，《四川文物》2011 年第 3 期。

蒙文通：《巴蜀史的问题》，《四川大学学报（社会科学）》1959 年第 5 期。

〔英〕孟露夏：《公元前 5—前 2 世纪成都平原的社会认同与墓葬实践》，《南方民族考古》第 6 辑，北京：科学出版社，2010 年。

缪凤林：《漫谈巴蜀文化》，《说文月刊》第 3 卷第 7 期，1942 年。

莫洪贵：《广汉三星堆遗址海贝的研究》，《四川文物》1993 年第 5 期。

牟永抗：《东方史前时期太阳崇拜的考古学观察》，《故宫学术季刊》第 12 卷第 4 期，1995 年。

N

聂菲：《巴蜀地域出土漆器及相关问题探讨》，《四川文物》2004 年第 4 期。

〔澳〕诺埃尔·巴纳德：《对广汉埋葬坑青铜器及其它器物之意义的初步认识》，《南方民族考古》第 5 辑，成都：四川科学技术出版社，1993 年。

P

彭邦本：《古城、酋邦与古蜀共主政治的起源——以川西平原古城群为例》，《四川文物》2002 年第 5 期。

彭明瀚：《四川广汉三星堆商代祭祀坑为农业祭祀说》，《农业考古》1994 年第 1 期。

彭适凡、华觉明、李仲达：《江西地区早期铜器冶铸技术的几个问题》，《中国考古学会第四次年会论文集》，北京：文物出版社，1985 年。

彭适凡、马健：《对湖南商周青铜器之谜的一些认识》，《湖南省博物馆馆刊》第 5 辑，长沙：岳麓书社，2009 年。

Q

乔丹：《三星堆祭祀坑出土青铜尊、罍的使用方法》，《四川文物》2019 年第 5 期。

邱登成：《金杖神树与古蜀祖先崇拜》，《四川文物》1992 年"三星堆古蜀文化研究专辑"。

邱登成：《广汉三星堆出土金器管窥》，《三星堆与巴蜀文化》，成都：巴蜀书社，1993 年。

邱登成：《三星堆文化太阳神崇拜浅说》，《四川文物》2001 年第 2 期。

屈小强：《从考古发现看古蜀人的音乐歌舞艺术》，《天府新论》1993 年第 5 期。

屈小强：《三星堆玉石礼器中的璧和璋》，《四川文物》1994 年第 5 期。

R

冉宏林：《试论"巴蜀青铜器"的族属》，《四川文物》2018 年第 1 期。

冉宏林、雷雨：《浅析成都平原先秦时期城址特征的变迁》，《四川文物》2014 年第 3 期。

饶宗颐：《由牙璋略论汉土传入越南的遗物》，《南中国及邻近地区古文化研究》，香港中文大学出版社，1994 年。

S

商承祚：《成都白马寺出土铜器辨》，《说文月刊》第 3 卷第 7 期，1942 年。

沈长云：《从酋邦理论谈到古蜀国家的建立》，《中华文化论坛》2006 年第 4 期。

沈长云：《论古蜀文明的起源与其特征》，《中华文化论坛》2010 年第 3 期。

沈仲常：《新都战国木椁墓与楚文化》，《文物》1981 年第 6 期。

沈仲常：《新都战国墓出土铜印图像探原》，《江汉考古》1982 年第 2 期。

沈仲常：《三星堆二号祭祀坑青铜立人像初记》，《文物》1987 年第 10 期。

沈仲常、黄家祥：《从新繁水观音遗址谈早期蜀文化的有关问题》，《四川文物》1984 年第 2 期。

沈仲常、孙华：《关于四川"船棺葬"的族属问题》，《民族论丛》第 2 辑，1982 年。

施劲松：《蜀文化中的楚文化因素》，《三星堆与巴蜀文化》，成都：巴蜀书社，1993 年。

施劲松：《关于四川牟托一号石棺墓及器物坑的两个问题》，《考古》1996 年第 5 期。

施劲松：《论带虎食人母题的商周青铜器》，《考古》1998 年第 3 期。

施劲松：《论我国南方出土的商代青铜大口尊》，《文物》1998 年第 10 期。

施劲松：《对湖南望城高砂脊出土青铜器的再认识》，《考古》2002 年第 12 期。

施劲松：《三星堆器物坑的再审视》，《考古学报》2004 年第 2 期。

施劲松：《吴城遗址与商代江南》，《探古求原——考古杂志社成立十周年纪念学术文集》，北京：科学出版社，2007 年。

施劲松：《金沙遗址出土石人像身份辨析》，《文物》2010 年第 9 期。

施劲松：《南方东周时期的独木棺合葬墓》，《考古学集刊》第 18 集，北京：科学出版社，2010 年。

施劲松：《从"太阳神鸟"到"太阳马车"》，《纪念徐中舒先生诞辰 110 周年国际学术研讨会论文集》，成都：四川出版集团巴蜀书社，2010 年。

施劲松：《金沙遗址祭祀区出土遗物研究》，《考古学报》2011 年第 2 期。

施劲松：《从西南地区出土的青铜鸡看家鸡起源问题》，《考古与文物》2014 年第 4 期。

施劲松：《川西石棺墓中的铁器》，《南方民族考古》第 10 辑，北京：科学出版社，2014 年。

施劲松：《十二桥遗址与十二桥文化》，《考古》2015 年第 2 期。

施劲松：《三星堆文化的再思考》，《四川文物》2017 年第 4 期。

施劲松：《罗家坝墓葬与成都平原东周时期的文化》，《四川文物》2018 年第 3 期。

施劲松：《商时期南方地区的青铜器与社会：复杂性与多样性的例证》，《考古》2018 年第 5 期。

施劲松：《成都平原先秦时期的墓葬、文化与社会》，《考古》2019 年第 4 期。

施劲松：《成都平原先秦时期的房址——兼谈十二桥遗址的木构建筑》，《南方文物》2019 年第 5 期。

施劲松：《面向"未来"的"历史"建构》，《读书》2020 年第 5 期。

施劲松：《考古背景中的巴蜀符号》，《四川文物》2020 年第 3 期。

施劲松：《论三星堆—金沙文化》，《考古与文物》2020 年第 5 期。

〔美〕史蒂芬·塞奇：《古代四川的分期及其意义》，《四川文物》2001 年第 3 期。

四川省文物考古研究院：《四川什邡市桂圆桥遗址浮选结果与分析》，《四川文物》2015 年第 5 期。

宋治民：《略论四川战国秦墓葬的分期》，《中国考古学会第一次年会论文集》，北京：文物出版社，1980 年。

宋治民：《关于蜀文化的几个问题》，《考古与文物》1983 年第 2 期。

宋治民：《略论四川的秦人墓》，《考古与文物》1984 年第 2 期。

宋治民：《早期蜀文化分期的再探讨》，《考古》1990 年第 5 期。

宋治民：《四川战国墓葬试析》，《四川文物》1990 年第 5 期。

宋治民：《广汉三星堆一号、二号祭祀坑几个问题的探讨》，《南方民族考古》第 3 辑，成都：四川科学技术出版社，1991 年。

宋治民：《从三星堆的新发现看早期蜀文化》，《巴蜀历史·民族·考古·文化》，成都：巴蜀书社，1991 年。

宋治民：《论三星堆遗址及相关问题》，《三星堆与巴蜀文化》，成都：巴蜀书社，1993 年。

宋治民：《四川先秦时期考古研究的问题》，《四川考古论文集》，北京：文物出版社，1996 年。

宋治民：《早期蜀文化与商周文明》，《四川文物》1997 年第 1 期。

宋治民：《蜀文化尖底陶器初论》，《考古与文物》1998 年第 2 期。

宋治民：《巴蜀墓葬某些因素之分析》，《远望集——陕西省考古研究所华诞四十周年纪念文集》，西安：陕西人民美术出版社，1998 年。

宋治民：《什邡荥经船棺葬墓地有关问题探讨》，《四川文物》1999 年第 1 期。

宋治民：《试论蜀文化和巴文化》，《考古学报》1999 年第 2 期。

宋治民：《试论四川温江鱼凫村遗址、新津宝墩遗址和郫县古城遗址》，《四川文物》2000 年第 2 期。

宋治民：《四川茂县牟托 1 号石棺墓若干问题的初步分析》，《四川大学考古专业创建四十周年暨冯汉骥教授百年诞辰纪念文集》，成都：四川大学出版社，2001 年。

宋治民：《再论蜀文化的渊源》，《成都文物》2003 年第 3 期。

宋治民：《成都市商业街墓葬的问题》，《四川文物》2003 年第 6 期。

宋治民：《略论广汉三星堆遗址一期文化及相关问题》，《宋治民考古文集》，北京：科学出版社，2004 年。

宋治民：《三星堆遗址仁胜村土坑墓的思考》，《四川文物》2005 年第 4 期。

宋治民：《蜀文化尖底陶器续论——兼谈成都金沙遗址的年代》，《四川文物》2005 年第 6 期。

宋治民：《早期蜀文化和汉水上游地区青铜文化的关系》，《南方文物》2007 年第 3 期。

宋治民：《试论蜀文化和夏商文化的关系》，《洛阳师范学院学报》2010

年第 1 期。

　　宋治民：《蜀文化研究的几个问题》，《南方民族考古》第 7 辑，北京：科学出版社，2011 年。

　　孙次舟：《读〈古蜀国为蚕国说〉的献疑》，《齐鲁学报》第 1 期，1941 年。

　　孙华：《巴蜀符号初论》，《四川文物》1984 年第 1 期。

　　孙华：《蜀人渊源考》，《四川文物》1990 年第 4、5 期。

　　孙华：《羊子山土台考》，《四川文物》1993 年第 1 期。

　　孙华：《关于三星堆器物坑若干问题的辩证》，《四川文物》1993 年第 4、5 期。

　　孙华：《三星堆器物坑的年代及性质分析》，《文物》1993 年第 11 期。

　　孙华：《试论广汉三星堆遗址的分期》，《南方民族考古》第 5 辑，成都：四川科学技术出版社，1993 年。

　　孙华：《成都十二桥遗址群分期初论》，《四川考古论文集》，北京：文物出版社，1996 年。

　　孙华：《彭县竹瓦街铜器再分析——埋藏性质、年代、原因及其文化背景》，《长江流域青铜文化研究》，北京：科学出版社，2002 年。

　　孙华：《再论三星堆器物坑的年代和性质》，《史前研究》（2006），西安：陕西师范大学出版社，2007 年。

　　孙华：《四川盆地史前谷物种类的演变——主要来自考古学文化交互作用方面的信息》，《中华文化论坛》2009 年增刊。

　　孙华：《三星堆"铜神坛"的复原》，《文物》2010 年第 1 期。

　　孙华：《四川成都商业街大墓的初步分析——成都商业街大墓发掘简报读后》，《南方民族考古》第 6 辑，北京：科学出版社，2010 年。

　　孙华：《三星堆出土爬龙铜柱首考——一根带有龙虎铜饰件权杖的复原》，《文物》2011 年第 7 期。

　　孙华：《三星堆器物坑的埋藏问题——埋藏年代、性质、主人和背景》，《南方民族考古》第 9 辑，北京：科学出版社，2013 年。

　　孙华：《三星堆凸目尖耳铜面像考》，《李下蹊华——庆祝李伯谦先生八十华诞论文集》，北京：科学出版社，2017 年。

孙华：《玉璧的造型渊源及象征意义——以三星堆和金沙村的璧形器为证据》，《夏商时期玉文化国际学术研讨会论文集》，北京：科学出版社，2018 年。

孙亚樵、胡昌钰：《从三星堆文化看古蜀人的原始宗教观》，《中华文化论坛》2004 年第 2 期。

孙岩：《三星堆出土青铜尊罍的艺术风格和文化含义》，《四川文物》2004 年第 3 期。

孙智彬：《三星堆遗址性质补证》，《四川文物》1989 年"广汉三星堆遗址研究专辑"。

T

谭继和：《三星堆神禖文化探秘》，《四川文物》1998 年第 3 期。

汤清琦：《三星堆宗教文化初探》，《宗教学研究》1994 年第 1 期。

唐长寿：《川南蜀人墓葬和蜀国南疆》，《四川文物》1995 年第 4 期。

唐复年：《战国宴乐射猎攻战纹壶》，《故宫博物院院刊》1983 年第 3 期。

田剑波、左志强、周志清：《试论金沙遗址出土早期铜戈》，《江汉考古》2018 年第 4 期。

佟柱臣：《巴与蜀考古文化对象的考察》，《南方民族考古》第 2 辑，成都：四川科学技术出版社，1990 年。

童恩正：《我国西南地区青铜剑的研究》，《考古学报》1977 年第 2 期。

童恩正：《我国西南地区青铜戈的研究》，《考古学报》1979 年第 4 期。

童恩正：《试谈古代四川与东南亚文明的关系》，《文物》1983 年第 9 期。

童恩正：《试论我国从东北至西南的边地半月形文化传播带》，《文物与考古论集》，北京：文物出版社，1986 年。

童恩正：《古代中国南方与印度交通的考古学研究》，《考古》1999 年第 4 期。

童恩正、龚廷万：《从四川两件铜戈上的铭文看秦灭巴蜀后统一文字的进步措施》，《文物》1976 年第 7 期。

W

万娇：《成都十二桥遗址早期堆积的性质及成因分析》，《文物》2017 年第 12 期。

万娇、雷雨：《桂圆桥遗址与成都平原新石器文化发展脉络》，《文物》2013 年第 9 期。

王邦维：《"都广之野"、"建木"以及"日中无影"》，《中华文化论坛》2009 年增刊。

王方：《对成都金沙遗址出土石雕作品的几点认识》，《考古与文物》2004 年第 3 期。

王方：《金沙遗址出土青铜器的初步研究》，《四川文物》2006 年第 6 期。

王方：《试析古蜀玉器中的良渚文化因素》，《玉魂国魄——中国古代玉器与传统文化学术讨论会文集》（四），杭州：浙江古籍出版社，2010 年。

王方：《蜀地西风——浅论古蜀玉器中的齐家文化因素及其他》，《2015 中国·广河齐家文化与华夏文明国际研讨会论文集》，北京：文物出版社，2016 年。

王方：《玉汇金沙——试析古蜀玉器中的多元文化因素》，《夏商时期玉文化国际学术研讨会论文集》，北京：科学出版社，2018 年。

王方：《夏风西渐——试析二里头文化对古蜀玉器的冲击与影响》，《夏商玉器及玉文化学术研讨会论文集》，广州：岭南美术出版社，2018 年。

王晖：《三星堆青铜人头像性质与楚史书〈梼杌〉名源考》，《考古与文物》2008 年第 5 期。

王纪潮：《三星堆纵目式青铜面具的人类学意义》，《四川文物》1994 年第 6 期。

王家佑、李复华：《关于三星堆文化的两个问题》，《三星堆与巴蜀文化》，成都：巴蜀书社，1993 年。

王家祐、李复华：《羊子山地区考古的几个问题》，《四川文物》2002 年第 4 期。

王劲：《鄂西峡江沿岸夏商时期文化与巴蜀文化关系》，《三星堆与巴蜀文化》，成都：巴蜀书社，1993 年。

王开、陈建立、朔知：《安徽铜陵县师姑墩遗址出土青铜冶铸遗物的相关问题》，《考古》2013 年第 7 期。

王凯：《古蜀的鸟崇拜与演进轨迹》，《中华文化论坛》2015 年第 10 期。

王林：《川西平原先秦时期建筑初论》，《成都文物》2010 年第 3 期。

王齐、施劲松：《三星堆启示录》，《南方民族考古》第 7 辑，北京：科学出版社，2011 年。

王青：《镶嵌铜牌饰的初步研究》，《文物》2004 年第 5 期。

王仁湘：《巴蜀徽识研究》，《中国考古学会第七次年会论文集》，北京：文物出版社，1992 年。

王仁湘：《从月亮湾到三星堆——葬物坑为盟誓遗迹说》，《文物天地》1994 年第 6 期。

王仁湘：《三星堆青铜立人冠式的解读与复原——兼说古蜀人的眼睛崇拜》，《四川文物》2004 年第 4 期。

王仁湘：《三星堆二号坑 296 号青铜神坛复原研究》，《东亚古物》A 卷，北京：文物出版社，2004 年。

王仁湘：《三星堆出土青铜高台立人像观瞻小记》，《中华文化论坛》2005 年第 4 期。

王仁湘：《金沙太阳神鸟金箔制作研究》，《南方民族考古》第 6 辑，北京：科学出版社，2010 年。

王仁湘：《黄金覆面：何方的传统》，《金沙之谜——古蜀王国的文物传奇》，成都：四川人民出版社，2010 年。

王仁湘：《四正与四维：考古所见中国早期两大方位系统——由古蜀时代的方位系统说起》，《四川文物》2011 年第 5 期。

王仁湘：《古蜀蝉崇拜及其渊源——从金沙遗址出土昆虫纹玉饰牌说起》，《夏商时期玉文化国际学术研讨会论文集》，北京：科学出版社，2018 年。

王仁湘、叶茂林：《四川盆地北缘新石器时代考古新收获》，《三星堆与巴蜀文化》，成都：巴蜀书社，1993 年。

王炜：《三星堆器物坑出土人身形铜牌饰辨析——兼论巴蜀地区柳叶形剑及剑鞘的起源》，《文物》2014 年第 4 期。

王矛、王亚蓉：《广汉出土青铜立人像服饰管见》，《文物》1993 年第 9 期。

王燕芳：《试论巴蜀文化与原始文化的关系》，《四川文物》1995 年第 6 期。

王燕芳：《四川西部三种文化类型及其相关问题》，《四川考古论文集》，北京：文物出版社，1996 年。

王燕芳、王家祐、李复华：《论广汉三星堆两座窖藏坑的性质及其相关问题》，《四川文物》1996 年增刊《四川考古研究论文集》。

王毅：《蜀文化发展渊源的探索》，《成都大学学报（社会科学版）》1988 年第 1 期。

王毅、蒋成：《成都平原早期城址的发现与初步研究》，《稻作、陶器和都市的起源》，北京：文物出版社，2000 年。

王毅、孙华：《宝墩村文化的初步认识》，《考古》1999 年第 8 期。

王毅、张擎：《三星堆文化研究》，《四川文物》1999 年第 3 期。

王煜：《四川汉墓出土"西王母与杂技"摇钱树枝叶试探——兼论摇钱树的整体意义》，《考古》2013 年第 11 期。

王永波：《试论广汉三星堆发现的玉瑞》，《三星堆与巴蜀文化》，成都：巴蜀书社，1993 年。

王有鹏：《犍为巴蜀墓的发掘与蜀人的南迁》，《考古》1984 年第 12 期。

王政：《三星堆青铜立人新考》，《天府新论》2002 年第 1 期。

王子岗：《三星堆文化是蜀文化的先声》，《四川文物》1995 年第 1 期。

卫聚贤：《巴蜀文化》，《说文月刊》第 3 卷第 4 期，1941 年。

魏东、朱泓：《成都金沙遗址雍锦湾墓地人骨鉴定报告》，《四川文物》2008 年第 2 期。

魏京武：《陕南巴蜀文化的考古发现与研究——兼论蜀与商周的关系》，《三星堆与巴蜀文化》，成都：巴蜀书社，1993 年。

吴桂兵：《四川早期同穴合葬墓初论》，《四川文物》2000 年第 5 期。

吴维羲：《试论古蜀人的神性思维与中央意识》，《四川文物》2002 年第 1 期。

吴怡：《成都市方池街出土的石人初探》，《成都文物》1985 年第 1 期。

吴怡：《成都方池街出土石雕人像及相关问题》，《四川文物》1988 年第 6 期。

吴怡：《试析巴蜀青铜器上的鸟、鱼、龟、虫（蚕）纹饰》，《四川文物》1989 年第 5 期。

吴怡：《试析巴蜀青铜器上的虎图像》，《四川文物》1991 年第 1 期。

吴怡：《蒲江船棺墓与新都木椁墓出土印章的研究》，《四川文物》1994 年第 3 期。

吴怡：《浅析铜罍在巴蜀青铜文化中的地位及其特点》，《四川文物》2002 年第 5 期。

吴致华：《古巴蜀考略》，《史学杂志》第 2 期，1930 年。

武仙竹、马江波：《三峡地区太阳崇拜文化的源流与传播》，《四川文物》2019 年第 2 期。

X

向芳、蒋镇东、张擎：《成都金沙遗址青铜器的化学特征及矿质来源》，《地球科学与环境学报》2010 年第 2 期。

向明文、滕铭予：《巴蜀文化墓葬出土铜刀文化因素分析——兼及巴蜀文化发展进程管窥》，《考古与文物》2017 年第 2 期。

向桃初：《三星堆文化的形成与夏人西迁》，《江汉考古》2005 年第 1 期。

肖璘、杨军昌、韩汝玢：《成都金沙遗址出土金属器的实验分析与研究》，《文物》2004 年第 4 期。

肖先进、吴维羲：《三星堆遗址仁胜村土坑墓出土玉石器初步研究》，《史前研究》（2006），西安：陕西师范大学出版社，2007 年。

晓昆：《三星堆遗址社会性质初探》，《四川文物》1989 年"广汉三星堆遗址研究专辑"。

谢丹：《关于晚期巴蜀墓中的文化内涵》，《四川文物》1987 年第 1 期。

谢辉：《对金沙遗址出土部分玉器的几点认识》，《四川文物》2003 年第 3 期。

幸晓峰：《三星堆遗址出土石璧的祭祀功能和音乐声学特征》，《中华文化论坛》2004 年第 4 期、2005 年第 2 期。

幸晓峰、王方：《金沙遗址出土石磬初步研究》，《文物》2012 年第 5 期。

熊传新：《湖南商周青铜器的发现与研究》，《湖南省博物馆开馆三十年暨马王堆汉墓发掘十五周年纪念文集》，长沙，1986 年；《湖南出土殷商西周青铜器》，长沙：岳麓书社，2007 年。

徐朝龙：《三星堆"祭祀坑说"唱异——兼谈鱼凫和杜宇之关系》，《四川文物》1992 年第 5、6 期。

徐光冀等：《罗家坝遗址笔谈》，《四川文物》2003 年第 6 期。

徐学书：《关于三星堆出土青铜人面神像之探讨》，《四川文物》1989 年"广汉三星堆遗址研究专辑"。

徐学书：《从考古资料看蚕丛氏蜀人的南迁》，《四川文物》1993 年第 6 期。

徐学书：《三星堆遗址"祭祀坑"年代为春秋说》，《社会科学研究》1995 年第 1 期。

徐学书：《论"三星堆—金沙文化"及其与先秦蜀国的关系》，《考古学民族学的探索与实践》，成都：四川大学出版社，2005 年。

徐中舒：《四川彭县濛阳镇出土的殷代二觯》，《文物》1962 年第 6 期。

徐中舒、唐嘉弘：《古代楚蜀的关系》，《文物》1981 年第 6 期。

徐自强：《广汉、安阳祭祀坑比较研究》，《三星堆与巴蜀文化》，成都：巴蜀书社，1993 年。

许宏、陈国梁、赵海涛：《二里头遗址聚落形态的初步考察》，《考古》2004 年第 11 期。

许杰：《四川广汉月亮湾出土玉石器探析》，《四川文物》2006 年第 5 期。

Y

严志斌、洪梅：《巴蜀印章钟形符号考察》，《四川文物》2015 年第 5 期。

严志斌、洪梅：《战国时期巴蜀文化叠形符号研究》，《中国国家博物馆馆刊》2015 年第 11 期。

严志斌、洪梅：《巴蜀文化栅栏形符号考察》，《四川文物》2016 年第 4 期。

严志斌、洪梅：《试析巴蜀文化中的笋形符号》，《四川文物》2017 年第 1 期。

严志斌、洪梅：《战国时期巴蜀文化水草纹符号试析》，《中国国家博物馆馆刊》2017 年第 7 期。

严志斌、洪梅：《巴蜀符号述论》，《考古》2017 年第 10 期。

颜劲松：《成都市商业街船棺、独木棺墓葬初析》，《四川文物》2002

年第 3 期。

　　颜劲松：《成都市郫县外南战国秦汉墓地分析》，《四川文物》2005 年第 1 期。

　　杨德谦：《从考古发现看古蜀经济生产》，《中华文化论坛》1994 年第 3 期。

　　杨甫旺：《古代巴蜀的虎崇拜》，《四川文物》1994 年第 1 期。

　　杨鸿勋：《古蜀大社（明堂·昆仑）考——金沙郊祀遗址的九柱遗迹复原研究》，《文物》2010 年第 12 期。

　　杨建芳：《早期蜀国玉雕初探——商代方国玉器研究之一》，《三星堆与巴蜀文化》，成都：巴蜀书社，1993 年。

　　杨明洪：《纵目青铜人像的民族学观察》，《四川文物》1994 年第 6 期。

　　杨铭：《试论氐与蜀的关系》，《三星堆与巴蜀文化》，成都：巴蜀书社，1993 年。

　　杨荣新：《早期蜀文化与广汉三星堆遗址》，《四川文物》1989 年“广汉三星堆遗址研究专辑”。

　　杨荣新：《成都平原是长江上游的古代文明中心》，《中国历史文物》2003 年第 4 期。

　　杨勇：《论巴蜀文化虎纹戈的类型和族属》，《四川文物》2003 年第 2 期。

　　杨振威、左志强、陈云洪：《成都金沙遗址“黄河”地点二层下墓葬年代及相关问题》，《四川文物》2017 年第 4 期。

　　姚轶锋、李奎、刘建等：《成都金沙遗址距今 3000 年的古气候探讨》，《古地理学报》2005 年第 4 期。

　　姚智辉：《巴蜀青铜器工艺研究综述》，《四川文物》2004 年第 3 期。

　　叶小燕：《试论巴蜀文化的铜器——兼论巴蜀与中原文化的关系》，《中国考古学研究——夏鼐先生考古五十年纪念文集》（二），北京：科学出版社，1986 年。

　　〔美〕伊利莎白·C. 约翰逊：《商人礼仪艺术中的萨满教特征及对四川广汉三星堆新近发现的推测》，《南方民族考古》第 2 辑，成都：四川科学技术出版社，1990 年。

〔日〕伊藤道冶：《三星堆出土青铜器管见》，《殷都学刊》2005 年第 1、2 期。

易立：《成都十二桥遗址瓦当材料初步认识》，《四川文物》2011 年第 4 期。

于春：《茂县牟托村"翼龙"与三星堆龙之比较——兼论三星堆文化向北传播的途径》，《考古与文物》2005 年第 2 期。

于孟洲、王玉霞：《四川盆地出土战国时期提链铜壶研究——从〈中国青铜器全集·巴蜀卷〉的提链壶谈起》，《南方民族考古》第 17 辑，北京：科学出版社，2018 年。

于孟洲、吴超明：《三星堆两座器物坑出土铜器的相关问题研究》，《西华大学学报（哲学社会科学版）》2014 年第 2 期。

于孟洲、吴超明：《成都平原夏商西周时期小平底罐研究》，《考古与文物》2018 年第 2 期。

于孟洲、夏微：《三星堆文化向十二桥文化变迁的相关问题——从金沙遗址兰苑地点谈起》，《南方民族考古》第 7 辑，北京：科学出版社，2011 年。

于孟洲、夏微：《成都平原商周时期考古研究的重要成果——〈成都十二桥〉读后》，《考古》2013 年第 6 期。

于孟洲、张世轩：《十二桥文化早期墓葬研究》，《边疆考古研究》第 23 辑，北京：科学出版社，2018 年。

于右任：《巴蜀古文化之研究》，《说文月刊》第 3 卷第 7 期，1942 年。

俞伟超：《三星堆文化在我国文化总谱系中的位置、地望及其土地崇拜》，《四川考古论文集》，北京：文物出版社，1996 年。

俞伟超：《三星堆蜀文化与三苗文化的关系及其崇拜内容》，《文物》1997 年第 5 期。

俞伟超：《四川地区考古文化问题思考》，《四川文物》2004 年第 2 期。

袁艳玲：《东周时期巴蜀青铜器使用礼制研究》，《江汉考古》2013 年第 3 期。

岳占伟、刘煜：《殷墟铸铜遗址综述》，《三代考古》（二），北京：科学出版社，2006 年。

Z

〔日〕曾布川宽：《三星堆祭祀坑大型铜神树的图像学考察》，《四川文物》2012 年第 5 期。

曾中懋：《广汉三星堆一、二号祭祀坑出土铜器成分的分析》，《四川文物》1989 年"广汉三星堆遗址研究专辑"。

曾中懋：《广汉三星堆二号祭祀坑出土铜器成分的分析》，《四川文物》1991 年第 1 期。

曾中懋：《出土巴蜀铜器成份的分析》，《四川文物》1992 年第 3 期。

曾中懋：《三星堆出土铜器的铸造技术》，《四川文物》1994 年第 6 期。

张爱冰、陆勤毅：《皖南出土商代青铜容器的年代与性质》，《考古》2010 年第 6 期。

张波：《神性与王权——三星堆青铜塑像》，《华夏文化》2001 年第 4 期。

张昌平：《自产与输入——从纹饰风格看三星堆铜器群的不同产地》，《南方文物》2006 年第 3 期。

张弘：《先秦时期古蜀与东南亚、南亚的经济文化交流》，《中华文化论坛》2009 年第 1 期。

张君、王毅、颜劲松：《成都商业街船棺葬出土人骨研究》，《成都商业街船棺葬》，北京：文物出版社，2009 年。

张懋镕：《铜鍪小议》，《四川文物》2009 年第 2 期。

张明华：《三星堆祭祀坑会否是墓葬》，《中国文物报》1989 年 6 月 2 日。

张强禄：《白龙江流域新石器时代文化谱系的初步认识》，《考古》2005 年第 2 期。

张天恩：《巴蜀文化与中原文化的关系试探》，《考古与文物》1998 年第 5 期。

张文祥：《宝鸡强国墓地渊源的初步探讨——兼论蜀文化与城固铜器群的关系》，《考古与文物》1996 年第 2 期。

张文彦、吴超明、张雨颖：《十二桥文化早期遗存研究述评》，《四川文物》2018 年第 5 期。

张肖马：《"祭祀坑说"辨析》，《四川考古论文集》，北京：文物出版社，1996 年。

张肖马：《三星堆二号坑青铜神树研究》，《四川文物》2006 年第 6 期。

张肖马：《三星堆古蜀王国的山崇拜》，《考古与文物》2010 年第 5 期。

张肖马：《铜树、社树、钱树——三星堆 II 号铜树与东汉钱树之研究》，《夏商周方国文明国际学术研讨会论文集（2014 中国广汉）》，北京：科学出版社，2015 年。

张耀辉：《三星堆二号祭祀坑出土铜鸡考》，《四川文物》2008 年第 6 期。

张玉石：《川西平原的蜀文化与商文化入川路线》，《华夏考古》1995 年第 1 期。

张增祺：《关于三星堆二号"祭祀坑"出土文物的定名、用途及时代问题》，《考古》1999 年第 4 期。

赵炳清：《先秦时期巴蜀地区的人口迁移与文化交流》，《四川文物》2015 年第 4 期。

赵殿增：《四川原始文化类型初探》，《中国考古学会第三次年会论文集》，北京：文物出版社，1984 年。

赵殿增：《巴蜀文化的考古学分期》，《中国考古学会第四次年会论文集》，北京：文物出版社，1985 年。

赵殿增：《三星堆考古发现与巴蜀古史研究》，《四川文物》1992 年"三星堆古蜀文化研究专辑"。

赵殿增：《三星堆祭祀坑文物研究》，《三星堆与巴蜀文化》，成都：巴蜀书社，1993 年。

赵殿增：《人神交往的途径——三星堆文物研究》，《四川考古论文集》，北京：文物出版社，1996 年。

赵殿增：《从"眼睛"崇拜谈"蜀"字的本义与起源——三星堆文明精神世界探索之一》，《四川文物》1997 年第 3 期。

赵殿增：《从"手"的崇拜谈青铜雕像群所表现的"英雄"崇拜——三星堆文明精神世界探索之二》，《四川文物》1997 年第 4 期。

赵殿增：《三星堆文明原始宗教的构架特征》，《中华文化论坛》1998 年第 1 期。

赵殿增：《竹瓦街铜器群与杜宇氏蜀国》，《四川文物》2003 年第 2 期。

赵殿增：《略论古蜀文明的形态特征》，《中华文化论坛》2005 年第 4 期。

赵殿增：《骑虎铜人像与玉琮线刻人像——兼谈三星堆、金沙与良渚文化的关系》，《中华文化论坛》2006 年第 3 期。

赵殿增：《三星堆祭祀形态探讨》，《四川文物》2018 年第 2 期。

赵殿增：《三星堆"祭祀图"玉璋再研究——兼谈古蜀人的"天门"观》，《夏商时期玉文化国际学术研讨会论文集》，北京：科学出版社，2018 年。

赵殿增：《三星堆神权古国研究》，《四川文物》2019 年第 1 期。

赵殿增、袁曙光：《从"神树"到"钱树"——兼谈"树崇拜"观念的发展与演变》，《四川文物》2001 年第 3 期。

赵洋：《三星堆神树与岷江上游羌族释比神树的比较》，《中华文化论坛》2005 年第 2 期。

赵志军、陈剑：《四川茂县营盘山遗址浮选结果及分析》，《南方文物》2011 年第 3 期。

赵志立：《"蚕丛和鱼凫，开国何茫然"——从传播学角度看古巴蜀文化的演进》，《中华文化论坛》2010 年第 3 期。

郑德坤：《四川史前文化》，《学思》第 2 卷第 9 期，1942 年。

郑德坤：《巴蜀始末》，《学思》第 2 卷第 11 期，1942 年。

郑德坤：《华西的史前石器》，《说文月刊》第 3 卷第 7 期，1942 年。

郑振香：《早期蜀文化与商文化的关系》，《中原文物》1993 年第 1 期。

中国社会科学院考古研究所聚落考古中心：《大型聚落田野考古方法纵横谈》，《南方文物》2012 年第 3 期。

钟凤年：《论秦举巴蜀之年代》，《禹贡》第 4 卷第 3 期，1935 年。

周广明、施连喜、李昆：《江西樟树筑卫城建筑基址试析》，《南方文物》2018 年第 1 期。

周书灿：《从五帝传说看中原和古蜀地区文明化进程中的碰撞与交流》，《四川文物》2007 年第 1 期。

周志清：《想象历史的方法——从成都平原商周时期出土的象牙说起》，《华夏考古》2010 年第 1 期。

周志清：《金沙遗址聚落形态的初步认识》，《中国聚落考古的理论与实践（第一辑）——纪念新砦遗址发掘 30 周年学术研讨会论文集》，北京：科学出版社，2010 年。

周志清：《西南地区先秦时期凹刀凿形器的初议》，《成都考古研究》（二），北京：科学出版社，2013 年。

周志清：《成都平原先秦时期出土象牙研究》，《中华文化论坛》2018 年第 7 期。

朱丹丹：《三星堆器物坑施彩铜器的初步研究》，《四川文物》2018 年第 2 期。

朱逖先：《古蜀国为蚕国说》，《时事新报·学灯》第 44 期，1939 年。

朱活：《谈巴蜀秦半两》，《四川文物》1990 年第 1 期。

朱乃诚：《金沙良渚玉琮的年代和来源》，《中华文化论坛》2005 年第 4 期。

朱乃诚：《三星堆祭祀坑出土"祭祀图"牙璋考》，《四川文物》2017 年第 6 期。

朱乃诚：《三星堆玉器与金沙玉器的文化传统——兼论三星堆文化牙璋的渊源与流向》，《夏商时期玉文化国际学术研讨会论文集》，北京：科学出版社，2018 年。

朱亚蓉：《试论三星堆眼形器的内涵》，《四川文物》2002 年第 1 期。

朱章义、王方：《成都金沙遗址出土玉琮初步研究》，《文物》2004 年第 4 期。

朱章义、张擎、王方：《成都金沙遗址的发现、发掘与意义》，《四川文物》2002 年第 2 期。

庄文斌：《三星堆文化与西南地区文化传播的源流》，《四川文物》1992 年第 2 期。

邹衡：《三星堆文化与夏商文化的关系》，《四川考古论文集》，北京：文物出版社，1996 年。

邹一清：《印度河文明与古蜀文明若干问题比较研究》，《中华文化论坛》2015 年第 12 期。

五、外文论著

成家徹郎：《巴蜀印章图集》，大東文化大学人文科学研究所，2014 年。

成家徹郎：《古蜀史》，大東文化大学人文科学研究所，2017 年。

Bagley, Robert (ed.), *Ancient Sichuan, Treasures from a Lost Civilization*, Seattle Art Museum, Princeton University Press. 2001.

Dye, D. S. Some Ancient Circles, Squares, Angles and Curves in Earth and in Stone in Szechwan, China, *Journal of the West China Border Research Society*, Vol. IV. 1930-1931.

Fuller, Dorian & Qin, Ling, Water Management and Labour in the Origins and Dispersal of Asian Rice, *World Archaeology*, Vol. 41, 2009.

Graham, David C. A Preliminary Report of the Hanchow Excavation，*Journal of the West China Border Research Society,* Vol. VI. 1933-1934.

Liu, Li & Chen, Xingcan, *State Formation in Early China*, London, Gerald Duckworth & Co.Ltd., 2003.

National Museum of Denmark, *Gods and Heroes of the Bronze Age: Europe at the Time of Ulysses*, 25th Council of Europe Art Exhibition, London: Thames and Hudson Ltd., 1999.

Randsborg, Klavs, Opening the Oak-coffins : New Dates-New Perspectives, *Acta Archaeologica,* vol. 77, p.76, Copenhagen: Blackwell Munksgaard, 2006.

Randsborg, Klavs, *The Anatomy of Denmark*: *Archaeology and History from the Ice Age to the Present*, p. 3. London: Bristol Classical Press, 2009.

Shi, Jinsong, Style and belief: A Study of the discovery of Sanxingdui, in *Bronze Age China: Style and Material*, Cambridge Scholars Publishing, 2010.

Zhang, Chi & Hung, Hsiao-Chun, The Emergence of Agriculture in Southern China, *Antiquity,* Vol. 84, 2010.